휴먼디자인으로 양육하기

휴먼디자인으로 양육하기

아이프릴 포터 지음 | 김석환 옮김

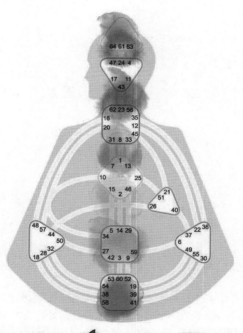

휴먼디자인의 렌즈를 통한 **부모─자녀 관계**의 재창조

솔과학

면책조항

이 책의 저자는 의학적 조언을 하는 것이 아닙니다. 이 설명서에 포함된 정보는 정보 제공 목적으로만 제공되며 개인적인 상황에 가장 적합한 것이 아닐 수도 있습니다. 이것을 의사의 조언으로 해석해서는 안 됩니다. 여기서 공유하는 정보는 전문적인 감정적, 신체적 또는 의학적 치료 또는 조언 및/또는 진단을 보완하거나 대체하기 위한 의도나 암시가 아닙니다. 여기에서 읽은 정보를 시도하거나 구현하기 전에 항상 의사나 의료 전문가와 상의하세요. 이 책에 수록된 정보는 교과서가 되기 위한 것이 아니라, 저자 및 저자와 함께 작업했던 수백명의 고객들의 삶에서 학습과 경험을 종합하고 반영하기 위한 것입니다. 이 책에 포함된 정보를 사용하는 것은 헌법상 권리이며, 저자와 출판사는 귀하의 행동에 대해 어떠한 책임도 지지 않습니다.

제 말을 믿지 마세요. 직접 실험해 보세요.

– 라우루 후

현재와 미래의 모든 아이들을 위해서
항상 진정한 자아로 돌아가는 길을 알고
당신의 빛이 밝게 빛나도록 용기를 가지시길 바랍니다.

지지하는 글

아이프릴 포터Aypril Porter는 자신의 책 〈휴먼디자인으로 양육하기〉에서 두 아이의 엄마로서의 경험으로 휴먼디자인 시스템과 퀀텀Quantum 휴먼디자인에 대한 그녀의 깊은 지식을 교묘하게 엮어냅니다. 당신은 이 책을 당신이 알고 있는 모든 부모(그리고 미래의 부모)과 공유하고 싶을 거예요! 이 책은 세상의 다른 어떤 책과 다르게 부모들이 아이가 태어나는 순간부터 가능한 한 가장 깊은 수준에서 아이를 이해하는 방법을 가르칩니다. 저는 이 책의 보물이 제 의식에 가져온 새로운 통찰에 영감을 받았습니다. 모든 사람들에게 꼭 필요한 책입니다!

– 모간 테일러 자베크Morganne Tayler Zabek, 미세 신비에너지 치료사

아이프릴은 아이와의 관계를 개선하고 싶어 하는 모든 부모들을 위해 믿을 수 없을 정도로 이해하기 쉬운 지도를 만들었습니다. 저는 이것이 제 여섯 명의 아이들에게 얼마나 정확한지에 매료되었습니다.

– 아만다 후그커크 – 뉴먼Amanda Hooghkirk–Newman

휴먼디자인에 대해 알게 된 것은 많은 면에서 저에게 도움을 주었습니다. 그것은 저 자신에 대해 더 많이 배우고 더 많이 이해하는 데 도움이 되었습니다. 제 내면과 연결되는 데 도움이 되고 제가 어떤 사람인지 더 많이 알게 되었어요. 저는 프로젝터이고, 감정이 더 크고 민감하게 촉발된다는 것을 이해합니다. 감정을 느낄 때 제가 그것을 어떻게 느끼는지를 아는 것은 항상 어려웠는데, 휴먼디자인은 그 이유를 알아내는 데 도움을 줍니다. 저는 엄마를 사랑하고 휴먼디자인을 사랑합니다.

– 아탈리아Athalia (딸), 12세

휴먼디자인에 대해 배우는 것은 저 자신에 대해 배우는 데 도움이 되었습니다. 그것은 제가 특정 상황에 어떻게 반응하는지, 그리고 관계에서 상호작용하는 방식에 영향을 미쳤습니다. 그것은 제가 한 사람으로서 어떤 사람인지 알아내는 데 많은 도움이 되었습니다.

– 이모젠Imogen (딸), 14세

서문

육아는 힘듭니다.

아이를 올바르게 키우는 데는 공식이 없습니다. 대부분의 경우, 당신은 당신의 모든 마음과 영혼을 깊이 담아 자신의 가장 깊은 두려움과 상처와 부족함을 유발할 가능성이 있는 작은 인간을 위해 최선을 다하려고 노력하고 있습니다. 동시에 당신은 아마도 만성적으로 수면 부족을 경험하면서 왜 처음부터 이럴 수밖에 없었는지 궁금할지도 모릅니다.

육아는 현장 교육과 출신 가족의 경험을 제외하고는 사용 설명서나 교육이 제공되지 않는 직업입니다. 당신의 자녀는 지침서와 함께 오지 않습니다. 또한 당신에게 자녀가 둘 이상이라면, 모든 자녀가 서로 완전히 다르다는 것을 금방 알게 될 것입니다.

다섯 명의 친자녀와 세 명의 의붓딸을 둔 엄마로서 저는 부모가 되는 것에 대한 부담감에 압도되고 두려움과 절망을 느껴왔습니다. 아이를 키우는 동안 저는 가족 부양은 물론이고 생활비를 벌어야 하고 아이들에게 대학 교육이라는 선물을 줄 수 있기를 바라는 전업 싱글맘이었습니다.

저는 완전한 실패자라고 느끼고 죄책감에 시달리며 모든 면에서 제 아이들을 망치게 될 것 같다는 두려움에 휩싸인 순간들을 많이 겪었습니다. 특히 제 아이 중 한 아이는 제가 그가 필요로 하는 부모가 되는 방법을 찾지 못한다면 자살을 선택하거나 감옥에 가게 될까 봐 몹시 걱정했습니다.

다행스럽게도 저는 제 아이들이 아직 꽤 어렸을 때 휴먼디자인을 알게 되었습니다. 휴먼디자인을 안다고 해서 제가 아이들과 더 함께하고 정서적으로 공감하는 내면의 치유 작업을 하지 않아도 되는 것은 아니지만, 휴먼디자인은 분명히 제가 아이들에게 필요한 부모가 되는 데 도움이 되는 중요한 정보를 제공했습니다. (그리고 제 아이들 중 한 명은 제가 그의 휴먼디자인을 알지 못했다면 성인이 되지 못했을 수도 있다고 확신합니다.)

휴먼디자인은 본질적으로 아이들이 태어날 때 우리가 갖고 싶어 하는 사용 설명서입니다. 휴먼디자인의 창시자인 라 우루 후는 "목소리The Voice"를 우연히 만났을 때, 목소리로부터 휴먼디자인은 아이들을 위한 것이지만, 미래 세대를 위해 어른들이 먼저 배워야 한다는 말을 들었다고 합니다. 당신의 아이뿐만 아니라 당신 자신의 에너지 역학을 이해하는 것은 세상을 경험하는 방식과 더 나은 부모가 되기 위해 필요한 것을 이해하는 데 도움이 될 것입니다.

몇 년 전에 저는 "자녀 행동 방향 바꾸기"라는 육아 수업을 가르쳤습니다. 비록 그 수업은 강력한 육아 기술과 그것들을 아이들에게 사용하는 방법에 초점을 맞췄지만, "비결"은 실제로 부모의 행동 방향을 바꾸는 것이었습니다. 부모가 자신에 대해 더 잘 느끼고 자신의 감정적 인식과 더 깊이 연결되기 시작할 때, 그에 반응하여 아이들의 행동이 어떻게 변화하는지 보는 것은 마법과도 같았습니다.

당시 제가 부모들에게 가르친 것의 대부분은 루돌프 드라이쿠어스 박사Dr. Rudolf Dreikurs의 가르침에 뿌리를 두고 있었습니다. 드라이쿠어스는 그의 책 〈어린이들: 그 도전Children, The Challenge〉에서 부모들에게 아이들이 그릇된 행동을 하는 이유, 그들의 그릇된 행동을 해석하는 방법, 그리고 그들의 욕구를 적절하게 충족시키는 학습 지원 방식을 매우 쉽게 설명하는 방법을 알려주었습니다. 드라이쿠어스는 아이들이 그릇된 행동을 하는 것은 자신의 욕구를 효과적으로 전달할 수 없기 때문에 자신의 충족되지 않은 욕구에 부모들이 반응하도록 만들기 위해서라고 주장했습니다. 드라이쿠어스는 부모가 자녀의 욕구를 이해하는 데 도움이 되는 중요한 과정을 설명하면서 자녀가 높은 자존감을 가진 건강하고 회복력 있는 성인으로 성장하는 데 필요한 지원과 사랑을 얻는 방법을 더 잘 배울 수 있도록 도와줍니다.

휴먼디자인은 자녀의 욕구를 이해하는 데 훨씬 더 깊이를 부여하며 자녀가 태어날 때부터 그렇게 되기로 한 사람으로 성장할 수 있도록 양육 방식을 맞춤화하는 데 도움을 줍니다. 아이프릴 포터는 드라이쿠어스의 지식을 바탕으로 매우 개인적이고 자비로운 방식으로 능숙하게 자녀가 누구인지 "보는" 방법을 정확하게 보여줍니다.

아이프릴은 〈휴먼디자인으로 양육하기〉에서 휴먼디자인의 기본을 설명하고 이를 좋은 양육의 개념과 접목하여 아이를 갖기 전부터 꿈꿔왔던 부모가 될 수 있도록 양육 방식을 맞춤화할 수 있게 했습니다. 아이프릴의 가르침을 따른다면, 반응적인 양육 패턴에서 벗어나 자녀가 필요로 하는 방식으로 당신의 모습을 보여줄 수 있을 것입니다. 아이프릴이 가르치는 기법은 자녀가 자신이 누구인지에 대한 강한 느낌뿐만 아니라 사랑과 가치에 대한 깊은 감각을 가진 아이로 키우는 데 도움이 됩니다.

연구에 따르면 우리 자신이 사랑스럽고 소중하며 안전하다고 느끼지 않을 때 우리의 진정한 자신을 표현하는 것은 말 그대로 몸에 손상을 입혀 미세한 트라우마를 경험한다고 합니다. 지금 우리 자신의 모습이 괜찮지 않다는 메시지를 내면화할 때, 우리는 다른 사람들의 기대에 뿌리를 둔 삶을 사는 법을 배우게 되고, 결국에는 지치고 스트레스를 받고 우울증에 걸릴 위험에 처하게 됩니다. 자신이 누구인지를 숨겨야 한다고 느끼는 이런 경험은 어린 시절부터 시작됩니다. 아이프릴의 책은 아이들이 부모의 기대나 환상에 맞지 않더라도 태어날 때 갖고 나온 모습을 완벽하게 표현하면서 안전하고 사랑받는 것을 느낄 수 있도록 도와주는 건전하고 강력한 전략을 제공합니다.

저는 육아를 신성한 책무라고 생각하고 싶습니다. 우리는 아이들이 어떻게든 건강하고 성공적인 성인이 되기 위해 훈련될 필요가 있다는 것을 가르치는 집단적 조건화와 여전히 싸우고 있습니다. 아이들에게 보상하고 뇌물을 주고 벌주는 전략을 찾으려고 노력하는 것은 기운 빠지는 일이며, 당신은 부모로서 아이의 성공 또는 인생의 실패에 대한 책임을 떠맡게 됩니다. "좋은" 아이는 어떻게든

"좋은" 양육의 결과입니다. 만약 당신이 그것을 "올바르게" 할 수 있다면 모든 것이 괜찮을 것입니다.

하지만 부모 교육과 아동 발달 전문가로 일하는 몇 년 동안, 저는 육아 전문가들이 효과가 있을 것이라고 한 모든 것을 거부하는 도전적인 아이들을 가진 훌륭한 부모들을 많이 보았습니다. 또한 역기능적인 가족 패턴에도 불구하고 잘 성장하여 많은 놀라운 일들을 해내는 강한 어른들도 많이 보았습니다.

좋은 양육의 목표는 규칙을 따르고 맹목적으로 순종하는 사람을 의미하는 "좋은" 아이를 키우는 것이 아닙니다. 좋은 부모들은 아이들을 그들이 태어날 때부터 되기로 한 그들이 될 수 있도록 양육하고, 삶이 가져오는 변화와 도전에 따라 굽히고 흐르는 법을 배울 수 있도록 돕고, 높은 자긍심을 기를 수 있도록 안내합니다. 좋은 부모는 아이들이 빠르게 변화하는 세상에서 무엇을 해야 하고 어떻게 올바른 선택을 해야 하는지 알 수 있도록 아이들 자신의 내면에 있는 나침반의 북극성에 연결하는 방법을 알도록 도와줍니다.

〈휴먼디자인으로 양육하기〉는 당신의 아이를 위해 좋은 집사가 되기 위한 체계적인 과정을 제시합니다. 아이프릴은 또한 아이들은 자신에게 모델이 된 것을 바탕으로 그들 자신을 패턴화하도록 상기시킵니다. 이 책을 가슴에 새기세요. 그리고 좋은 육아는 당신과 아이 모두에게 시간과 연민이 필요하다는 것을 기억하세요. 자신의 가치와 사랑스러움을 더 많이 치유할수록, 당신은 아이도 똑같이 할 수 있도록 더 많이 도울 수 있을 것입니다. 당신이 진정한 자신과 일치하는 모델을 더 많이 만들수록, 아이에게 진정한 삶과 회복력이 어떤 것인지 더 많이 보여줄 것입니다.

아이들이 그렇게 되기로 태어난 자신에게 계속 연결되도록 격려할 때, 그들은 분명하고 낙천적이고 열정적이 될 것이고, 균형과 유연성을 유지할 것입니다. 그들은 우아한 상태로 남을 것이고, 웰빙 상태를 유지할 것입니다. 그리고 멋진 선택을 할 것입니다.

당신의 아이들은 우리 모두가 꿈꾸는 미래를 건설하는 건축가가 될 것입니다.

카렌 커리 파커Karen Curry Parker

〈휴먼디자인 이해, Understanding Human Design〉의 저자, 양자 혁명Quantum Revolution 팟캐스트, 퀀텀 휴먼디자인Quantum 휴먼디자인™ 방법론 및 양자 일치 시스템Quantum Alignment System™ 교육 프로그램 개발자

도입

안녕하세요, 친구 여러분,

저는 이 책이 당신이 자녀와 당신 자신, 그리고 심지어 당신의 부모와의 관계를 더 잘 이해하는 데 도움이 되기를 바랍니다. 부모들은 종종 아이가 태어나면 어떤 면에서는 자신들과 같을 것이라는 생각을 갖고 있습니다. 하지만 어떤 부모들은 아이가 그들과 같지 않기를 바랍니다. 아이들이 우리보다 더 낫기를 원하는 것입니다. 우리는 아이들이 성공하는 것을 보고 싶어 하며, 그들이 고군분투하는 것을 보기 힘들어합니다. 당신에게 선물로 주어진 아이가 당신이 생각했던 것과 같지 않을 때, 그것은 어려울 수 있습니다.

제가 부모가 되었을 때, 저는 실제로 아이를 갖기 전에 제가 할 것이라고 생각했던 것에서부터 제 아이들이 필요로 한 것까지 모든 것에 적응하는 법을 배워야 했습니다. 두 번째 아이가 태어날 때쯤, 저는 첫 번째 아이와 상황이 비슷할 것이라고 생각했습니다. 저는 같은 부모에서 태어난, 단지 몇 살밖에 차이가 나지 않은 두 아이가 어린 나이에도 그렇게 서로 다를 수 있다는 것을 전혀 몰랐습니다.

첫 번째 아이에게 효과가 있었던 것이 두 번째 아이에게는 효과가 없었습니다. 저는 외동이었기 때문에, 무엇을 기대해야 할지 몰랐습니다; 저는 그것이 단순한 반복 과정이라고 생각했습니다. 한 아이를 양육하는 것도 힘든 일이었지만 두 아이를 양육하는 것은 훨씬 더 힘들었습니다. 아니면 제가 비교할 만한 것이 없어서 자유로웠을 수도 있습니다. 휴먼디자인이 제 삶에 들어왔을 때, 그것은 제 아이들에 대해 너무도 많은 것을 설명해주어 저는 왜 이 정보가 출산 센터나 병원에서 제공되지 않는지 궁금할 정도였습니다. 아이들이 태어났을 때 제가 제 아이들과 저에 대해 이 정도 수준의 정보로 무장했다면 일찍부터 제 아이들의 욕구를 훨씬 더 많이 이해했을 것을 상상해 보면 안타깝기만 합니다.

저도 한때 아이였던 적이 있기 때문에, 자녀로서의 당신이 부모가 생각했던 자신의 모습과 다르다고 느끼는 것이 어떤 느낌인지 잘 압니다. 제가 부응하지 못한다고 느꼈던 많은 것들이 분명히 인식되었지만, 제가 왜 항상 그것에 맞추지 못했는지 궁금했습니다. 왜 아버지는 제가 다른 사람이 되기를 원하는 것 같았고, 왜 저를 있는 그대로 받아들이지 못했을까요? 저는 그가 단지 이해하지 못했을 뿐이라고 믿고 있으며, 여전히 그가 저를 이해하지 못한다고 생각합니다. 심지어 어른이 되어서도 말입니다. 제가 어렸을 때 그는 이 책을 읽었을까요? 아뇨, 아마 절대 안 그럴 거예요. 하지만 괜찮습니다. 이 책은 그를 위한 것이 아니니까요. 이 책은 아이가 단지 자신들과 같지 않다는 것을 알고, 진정으로 있는 그대로의 아이를 응원하며 자신의 고유한 마법의 존재로 사랑받고 존중받음을 느끼며 성장할 수 있도록 도와주려는 부모를 위한 것입니다.

저의 가장 큰 소원은 우리 아이들이 자신이 누구인지를 확신하고 세상과 마음을 나눌 수 있을 정도로 탄력적으로 성장하는 것입니다.

우리는 현재 옛것이 새로운 것을 만나고 있는, 새로운 시공간의 가장자리에 있습니다. 우리는 우리 부모와 조상들의 낡은 패러다임을 끝내고 새로운 존재 방식을 위한 공간을 만들고 있습니다.

인류의 역사는 생존에 대한 원초적인 욕구의 존재에서 더 많은 감정적인 지능과 상호 관계를 맺는 존재로 진화해 왔습니다. 휴먼 디자인에서 우리는 감정 태양신경총이 감정 인식 센터에서 정신 인식 센터로 진화할 2027년에 가까워지면서 계속 빠르게 변화를 겪고 있습니다. 이런 감정적 인식을 통한 타인과의 연결은 우리가 이 새로운 세계를 항해하고 인류와 서로를 지원하는 시스템을 만들 때 우리가 하나가 될 수 있도록 해줄 것입니다. 저는 우리가 '자기 자신들을 위한 인간' 사회가 아니라, 다른 누구도 할 수 없는 방식으로 '집단'에 기여하면서, 개인으로 남으면서 서로를 아끼고 지지하는 '모든 인간이 함께하는' 사회가 되는 것을 봅니다. 지금은 이 새로운 의식 속으로 한 걸음 더 나아가서 무엇이 가능한지 볼 때입니다.

우리가 계속 진화해 온 생존 기반의 시간을 생각해 보면, 기만, 권력에 대한 욕구, 그리고 모든 것을 갖고자 하는 점점 커져가는 욕망은 우리가 서로에게 집중하지 못하게 했고 주로 우리 자신의 욕구에 초점을 맞추게 했습니다. 계속해서 더 깊은 수준의 감정적 인식을 일깨우면서, 우리는 물건을 충분히 소유하고 더 깊은 수준에서 연결되기를 원하는 시대로 나아가고 있습니다. 집에 틀어박힌 지 1

년이 지났는데도 사람들이 전에 없이 여전히 물건을 구매하는 것은 우연이 아닙니다. 하지만 그것은 더 이상 우리가 갈망하는 것이 아닙니다. 우리는 진정한 변화를 만드는 방법을 알 때까지 숨어서 내면의 공허함과 상처와 트라우마를 채우려고 노력하고 있습니다. 우리가 갈망하는 것은 더 깊은 연결입니다. 우리는 우리가 살고 싶은 삶을 드러내는 조작된 소셜 미디어 사진을 보여주는 "친구" 네트워크보다 더 깊은 뭔가를 원합니다. 우리는 아이들과 시간을 보내고, 일과를 마치고 나서 아이들의 행사에 참석하고, 그들의 열정을 따르고, 친구 및 가족들과 모여 서로 축하하고 슬퍼하는 동안 서로를 지지할 수 있는, 우리 마음속에서 만들어낸 삶을 살고 싶습니다. 우리는 가슴 수준에서 연결될 수 있는 시간과 공간을 원합니다.

우리는 서로 이런 연결이 절실하지만, 아직 거기에 도달하지 못했습니다. 아직도 우리를 행복하게 해주거나 적어도 일시적인 도파민 효과를 제공할 것이라고 생각하는 모든 일에 대한 대가를 치르기 위해 하루하루 바쁜 시간을 보내고 있고 우리 자신을 지치게 하고 있습니다. 비록 모든 화려한 앱과 인터넷 도구, 줌 미팅 및 플랫폼이 있음에도 불구하고 우리는 여전히 우리 모두가 원하는 수준으로 연결되지 못하고 있습니다. 2020년이 우리에게 가르쳐 준 것이 있다면, 그것은 우리가 갈망하는 것이 더 많은 기술이 아니라는 것입니다.

이전에 받아들여졌던 시스템이 주변에서 고장을 일으키고 그런 고장이 우리의 안전에 위협이 되는 것처럼 느껴집니다. 하지만 우리가 더 나은 뭔가를, 즉 우리를 다시 연결될 수 있게 해주는 새롭고 진보된 존재 방식을 구축하기 위해서는 이런 시스템이 무너져야 합니다. 우리는 수준을 높이고 있는 중입니다. 지금은 변화가 필요한 때입니다. 우리가 어떻게 일하고, 어떻게 살고, 무엇을 중요하게 생각하고, 서로를 어떻게 대하고, 서로를 어떻게 보고, 어떻게 함께하는지를 바꿔야 할 때입니다. 우리는 더 이상 우리에게 도움이 되지 않는 세대의 패턴을 깨고 우리 아이들을 위해 새로운 미래를 창조하고 있습니다. 단지 어떤 것이 항상 특정한 방식이었다고 해서, 그것이 바뀌어서는 안 된다는 의미가 아닙니다. 단지 어떤 것이 항상 확실하다고 해서 항상 그런 식이어야 한다는 의미가 아닙니다. 우리는 우리가 살고 싶은 삶을 창조하고 아이들에게 물려주고 싶은 것을 선택할 수 있습니다.

이를 위해서는 우리가 어떻게 양육하고 있는지, 우리가 부모로서 어떤 사람인지, 그리고 우리가 어떻게 양육되었고 우리의 부모가 여전히 어떻게 하고 있는지, 그리고 그들이 이 새로운 의식으로 전환하는데 어떻게 더 힘든 시간을 보낼 수 있는지를 살펴볼 필요가 있습니다. 저는 휴먼디자인이 있는 그대로의 상태로 서로를 받아들일 수 있게 해주고 다른 사람들이나 우리가 그저 바꿀 수 없는 것들이 있다는 것을 깨달을 때 건강한 경계를 설정할 수 있게 해준다고 믿습니다. 그것은 우리에게 우리가 아닌 것이 되려고 노력하는 것을 멈추고 마침내 우리의 진정한 모습을 받아들일 수 있는 자유를 줍니다.

이 책을 사용하는 방법
이 책은 처음부터 끝까지 읽고 난 뒤, 아이가 성장하고 변화할 때,

또는 새로운 사람들이 당신의 가족이나 삶에 들어올 때, 그리고 당신이 당신 자신에 대해 더 많이 알게 될 때 참고 자료로 사용되도록 고안되었습니다. 제가 바라는 것은 이 책을 읽고 당신과 당신의 아이들의 차트를 찾아보고, 당신을 가르치기 위해 이 땅에 온 특별한 작은 인간들을 살펴보고 그 아이가 오직 당신만을 위해 어떤 의미인지를 보기 시작하는 것입니다. 휴먼디자인을 처음 접하는 사람이든, 아니면 이미 휴먼디자인으로 실험을 해본 사람이든, 저는 이 책이 당신의 아이를 볼 수 있는 새로운 렌즈를 제공하여 아이들이 성장하면서 그들 자신에게 진정한 모습으로 남을 수 있도록 도와주기를 바랍니다. 이 책을 보면 아이들과 육아와 관련된 가장 일반적인 주제들이 몇 군데에서 논의된다는 것을 알게 될 것입니다. 저는 참고하기 쉽도록 의도적으로 그렇게 했습니다. 또한 일반적인 휴먼디자인 용어에 대한 용어집은 책 뒤에서 찾을 수 있습니다.

　이 책은 육아와 휴먼디자인을 중심으로 하고 있지만, 이것은 전형적인 육아서가 아니라는 점을 상기시켜 주고 싶습니다. 저는 당신 자신과 당신 자녀, 당신의 파트너, 그리고 당신의 부모에 대해 궁금한 점을 해소하는 데 필요한 지식을 제공하고 싶습니다. 우리 모두는 그냥 걸어 다니며 서로의 오라 속으로 스며 들어가고, 우리를 가장 기분 좋게 만드는 오라를 찾아다니며, 그렇지 않은 오라를 우아하게 헤쳐 나가는 노력을 하고 있습니다.

　여기서 읽은 내용을 바탕으로 호기심을 키워보세요. 당신이 당신 자신을 이해하고 서로를 이해하는 이 시스템에 대한 신뢰를 찾을 때까지 이 정보를 가지고 아기가 걸음마를 배우듯이 하세요. 실험하고, 놀고, 그리고 제발, 이 시스템을 독단적으로 이용하지 마세요. 휴먼디자인은 단순히 당신의 여정을 도와주는 도구일 뿐입니다. 비록 그것이 당신이나 다른 누구에 대한 모든 것을 설명할 수는 없지만, 이 시스템을 실험하는 6년 동안 저는 깊은 개인적 자유와 이해 및 성장을 발견했습니다. 당신도 그렇게 되기를 바랍니다.

차례

지지하는 글   • **7**
서문   • **9**
도입   • **15**

1장   **휴먼디자인이란 무엇인가?**   • **27**

2장   **차트를 둘러보는 방법**   • **35**

3장   **휴먼디자인을 통해 당신의 자녀를 이해하는 것이 왜 중요한가?**   • **51**

4장   **부모**   • **57**

5장   **에너지 유형 및 전략**   • **67**

매니페스터 —————————— 76
제너레이터 —————————— 98
매니페스팅 제너레이터 —————— 123
프로젝터 —————————— 142

리플렉터 ——————————————————— 170

6장   내적결정권   · 193

감정 결정권 ——————————————————— 204

새크럴 결정권 —————————————————— 216

스플린 결정권 —————————————————— 222

에고 결정권 ——————————————————— 227

셀프 프로젝티드 결정권 ————————————— 232

정신 결정권 ——————————————————— 236

달 결정권 ———————————————————— 242

7장   감정   · 245

8장   센터   · 261

헤드 센터 ———————————————————— 268

아즈나 센터 ——————————————————— 276

목 센터 ————————————————————— 282

G 센터 ————————————————————— 293

스플린 센터 ——————————————————— 303

새크럴 센터 ——————————————————— 313

의지 센터 ———————————————— 318

감정 태양신경총 센터(ESP) ————————— 325

루트 센터 ————————————————— 340

9장　**프로파일**　　　　　　　　　　　·**351**

프로파일을 부분으로 나누기 ——————————— 357

10장　**분할과 관계**　　　　　　　　　·**377**

11장　**신체와 욕구**　　　　　　　　　·**387**

소화의 12가지 유형 ———————————————— 394

수면 ————————————————————— 410

새크럴과 비새크럴 유형의 휴식시간 ————————— 421

전자 장치, EMF(전자기장) 및 건강 ————————— 424

12장　**왜 아이들은 그릇된 행동을 하는가**　·**429**

13장　**성별 역할**　　　　　　　　　　·**437**

14장   에너지 유형이 다른 아이들의 육아   · **445**

**15장   인정은 프로젝터만을
위한 것이 아니다**   · **455**
모든 사람들은 격려 받는 것을 좋아한다

부록   · **460**
리소스   · **466**
용어집/색인   · **468**
감사의 글   · **472**

저자 소개   · **476**
역자후기   · **478**

제1장
휴먼디자인이란 무엇인가?

새로운 생각에 의해 한번 확장된 마음은
결코 원래의 차원으로 돌아가지 않는다.

– 랄프 월도 에머슨 –

휴먼디자인은 한 캐나다인이 제기한 비교적 새로운 개념입니다. 로버트 알란 크라코워Robert Allan Krakower라는 이름으로 태어난 라우루 후Ra Uru Hu는 그가 보이스the Voice라고 부르는 것을 만나게 되었습니다. 그 일은 이비자Ibiza 섬에서 1987년 1월 3일에 시작되었습니다. 그는 보이스를 통해 받은 정보를 정리하고 시험하고 공유하고 결국 세계 곳곳을 다니며 가르쳤으며, 지난 5년여 동안 많은 관심을 받았습니다. 휴먼디자인은 이미 친숙한 몇 가지 고대 및 현대 과학과 시스템의 종합이지만, 온전히 그것만은 아닙니다. 그것은 영혼이 이 생애에서 경험하기 위해 이 지구에 온 것을 볼 수 있는 원형을 제공하는 어떤 것입니다. 그것은 당신이 삶에서 무엇을 선택할지 혹은 어떤 직업을 갖기 위해 여기에 있는지 예측하지 않을 것입니다. 하지만 당신의 행동, 당신의 선호, 그리고 당신이 왜 그런 방식으로 하는지를 이해하고 당신이 누구인지에 대한 진실을 받아들일 수 있도록 도와줄 것입니다. 성인이 되어서 휴먼디자인을 배우면 가족과 사회적 조건이 당신의 삶의 방향을 바꾸기 전에 당신 자신이 알고 있는 정체성으로 당신을 인도하는 데 도움이 될 수 있습니다. 그것은 집으로 돌아오는 것으로, 당신 자신이 되는 것을 허락받는 것으로 묘사될 수 있습니다. 그것은 판단과 비판보다는 이해와 연민의 관점에서 다른 사람들과 상호작용하도록 도울 수 있습니다.

휴먼디자인 시스템은 주역, 카발라의 생명나무, 점성학, 양자역학, 그리고 힌두교의 브라만 차크라 시스템의 종합입니다. 휴먼디자인은 아이들과 미래 세대가 진정한 그들 자신으로 살 수 있도록 돕기 위해 여기에 있습니다. 하지만 또한 그것은 먼저 부모에 의해 경험되고 구현되어야 합니다. 부모는 아이들이 자신만의 독특한 존재 방식으로 삶을 헤쳐나갈 수 있도록 도울 수 있습니다. 이제는 우리가 이 시스템을 멸시하거나 변두리에 있는 사람들의 한계를 넘어 더 많은 사람들이 접근하기 쉽고 실용적인 방법으로 다가갈 수 있는 주류로 더 많이 가져와야 할 때가 왔습니다. 이 시스템은 방대하고 깊습니다. 하지만 단지 표면만 긁는 사람들에게도 통찰을 제공합니다. 결코 깊이 모험하지 않고도 많은 사람들은 여전히 이것을 사용함으로써 큰 이익을 얻을 수 있습니다. 사실 저는 때때로 더 깊이 들어갈수록 시야가 더 제한될 수 있으며, 휴먼디자인의 핵심적인 측면, 즉, 자신의 내부 지침을 신뢰하고 '유형', '전략', '내적결정권'을 통해 진정한 방식으로 삶을 탐색하는 것을 잃을 수 있다고 생각합니다. 당신 디자인의 이 세 가지 요소와 당신의 에너지가 어떻게 작동하는지를 이해한다면, 당신은 더 깊은 측면이 제자리에 들어서게 될 것이며, 당신 차트를 전체적으로 표현하는 삶을 살면서 스스로 정렬된 결정을 내릴 수 있습니다. 물론 당신의 고유한 차트 내에서 더 많은 세부 사항을 배울수록 당신은 삶을 더 쉽게 탐색할 수 있습니다.

제가 이 책에서 육아의 렌즈를 통해 저의 해석을 제시하는 것처럼, 저보다 앞섰던 많은 사람들이 이 시스템에 대한 해석을 공유했습니다. 라 우루 후가 이 시스템을 전달받은 방식은 충격적이었지만, 카렌 커리 파커는 그녀의 퀀텀 휴먼디자인™ 언어를 통해 차트의 요소에 새로운 언어를 도입했습니다. 저는 두 가지 관점 모두를 중요하게 생각합니다. 이 새로운 언어는 우리를 더 높은 진동 주파수에서 작동하게 하고 정의/미정의, 있음/없음의 상태에서 길을 잃지 않도록 해줍니다. 우리가 차트를 처음 볼 때, 우리는 있음/없음에 대한 제한적인 믿음에 쉽게 갇힐 수 있습니다. 왜냐하면 우리의 마음은 무엇이 있고 무엇이 있지 않은지를 분류하고 싶어 하기 때문입니다. 우리는 모든 것과 모든 사람을 분류하고 라벨을 붙이기를 원합니다. 그렇게 함으로써 우리 모두가 어디에 적합한지 이해합니다. 하지만 이 시스템은 당신을 깔끔하고 정돈된 '상자에 맞추는 것'이 아닙니다. 카렌의 말처럼, 당신은 일생에 단 한 번뿐인 우주적 사건이며, 차트의 각 부분은 경험할 수 있는 다양한 표현을 가진 원형이라는 것을 이해하도록 돕는 것입니다. 당신의 차트에 보이는 것이 당신이 긍정적이거나 부정적인 힘이 될 것임을 의미하지는 않습니다. 여기에 나쁜 차트는 없습니다. 전혀 없습니다. 하지만 당신은 여전히 모습을 드러내야 하고, 낫셀프에서 사는 것으로부터 탈조건화하는 작업을 해야 하며, 당신이 가장 잘 이해할 필요가 있는 부분을 당신 자신 안에서 인식해야 합니다. 그래야만 자신과 다른 사람들에게 좋은 느낌을 주는 방식으로 다른 사람들과 상호 작용할 수 있습니다. 우리는 여전히 우리가 알고 있는 우리 자신의 최선의 모습에 책임이 있으며, "그것이 차트에 있기 때문에"라는 말은 자신이나 다른 사람들의 무모하고 수준 낮은 표현에 대한 빈약한 변명입니다.

저는 라Ra와 카렌의 가르침뿐만 아니라 원본 작업을 수행하고 그들의 해석과 경험을 공유한 많은 다른 사람들로부터 많은 것을 배웠습니다. 이 모든 해석은 시스템에 대한 저의 이해를 넓혀주었고 그것이 얼마나 다양한 방식으로 표현될 수 있는지에 대한 이해를 넓혀주었습니다. 이것들은 리차드 러드Richard Rudd의 〈유전자 키Gene Keys〉, 로지 아론슨Rosy Aronson의 〈지혜지기Wisdom Keepers〉, 킴 굴드Kim Gould의 〈홀로그래픽 휴먼디자인Holographic Human Design〉 등을 포함합니다. 우리는 다른 사람들과 이 시스템에 대한 그들의 해석으로부터 다른 것들을 배웁니다. 그래서 저는 어느 하나가 옳고 다른 것이 틀렸다고 절대적으로 확실하게 말할 수 없습니다. 제가 말할 수 있는 것은 휴먼디자인 시스템이 그들의 삶에서 그것을 실험하기로 선택한 사람들을 자유롭게 할 수 있다는 것뿐입니다. 시도해 보세요. 그리고 자신을 더 많이 느끼고 부모로서 더 자신감을 가지며, 세상에 어떻게 보여져 다른 사람들과 교류하는지 알아보세요.

차트를 볼 때 정의된(색이 칠해진) 부분은 그 사람에게 무엇이 일관되는지 보여줍니다. 차트의 미정의된(흰색) 요소는 누락된 것이 아니라 단순히 관계를 통해서 경험하게 되는 에너지일 뿐입니다. 저는 우리 모두가 차트의 모든 부분을 가지고 있다고 확신합니다. 차트에서 미정의된 영역은 우리 주변의 세상에 대해 매우 현명해질 수 있는 곳입니다. 우리는 이런 역학을 통해 우리 자신과 다른 사람들에 대한 교훈을 배웁니다. 이 지구에서 살아있고 이 인간의 경험을 산다는 것은 선물이며, 심지어 투쟁 속에서도 우리는 앞으로 어떤 사람이 될 것인지에 대한 교훈을 얻게 됩니다.

저는 고객들이 호기심을 가지고 자신의 삶에 접근할 수 있도록 양육, 사업, 건강, 관계를 포함한 삶의 모든 영역에서 고객들과 함께 휴먼디자인을 사용하는 것을 좋아합니다. 모든 것은 하나의 큰 실험일 뿐이고, 만약 우리가 변수를 바꾸고 삶이나 상황을 하나의 실험으로 본다면, 더 많은 것을 배울 수 있습니다. 이런 이해를 통해 우리는 서로 더 나은 관계를 맺을 수 있고 우리가 속하게 되었거나 우리 스스로 속해 있는 상자로부터 벗어날 수 있습니다.

제2장
차트를 둘러보는 방법

눈 깜짝할 사이의 짧은 시간이
몇 달 동안의 합리적인 분석만큼이나
많은 가치가 있을 수 있다.

－말콤 그래드웰Malcolm Gladwell　－

번득임: 생각 없이 생각하는 힘

휴먼디자인 차트의 전체는 복잡하고 겹겹이 쌓여 있습니다. 이 책은 차트를 읽는 방법을 알려주기 위한 것이 아닙니다. 이 책은 부모인 당신에게 어떻게 휴먼디자인으로부터 가장 필수적이고 실행 가능한 요소를 취하고 이익을 얻을 수 있는지를 가르치기 위한 것입니다.

다음 페이지의 차트를 분석하는 방법은 자녀의 디자인에 대한 여러 측면을 보여줍니다. 당신의 자녀는 단지 이런 부분들 중 하나가 아닙니다. 각각의 요소는 자녀에 해당되는 이야기의 일부를 말해주고, 전체적으로 보면 자녀가 누구인지에 대한 매우 중요한 이야기를 들려줍니다. 모든 요소가 함께 작동하는 방식을 확인하기 전에 먼저 차트의 기본적인 측면을 이해하기 위해 그 부분들을 분류해야 합니다. 저는 이 책에 다음과 같은 기본 사항을 포함시켰습니다: '유형', '전략', '내적결정권', '센터' 및 '프로파일'. 저는 육아의 최전

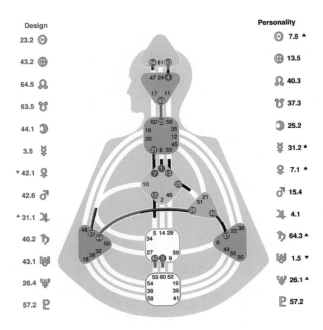

선에 있으면서 자신과 자녀, 자신의 부모, 그리고 그들이 평생 겪은 어려움들을 이해하려고 노력하는 제 고객들에게 특히 도움이 되는 '일부' 고급 요소들을 추가했습니다. 가장 중요한 측면은 '유형', '전략' 및 '내적결정권'을 알고 그에 따라 사는 것이며, 이를 마스터하면 다른 모든 것은 설계된 대로 제자리에 놓이기 시작할 것입니다.

휴먼디자인 바디그래프는 여러 부분으로 구성되어 있습니다. 전에 한 번도 본 적이 없다면 매혹적이면서도 압도적일 수 있습니다. 어떤 사람들은 그들의 차트를 보고 아직 지적인 차원에서는 이해하지 못하더라도 깊은 인식의 느낌을 받습니다. 반면에 어떤 사람들은 자신이 누구인지 기억하기 위해 서서히 예열하고 조건화의 층을 벗겨낼 시간이 필요합니다.

www.geneticmatrix.com으로 가서 자신의 차트 사본과 함께 읽으면서 참조하고 싶은 다른 사람의 차트 사본을 다운로드하세요. 다음은 차트의 여러 요소와 관련된 몇 가지 일반적인 용어로서, 이 책을 읽으면서 꼭 이해해야 할 것들입니다.

정의됨

차트에서 정의된 부분은 태어날 때 결정되며 우리의 삶 전반에 걸쳐 일관성을 유지합니다. 우리는 이것이 우리가 누구인지에 대한 본질적인 측면이라고 생각할 수 있습니다. 정의는 우리가 어디를 가든 어떤 일관된 에너지를 가지고 다니는지를 알려주고 우리가 주변 사람들에게 무엇을 퍼트리고 다니는지를 알려줍니다. 이 정의된 에너지는 한 가지 방법으로만 표현할 수 있고 제한적이라는 의미에

바디그래프 차트

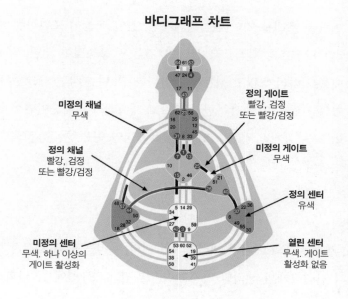

서 고정된 것이 아니라, 우리가 평생 의지할 수 있는 일관성이 있다는 의미에서 고정된 것입니다.

미정의됨/열림

차트에서 열려 있거나 미정의된 영역은 우리 삶에서 세상과 다른 사람들과 그 에너지에 대한 정보를 받아들이고 배우는 곳입니다. 이곳은 우리가 대부분의 조건화를 받는 곳이며 우리가 길러지는 양육 측면과 관련이 있습니다.

조건화됨/낫셀프

휴먼디자인에서 조건화된 자아, 또는 낫셀프는 우리의 디자인에 상반되는 표현을 우리가 어떻게 살아가는지를 나타냅니다. 우리는 삶에서 사람들에 의해 가장 많이 조건화됩니다. 예를 들어, 프로젝터의 전략은 초대를 기다리는 것이지만, 만일 그들이 조건화된 방식으로나 낫셀프의 방식으로 산다면, 그들은 충동적이 되며, 인정과 초대를 기다리지 않고 행동할 것입니다. 또 다른 예는 새크럴 센터가 열린 사람은 언제 충분한지 모르고 계속해서 밀어붙이면서 일하고 있으며, 설계된 것보다 더 많은 육체적인 일을 하도록 조건화되면서 살아갑니다.

센터

차트에는 9개의 에너지 센터가 있습니다. 우리는 원래 차크라 시스템과 같이 7개의 센터만 가지고 있었지만, 1781년에 큰 변화가

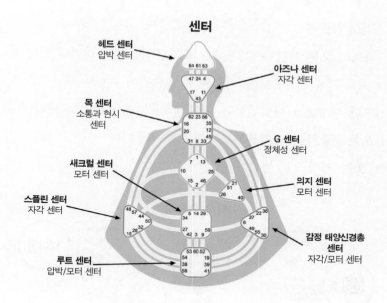

센터

헤드 센터
압박 센터

64 61 63

아즈나 센터
자각 센터

47 24 4

17 11
43

목 센터
소통과 현시
센터

62 23 56
16 35
20 12
45
31 8 33

G 센터
정체성 센터

1
7 13
10

15 46
2

21
51
26 40

의지 센터
모터 센터

새크럴 센터
모터 센터

스플린 센터
자각 센터

48 57
44
50
18 28 32

5 14 29
34

27 59
42 3 9

37
6
49 55
30

22 36

**감정 태양신경총
센터**
자각/모터 센터

루트 센터
압박/모터 센터

53 60 52
54 19
38 39
58 41

있었습니다. 7개의 센터 중 두 개가 각각 둘로 갈라져서, 현재 아홉 개의 센터가 되었습니다. 각각의 에너지 센터는 특정한 주제를 가지고 있습니다. 센터 내에서 정의되고 일관적인 것, 또는 열려 있고 변할 수 있는 것은 당신의 주변에 누가 있는지와 환경에 의존합니다. 전에 자신의 차트를 공부한 적이 있는 고객들은 종종 제게 와서 세션을 위해 자신이나 가족 구성원들이 "두 개의 센터"만 있다거나 "하나의 채널"만 정의되어 있다고 말합니다. 이것은 누가 정의된 센터나 채널을 얼마나 많이 가지고 있는지를 가리는 게임이 아닙니다. 우리 모두는 차트의 모든 구성 요소를 가지고 있으며 정의는 우리에게 무엇이 더 일관성 있는지를 보여줄 뿐입니다.

의식(검은색)

차트의 오른쪽에는 검은색으로 표시된 게이트와 라인이 있는 행성 기호 목록이 있습니다. 이들은 탄생 순간에 차트의 게이트를 활성화한 행성들을 나타냅니다. 차트의 이쪽 면은 마음을 나타내며 차트를 도출하는 데 사용되는 소프트웨어에 따라 '마음', '영혼', '성격' 또는 '의식'으로 불립니다.

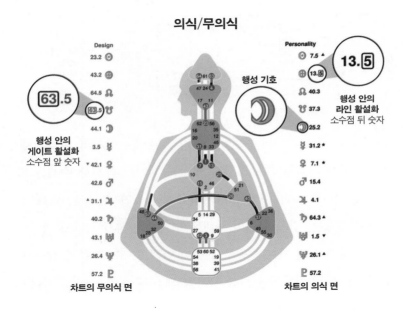

의식/무의식

<table>
<tr><td colspan="2">Design</td></tr>
<tr><td>23.2</td><td>◎</td></tr>
<tr><td>43.2</td><td>⊕</td></tr>
<tr><td>64.5</td><td>♌</td></tr>
<tr><td>63.5</td><td>☋</td></tr>
<tr><td>44.1</td><td>☽</td></tr>
<tr><td>3.5</td><td>☿</td></tr>
<tr><td>42.1</td><td>♀</td></tr>
<tr><td>42.6</td><td>♂</td></tr>
<tr><td>31.1</td><td>♃</td></tr>
<tr><td>40.2</td><td>♄</td></tr>
<tr><td>43.1</td><td>♅</td></tr>
<tr><td>26.4</td><td>♆</td></tr>
<tr><td>57.2</td><td>♇</td></tr>
</table>

63.5 행성 안의 게이트 활설화 소수점 앞 숫자

차트의 무의식 면

행성 기호

Personality

◎ 7.5 ▲
⊕ 13.5
♌ 40.3
☋ 37.3
☽ 25.2
☿ 31.2 *
♀ 7.1 *
♂ 15.4
♃ 4.1
♄ 64.3 ▲
♅ 1.5 ▼
♆ 26.1 ▲
♇ 57.2

13.5

13.5 행성 안의 라인 활설화 소수점 뒤 숫자

차트의 의식 면

무의식(빨간색)

차트의 왼쪽에는 빨간색으로 표시된 게이트와 라인이 있는 행성 기호 목록이 있습니다. 이들은 출생 약 3개월 전에 차트의 게이트를 활성화한 행성들을 나타냅니다. 차트의 이쪽 면은 (특히 처음에 센터, 게이트, 채널의 에너지를 배울 때) 조금 더 이해하기 어려운 느낌이

들 수 있으며 일반적으로 무의식적인 측면이라고 불립니다. 이 부분은 물리적 형태(신체)를 나타내며 차트를 도출하는 데 사용되는 소프트웨어에 따라 '신체', '디자인', '생명' 또는 '무의식'으로 불릴 수 있습니다. 이 에너지는 일반적으로 당신보다 당신의 삶에 있는 사람들이 더 쉽게 볼 수 있습니다.

마그네틱 모노폴Magnetic Monopole

차트의 의식적 측면과 무의식적 측면은 G(정체성) 센터에 있는 마그네틱 모노폴이라고 불리는 것을 통해 에너지적으로 함께 결합됩니다. 또한 아즈나Ajna 센터에 디자인 크리스탈Design Crystal이 있고 헤드Head 센터에는 퍼스낼리티 크리스탈Personality Crystal이 있습니다. 이것들은 당신이 찾을 수 있는 실제 크리스탈이 아니라 에너지적인 크리스탈입니다.

마그네틱 모노폴은 디자인의 두 가지 측면을 하나로 묶어주는 단방향 자석과 같아서, 한 몸 안에 완전히 다른 두 사람이 사는 것이 아니라 서로 다른 측면을 가진 한 사람처럼 느껴지도록 해줍니다. 또한 시공간을 넘나드는 우리의 궤적을 따라 우리를 끌어당기면서 우리의 인생 경로와 일치시켜줍니다.

행성

출생 차트의 의식과 무의식 양쪽에 위치한 총 26개의 행성 활성화는 출생 순간(의식)과 출생 약 3개월 전(무의식)에 각 행성에 어떤 게이트 활성화가 있었는를 나타냅니다.

각 행성은 우리 삶의 큰 그림에 특정한 주제를 가지고 있습니다. 다음 단계의 정보로 넘어가기 위해서는 기본 요소들을 잘 이해할 필요가 있기 때문에 이 책에서는 다루지 않도록 하겠습니다.

게이트Gate

64개의 게이트는 주역의 헥사그램과 관련이 있습니다. 휴먼디자인의 게이트는 그 자체로 별도의 원형을 나타내지만, 단순히 우리의 부분 중 하나일 뿐만 아니라 전체 차트의 종합이기 때문에 따로 떼어놓고 볼 수는 없습니다. 게이트는 바디그래프의 센터에 위치하며, 게이트의 테마는 해당 에너지 센터의 중요한 테마와 관련이 있습니다. 예를 들어, G 센터의 게이트는 '사랑', '정체성' 또는 '방향'이라는 테마를 가지고 있으며, 스플린 센터의 게이트는 '면역 체계', '직감', '직관' 또는 '두려움'과 관련이 있습니다. 1번부터 64번까지 번호가 매겨진 게이트는 각 센터에 위치하며, 출생 당시 게이트를 강조했던 행성의 테마와도 연결되어 있습니다.

라인Line

64개의 각 게이트에는 6개의 라인 활성화가 가능하므로 총 384개의 게이트 활성화가 가능합니다. 6개의 각 라인에는 프로파일 라인과 연관된 고유한 테마가 있습니다. 예를 들어 게이트 25.1이 활성화된 경우, 이는 25번 게이트를 나타내며, 1라인이 특정한 게이트 표현식입니다. 1라인은 '조사자'입니다. 따라서 이 라인 에너지는 조사하는 특성을 가져옵니다. 이 게이트는 다른 사람들과 공유하기 전에 자신의 영성을 조사하고 그 안에서 안정감을 느끼도록 끌어당기는 에너지를 가지고 있습니다. 사용하는 소프트웨어에 따라 소수점(25.1) 뒤의 숫자로 표시되거나 지수(25')처럼 보이는 숫자로 표시됩니다.

채널Channel

채널이 정의되면 평생 동안 특정 채널의 에너지에 일관된 원형 테마가 만들어집니다. 정의된 채널은 양 끝에 있는 에너지 센터를 정의합니다. 채널의 양쪽에 위치한 게이트에는 관련된 테마가 있습니다.

예를 들어, 목 센터의 오른쪽 아래쪽에서 나오는 12번 게이트가 감정 태양신경총ESP의 22번 게이트를 통해 서로 연결되어 있는 것을 볼 수 있습니다. 게이트 12와 게이트 22가 모두 정의되었으므로 이제 채널 12 - 22가 정의되고 목 센터와 ESP가 정의됩니다.

차트에서 이 채널 정의는 차트의 퍼스낼리티 또는 디자인 측면에 있는 행성에 의해 활성화된 게이트에서 비롯됩니다. 채널은 또한 다른 사람들과 연결될 때 또는 행성들이 게이트를 통과할 때 일시적으로 경험될 수도 있습니다. 사람이나 행성을 통해 이런 연결이 만들어질 때 우리는 그 에너지를 구현하는 것이 어떤 것인지 이해할 수 있지만, 출생 차트의 채널만큼 일관적이고 신뢰할 수 있는 것은 아닙니다. 출생 차트의 정의는 항상 동일합니다. 그것은 지속적이며 우리가 누구인지를 세상에 전달하는 에너지입니다. 그 에너지의 표현은 스펙트럼에 따라 다양한 방식으로 경험됩니다. 차트에서 다른 정의를 가진 사람들 주변에 있을 때, 당신은 그 게이트, 채널 또는 센터의 에너지를 느끼는 것이 어떤 것인지를 일시적으로 경험하게 될 것입니다. 이것은 미정의된 게이트를 가진 사람들에게 무의식적인 매력을 줄 수 있습니다. 특히 그것으로 인해 채널이 완성될 때 더욱 그렇습니다.

게이트에 대해 배울 수 있는 곳

저는 여러 출처를 통해 게이트에 대해 배웠으며, 당신도 그렇게 하기를 권합니다. 사람마다 학습하는 방식이 다르고 정보를 받아들이는 방식도 다양하므로 자신에게 공명하는 것을 찾아보는 것이 좋습니다. 리소스 섹션에서 추천 자료를 찾아보세요.

저는 자신의 차트뿐만 아니라 가족 모두의 차트를 인쇄해서 모두가 볼 수 있는 곳에 걸어두는 것을 제안합니다. 아이들과 함께 차트에 대해 이야기하고 새로운 발견이 차트와 어떻게 연관되는지 보여주세요. 차트를 보면 처음에는 외국어처럼 들릴 수 있는 정보를 자녀에게 전달할 수 있는 방법이 생깁니다. 차트를 나란히 놓고 비슷한 점과 다른 점을 확인해보세요. 휴먼디자인은 종교적 배경, 성별 또는 피부색에 영향을 받지 않는 보편적인 언어입니다. 저희는 전화로 일하기 때문에 고객의 대다수를 직접 본 적이 없습니다. 고객이 말하는 그들 삶의 일부는 그들이 어떻게 자랐는지, 지금 어디에 있는지, 그리고 어떤 유산을 물려받았는지에 대한 단서를 제공합니다. 이 모든 것이 고객이 누구인지에 대한 이야기의 일부입니다. 그리고 이러한 측면들이 중요한 만큼 휴먼디자인에서는 조건화가 들어와 우리에게 누가 되어야 하고 어떻게 되어야 한다고 말하기 전의 우리의 본래 모습에 대한 진실을 보기 위해 동일한 기본 요소로 돌아갑니다. 우리는 모두 동일한 바디그래프, 동일한 64개의 게이트, 9개의 센터, 36개의 채널, 4개의 에너지 유형, 26개의 행성 활성화로 표현되지만 모두 다른 조합으로 표현됩니다. 우리는 하나이지만 모두 다르며, 그럼에도 불구하고 여전히 닮은 점이 더 많습니다.

깊이 들어갈 필요가 없다!

명심하세요. 차트가 주는 선물의 혜택을 받으려고 차트를 자세히 살펴볼 필요는 없습니다. 당신은 한 번에 한 층씩 준비된 정보만 받아들이면 됩니다. 만약 이 글을 읽고 어려움을 느낀다면 할 수 있는 부분만 받아들이고 세상으로 나가서 그 정보를 활용하세요. 그리고 또 준비가 되면 다시 이곳으로 돌아와 더 많은 것을 배우고 다음 부분을 통합해 보세요. 그러면 이 모든 정보를 쉽게 흡수하고 더 많은 것을 원하는 자신을 발견할 수도 있습니다. 우리는 모두 각자의 고유한 길을 갖고 있습니다. 저는 당신이 공감하고 내적결정권이 공명하는 교사나 멘토를 찾아보기를 권합니다. 완벽한 방법은 없습니다. 단지 자신이 누구인지에 대한 진실을 기억할 수 있게 해주고, 자녀를 그들만의 고유한 개인으로 바라볼 수 있게 해주는 방법만 있을 뿐입니다.

먼저 기본 사항인 '유형', '전략', '내적결정권'부터 간단하게 시작하고 그런 다음 '프로파일'과 '센터'를 자세히 살펴보세요. 그것은 당신 자신과 자녀에 대한 더 많은 정보를 줄 것입니다. 특히 휴먼디자인 차트를 보고 당신이 이용 가능한 깊이를 보는 것은 간단해 보입니다. 하지만 휴먼디자인의 모든 것은 처음 세 가지로, 즉 '유형', '전략' 및 '내적결정권'으로 돌아갑니다. 이 세 가지 기본 요소를 배우고 구현하세요. 그러면 당신의 삶과 앞으로의 휴먼디자인 공부를 자신에게 맞는 방식으로 탐색할 수 있을 것입니다. 이 책을 읽으면서 뭔가가 공명하지 않는다면, 그 목소리나 앎에 귀를 기울이세요. 몸을 기울여 더 자세히 보라고 부르는 건가요, 아니면 지금 당장은 당신에게 적합하지 않다는 뜻일까요? 당신만이 답을 알 것입니다. 그리고 저는 당신이 제 말을 믿지 말고 자신에게 맞는 결정을 내리는 것을 전적으로 지지하고 격려합니다. 자신에게 맞는 것이 무엇인지 파악하는 방법을 점점 더 많이 배우면서 자신의 내적결정권에 의지하세요.

탈조건화(디컨디셔닝Deconditioning)

휴먼디자인에서는 원래의 자신에게로 돌아오는 과정을 '탈조건화'라고 합니다. 그것은 당신이 누구인지에 대한 진실을 기억하기 위해 어떻게 되어야 하는지, 그리고 어떤 사람이 되어야 하는지에 대해 배우고 들은 것들의 껍질을 층층이 벗겨내는 것입니다. 아이들은 생후 첫 7년 동안 대부분의 조건화를 받습니다. 나이가 어릴수록 진정한 자아로 살 수 있도록 도와주기가 더 좋은 이유가 바로 이것입니다. 성인이 되면 우리는 7년 주기로 탈조건화를 겪게 됩니다. 자신의 에너지가 어떻게 작용하는지 알고 있는 어린이, 그리고 어릴 때부터 진정한 자신이 될 수 있도록 지원해 주는 부모가 있는 어린이는 성인들이 하는 무거운 탈조건화의 과정을 거칠 필요가 없습니다. 하지만 어린이는 여전히 자신의 부모와 그들을 둘러싼 세상에 조건화되어 있습니다. 우리는 세상의 조건화로부터 결코 자유로울 수 없습니다. 우리의 목표는 세상으로부터 자유로워지는 것이 아니라 오히려 조건화를 아는 것이고, 무엇이 셀프이고 무엇이 낫셀프인지를 아는 것입니다. 목표는 우리 자신의 집으로 돌아와 다른 사람들과 행성의 변화가 우리 삶에 무엇을 가져오는지(교훈, 경험 및 그들의 고유한 이야기), 그리고 우리의 연결이 집단에 무엇을 가져다주는지를 인식하는 것입니다.

제3장
휴먼디자인을 통해 자녀를 이해하는 것이 왜 중요한가?

우리는 끊임없이 그리고 조용히 채워지는 컵이다.
비결은 우리 자신을 뒤집어 놓고 아름다운 것들을
밖으로 내보내는 방법을 아는 것이다.

― 레이 브래드버리Ray Bradbury ―

남들과 똑같아지고, 남들과 똑같이 보이고, 같은 일, 같은 경험, 같은 생활 방식을 갖도록 매번 균질화되는 세상에서, "적합하지 않은" 아이가 되는 것과 "적합하지 않은" 아이의 부모가 되는 것은 둘다 어려울 수 있습니다.

우리는 우리 자신이 충분하지 않다는 메시지를 받습니다. 충분히 좋지도 않고, 충분히 야심적이지도 않고, 충분히 조용하지도 않고, 충분히 시끄럽지도 않고, 충분히 똑똑하지도 않고, 충분히 같지도 않다고요. 저는 당신에 대해 잘 모릅니다. 하지만 저는 똑같은 세상에서 살고 싶지 않습니다. 이 글을 읽고 있는 당신 또한 당신의 아이와 당신 자신이 무엇이 다른지 포용하고 이해하고 싶을 것입니다.

지금 왕따는 사상 최고 수준입니다. 아이들은 점점 더 어린 나이에 자살로 죽어가고 있습니다. 지금이 바로 그때입니다. 지금이 우리가 서로 비교하는 것을 멈추고, 다르다는 이유로 서로를 지목하는 일을 멈추고, 우리의 차이점을 축하하기 시작할 때입니다. 우리는 분열을 일으키기보다는 다리를 놓아야 합니다. 휴먼디자인의 렌즈를 통해 서로를 바라볼 때, 우리는 모두 같으면서도 독특하게 다릅니다. 우리는 모두 차트를 가지고 있지만 특정 영역에서 일관성을 더 많이 만들어 우리를 독특하게 만드는 정의들이 있습니다. 우리는 우리와 다른 것에 끌리게 되어 있습니다. 왕따를 만드는 사람들이 하는 것처럼 그 다른 점으로 괴롭히기보다는, 그것들을 바라보고 축하할 수 있습니다. 우리는 그 차이로부터 배우고, 경험과 지혜를 공유하며, 우리가 서로에게 얼마나 의존하는지, 그리고 우리 각자가 어디에 적합한지를 깨달을 수 있습니다. 왜냐하면 우리 모두는 한 곳에 속해 있기 때문입니다.

때때로 우리는 잘못된 가족 속으로 떨어졌다고 느끼고 가족들과 어울리지 않는다고 느끼지만, 저는 당신의 사람들이 바로 거기에 있다고 확신합니다. 우리가 태어난 가족을 이해하지 못한다고 해도, 지금은 휴먼디자인의 렌즈를 통해 당신의 가족을 바라볼 수 있는 완벽한 시기입니다. 당신을 전혀 보지 않은 것 같은 부모가 있나요? 그들의 차트를 살펴보고 그들의 에너지가 당신의 에너지와 얼마나 다른지 보세요. 에너지가 항상 별나서 당신을 지치게 하는 아이가 있나요? 아마도 그들은 새크럴 에너지 존재이고, 당신은 그렇지 않을지도 모릅니다. 그들은 단지 더 많은 운동이 필요하고, 당신은 더 많은 휴식이 필요할 뿐입니다.

중요한 것은 당신이 사람들에게서 그 사람에게 지속적으로 존재하는 내재된 에너지를 볼 수 있을 때, 그것이 개인적인 것이 아니라는 것을 이해할 수 있다는 것입니다. 그리고 그것이 개인적인 것이 아니라면, 그것은 이 패턴을 만들기 위해 당신이 한 일이나 하지 않은 일 때문이 아닙니다. 그것은 단순히 두 에너지가 합쳐진 결과로 나타난 역학이며, 당신은 그것을 헤쳐나갈 수 있는 방법을 찾을 수 있습니다. 예를 들어, 항상 자신이 원하는 것을 해야 한다는 압박감을 느끼게 하는 아이는 정의된 루트 센터가 있고 당신은 그렇지 않다는 것을 아는 것만으로도 당신은 아이와 당신 자신을 새로운 시각으로 바라볼 수 있습니다.

당신이 이해하지 못하는 아이를 갖는 것은 별로 새로운 일이 아닙니다. 어찌된 일인지 우리는 어린 시절부터 부모가 되는 동안 아이가 되는 것이 어떤 것인지를 잊어버립니다. 당신은 부모나 친구의 부모가 "나는 너를 이해할 수 없어. 네가 내리는 결정을 이해할 수 없어."라고 말하는 것을 몇 번이나 들었나요? 우리는 우리가 키워야 할 자녀를 받은 것이고, 결국 우리가 허락한다면, 그들도 우리를 키워줄 것입니다.

위압적인 부모의 권위는 피곤합니다. 그러니 이제 그 얘기는 그만합시다. 아이가 어릴 때, 부모는 아이의 안전과 건강을 지키기 위해 경계를 설정할 필요가 있습니다. 하지만 어느 시점에서 아이를 안전하게 지키는 것이 아이를 순응하게 만들고, 아이의 영혼을 죽이고, 아이의 빛을 어둡게 하는 걸까요? 어떻게 한 사람이 18년 혹은 그 이상 동안 다른 사람에게 최선인 것이 무엇인지 알고 있다고 생각하나요? 그리고 왜 우리는 아이들이 우리 없이는 아무것도 할 수 없다고 생각할까요? 우리는 얼마나 우리의 에고가 우리의 양육 결정을 통제하도록 내버려 두나요?

조상들이 했던 것을 반복하는 우리 앞에 새로운 세대들이 왔습니다. 불행하게도 조상들이 했던 모든 것이 관련된 모든 사람에게 최고의 이익을 위한 것은 아니었습니다. 당신은 이제 어떤 패턴을 반복할지, 그리고 자녀가 그런 습관, 환경, 트라우마를 계속 이어갈지 여부를 바꿀 수 있는 기회를 갖게 되었습니다. 세대의 패턴을 바꾸는 것이 막중한 책임처럼 느껴질 수도 있지만, 당신이 아니라면 누가 할 수 있을까요? 지금이 아니면 언제 할 수 있을까요? 우리 모두는 우리의 행동을 바꿈으로써 패턴을 바꿀 수 있고, 이것은 우리 아이들의 조건화를 변화시킵니다. 우리 모두는 서로를 조건화시키고 있으며, 우리의 목표는 우리 아이에게 조건화하는 것을 막는 것이 아니라 부정적인 영향보다는 긍정적인 영향을 더 많이 주는 것입니다.

우리 아이들이 강한 자아감을 가질 때, 그들은 더 건강한 관계를 맺고 더 건강한 경계를 가지며 자신의 가치를 아는 어른으로 성장합니다.

휴먼디자인은 그것을 알아내는 것이 전적으로 당신에게 달린 것이 아니며 당신의 아이로부터 차이를 "교정"하는 것이 당신의 몫이 아니라는 것을 알 수 있게 하는 은총을 줍니다. 당신은 아이의 성장을 지켜보고 그들의 영혼을 꺾지 않으면서 그들이 자신이 되기 위해 여기에 있는 것을 지켜보는 목격자가 될 수 있습니다. 준비되었나요?

제4장
부모

천 리 길은 한 걸음으로 시작된다.
– 노자 –

부모를 있는 그대로 받아들이는 것
 – 그것은 개인적인 것이 아니라 역학과 에너지이다.

당신이 자라온 가족과 언젠가 만들게 될 가족에 대해 생각할 때, 저는 당신이 그것이 어떤 모습일지, 당신과 가족 구성원들이 어떤 역할을 할지, 그리고 당신이 어떤 종류의 일을 함께 할 것인지에 대한 그림을 가지고 있을 것이라고 상상하곤 합니다.

우리는 우리가 자란 방식과 삶에서 경험한 것을 바탕으로 우리의 이상에 기반을 둔 가족을 만듭니다. 우리는 이런 이상을 우리의 경험을 복제하고 싶은 욕망으로 표현하기도 하고, 그것과 동떨어져 우리가 자라면서 경험한 것과 정반대의 환경을 만들고자 하는 욕망으로 표현하기도 합니다.

당신이 함께 부모가 될 파트너를 선택했을 때(또는 함께 시간을 보낼 누군가를 그냥 골라 우연히 가족을 만들었을 때), 당신이 아이를 키웠거나, 또는 입양, 대리모, 예상치 못한 친구나 가족의 자녀를 키우는 등 당신 가족의 일원이 된 그들이 도착하기를 기다렸을 때, 당신의 집에서 일이 어떻게 돌아갈지 어느 정도 짐작하고 있었을 거라고 확신합니다. 하지만 때때로 우리가 얻는 가족은 우리가 가질 것이라고 생각했던 가족이나 이해했던 가족이 아닙니다. 때로는 당신의 DNA에서 나온 아이들이 가장 이질적으로 느껴질 때도 있습니다. 그래서 그들이 당신처럼 보이고, 당신처럼 말하고, 당신이 하는 것과 같은 몇 가지 특이한 것들을 가지고 있다고 해도, 당신은 뒤로 물러서서 그들을 보면서 '왜 이 아이가 이런 것일까? 내가 이렇게 가르쳤나? 내가 이런 습관, 패턴, 또는 기분 변화를 만들었나?' 하는 생각을 할 수 있습니다.

이런 종류의 질문은 우리를 키워준 사람들에 대해 똑같은 질문을 하게 만들 수 있습니다. 우리는 서로 비슷한 점이 있다는 것을 알고 있지만, 때때로 우리는 결코 우리를 이해하지 못했다고 느끼는 누군가와 우리가 너무도 비슷할 수 있다는 사실에 경멸을 느끼기도 합니다. 휴먼디자인은 우리가 사랑하는 사람들의 삶에 대한 새로운 통찰과 우리가 가장 힘들어하는 관계에 대한 새로운 이해를 가능하게 해줍니다.

저는 아버지의 자부심을 갈망하며 자랐습니다. 하지만 아버지가 인정하는 일을 하지 않는 한 자부심을 느낀 적이 거의 없었습니다. 제가 8살 때 부모님이 이혼한 후, 아버지가 제 삶에 관여했던 시간은 힘들었습니다. 저는 항상 아버지가 왜 다른 아버지들처럼 제 곁에 있을 수 없는지, 왜 술을 끊을 수 없는지, 왜 제 욕구를 귀 기울여 듣지 못하는지 궁금했습니다. 저는 항상 그에게 죄를 지은 듯한 느낌이 들었습니다. 그가 저에게 한 모든 말은 너무 권위적이어서 반항하고 싶었고, 동시에 저는 그가 말한 것을 행함으로써 그로부터 너무도 받기 어려울 것으로 보였던 칭찬을 받고 싶었습니다. 제가 신경쓰지 않기를 바랄 뿐인데 그의 생각에 신경을 쓰고 있다는 것이 저를 화나게 했습니다. 저는 그가 저를 다치게 하는 것처럼 그를 다치게 하고 싶었고, 또 어떤 때에는 그가 저를 껴안고 "무슨 일이 있어도 너를 사랑해"라고 진심으로 말해주기를 원했습니다. 제 아버지와의 관계는 제 인생 내내 경계에 대한 많은 교훈을 가르쳐 주었고, 그것은 제 어린아이 – 자아가 자기 자신에 대해 이해하고 있다고 생각하는 것으로부터 탈조건화하는 노력을 선택하도록 함으로써 오늘의 제가 되도록 도왔습니다. 저는 현재 진행형입니다. 최종 목표는 보이지도 않습니다. 삶은 계속해서 새로운 교훈을 드러내고, 저는 각각의 새로운 탈조건화 주기를 통해 저 자신에 대해 더 많이 배울 뿐입니다.

저는 그의 너무 이기적이고, 완고하고, 황소고집이었던 방식에 수십 년 동안 고군분투했습니다. 그리고 저는 항상 제가 왜 그를 위해 먼저 다가가지 않았는지 궁금했습니다. 그런데 그는 제가 항상 그렇게 했다고 말했습니다. 그가 하는 말은 제가 그가 원하는 딸이 아닌 것에 대해 죄책감을 느끼게 했습니다. 그러나 휴먼디자인의 렌즈를 통해 그를 보고 나서야 저는 그를 이해하는 데 필요한 통찰력을 얻게 되었습니다. 저는 그가 자신의 삶에서 가장 중요한 것이 무엇인지 알기 위해 힘든 방법으로 일을 하도록 설계되었다는 것을 알게 되었습니다. 그는 양육하도록 설계되었고 감정적으로도 큰 기복을 가지고 있지만, 제가 본 바로는, 그는 남자로서 어떤 자극을 받았을 때 좌절과 분노 외에는 다른 사람들에게 감정을 드러내지 않는 가정에서 자랐습니다. 부드러움과 편안함은 그가 성장한 시기에 남자들에게 지지받는 감정이 아니었습니다. 따라서 그는 그런 감정들을 억제하도록 조건화되어 있었을 것입니다. 제가 아버지로부터 더 부드러운 감정을 느낀 유일한 때는 아버지가 술을 마셔서 경계심이 풀렸을 때였고, 아마도 아버지가 만취가 되어서 그것들이 잘못된 시간에, 잘못된 사람들 앞에서 느닷없이 나왔을 때였을 것입니다. 저는 아버지에게는 물론 저 자신에게도 창피했습니다. 제가 왜 그가 원하는 딸이 아니었는지에 대한 비난과 죄책감에 휩싸인 채로 제가 느끼고 싶은 감정과 그에게서 들을 필요가 있었던 말들이 그가 술을 마실 때만 가능하다는 것을 아는 것은 감당하기가 너무 힘든 일이었습니다. 12살쯤 되었을 때, 저는 그가 저를 사랑하는 것 보다 여자친구의 아이들을 더 사랑한다고 말했던 것을 기억합니다. 그것은 그가 술을 마신 후였고, 그는 제가 그가 원하는 대로 행동하지 않은 것에 대해 맹렬히 비난했습니다. 저는 경계 설정의 교훈을 계속 배워야 했습니다. 제가 경계를 정하면 그는 그것을 날려버리곤 했습니다. 제가 "아빠가 술을 마시고 있다면 저는 이야기하고 싶지 않아요."라고 말하면 그는 저를 차단시켰으며, 술에 취해서야 저에게 전화를 걸어 저를 얼마나 사랑하는지 말하곤 했습니다.

저는 5/2 프로파일로서, 이제 그가 겪었던 많은 것들이 저에게 투사되고 있었다는 것을 이해합니다. 하지만 어렸을 때 저는 있는 그대로의 제가 그에게 받아들여질 수 없다는 메시지를 받았습니다.

저는 충분히 좋지 않은 아이였습니다.

제 삶에서 이런 상처와 트라우마를 치유하는 일을 많이 해왔지만, 휴먼디자인은 제게 자신의 감정에 대해 말하지 않는 사람에게는 가능하지도 않았던 새로운 시각으로 그를 바라볼 수 있는 렌즈를 주었습니다. 우리는 아직도 그 특징들을 가슴에 품지 못하지만, 아무리 짧은 순간이라도 과거를 접할 수 있는 순간들이 있고, 그 순간은 더 이상 저를 고통으로 가득 채우거나 예전의 상처받았던 아이로 저를 움츠러들게 하지 않습니다. 지금 저는 그것을 다르게 봅니다. 그는 더 나이가 들면서 차분해졌으며 더 이상 예전처럼 술을 마시지 않습니다. 휴먼디자인을 통해 저는 그를 그저 제 아버지가 아닌 한 사람으로 보게 되었고 용서하게 되었습니다.

이 책을 읽으면서 본문에서 자녀뿐만 아니라 당신 자신을 알아볼 수 있는 곳을 발견한다면 당신의 부모와 형제자매들의 차트를 찾아보세요. 당신이 자란 가족의 역학 관계 밖의 개인으로서 그들이 어떤 사람인지 생각해 보고 당신의 가족과 그들이 한 역할, 그리고 서로와의 관계에서 그들의 삶이 어땠을지에 마음을 열어보세요.

우리가 다른 사람을 단지 그들 자신의 경험을 헤쳐나가는 한 사람으로 바라보고 그들을 독특하게 만드는 투쟁과 일에 대해 연민을 가질 수 있을 때, 우리는 가족으로부터 받은 상처가 평생 우리를 옭아매는 굴레에서 벗어날 수 있습니다. 그것은 과거가 반복되지 않도록, 그리고 이런 경험을 파트너, 자녀, 친구, 동료 및 인생의 길에서 만나는 모든 사람과의 현재 및 미래의 관계로 가져가지 않도록 우리를 자유롭게 해줍니다.

부모의 일

부모로서 당신은 자녀에게 무엇이 옳은지, 자녀에게 어떤 기회를 주고 싶은지, 그리고 자녀가 어떻게 성장하고 어떤 사람이 되기를 원하는지를 고민하는 데 상당한 시간을 보냈을 것입니다. 당신은 아마도 그들이 선천적으로 무엇을 하는 데 재능이 있는지 알아차렸을 것이고, 어쩌면 당신은 장사꾼, 전문가 또는 그들이 대학에 가는 것에 대한 기대를 갖고 있는 가족 전통을 가지고 있을지도 모릅니다. 당신은 아마도 당신이 다 컸을 때 어떤 사람이 될 것인지, 어떤 사람이 되어야 할지, 또는 어떤 사람이 되어서는 안 될지에 대한 압박감을 느꼈던 기억이 있을 것입니다. 이 글을 읽으면서 자신의 삶의 경험을 떠올려보면 지금 이 순간에도 머릿속에서 부모님의 목소리가 들릴지도 모릅니다.

우리는 주로 우리를 키워준 사람들에 의해서, 즉 그들이 누구였는지, 그들이 어떻게 자랐는지, 그들이 어떻게 대우받았는지, 그리고 그들 이전에 그들의 부모가 어떠했고 어떻게 가르침을 받았는지에 의해서 형성됩니다. 하지만 저는 당신이 이런 패턴을 깨고자 한다는 것을 알고 있습니다. 왜냐하면 당신은 이 책을 읽고 앞으로 나아갈 새로운 방법을 찾고 있기 때문이고, 당신의 인생 여정을 이어가기 위해 무겁게 느껴졌던 패턴을 바꿀 수 있는 방법을 찾고 있기 때문이죠. 당신은 자녀들을 위해 뭔가 다른 것을 원합니다. 이 책은 당신이 그들이 누구인지, 당신 자신이 누구인지, 그리고 자신이 부모이면서 한 사람으로서 어떤 사람이 되고 싶은지에 대한 호기심을 가지고 당신의 관계를 탐색하는 데 도움을 줄 것입니다. 당신이 선택한 일은 당신과 자녀, 그들의 아이들, 그리고 그 이후의 아이들에게 도움이 될 것입니다. 마크 울린의 책 〈그것은 당신과 함께 시작하지 않았다 It Didn't Start with You〉에 따르면, 당신이 지금 하는 작업을 통해 모든 방향에서 다세대적인 치유가 가능합니다.

부모로서 당신이 해야 할 일은 좋은 것이든 나쁜 것이든 당신의 제한적인 믿음이나 이야기가 자녀에게 어디에서 반복되는지 파악하는 것입니다. 당신이 전하는 이야기에 대해 당신이 어떤 판단을 내리고 있는지 생각해 보세요. 당신은 그 이야기를 되돌아볼 때 좋은 이야기나 나쁜 이야기로 평가하나요? 당신은 자녀를 당신의 개인적인 렌즈를 통해 보고 있습니다. 그것은 어린 시절 경험에서 일어난 사건들에 의해 만들어졌습니다. 우리가 오래된 이야기에 갇혀 있는 것을 알아차리는 것이 첫 번째 단계입니다. 그런 다음 우리는 어른들의 렌즈를 통해 아이들의 행동에 대해 무엇이 좋고 나쁜지에 대해 말하는 이야기를 바꾸는 작업을 해야 합니다. 예를 들어, 만약 당신이 매일 5시에 함께 저녁을 먹는 것을 중요시하는 가족과 함께 자랐고, 이것을 "좋은" 가족이 하는 일이라고 여긴다면, 당신은 지금 가족에게 그것을 기대하고 있나요? 그리고 만약 당신의 가족이 정기적으로 그렇게 할 수 없다면, 당신은 그것을 "나쁜" 육아, 나쁜 가족의 행동이라고 생각하나요? 그 오래된 이야기를 버리고 가족을 위해 새로운 이야기를 만드는 것은 어떨까요? 새로운 이야기를 하게 되면 5시든 8시든, 함께 있든 따로 있든, 모두가 식사 시간동안 더 평화로운 느낌을 받을 수 있을까요? 당신이 그렇게 되어야 한다고 생각하는 것에서 벗어나 가족에게 가장 잘 맞는 것이 무엇인지에 가능성을 열어두면 모든 사람들에게 효과적이고 각각의 개인을 존중하는 존재의 방식을 만들 수 있습니다.

사람들은 사건이 일어났던 당시의 기억에 대한 감정적인 책임에 갇히는 경향이 있기 때문에, 일기 쓰기, 인생 코칭, 상담, 레이키, 명상, 최면 요법, 그리고 감정 자유 기법EFT 등은 당신의 차트와 아이들의 차트(그리고 당신이 차트를 실행하는 다른 가족 구성원들)로 여행할 때 당신의 과정을 지원하는 방법의 예가 될 수 있습니다. 이 과정을 통해 스스로를 돌봐야 자녀에게 좋은 지원자가 될 수 있습니다. 필요할 때 휴식을 취하고 다른 사람과 이야기를 나누며 혼자서 모든 일을 감당하지 않도록 하세요.

물론 당신은 자신의 일에 파고들 필요가 전혀 없으며 이 책을 그저 당신의 아이의 행동에 대한 통찰력을 얻기 위해 쭉 읽을 수 있습니다. 그것은 당신의 선택입니다. 하지만 패턴이 바뀌기 위해서는 삶에서 당신이 진정으로 살고 있지 않는 곳을 살펴보아야 합니다. 물론 한 번에 모든 것을 바꿀 수는 없지만, 문제가 발생할 때마다 그 문제를 해결하고 도움을 받을 수 있다면, 그것은 자신뿐만 아니라 자녀에게도 선물을 주는 것입니다.

제5장
에너지 유형 및 전략

당신이 되고 싶은 사람을 꿈꾼다는 것은
있는 그대로의 자신을 낭비하는 것이다.

- 숄럼 아시Sholem Asch -

각 에너지 유형에는 삶을 헤쳐나가기 위한 전략이 있으며, 자녀에게 그들의 전략을 사용하는 방법을 일찍부터 가르치기 시작할수록 자녀는 현재는 물론 성인이 되어가는 과정에서 삶에 반응하는 방법을 더 잘 이해할 수 있습니다. 대부분의 성인은 삶에 반응하도록 가르침을 받은 것으로부터 탈조건화하여야 하며, 올바른 선택을 하는 법을 배우고 사람들의 비위를 맞추는 것을 멈춰야 합니다.

휴먼디자인에서 탈조건화의 가장 큰 요소 중 하나는 기다리는 법을 배우는 것입니다. 모든 에너지 유형에는 전략에 기다림의 요소가 포함되어 있습니다. 심지어 매니페스터도 포함됩니다. 다른 에너지 유형이 훨씬 더 쉽고 더 좋은 것을 갖고 있는 것처럼 보여서 그 에너지 유형이 되고 싶다는 바람을 느낄 때, 이것을 기억하세요: 당신은 당신에게 완벽한 디자인을 가지고 있으며, 당신이 그것을 받아들일 때, 필요한 모든 것을 갖게 될 것입니다.

우리는 아이들을 양육하는 방식에 대한 사회적 조건화를 해체하기 위해 해야 할 일이 많이 있습니다. 우리가 자녀와 부모에게 기대하는 모습, 그리고 사람들이 세상과 직업, 그리고 사회적 상호작용에 어떻게 접근해야 한다고 말하는 방식이 모두 바뀔 필요가 있습니다. 우리는 사람들에게 그들이 어떻게 되어야 한다고 말하는 것을 멈추고 그들이 그들 자신의 과정을 갖도록 허용하면서 있는 그대로의 그들을 존중해야 합니다. 이 아이들은 우리를 통해 오지만, 우리의 것은 아닙니다. 아이들은 우리의 소유가 아닙니다. 그들은 이 세상을 항해할 수 있도록 우리에게 맡겨진 선물입니다. 그들은 우리의 미니 버전이 되기 위해 여기에 온 것이 아니라, 세상과 공유할 수 있는 독특한 재능을 가진 그들만의 개별적인 사람들이 되기 위해 왔습니다. 우리가 그것을 볼 수 있는 순간, 그들의 세계는 더 넓어지고, 우리는 그들로부터 더 잘 배울 수 있게 됩니다. 더 많은 통제가 더 건강한 아이를 만드는 것이 아닙니다. 그들에 대한 처벌이 그들을 당신이 원하는 대로 만드는 것이 아닙니다. 아마도 표면적으로 혹은 당신이 있는 곳에서는 당신이 원하는 대로 행동하지만, 그들의 가슴속에서는 당신 주위에서 자기 자신으로 있는 것이 안전하지 않다는 것을 알고 있습니다. 그들이 자신의 진정한 모습이 되도록 허락하지 않을 때 무엇을 놓치게 될지 상상해 보세요.

에너지 유형

휴먼디자인에는 네 가지의 서로 다른 에너지 유형이 있습니다. 다섯 가지라고 들어보았을 수도 있지만, 실제로는 네 가지 유형만 있습니다. 매니페스팅 제너레이터라고 하는 제너레이터의 아류형

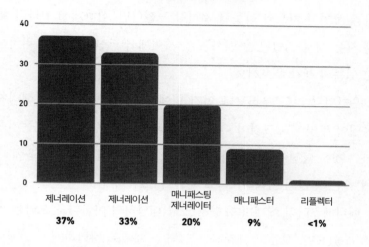

에너지 유형의 인구 비율

제너레이션	제너레이션	매니패스팅 제너레이터	매니패스터	리플렉터
37%	33%	20%	9%	<1%

을 포함해서 제너레이터, 매니페스터, 프로젝터 및 리플렉터입니다.

에너지 유형은 신체 주위를 흐르는 에너지인 오라와 관련이 있습니다. 당신이 세상 안에서 움직일 때, 그것은 다른 오라들과 상호작용합니다. 새로운 사람을 만나거나 아는 사람을 만났을 때 그 사람에게서 받는 감정이 달랐던 경험이 있을 것입니다. 아마도 그들은 당신이 공유하기 불편한 것들을 물어 거슬리는 느낌이 들었을 것이고, 당신은 자신이 노출되었다고 느껴 그 상황에서 벗어나고 싶었을 것입니다. 또는 그들이 너무 에너지가 넘쳐서 당신을 흥분시키거나, 너무 심하면 당신을 불안하게 만들었을 수도 있습니다. 그리고 곁에 있을 때 무언의 경계를 존중하고, 그래서 그들과 공간을 공유하는 것이 편안함을 느끼게 해주는 사람들이 있습니다. 그것이 바로 당신이 감지하고 있는 그들의 오라 또는 에너지장입니다. 누군가가 잘 정렬되어 있을 때, 그들의 오라는 그들이 낫셀프로 살고 있을 때와는 다르게 느껴집니다. 만약 당신이 이런 에너지 유형들을 읽으면서 차트가 잘못된 것처럼 느낀다면, 심하게 조건화된 삶을 사는 것과 정렬된 삶을 사는 것 사이에서 당신이 어디에 위치하고 있는지 생각해 보세요.

우리의 오라는 우리보다 먼저 방에 들어갑니다. 당신의 에너지 유형이 무엇이고 그것이 다른 사람들과 어떻게 상호 작용하는지를 아는 것은 당신이나 자녀가 세상과 상호작용하면서 받는 반응에 대해 훨씬 더 많이 이해하도록 도와줄 수 있습니다.

매니페스터의 에너지 유형은 크고 대담하며 아름다운 오라를 가지고 있으며, 그들의 개시하는 능력은 때때로 강렬하게 느껴집니다. 이 오라는 휴먼디자인에서 흔히 '닫혀있고 쫓아내는' 것으로 묘사되지만, 저는 그 오라로 살고 있는 사람과 그 주변 사람들 모두가 대부분 오해하는 것일 뿐이라고 생각합니다. 당신은 세상에서 새로운 것들을 창조하고 영감을 받은 행동을 하도록 설계된 누군가를 상상할 수 있나요? 그들의 오라가 새로운 아이디어로 돌파구를 마련하려면 충격적이어야 합니다!

우리는 매니페스트(manifest, 드러내다, 나타내다, 명시하다, 표현하다, 현시하다)라는 단어를 우리가 원하는 모든 것에 사용하는 사회에 살고 있습니다. 반면 휴먼디자인에서의 의미는 말 그대로 '창조'하고 '개시'하고 '행동'을 취하는 것입니다. 매니페스터가 개시할 때 수행하는 작업이 항상 매니페스터를 통해 완성되는 것은 아닙니다. 그들은 종종 그들이 움직이기 시작한 에너지를 지속시키기 위해 그 작업을 제너레이터와 같은 다른 사람들에게 넘깁니다. 프로젝터는 에너지를 감독하고 안내하는 데 도움을 주며, 리플렉터는 전체 작업의 온도를 측정하여 우리가 전체적으로 얼마나 잘하고 있는지를 반영시켜줍니다. 매니페스터들은 다른 사람들에게 미치는 영향에 대해 배우기 위해 여기에 있지만, 그들은 여전히 그들의 "내면의 창의적인 추진력"이 행동해야 할 때라고 말할 때까지 기다려야 합니다. 그들은 단지 마음속에 뭔가를 꿈꾸고 그런 다음 그것이 일어나게 만드는 것이 아닙니다. 그들은 그것을 꿈꿀 수도 있지만, 그들 또한 신체적 감각(내면의 창의적인 추진력)을 얻고 행동을 취할 수 있는 에너지 자원을 가질 때까지 기다려야 합니다. 이런 신체적인 끌림은 멈출 수 없는 내적 추진력이라고 할 수 있습니다. 그들은 왜 자기들이 이것을 발현해야 하는지 설명할 수 없지만, 반드시 해야 합니다. 그렇지 않고 저지된다면 그들은 화가 날 수 있습니다. 그것이 매니페스터의 대표적인 감정입니다.

제너레이터 및 매니페스팅 제너레이터의 에너지 유형은 사람들을 끌어당기고 기회를 가져오는 개방적이고 초대하는 오라를 가지고 있습니다. 그들은 반응하기 위해, 그리고 개시하지 않기 위해 여기에 있으므로 그들의 오라는 그들이 필요로 하는 모든 것을 가져다줍니다. 매니페스팅 제너레이터도 핵심적인 제너레이터 에너지 유형이기 때문에 반응하기 위해 여기에 있습니다. 정렬되어 있을 때, 그들은 활력이 넘치고 생명력과 일하는 에너지가 넘쳐나며, 자신의 전략에 맞춰 삶을 살아갈 때 주변에 활력을 불어넣을 수 있습니다. 그들은 자신들의 오라가 삶 전반에 걸쳐 가져다주는 것을 통해 그들 자신에 대해 더 많이 배웁니다.

프로젝터의 에너지 유형은 집중적이고 흡수력이 있는 오라를 가지고 있으며, 자신보다 다른 사람들에 대해 더 많이 배우기 위해 여기에 있습니다. 그들은 한 번에 한 사람과 연결되고 깊게 연결됩니다. 그들이 초대를 받아야 하는 이유가 바로 그것입니다. 프로젝터가 당신의 허락 없이 당신과 깊이 연결하려고 한다면, 눈에 거슬리고 노출되는 느낌을 줄 수 있습니다. 하지만 일단 프로젝터를 초대하면 그들은 다른 에너지 유형에서는 볼 수 없는 방식으로 당신을 보고 인식할 것입니다.

리플렉터의 에너지 유형은 공동체의 환경과 건강을 확인하면서 반사하고 샘플링하는 오라를 가지고 있습니다. 그들은 현명해지기 위해 여기에 있습니다. 그들은 주변의 사람들과 환경을 표본으로 추출하고, 그들의 환경에 적응하고 그들처럼 됨으로써 그들이 공동체에서 감지하고 있는 것을 반영합니다.

네 가지 에너지 유형은 당신이 그들과 상호작용할 때 서로 다르게 느낄 것입니다. 설명을 읽다 보면 저는 당신이 이런 설명에 맞는 사람들을 떠올리게 될 것이고, 어쩌면 그 안에서 당신 자신이나 당신의 자녀를 볼 수도 있을 것입니다.

다음 섹션에서는 네 가지 에너지 유형, 그 특성 및 해당 전략을 더 자세히 설명할 것입니다. 자녀의 휴먼디자인 차트 사본을 아직 받지 못한 경우에는 www.geneticmatrix.com에서 다운로드할 수 있습니다.

자녀의 에너지 유형에 대해 읽은 후에는 당신 자신의 에너지 유형에 대해 읽고 에너지 유형이 얼마나 비슷하거나 다른지, 그리고 에너지 유형의 전략이나 방법을 자녀 양육에 어떻게 적용할 수 있는지 확인하세요. 다른 에너지 유형을 가진 자녀가 어떤 것인지 상상해 보고, 어떻게 그들이 행동하고, 배우고, 또는 자신에게 맞는 것에 따라 행동해야 하는지에 대한 당신의 이상을 어떻게 바꿀 수 있는지 생각해 보세요. 만약 당신의 에너지 유형이 자녀의 에너지 유형과 같다면, 자녀는 당신과 구별되는 다른 주요 측면을 가지고 있기 때문에 당신이 경험하는 에너지 유형과는 매우 다르게 보일 수 있다는 점을 기억하세요.

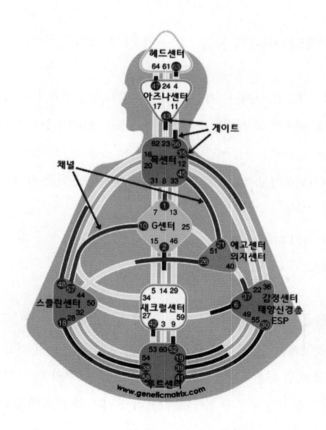

매니페스터

비 새크럴 에너지 유형 – 인구의 약 8 – 9%

목적: 새로운 아이디어를 개시하고 시작하고 구체화함

전략: 내면의 창조적인 추진력(욕구. 행동을 취하라고 말하고 느낌. 그리고 종종 다른 사람들에게 비이성적으로 보이는 느낌)이 행동을 취하라고 말하는 것을 기다렸다가 영향을 받을 사람들에게 알림.

대표적인 감정: 평화

낫셀프 대표적인 감정: 분노

매니페스터에는 정의된 새크럴 센터가 없으며 모터(ESP, 루트, 또는 의지 센터)가 목 센터에 채널로 연결되어 있습니다. 이 연결은 목 센터에 직접 연결되거나 G 센터 또는 스플린 센터와 같은 다른 센터를 통해 연결될 수도 있습니다. 모터 센터가 목 센터에 연결되면

밖으로 드러내는 힘을 갖게 됩니다. 다른 사람의 도움 없이도 현실을 구현하는 것입니다. 그들은 스스로 행동을 취할 수 있고 종종 아무런 경고 없이 일에 뛰어듭니다.

매니페스터는 새로운 아이디어를 가지고 일을 개시하기 위해 여기에 있습니다. 이것은 흥미로운 도전과 배움의 기회를 꿈꾸는 아이들일 수 있다는 뜻입니다. 그들이 자신이나 다른 사람들의 안전을 위협하지 않는 한, 그런 아이디어를 따르게 하는 것이 중요합니다.

대부분의 세상은 자신들이 여기에 매니페스터가 되기 위해 있다고 생각하도록 가르침을 받지만, 현실은 우리 인구의 약 9%만이 그렇다는 것입니다. 아이러니하게도 제너레이터는 매니페스터가 되려고 노력하고 있고, 대부분의 매니페스터는 제너레이터에 의해 길러지며 그들의 에너지 유형에 맞지 않는 일을 하도록 조건화됩니다.

정의된 새크럴 센터가 없는 매니페스터가 제너레이터와 함께 길러지고, 그들이 더 이상 원하지 않을 때도 계속 밀어붙이도록 조건화될 때, '개시'하는 재능이 차단될 수 있습니다.

피곤하면 그들이 개시하려는 목적을 쉽게 달성할 수 없습니다. 그들이 새로운 아이디어와 개념을 세상에 가져오는 것은 '개시'를 통해서입니다. 그들은 제너레이터처럼 일하기 위해 여기 있는 것이 아니며, 내적인 창조적 추진력을 통해 개시하려는 욕구를 따르기 때문에, 그들은 인구의 90%와는 다르게 삶에 접근하고 일을 할 필요가 있습니다.

매니페스터들은 그냥 일하고, 일하고, 일하기 위해 여기 있는 것이 아닙니다.

그들은 내적인 창조적 욕구가 행동할 때라고 말하는 것을 기다리고, 그 느낌을 따르도록 설계되었습니다. 매니페스터 아이들은 쉽게 꺼지지 않는 방식으로 창조하고 탐구하려는 충동에 이끌려 어린 시절에 종종 새로운 아이디어에 생명을 불어넣으면서 경계를 뛰어넘을 것입니다. 그들은 여름날 자발적으로 레모네이드 판매대를 차리는 아이들입니다. 하지만 그들은 판매대를 진입로 끝에 설치하는 대신, 보트를 타는 사람들이 들러서 다과를 먹을 수 있도록 호수 위에 떠 있는 레모네이드 판매대에서 레모네이드와 과자를 팔기로 결정합니다.

매니페스터가 훌륭한 사업 아이디어를 가지고 있다고 해서 그들이 그 일을 영원히 할 것이라는 뜻은 아닙니다. 흥분이나 추진력이 수그러지는 것을 느낄 때, 그들은 뒤로 물러나 더 많은 에너지/자원을 모으고, 다음에 무엇을 해야 할지 말해줄 다음번의 내적인 창조적 욕구를 기다려야 할 필요가 있습니다.

매니페스터는 새로운 비즈니스를 시작하고 그 사업을 매각한 후 다음 단계로 나아가는 데 탁월할 수 있습니다. 아이들의 경우, 그들은 새로운 일들을 시작하고 다른 사람들로 하여금 그것에 흥분하게 만들고, 그런 후 다음으로 나아가는 것에 능숙할 수 있습니다. 그들이 정렬된 상태에서 작동할 때, 그들의 목표는 최종적인 결과물이 아니라, 적절한 시기에 내적인 창조적 욕구를 충족시키는 것에 있습니다. 그리고 그들은 충분한 자원을 가지고 있습니다.

매니페스터 아이가 새로운 꿈을 꾸었을 때 부모가 계속해서 "안 돼"라고 말한다고 가정해 보세요. 그런 경우, 그것은 그들에게 내면의 창조적인 욕구를 억압하고 사람들에게 비위를 맞추도록 가르치거나, 아니면 그들이 어떤 식으로든 하고 싶은 것을 하기 위해 새롭고 때로는 교활한 방법을 찾도록 가르치는 것입니다.

바로 여기서 부모는 선택해야 합니다. 이 욕구를 억제하여 매니페스터 아이들의 너무도 특별한 이런 측면을 차단시키고 그들이 정말로 그들 자신으로 느끼지 않도록 양육시키거나, 아니면 그들에게 '통보'하도록 가르치세요. 그들이 무엇을 하고 싶은지 당신에게 통보하도록 가르칠 때, 당신은 자녀의 생각에 해로운 것이 없는지 가려낼 수 있고, 그들이 안전한 경험을 통해 삶을 배우게 할 수 있습니다. 비록 그들이 생각하는 대로 되지 않을 것임을 당신이 미리 알 수 있다고 하더라도, 해롭지 않다면 내적인 욕구를 따르도록 허용해야 합니다.

양육의 과제는 매니페스터 아이가 과도한 양육 없이 그들의 내적인 창조적 흐름과 강력한 개시 능력을 따르도록 하는 것입니다.

그들을 통제하고 더 확고한 경계를 설정하고, 모든 것에 '안 돼'라고 말하고, 일반적으로 자녀를 제압하려고 함으로 그들의 개시하는 능력에 반응하는 것은 그들이 느끼는 분노를 당신에게 말하지 않고 그들이 원하는 것을 할 수 있는 다른 방법을 찾는 데 연료로 사용하도록 이끌 수 있습니다.

부모들이여, 이 아이들은 당신에게 항복에 대해 가르치러 왔습니다. 자녀와의 관계에서 더 편안한 흐름을 경험하고 싶다면, 그들을 지나치게 통제하려고 하지 말고 그들의 자연스러운 존재 방식과 함께하는 법을 배우세요. 모든 부모-자녀 관계가 그러하듯이 그 관계에도 여전히 어려움이 있겠지만, 그들의 타고난 능력을 격려하고 '통보'하는 법을 가르친다면 그들이 무엇을 할지 미리 알 수 있게 됩니다.

세상은 매니페스터들이 자신의 독특한 능력을 이해하고 다른 사람들의 비위를 맞추는 사람이 되지 않도록 할 필요가 있습니다. 매니페스터 아이가 위험하지 않으면서 자신의 힘을 발휘할 수 있게 하려면 무엇을 해야 할까요? 그들에게 적절한 힘을 깨닫게 해주고 그들의 내적인 창조적 충동을 따라 실험하도록 허용해 줄 때, 그들은 평화라고 하는 자신의 감정적 특성을 경험할 것입니다.

매니페스터가 십 대 후반이 될 때쯤이면, 그들은 다른 에너지 유형과 마찬가지로 당신을 필요로 하지 않을 것입니다. 이 시점에서 그들은 이미 스스로를 키워왔고 자신이 원하거나 필요로 하는 것에 대해 어떻게 행동해야 하는지를 알아냈습니다. 그들은 스스로 행동을 취할 수 있기 때문에, 보통 그렇게 하며, 당신이 그들을 통제하고 그들이 할 수 있는 일을 제한하려고 하지 않는 한, 그들이 당신에게 통보하는 것은 당신에 대한 예의입니다. 만약 당신이 그들의 내적인 창조적 충동을 억누르려고 한다면, 당신은 분노라고 하는 그들 특유의 낫셀프 감정을 경험할 것입니다. 십 대의 매니페스터에게 그들의 계획이 무엇인지 물어보고 계획이 변경되면 통보해 달라고 요청해 보세요. 그것은 당신이 계획을 통제하려고 하는 것이 아니라 그들을 걱정하는 부모로서 그들의 거취를 알고 싶어 한다는 것을 알려주는 공간을 마련해줍니다. 그들에게 적절한 수준의 신뢰를 주고 그들이 무엇을 하고 있는지 알게 하고 그들이 자신들의 세계를 자유롭게 탐험할 수 있는 방법을 찾으세요. 만약 당신에게 졸업을 앞두고 있는 십 대의 매니페스터 자녀가 있다면, 그들이 어떤 대학에 지원할 것인지 혹은 어디에서 직업을 얻을 것인지를 묻는 대신에, 이렇게 물어보세요. "고등학교 졸업 후에 다음 단계는 무엇이라고 생각하지?", "그 일을 어떻게 하려고 하지?", "그렇게 하려면 무엇이 필요한지 알아낸 것이 있니?" 개방형 질문을 하면 그들은 꿈을 꾸고, 사려 깊게 생각하고, 그들의 내적인 창조력을 무엇이 자극하는지 볼 수 있습니다. 그리고 그것은 그들에게 다음에 무엇이 일어날지를 알려줍니다.

매니페스터와 소통하기

매니페스터는 '예/아니오' 질문이 아닌 개방형 질문을 받고 심리적으로 긍정적인 강화를 받아야 합니다.

그들이 좋은 아이디어나 방법을 생각해냈을 때, 개방형 질문을 하고 긍정적인 피드백을 제공함으로써 그 가능성에 열려 있도록 하세요. 예를 들어, 만약 그들이 새로운 음식을 시도하기를 좋아한다는 것을 안다면, "저녁으로 피자를 먹을래?"라고 묻는 대신에 "오늘 저녁으로 무엇을 먹으면 재미있을까?"라고 해보세요. "그거 재미있다/멋있다/흥미롭다/창의적인 생각이다!"라고 말하는 것은 그들이 자신의 내면의 창의적인 추진력을 따르는 것에 기분 좋은 느낌을 갖도록 도울 수 있습니다.

그들은 항상 새로운 아이디어를 생각해냅니다. 따라서 그들의 아이디어에 즉각 '아니'라고 말하거나 더 안전한 방식으로 그 아이디어를 따라가도록 돕기보다는, 그들의 말에 귀를 기울이고 앞으로 일어날 수 있는 일의 결과와 가능성을 생각하는 데 도움이 되는 질문을 하세요. 예를 들어, 만약 그들이 10살 때 캠핑을 하면서 불을 피우고 싶다고 말한다면, 그들이 너무 어리다고 즉시 '안 돼'라고 말하거나 그 생각을 중단시키는 대신, 그 기회를 빌려 불을 존중하는 법과 불을 안전하게 다루는 방법을 가르칠 수 있습니다. 또는 화재 안전 클래스에 등록하여 그들이 불에 대해 배우고 화재로부터 빨리 벗어나는 방법, 그리고 불이라는 것은 존중받아야 한다는 것을 배울 수 있게 하세요.

만약 그들이 당신이 전혀 생각해 본 적이 없는 새롭고 혁신적인 방법을 생각해낸다면, 그 아이디어를 칭찬해주세요. 다만, 그 혁신적인 아이디어에 대해 칭찬하는 것이 아니라 그저 일하기 위해 시키는 대로 아무런 질문도 하지 않고 한 것을 칭찬하는 것은 아닌지 주의해서 생각해 보세요.

학교의 매니페스터

학교의 단체 활동에서 그들은 프로젝트의 나아갈 방향에 대한 아이디어를 생각해내고, 그것을 스케치한 다음, 다른 사람들을 참여시켜서 프로젝트를 계속 진행시키는 개시자의 역할을 할 수 있습니다. 창조적인 에너지가 떨어지면 프로젝트를 완성하는 데 어려움을 겪을 수 있습니다. 이는 그들이 일하지 않으려는 것이 아니라, 그들의 일은 종종 노동 집약적인 부분과는 다른 종류의 일이기 때문입니다. 그들의 상상력을 자극하여 계속 영감을 얻도록 하세요.

예를 들어, 만약 매니페스터 자녀가 졸업 논문이나 대학 학위와 같은 큰 프로젝트를 맡았거나 다른 사람들을 돕기 위해 위원회나 그룹을 조직했다면, 그들이 논문을 발표하거나 제출한 후에 쉬는 시간을 가질 수 있도록 허용하고 격려해야 합니다. 이것은 그들의 내면의 창의력이 계속 흐르게 하는 데 도움이 되며, 큰 압박이 있은 후에 휴식 시간을 통해 재충전의 시간을 가짐으로써 자신의 에너지 유형이 올바르게 작동하도록 도와줍니다. 자연으로 나가거나, 기기에서 플러그를 뽑거나, 좋은 책을 읽는 것만으로도 긴장을 푸는 방법이 될 수 있습니다. 아마도 그들은 요가를 하거나, 영적인 일을 하거나, 축구를 하거나, 친구들과 어울리는 것을 좋아할 수도 있습니다. 각 단계에 따라 그들이 무엇을 필요로 하는지 알아보세요. 그들은 개시 주기 사이에 휴식 주기가 허용될 때 가장 기분 좋아합니다.

매니페스터와 숙제

만약 매니페스터 자녀가 숙제를 할 기분이 아니라면 그에게 숙제를 하게 하는 것은 어려울 수 있습니다. 그들은 학교에서 하루 종일 주의를 쏟았기 때문에 숙제에 뛰어들기 전에 휴식이 필요할 수 있습니다. 교실에서 모든 새크럴 에너지를 흡수하는 것은 지치는 일일 수 있습니다. 부모로서 당신은 자녀가 했으면 하는 일에 대해 당신이 체계적인 일정을 정하기보다는 자녀가 일을 완료할 수 있는 시간을 주고 어떤 순서로 할 것인지 스스로 결정하도록 하세요. 정해진 시간 안에서는 당신이 도움이 될 수 있다는 것을 알려주세요. 하지만 그들이 일을 끝내지 못한다고 잔소리를 하거나 대신해서 해주는 것은 도움이 되지 않을 것입니다. 그들은 자신이 한 행동이 어떤 결과를 초래할 수 있는지 알아야 하고, 자신이 지켜야 할 구체적인 기준이 있다는 것을 이해해야 합니다. 그들이 작업수행 방법을 어느 정도 통제할 수 있으며 필요로 할 때는 부모가 도와줄 것임을 상기시켜 주세요. 자신이 한 행동의 결과를 통해 배우도록 하는 것은 어려울 수 있지만, 십 대가 되었거나 혼자서 할 때보다 더 이른 시기에 결과가 적은 과제를 통해 배우는 것이 훨씬 더 쉽습니다. 매니페스터 아이는 세세하게 관리할 필요는 없지만, 다른 사람에게 영향을 미치게 될 것들을 알릴 필요가 있는 만큼 기대치를 알려줄 필요가 있습니다.

매니페스터와 일

직업을 구할 때가 되면, 매니페스터는 가능하면 더 유연한 일정이나 더 짧은 근무 시간을 허용하는 직업을 찾기 위해 최선을 다할 것입니다. 이것은 그들이 평생 제너레이터가 되기 위해 노력하다가 40세나 50세가 되면 번아웃되도록 조건화하는 대신 필요할 때 휴식을 취할 수 있게 해줄 것입니다. 성인이 된 후 내내 일, 일, 일을 열심히 해온 매니페스터들은 건강이 나빠지고, 탈진하고, 또래보다 빨리 노화되고, 삶에 대한 열정을 잃을 수 있습니다. 매니페스터는 회사를 창업하고 매각하는 데 탁월할 수 있습니다. 이는 일상적인 단조로운 작업에 지치지 않도록 함으로써 창조하고 개시하는 데 신선함을 유지할 수 있게 합니다. 진실은 이렇습니다. 모든 에너지 유형이 모든 작업을 수행할 수 있지만, 자신에게 적합한 방식으로 접근해야 한다는 것입니다. 자신의 독특한 특성을 이해하면 에너지가 고갈되기보다는 흘러넘칠 수 있는 일을 찾거나 사업을 시작할 수 있습니다.

매니페스터의 대표적 감정

매니페스터와 분노

매니페스터가 자신이 정렬 상태를 벗어났다는 것을 알게 하는 낫 셀프 특성의 대표적인 감정은 분노입니다. 아이에게 분노가 정상적인 감정이며 그들이 겪는 과정의 일부라는 것을 이해하도록 돕는 것이 중요하지만 분노를 어디에 내보낼지에 주의를 기울여야 합니다. 자녀가 화를 낼 때 무엇이 그들에게 도움이 될지 생각해 보세요. 그들이 자신의 감정을 처리할 수 있도록 몇 분 또는 그 이상 혼자 있어야 할까요? 밖에 나가 산책하면서 몸을 움직여야 할까요? 베개에 얼굴을 묻고 소리를 질러야 하나요? 그들이 개시하려는 뭔가가 제지당했나요? 감정은 필수적입니다. 그리고 불쾌하다고 해서 억눌러서는 안 됩니다. 매니페스터들은 또한 감정이 터지기 일보 직전인 것을 느낄 때 다른 사람들을 대하는 태도에 책임을 지도록 가르쳐야 합니다. 부모로서, 분노는 일반적으로 매니페스터의 내적인 창조적 추진력이 저지되었다는 신호라는 것을 기억하세요. 그들이 어디서 막혔는지 안다면, 그것을 해결할 방법이 있나요? 타협점이 있나요?

매니페스터와 평화

매니페스터가 전략에 따라 움직이고, 내면의 창조적인 추진력을 알리고(그리고 알고) 그것을 따르도록 허용될 때, 그들은 평화라고 하는 특유한 감정을 느낄 수 있습니다.

매니페스터의 전략

매니페스터 자녀 – 묻고 통보하라

매니페스터 아이들은 자신이 무엇을 하고 싶은지 '통보'하도록 배워야 합니다. 하지만 통보하는 것이 그들에게는 자연스럽지 않습니다. 따라서 그들은 이 전략을 배워야 합니다. 매니페스터들에게 통보하라고 가르치는 것은 자신들이 무엇을 하려고 하는지 그들의 결정에 영향을 받을 사람들이 알게 하는 것을 배우는 데 도움이 됩니다. 그리고 매니페스터들은 종종 흥미로운 것들을 꿈꾸기 때문에 부모로서 자녀가 무엇을 할 계획인지 미리 알면 행복할 것입니다.

그들에게 통보하라고 가르치는 것은 "친구 집에 가기 전에 나에게 알려줘, 네가 어디에 있는지 알 수 있게." "만약 다른 일을 하기로 결정했다면, 먼저 나에게 확인을 해줘." 같은 것입니다. 그것은 당신이 항상 '좋아'라고 말해야 한다는 뜻이 아닙니다. 그것은 그들에게 통보하는 법을 가르치는 것이고, 당신은 그들이 어디에 있는지 그리고 무엇을 하고 있는지를 알게 됩니다. 그들은 나무 사이의 길을 따라 그곳에 무엇이 있는지 보기로 결정했을 뿐이기 때문에 그들을 찾기 위해 이웃들에게 지켜봐 달라고 부탁할 필요가 없습니다.

매니페스터는 자기 방식대로 결정해야 하기 때문에, 무엇을 해야 하는지 알려주는 동시에 선택의 자유를 허용하는 방식으로 일을 하도록 요청해야 합니다. "마이클네 집에 가고 싶으면 10시까지는 알려줘야 해. 그래야 너를 데려다줄 수 있어." 이것은 그들이 원하는 것이 있다면 당신에게 알려줘야 하고, 부모로서 당신은 그 주변에 몇 가지 매개변수를 설정할 수 있다는 것을 알려주는 예입니다. 부모는 자녀가 꿈꾸는 모든 것에 대해, 또는 자녀가 꿈꾸는 순간에 '예스'라고 대답할 필요는 없지만, 그들이 요청하고 알려주는 권한을 부여하고 예의를 갖추도록 노력하세요.

큰 아이디어를 가지고 있고 (합리적인 범위 내에서) 그것들을 따르도록 허용하는 것이 그들의 고유한 감정인 평화에 필수적입니다. 따라서 그들에게 계속해서 '안 돼'라고 말하면서 그들 내면의 추진력을 차단하지 않도록 주의하세요. 질문할 때는 예의 바르게 하라고 가르치세요. 매니페스터들이 좋아하는 말은 당신이 "좋아"라고 말하는 것과 "해보고 무슨 일이 일어나는지 보자"라는 말을 더 자주 듣는 것입니다. 이를 통해 자녀는 크고 새로운 아이디어를 낼 수 있는 자신의 능력을 인정받고, 세상에 중요한 무언가를 제공할 수 있다는 믿음을 갖게 되며, 자신의 능력이 가치가 있다는 것을 알게 됩니다.

당신이 매니페스터 자녀에게 알리는 것 또한 중요합니다. 만약 당신이 집을 떠나 여행을 가고, 이사를 하거나 새로운 사람을 집으로 데려오는 등 그들에게 영향을 미칠 일이 있다면 그들에게 알려야 합니다. 당신이 그들에게서 무엇을 기대할지를 알고 싶어 하는 것처럼 그들도 당신에게서 무엇을 기대할지 알고 싶어 합니다.

성인 – 통보하기

자녀가 자라고 성인이 되면, 부모가 "안 돼"라는 말을 너무 많이 해서 허락하지 않을 거라고 생각해서 숨기지 않는 한, 그들은 뭔가를 하기 위해 허락을 구하는 것에서 자신이 무엇을 하겠다고 말하는 것으로 바뀔 것입니다. 그들의 오라는 크고 대담하며, 오라가 움직일 때 주변 사람들은 그들의 존재와 부재를 느낍니다. 매니페스터의 오라가 통보하지 않은 채로 갑자기 방을 나간다면, 우리는 어디로 가고 있고 언제 돌아올 것인지 알고 싶어 합니다. 매니페스터는 단지 자신의 일을 하고 있는 동안에도 다른 사람들에게 영향을 미친다는 것을 자녀가 이해하도록 도와주세요. 그래야 그들이 어른이 될 때 저항과 분노를 느끼지 않고 내면의 창조적인 욕구를 더 쉽게 따라갈 수 있게 됩니다. 성인 매니페스터에게 있어서 통보하는 일은 허락을 받기 위한 것이 아니라, 그들이 행동할 준비가 되었을 때 저항을 덜 느끼도록 하기 위한 것입니다.

다른 에너지 유형이 매니페스터 양육하기

프로젝터 부모와 매니페스터 자녀

프로젝터인 당신 또한 비 새크럴 에너지 유형이라고 해도 당신의 에너지가 갖는 욕구는 매니페스터와는 상당히 다를 수 있습니다. 만약 당신이 모터가 미정의된 프로젝터라면 매니페스터 자녀의 에너지는 당신의 삶에서 압도적으로 느껴질 수 있습니다. 특히 그들이 집에 있을 때 당신이 주로 돌보는 역할이라면, 서로에게 약간의 추가적인 휴식이 필요할 수 있습니다. 당신이 다른 사람들의 에너지를 배출하기 위해 하루가 끝날 때 휴식 시간이 필요하듯이, 매니페스터 자녀도 하루가 끝날 때 휴식이 필요하다는 것을 기억하세요 (매니페스터 수면 욕구에 대해서는 11장의 수면 섹션을 참조하세요.)

매니페스터 자녀는 일에 파고들어 일을 처리할 수 있을 것처럼 보일 수도 있으며, 처음에는 개시 단계에서 심지어 제너레이터처럼 보일 수도 있습니다. 그러나 프로젝트가 길어지고 자녀의 에너지가 감소하는 것이기 보이기 시작한다면, 그때가 그들의 에너지 필요량에 대해 논의할 기회입니다. 비 새크럴 에너지 유형인 당신은 에너지 한계를 넘어 자신을 밀어붙일 때 휴식이 필요하다는 것을 알고 있을 것입니다. 이것이 자녀에게는 자연스러운 에너지의 흐름이고, 그것이 중간에 일을 그만두거나 일을 마치지 못하는 사람이라는 뜻이 아니라는 것을 이해하도록 도와주세요. 그것은 그들이 일을 개시하고 새로운 아이디어를 가지고 우리가 일하는 방식을 바꾸기 위해 여기에 있지만, 그들이 항상 그 일을 끝내야 한다는 의미는 아닙니다. 그들이 언제 그만두면 충분한지 아는 법을 배우도록 도와주세요.

프로젝터인 당신은 매니페스터 자녀가 사물에 접근하는 방식이 가장 에너지 효율적이거나 쉬운 방식이 아니라는 것을 알 수 있을지도 모릅니다. 매니페스터는 안내를 받기 위해 온 것이 아니므로 그들에게 접근하는 방식에 주의하세요. 만약 당신이 더 나은 방법이 보인다면, "나는 네가 하고 있는 일을 한 경험이 있어. 그러니 네가 관심이 있다면 그 경험을 나눠줄 수 있다."라는 식으로 접근하는 것도 고려해 보세요. 이는 자녀에게 방법을 알려주는 것이 아니라 그들이 당신의 도움을 받기로 선택한 경우 당신이 자원이 될 수 있다는 것을 알려주는 것입니다.

리플렉터 부모와 매니페스터 자녀

이 조합은 매니페스터의 낫셀프 감정이 분노라는 점에서 도전적일 수 있으며, 특히 다른 사람의 감정을 마치 자신의 감정인 것처럼 받아들이고 품고 조절하며 살아가는 리플렉터가 그러한 에너지 주변에 있는 것이 강렬하게 느껴질 수 있습니다. 이런 느낌을 피하기 위해 부모는 자녀가 분노에 휩싸이지 않도록 그들의 비위를 맞추려고 노력할 수 있습니다.

매니페스터 자녀는 모터가 적어도 하나 이상 정의되어 있습니다. 그것은 때때로 매우 강력하고 압도적인 느낌을 줄 수 있습니다. 당신이 만약 아이에게 에너지적으로 압도당한다고 느낄 때, 당신은 인내심이나 이해심이 부족하고 자녀로부터 벗어나 휴식이 필요하다는 사실에 대해 스스로를 감정적으로 질책할 수 있습니다. 아이와 24시간 함께 있지 않고 서로 떨어져 있는 것도 괜찮으며, 심지어 좋다는 것을 말씀드리고 싶습니다. 주변에 당신을 도와줄 다른 가족이 없다면, 베이비시터를 고용하거나 다른 부모와 거래를 하여 휴식을 취하세요. 당신은 다른 사람들로부터 가져온 에너지를 방출하기 위해 휴식 시간이 필요합니다. 특히 그들이 매니페스터와 같이 강력한 오라와 정의된 모터 에너지를 가지고 있을 때 더욱 그렇습니다.

리플렉터 부모는 아이가 무엇을 느끼고 있는지 느낄 것입니다. (그것을 개인적으로 받아들이지 않도록 하세요.) 그들의 에너지장을 샘플링하고, 당신이 알아야 할 것을 배우고, 그것을 당신 자신의 것으로 받아들이기보다는 부모와 자녀 두 사람 모두에게 기분이 좋은 곳으로 돌아갈 수 있도록 도와주는 것을 잊지 마세요.

매니페스터 자녀가 화가 났을 때, 당신은 그것을 느낄 것입니다. 당신은 그들이 느끼고 있는 것을 알고 있다는 것을 알려주고 그들이 앞으로 나아가기 위해 필요한 것이 무엇인지 물어볼 수 있습니다. 또는 만약 그들에게 당신과 함께할 수 있는 아이디어가 있다면, 함께 해보는 것도 좋을 것입니다. 그들의 개시하는 에너지를 활용하여 더 즐거운 시간을 만들어 보세요.

제너레이터/매니페스팅 제너레이터 부모와 매니페스터 자녀

제너레이터/매니페스팅 제너레이터 에너지 유형은 재생 가능한 생명력/노동력 에너지를 가지고 있습니다. 이들은 특히 자기가 큰 아이디어를 가지고 그것들을 열정적으로 파고들 때 어떻게 다른 사람이 자기와 같은 추진력과 직업윤리를 가질 수 없는지 이해하기 어려울 수 있습니다. 만약 제너레이터 에너지 유형의 부모가 당신을 키웠다면, 당신은 아마도 그들로부터 직업윤리와 조건화를 배웠을 것이고, 이것이 당신이 알고 있는 것입니다. 당신은 매니페스터 자녀가 게으르다고 느낄지도 모릅니다. 사실은 그렇지 않습니다! 그들은 단지 다른 방식으로 일하기 위해 여기 있을 뿐이고, 그들의 일은 당신이 하는 일과 같지 않습니다. 서로에게서 배우고 새로운 육아 방식을 배울 수 있는 기회를 만들어 보세요.

당신은 에너지가 매우 다르게 작동하기 때문에 매니페스터 자녀를 쉽게 이해하지 못할 수도 있습니다. 하지만 자녀가 어떤 일을 하도록 부름을 받았는지, 어떤 방식으로 추진력을 느끼는지, 그리고 언제 창의적인 추진력을 따라야 하는지를 아는 방식에 대해 그들과 대화를 더 많이 나눌수록, 그들이 집안에서 어떤 종류의 일을 도울 수 있는지를 파악하는 데 도움이 될 수 있습니다. 그들의 장점을 알게 되면 당신에게도 도움이 되며, 기회가 주어졌을 때 그들이 무엇을 잘하는지 알 수 있습니다. 그것은 자녀가 자신감을 갖도록 도와줍니다. 우리 모두는 각자의 방식으로 자신을 특별하게 만드는 뭔가에 기여하고 싶다고 느끼지 않나요? 매니페스터 자녀는 오랜 시간 육체적인 일을 하기 위해 여기에 있는 것이 아닙니다. 비록 그들이 당신의 오라에 안에 있는 동안에는 아마도 평소보다 훨씬 더 오래 그리고 더 열심히 일할 수 있을 것이지만 말입니다. 이것이 그들에게는 지속 가능하지 않다는 것을 이해하도록 주의하세요. 만약 그들과 함께 방을 청소하고 있다가 당신이 일이 있어서 가게로 가면서 그들에게 일을 마무리 지으라고 말한다면, 당신이 돌아왔을 때 청소가 마무리되지 않은 방을 발견하게 될지도 모릅니다. 왜냐하면 당신이 떠났을 때, 그들이 빌린 새크럴 에너지가 당신과 함께 떠났기 때문입니다. 그들이 당신의 에너지를 빌릴 때, 그들은 그것을 증폭시켜 한동안 열심히 일할 수 있습니다. 특히 어릴수록 더 그렇습니다. 하지만 우리는 그들에게 당신의 에너지 유형이 아닌 그들의 에너지 유형에 맞게 일하는 방법을 가르쳐줘야 합니다.

매니페스터 자녀의 이야기

인구의 8 – 9%만이 매니페스터이기 때문에 일반적으로 우리 주변에는 매니페스터가 많지 않습니다. 또는 그들은 종종 자신의 마법을 잃고 제너레이터로 살도록 조건화되어 있기 때문에 매니페스터가 많이 있다는 것을 우리가 알지 못할 가능성이 더 큽니다. 저는 제 가족 안에 적어도 매니페스터가 두 명이 있다는 것을 발견했습니다. 제가 열두 살쯤 되었을 때 두세 살쯤 된 사촌에 대한 기억이 있습니다. 그때 저는 시골 할머니 댁에서 테더 볼(기둥에 매단 공을 라켓으로 치고받는 게임)을 하고 있었습니다. 그곳의 도로는 시골길이었고, 자동차들은 이 도로를 따라 최소한 시속 40마일(64km) 이상으로 달렸고, 양쪽에는 도랑이 있었습니다. 그중 하나는 빠르게 흐르는 물로 가득 차 있었고 폭이 몇 피트나 되었기 때문에 밖에 있는 동안 저는 제 사촌을 감시하는 임무를 맡았었습니다. 이 작은 매니페스터는 말을 무척 사랑했습니다. 사실 저는 그 아이보다 더 말을 사랑하는 사람을 만난 적이 없습니다. 그런데 길 건너 이웃에는 우연히 말 두어 마리가 있었습니다. 정말로 순식간에 그녀가 사라졌습니다. 우리는 그녀를 부르면서 즉시 들판을 수색했습니다. 어른들도 수색에 참여했고, 관련된 모든 사람들이 최악의 상황을 두려워했습니다. 제 할머니는 어렸을 때 자신의 사촌이 익사했기 때문에 특히 어쩔 줄 몰라 했습니다. 우리가 겁에 질려있을 즈음에 누군가가 그녀를 발견했습니다. 그녀는 길 건너편에서 말을 쓰다듬고 있었습니다. 그녀는 진입로를 살펴보고, 두 개의 도랑을 피해 길을 건너서 말을 찾아간 것입니다. 그녀는 완벽하게 무사했습니다. 저는 그녀가 단지 무언가를 개시하고 실행하려는 내면의 욕구를 따랐을 뿐이라는 것을 이제 알고 있습니다. 그녀는 자신이 경험하고 싶은 뭔가를 보고 그냥 그것을 따라간 것이었습니다. 이것이 바로 행동하는 매니페스터 아이들입니다. (나는 그것을 본다. 나는 그것을 원한다. 나는 그것을 한다.)

매니페스터 아이들은 결과에 상관없이 무언가를 시도할 것이기 때문에 무엇이 안전하고 무엇이 안전하지 않은지에 대한 지침이 필요합니다. 하지만 그들을 완전히 가두지 않고, 대신 그들이 따라야 할 뭔가가 있으며 그렇게 하는 것이 옳다는 것을 신뢰하는 법을 배우게 해야 합니다. 그들의 내적인 창의력과 호기심을 키워 그것이 그들을 어디로 데려가는지, 그리고 그들이 세상에 어떻게 독특하게 기여하는지 살펴보세요.

매니페스터 부모로서 양육하기

당신은 매니페스터 자녀를 키우는 매니페스터인가요?

당신은 어렸을 때 어떻게 길러졌나요? 당신의 창조적인 추진력을 따르는 것을 저지당했나요? 당신은 사람들의 비위를 맞췄나요? 새로운 것을 탐험하고 시도하는 것이 허용되었나요? 아니면 저지

당했나요? 당신이 시도한 것들을 부모에게 숨겼나요? 부모는 어떻게 반응했나요? 어른이 되어서도 사람들의 비위를 맞추는 패턴이 있나요?

매니페스터 아이로서 겪었던 자신의 경험이 자녀를 양육하는 방식에 어떤 영향을 미치는지 생각해 보세요. 당신은 부모의 통제를 받았고, 그 때문에 자녀를 더 통제하게 되지는 않았는지요? 성인이 되어 당신이 매니페스터라는 것을 안 지금, 어린 시절에 어떤 경험을 다르게 했었으면 하나요? 이는 매니페스터로 양육받고 싶었던 방식으로 당신의 자녀를 양육할 수 있는 놀라운 학습 기회가 될 수 있습니다. 당신은 자녀를 양육하는 경험을 통해서 자신을 다시 양육할 수 있습니다.

매니페스터 부모와 새크럴 에너지 유형의 자녀

정의된 새크럴 센터를 가진 자녀를 양육할 때, 당신은 자녀의 새크럴 에너지를 신체적인 운동을 통해 소진시켜 줄 필요가 있습니다. 이것은 자녀가 어릴 때 일찍 잠자리에 들게 해서 빨리 자게 하고 당신은 휴식을 취할 수 있게 할 때 특히 중요합니다. 당신은 침대에 누워서 긴장을 푸는 데 최소한 30분은 할애해야만 쉽게 잠들 수 있습니다. 당신은 제너레이터처럼 자신을 지치게 하고 침대에 쓰러져 즉시 잠을 자도록 설계되지 않았습니다. 침대에서의 이 여분의 시간은 당신에게 중요하며 사실 그것은 전혀 여분의 시간이 아닙니다.

매니페스터 부모는 자녀에게 알려야 한다

타고난 위임자가 아니라 행위자인 당신은 (당신이 자신들을 이끌어주기를 바라는) 아이들에게 무엇을 해야 하는지 알려주는 데 어려움을 겪을 수 있으며, 결국에는 아이들을 위해 그 일을 대신해주게 되는 경우가 종종 있습니다. 당신이 늦어 바쁠 때 신발 끈 매는 법을 배우고 있는 아이가 자기가 신발 끈을 매겠다고 고집하는 경우를 생각해 보세요. 매니페스터 부모는 아이의 신발 끈을 묶어주고 나갈 계획이지만, 아이는 스스로 해야 할 필요가 있는 단계에 있습니다. 매니페스터 부모가 아이의 신발을 묶기 시작하면 아이는 자기 혼자 신발을 신어야 한다고 고집을 부립니다. 매니페스터 부모는 이제 낫셀프 감정 특성인 분노를 느낍니다. 왜냐하면 자신의 개시하는 흐름이 중단되었고, 이미 계획보다 더 늦어졌기 때문입니다. 이제 부모와 아이 둘 다가 화가 납니다. 아이는 자기가 스스로 할 수 없게 되었고 당신이 화를 냈기 때문에 화가 나 있습니다. 이런 경우에 당신은 시간에 맞춰 가야 하기 때문에 이번에는 아이의 신발을 묶어줘야 하지만, 다음에는 아이가 스스로 신발 끈을 묶을 수 있도록 더 많은 시간을 줄 계획이라고 알려주세요(그런 다음 약속을 지키세요.)

실행에 옮기기

매니페스터 부모는 자녀에게 앞으로 어떤 일이 발생할 것인지, 일이 더 원활하게 진행되기 위해 자녀가 무엇을 해야 하는지 알려줘야 합니다. 새크럴 센터가 정의된 제너레이터나 매니페스팅 제너레이터 자녀를 키우고 있고 이미 피곤함을 느끼고 있다면, 저항이 적을수록 더 좋습니다. 그리고 제너레이터 자녀의 경우 그들의 새 크럴 모터가 움직일 수 있도록 '예/아니오' 질문을 던져주세요.

신발 끈 묶기의 예에서 보듯이, 부모가 자녀를 위해 그것을 할 수 있다고 해서 그것이 자녀에게 최선이라는 의미는 아닙니다. 일이 당신이 원하는 만큼 빠르게 진행되지 않는 것에 좌절하기 전에 당신이 기대하고 필요로 하는 것을 알려줌으로써 자녀에게 힘을 실어 주세요.

제너레이터

새크럴 에너지 유형 – 인구의 약 70%

목적: 노동력 제조자. 전략을 통해 삶이 그들에게 가져다주는 것
　　에 반응함으로써 일에 능숙해지는 것
전략: 외부 현실에 뭔가가 나타나기를 기다렸다가 새크럴 반응을
　　통해 반응하는 것
대표적인 감정: 만족감
낫셀프 대표적인 감정: 좌절

제너레이터는 매니페스팅 제너레이터를 포함하여 인구의 약
70%를 차지합니다. 제너레이터 에너지 유형은 새크럴 센터가 정의
되어 있으며(색상으로 표시) 목 센터에 연결된 모터가 없습니다. 그들
은 새크럴의 반응에 따라 삶에서 반응하는 일을 통해 자신에 대해
배우기 위해 여기에 있습니다. 일하기 위해 여기에 있다는 것은 아

무도 원치 않는 모든 힘든 일을 하기 위해 여기에 있다는 것을 의미하는 것이 아니지만 그것이 종종 그들에게 조건화되는 주제입니다. 그들은 일을 해야 한다는 것을 알고 있고, 그 일을 할 에너지를 찾을 수 있기 때문에 다른 사람들을 위해 여유로운 일을 맡도록 조건화될 수 있습니다. 제너레이터 아이들이 힘든 일을 할 때 보상을 받는다면, 그들은 다른 사람들을 위해 일해야만 가치가 있다고 느끼기 시작하고 평생 사람들의 비위를 맞추고 자신의 소명을 무시하는 패턴을 갖게 될 수 있습니다.

제너레이터는 삶이 그들에게 반응할 무언가를 가져다주기를 기다리면서 삶과 상호작용하기 위해 여기에 있습니다. 이들은 네트워크를 연결하거나, 놀거나, 일하거나, 창조하거나, 실행하거나, 여행하거나 움직이는 기회가 될 수 있습니다. 삶이 그들에게 다가올 것이기 때문에 그들은 삶을 찾으러 갈 필요가 없습니다. 대부분의 성인 제너레이터들이 겪는 어려움은 삶이 자신들에게 반응할 수 있는 기회를 가져다주기를 기다리기보다 직접 밖으로 나가 일을 성사시키고 에너지로 밀어붙일 수 있도록 조건화된다는 것입니다. 이 조건화는 어린 시절에 시작됩니다. 반응은 제너레이터가 새크럴 반응을 통해 올바른 일에 에너지를 사용하겠다는 제안을 받아들이는 방식입니다. 그들이 매니페스터처럼 작동하도록 조건화되었을 때 그것은 인내심이 필요한 일입니다. 그들은 우주가 그들에게 필요한 것을 보내줄 것이라는 믿음을 가져야 합니다. 그리고 우주는 그렇게 할 것입니다! 하지만 그들이 평생 운전석에 앉아 있어야 하고 자신의 꿈을 실현해야만 한다는 말을 들었을 때 우주가 보내주는 것을 기다리는 것은 두려운 일로 느껴질 수 있습니다. 휴먼디자인에서 우리는 각각 차량(몸)의 승객이며, 우리의 마그네틱 모노폴(G 센터에 위치)은 삶의 길을 따라 차량을 운전하는 것입니다. 우리가 정렬된 삶을 살 때, 우리는 삶을 살면서 삶이 일어나도록 노력하기보다는 삶이 일어나는 것을 지켜보고 있는 것입니다.

제너레이터가 반응할 일을 기다리지 않고 계속 밀어붙이고 개시하면 자신이 잘못된 일을 하고 있다는 것을 발견하게 될 것이며, 에너지는 그 일에 적합하지 않을 것입니다. 비록 그 일을 계속할 수 있는 에너지를 찾을 수 있을 것 같지만, 그들의 기쁨은 고통받을 것이고, 그들만의 형태로 소진을 경험할 수 있습니다. 비 새크럴 에너지 유형들과 달리 그들은 일반적으로 아무것도 할 수 없을 정도로 소진되지는 않겠지만 삶의 열정은 물론 목적과 추진력도 함께 잃게 될 것입니다. 제너레이터가 에너지를 올바르게 사용하지 않을 때는 반발 에너지 효과가 발생하여 에너지가 감소하고 소진되는 것을 느낄 수 있습니다. 에너지가 떨어질 때, 그들은 흥미를 끄는 것들을 더 이상 추구하지 않습니다. 이 시기는 제너레이터가 자신의 삶을 돌아보고 그들이 "아니오"라고 말하고 싶을 때 "예"라고 대답해 온 곳을 파악해야 하는 중요한 시간입니다. 만약 그들이 사람들의 비위를 맞춰왔다면, 시간과 에너지에 대한 적절한 경계를 설정하고 자존감을 높이기 위해 노력하는 법을 배워야 합니다. 제너레이터 자녀에게 전략과 내적결정권을 사용하도록 가르치면 자녀가 나중에 소진되는 지점에 도달하는 것을 방지할 수 있습니다.

이런 일이 당신에게 발생했다면, 당신은 새크럴 반응을 사용하는 방법을 다시 배우는 것부터 시작할 수 있습니다. 새크럴 반응은 '예/아니오' 질문을 받았을 때 un-uh(아니오), uh-huh(예)로 반응하는 것입니다. 일단 새크럴 반응으로 '예'(또는 uh-huh)라고 반응했다면, 당신은 반응한 것에 대해 행동을 할 수 있습니다. 만약 당신이 감정 결정권을 가지고 있다면, 6장으로 가서 행동을 취하기 전에 결정이 명확해질 때까지 기다리는 방법에 대해 더 읽어보세요.

제너레이터 아이들에게 '예/아니오' 반응의 배후에 있는 이유를 설명하거나 합리화하도록 요청할 때, 우리는 그들의 새크럴이 그들에게 맞는 것을 안내하도록 하기보다는 마음을 사용하여 결정을 내리도록 조건화하고 있는 것입니다. 그러면 그들은 "아니오"라고 말하는 것을 어려워하는 어른으로 성장합니다. 왜냐하면 그들은 그것을 정당화해야만 한다고 느끼며, 사람들의 비위를 맞추면서 부탁받은 일을 하는 것이 더 쉽기 때문입니다.

제너레이터와 소통하기 – 제너레이터 자녀의 에너지로 작업하는 방법

제너레이터 자녀를 양육할 때는 단순히 그들에게 무엇을 하라고 지시하기보다는 자녀가 반응할 수 있는 질문을 하는 방법을 배워야 합니다. 그들은 당신이 요청하고 있는 것에 대해 새크럴을 통해 반응하기 때문에, 당신이 '예/아니오' 질문을 하고 있는지 확인할 필요가 있습니다. 새크럴은 궁극적으로 "이 일을 하고 싶니?" "너는 이것을 위해 너의 에너지를 사용하고 싶어?"라는 질문에 대답합니다.

예를 들어, 제너레이터 어린이가 샌드위치를 잘 만들지 못해 좌절하면서도 당신의 도움을 즉시 거절할 때, 올바른 '예/아니오' 질문을 한다면 그 아이가 행동을 취하고 앞으로 나아가게 유도할 수 있습니다. 당신은 "도움이 필요해?" 또는 "지금 당장 무엇이 필요한지 알고 있니?", "너 혼자서 해야 해?"와 같은 질문을 할 수 있습니다. 그것은 마치 당신이 뭔가를 생각하고 있으면 상대방은 그것이 무엇인지를 더 잘 알기 위해 추측할 수 있는 충분한 정보를 모을 때까지 질문을 해야 하는 게임과 비슷합니다. 제너레이터 자녀에게 새크럴 반응 질문을 묻는 방법에 대한 자세한 내용은 부록을 참조하세요.

만일 부모가, 부모는 말하고 아이들은 듣도록 키워졌고 아이들에게 뭔가를 하라고 말하는 것이 익숙해 왔다면, 이 과정은 부모에게 좌절감을 줄 수 있습니다. 하지만 일단 요령을 터득하고 자녀가 일반적으로 필요로 하는 것이 무엇인지 이해하기 시작하면, 문제의 핵심을 파악하여 자녀가 다시 앞으로 나아갈 수 있도록 질문하는 능력이 빠르게 향상됩니다. 기억하세요. 당신은 자녀를 가장 잘 알고 있습니다. 그리고 비록 이런 유형의 질문을 시작하는 것이 처음에는 시간이 걸리겠지만 장기적으로 자녀가 원하는/필요로 하는 것을 파악하는 데 자신감을 갖게 되고, 자녀가 행동을 취하고 앞으로 나아가도록 하는 방법을 배우게 되어 자녀가 자신의 진실을 이해하고 세상에 나가서도 그 진실을 유지할 수 있도록 힘을 실어줄 수 있습니다.

학교에서의 제너레이터
학교에서 제너레이터 자녀는 그룹 프로젝트에서 과제를 수행할 가능성이 높습니다. 그들은 그 일이 해야 할 필요가 있다는 것을 알고 다른 사람들이 하지 않을 때 결국 그들의 공정한 몫보다 더 많은 것을 하게 될 수도 있습니다. 그들의 교사들은 그들이 그 일을 해낼 것이라는 것을 알기 때문에 그들에게 더 의존할지도 모릅니다. 자, 이것은 지나친 일반화입니다. 왜냐하면 차트에는 작동하는 많은 다른 요소들이 있기 때문입니다. 하지만 만약 자녀에게서 이런 경향을 발견한다면, 이것은 그들이 모든 일을 할 수 있다고 해서 그것을 해야만 한다는 의미는 아니라는 것을 이해하도록 도울 수 있는 기회입니다. 또한 새로운 것을 배울 때 계단식 학습 방식을 취하기 때문에 정체기에 부딪혀 더 이상 나아질 수 없을 것 같을 때 좌절감을 느낄 수 있습니다. 그들이 더 이상 하기 싫어서 정말로 그만두고 싶은 것인지, 아니면 원하는 만큼 빨리 늘지 않는 것에 좌절하는 것인지 이해하는 것이 중요합니다.

제너레이터들은 몸과 에너지를 움직이는 것이 큰 도움이 되므로 에너지의 일부를 태워버릴 수 있는 과외 활동이 도움이 될 수 있습니다. 만약 그들이 하루 종일 이 에너지의 일부를 다 써버릴 충분한 기회를 갖지 못한다면, 교실에 앉아 있기가 어려울 수 있습니다. 그들은 안절부절못하고, 집중력을 잃고, 산만해지거나 주위를 산만하게 하며, 집중하는데 더 힘든 시간을 보낼 수 있습니다. 이런 경우라면, 그들이 몸을 움직일 수 있는 더 많은 기회를 마련하고 휴식 시간에 몸을 움직이고 놀 수 있도록 격려하세요.

제너레이터와 숙제

제너레이터가 숙제를 하도록 하는 데 어려움이 있다면 '예/아니오' 질문, 새크럴 반응 질문을 사용해야 한다는 것을 잊지 마세요. 그들이 반응할 뭔가를 제공해야 합니다. "너는 숙제를 끝내야 해"라거나 "금요일이 마감인 프로젝트를 언제 끝낼 거야?"라고 말하는 것보다 "지금 숙제를 끝내고 싶니, 아니면 저녁 식사 후에 하고 싶니?"라고 물어보세요. 또한 "너의 프로젝트가 완료되어 금요일 아침에 제출할 준비가 되었니?"라고 물어볼 수도 있습니다. 반응이 "아니오"인 경우 "금요일 아침까지 준비하려면 어떻게 해야 하는지 알고 있니?" "무엇이 네가 그것을 끝내는 것을 막고 있는지 알고 있니?"라고 후속 질문을 하세요. 마지막 순간까지 지연되는 프로젝트는 정리하는 것에 대한 부담감 때문일 수 있습니다. 만약 그들이 미정의되었거나 열린 루트 센터(8장 센터 참조)를 가지고 있다면, 압박감으로 인해 그것을 빨리 끝내고 압박감으로부터 자유로워지기 위해 속도를 내거나, 반대로 압도적인 압박감으로 인해 마비가 될 수도 있습니다.

제너레이터와 숙제에 대해 한 가지 더 생각해 보겠습니다. 이 아이가 해야 할 일에 대해 느끼는 기대는 무엇일까요? 제너레이터는 종종 다른 사람들이 하고 싶어 하지 않는 일을 하는 것으로 보상받을 수 있습니다. 또는 그들이 그 이상을 넘어서면 칭찬을 받는다는 것을 알게 되면 인정받는다는 느낌을 받기 위해 무리할 수 있습니다. 이것은 항상 그들이 하고 있는 일에 대해 기분 좋게 느끼도록 그들 자신에게 같은 양의 압력을 가하는 것으로 이어질 수 있습니다. 그들이 열린 의지 센터를 가지고 있다면, 그들은 또한 가치 있다는 느낌과 씨름할 수 있습니다. 부모는 자녀가 어른이나 주변 사람들을 기쁘게 하기 위해 원하지 않는데도 일하고, 일하고, 일해야한다는 사고방식을 갖지 않도록 자녀가 하는 일에 대한 기대치를 어떻게 전달할지 염두에 두어야 할 책임이 있습니다.

또한 자녀가 숙제에 집중하기 위해 앉기 전에 그날 충분히 신체적으로 움직였는지 확인하세요. 이렇게 하면 집중력을 높이는 데 도움이 됩니다. 만약 그들이 하루 종일 교실에 앉아 있다가 집에 와서 바로 숙제를 해야 한다면, 그들은 힘들어할 수 있습니다.

제너레이터와 일

제너레이터 자녀가 자라서 하는 일은 그들이 즐기는 일이어야 합니다. 비록 그들이 직업으로 하는 일이 기쁨으로 가득 찬 것이 아니더라도 기쁨을 가져다주는 일이나 자원봉사, 또는 취미를 가질 필요가 있습니다. 그들은 전략을 통해 일에 올바르게 참여할 때(직장 제의나 친구의 제안과 같이 그들의 외부 현실에 나타나는 어떤 것에 반응하기 위해 기다리는 것) 일에 능숙해지기 위해 여기에 있습니다. 그들이 즐기는 일은 돈을 버는 일이 아닐 수도 있지만, 그들의 에너지 은행과 삶의 만족도에 높은 배당금을 지급하며, 그 만족감이 그들의 대표적인 감정입니다.

그들이 새크럴 반응 과정을 이해하도록 도와주어라

제너레이터 자녀가 묻는 질문에 귀를 기울이고, 자녀가 자신의 진실과 내면을 알 수 있도록 그에 상응하는 질문을 해주세요. 그들은 '예/아니오' 질문을 통해 자신을 알아가고 마음을 정리할 수 있도록 부모의 도움이 필요합니다. 그들의 진실을 밝히는 데 도움이 되는 일련의 질문을 당신이 그들에게 해주기를 원하는지 물어보세요. 그 질문을 '예/아니오' 게임으로 전환시킬 수도 있습니다. 일련의 질문을 시작하는데 그들이 준비가 되어 있지 않다면, 그들의 새크럴은 조건화된 마음에 갇혀 참여하지 않을 것이며 당신과 그 과정에 좌절감을 느낄 수 있으므로 우선 쉬운 질문으로 준비운동을 해야 합니다. 일반적으로 나이가 어릴수록 질문 과정에서 조건화가 덜 진행되어 있기 때문에 질문을 통해 더 빨리 나아갈 수 있습니다. 새크럴 질문을 하는 방법에 대한 자세한 내용은 부록을 참조하세요.

감정 결정권을 가진 제너레이터의 경우

제너레이터 자녀가 감정적으로 정의되어 있다면, 상황과 결정의 중요도에 따라 나중에 또는 며칠 또는 몇 주에 걸쳐 다시 물어볼 수 있도록 특별히 관련성이 있는 질문을 메모해 두세요. 만약 그들이 감정 결정권을 가지고 있다면, 결정이 크면 클수록 그들은 명확한 것을 더 오래 기다려야 할 것입니다. 질문하는 동안 만약 당신 중한 사람 또는 두 사람 모두 좌절하거나 화가 난다는 것을 알게 되면, 잠시 휴식을 취하고 그 과정에서 가장 큰 도움을 주기 위해 명확히 해야 한다는 것을 알려주세요. 잠시 휴식을 취함으로써 감정적인 부분을 정리하면 감정이 격앙된 상태에서 결정을 내리지 않도록 가르칠 수 있습니다.

제너레이터 부모가 '아니오'라고 말하기

새크럴 반응이 "아니오"인 경우 조건화된 제너레이터는 "아니오"라고 말하는 것이 어려울 수 있으며 자기들이 다른 사람을 실망시켰다는 느낌을 받을 수 있습니다. 이 시점에서 그들에게는 다른 사람들을 돕고 사람들의 비위를 맞추어야 한다는 조건화된 의무감이 있습니다. 다른 사람에게 '아니오'라고 말하는 것은 장기적으로 보면 제너레이터에게도 그렇지만 부탁한 사람에게도 유익한 경우가 많습니다. 부모, 형제, 또는 자녀의 형편과 운이 안쓰러워서 그들을 돕기 위해 돈을 주었다면, 그들은 한 걸음 물러서서 자기들이 그들을 돕고 있는지, 아니면 그들에게 의존성을 만들고 있는지를 고려할 필요가 있습니다. 제너레이터 부모가 집안의 모든 사람들의 뒷처리를 한다면, 과연 그들에게 언젠가는 그들 스스로를 돌볼 수 있도록, 자급자족하도록 가르치고 있는 것일까요?

모든 상황이 다릅니다. 그리고 제가 당신의 상황을 다 안다고 생각하지는 않지만, 당신이 왜 끊임없이 다른 사람들을 위해 일하고 있는지, 그리고 당신과 당신의 이익을 위한 여유가 남아 있는지 생각해 보기 바랍니다. 당신은 어떻게 자신을 돌보고 있나요?

'아니오'라고 말할 때는 거칠거나 무례할 필요는 없지만 힘이 필요합니다. 압력이 가해질 때 당황하거나 굴복하지 않도록 자신의 결정에 확신을 가져야 합니다. 사람들에게 비위를 맞추는 편에 있었던 사람들은 당신이 패턴을 계속 유지하도록 압력을 가할 것입니다. 당신이 새크럴 반응에 확실히 연결되어야 하는 이유가 바로 그것입니다. 그것은 당신이 결정을 전달할 때 당신의 진실에 계속 연결되도록 도와줄 수 있습니다. 질문이나 탄원을 듣거나, 다른 사람의 욕구나 원하는 것에 공감하기 시작할 때, 당신은 직감적으로 "나는 이것을 하고 싶은가?"라고 물을 수 있습니다. 그리고, 만약 그것이 '아니오'라면, 친절하지만 단호하게 거절하세요. 이것은 "네가 나에게 빨래를 맡기는 것에 익숙하다는 것을 알고 있지만, 나는 네가 능력이 있다는 것을 알고 있고, 나는 내가 좋아하는 다른 일들을 위해 시간을 좀 더 가질 수 있도록 네가 너 자신의 빨래를 하는 방법을 가르쳐주고 싶어."처럼 들릴 수 있습니다. "내가 할 수 없기 때문에"와 "나에게 맞지 않다고 느끼기 때문에" 또한 거절하기에 완벽하게 좋은 이유입니다. 당신의 마음을 바꿔 달라는 간청에 빠져들지 마세요. 우리가 이야기하고 있는 대상은 당신의 마음이 아닙니다. 새크럴이 '아니오'라고 말할 때, 그것은 '아니오'라고, '끝'이라고 말하는 것입니다.

당신은 뭔가가 제너레이터 자녀에게 좋다고 생각할 때 생각을 바꾸라고 요청하나요? 새크럴이 '아니'라고 말하고 있을 때, 피아노 레슨을 끝까지 해내라고 요청하나요? 그들의 새크럴이 '아니'라고 말할 때 당신이 어디에서 제너레이터 자녀가 마음으로 "예"라고 대답하도록 조건화하고 있는지 생각해 보세요. 그들에게 이 과정을 완료하도록 하는 것이 왜 중요한지 관찰하고, 숙고하고, 생각해 보세요. 당신은 그들에게 무엇을 가르치고 있나요? 다시 말하지만, 이것은 판단이 아닙니다. 우리 모두는 단지 우리 자신이 됨으로써 아이들에게 조건을 부여합니다. 하지만 우리는 우리의 조건화가 어떻게 아이들에게 전달되는지 그리고 우리의 결정을 이끄는 이야기가 무엇인지 알 수 있습니다.

제너레이터는 반응하기 위해 여기에 있다

비록 세상은 우리에게 우리가 모두 매니페스터인 것처럼 말하지만, 진실은 우리 대부분과 우리의 아이들이 매니페스터가 아니라는 것입니다. 살면서 "원한다면, 그냥 해! 따라가! 그것을 실현시켜!"라는 말을 몇 번이나 들어보았나요?

제너레이터 에너지 유형의 10%만이라도 제너레이터 전략(외부 인식에 나타나는 어떤 것에 반응하기 위해 기다리는 것)에 따라 방향을 바꾸는 삶을 사는 상상을 해보세요. 삶이 얼마나 더 편해질 수 있을까요? 당신은 밖에 나가서 일을 처리하는 것보다 삶이 당신에게 반응할 일을 가져다주기를 기다릴 때 조금 더 편해지나요, 아니면 모든 것을 통제할 수 없다는 생각에 스트레스를 받나요?

제너레이터의 전략은 삶에 반응하는 것입니다. 그들이 반응하려면 외부 현실에 뭔가가 나타나야 합니다. 그들은 마음속에 품고 있는 모든 변덕을 따르기보다는 삶이 뭔가를 가져오게 하고 그런 다음 '예/아니오' 결정으로 반응하도록 설계되었습니다. 오해하지 마세요. 그들은 아이디어와 창작물을 생각할 수 있지만, 행동을 취하기 위해서는 반응하고 행동할 뭔가가 필요합니다. 밖에 나가서 스스로 모든 기회를 만들지 않아도 된다는 것을 알면서 자란다면 얼마나 좋을까요? 당신이 가만히 앉아서 귀를 기울일 때, 삶은 당신에게 필요한 모든 것에 대한 기회를 가져다줄 것입니다. 우와! 당신이 느낄 엄청난 압박감이 줄어드는 것을 상상할 수 있나요? 사람들이 자신의 디자인대로 사는 실험에 더 많이 기대는 법을 배울수록, 우리 모두는 삶에 더 많은 자유를 누리고 신의 타이밍이 우리에게 준비한 것을 가져다주도록 허용해야 합니다. 이제 제너레이터 자녀가 어렸을 때부터 이것을 배웠고, 항상 뭔가를 실행하고 일이 일어나게 해야 한다는 압박감에서 벗어날 수 있다고 상상해 보세요.

제너레이터의 에너지 유형에 맞는 질문하기

제너레이터가 반응하기 위해 여기에 있다는 것을 알면, 우리는 올바른 유형의 질문이 자녀의 새크럴 반응을 활성화할 수 있으며, 그렇게 하기 위한 최선의 질문은 '예/아니오'로 대답할 수 있는 질문이라는 것을 배울 수 있습니다. 긴 설명은 필요 없습니다. "이것 또는 저것" 옵션을 사용할 수도 있습니다. 선택지를 제한하면 "오늘 무엇을 입고 싶니?"라고 물어 47벌의 옷을 입어보고 좌절할 때까지 기다리는 대신 선택지에 '예/아니오'로 답하게 하여 자신의 새크럴에 연결하게 할 수 있습니다. 새크럴에 대한 질문 방법은 부록을 참조하세요. 제너레이터에게 답변을 요청할 수 있는 몇 가지 질문의 예는 다음과 같습니다.

- "안아줄까?"
- "안고 싶어?"
- "점심 먹고 공원에 갈래?"
- "빨간 바지를 원해? 아니면 파란 바지를 원해?"

그들을 실험하게 하라

제너레이터가 자신들이 어떻게 일을 하고 여러 가지 다양한 일에 무엇이 관련되어 있는지 확인해보게 하면 자신이 좋아하는 것과 싫어하는 것을 이해할 수 있고, 예/아니오 응답과 더 깊은 관계를 맺을 수 있습니다. 그들이 당신을 도와 직접 쿠키를 굽거나 저녁을 만들게 하는 것은 직접 해보고 그 결과를 공유하는 것보다 훨씬 더 복잡하지만, 그들은 지켜보는 것보다 직접 해보는 것에서 훨씬 더 많은 것을 얻습니다. 그들이 청소를 돕도록 하는 것도 잊지 마세요! 어떤 결정의 결과를 배우는 것은 원래의 작업을 완료하는 것만큼이나 중요할 수 있습니다.

삶을 계속 움직여야 할 때 제너레이터로부터 '예'를 얻기

제너레이터들은 새크럴이 '아니오' 반응을 보이는 일을 하라고 하면 좌절할 수 있습니다. 하지만 때때로 부모로서 당신은 자녀가 원하지 않더라도 신발을 신고 차에 올라타도록 해야 할 필요가 있습니다. 신발 신기 다툼에 끼어들거나 신발이 없어 학교에 지각하기보다는 자녀가 대답할 수 있는 질문으로 바꾸세요. 예를 들어보겠습니다.

- "오늘 친구들 보고 싶어?" 네.
- "친구들이 있는 학교에 신발 없이 들어갈 수 있을까?" 아니요.
- "신발 신고 학교에 친구들 보러 갈래?" 네.
- "내가 도와줄까?" 아니요.

제너레이터의 대표적인 감정

제너레이터와 좌절 – 제너레이터 어린이가 과도한 좌절을
경험할 때

제너레이터 자녀가 자주 좌절한다면, 한 걸음 뒤로 물러서서 자녀가 하고 싶지 않은 일을 해야 하는 것처럼 느끼는 곳이 있는지, 그리고 이것이 당신이 놓아줄 수 있는 일인지 살펴보세요. 그렇지 않다면, '예/아니오' 질문을 통해 당신이 원하는 방향으로 유도할 수 있습니다. 이것은 그들을 조종하기 위한 것이 아니라, 그들이 현재 가지고 있을 수 있는 제한된 관점보다는 그들에게 이익이 될 수 있는 결정의 다른 측면을 보도록 격려하기 위한 것입니다. 예를 들어, 비전 보드를 만들어야 하는 과제가 있는데 포스터 보드에 그림을 그리고 붙이는 것을 정말로 좋아하지 않는다면, 자녀는 쉽게 좌절하게 될 수 있습니다. 이럴 때 문제에 접근할 수 있는 다른 방법이 있는지 생각해 보세요. 이 시나리오에서 시도할 수 있는 질문은 다음과 같습니다.

- "이 프로젝트에 좌절했어?" 예.
- "네가 과제를 더 잘할 수 있는 다른 방법이 있어?" 예.
- "내 도움이 필요해?" 아니요.
- "너는 그것을 어떻게 하고 싶은지 알고 있어?" 예.
- "나에게 말해줄 수 있어?" 네, 대신 컴퓨터에서 만들고 싶어요.

좌절은 제너레이터가 자신의 디자인에 반대되는 일을 하고 있다는 신호입니다. 그들이 개시하려고 하나요? 정말로 '아니오'라고 말

하고 싶을 때 다른 사람들의 비위를 맞추기 위해 '예'라고 말하나요? 그들은 반응할 뭔가를 기다리고 있나요, 아니면 반응을 강요하려고 하나요? 그들은 또한 새로운 것을 배울 때 좌절감을 경험할 수 있습니다. 그들이 배움의 정체기에 도달하면, 좌절하고 그만두고 싶을지도 모릅니다. 새크럴 질문으로 그들이 진정으로 학습을 마쳤기 때문에 그만두고 싶어 하는지, 아니면 다음 돌파구를 찾기 직전이어서 곤경에서 벗어나 다시 앞으로 나아가는 데 도움이 필요한지 확인할 수 있습니다.

제너레이터와 만족 – 반응을 기다릴 때 만족감을 찾는다

제너레이터 자녀가 개시하기보다는 반응할 뭔가를 기다리는 방법을 배우고 전략을 통해 올바르게 진입할 때, 그들은 만족이라는 특유의 감정을 느낄 것입니다. 그들에게 중요한 것은 새크럴 반응을 이용하여 원하지 않는 것에 대해 '아니오'라고 말하는 것입니다. 제너레이터의 만족은 만족감이라고 설명될 수 있습니다. 너무 많지도 적지도 않은 식사를 했을 때, 적당했을 때를 생각해 보세요. 그것이 만족스러운 것입니다. 만족감은 극단적으로 극적이거나 현란한 느낌이 아니라, 근거가 있고 만족스러운 느낌에 가깝습니다.

제너레이터 자녀와 에너지

정의된 모터 센터의 총 갯수는 그들이 가지고 있는 에너지의 양과 에너지를 표현하는 방식에 영향을 미칩니다. 새크럴 센터는 일관된 힘을 가지고 있지만, 의지 센터, 감정 태양신경총, 루트 센터는 모두 파동으로 진동하거나 주기적으로 작동하는 에너지를 가지고 있습니다. 정의된 다른 모터 센터와 함께 맥박 또는 사이클의 어느 위치에 있는지에 따라 제너레이터 자녀의 에너지가 더 많거나 더 적을 수 있습니다.

새크럴은 올바른 질문에 대한 반응을 통해 강제로 켜지도록 할 수 있지만, 다른 센터에는 주기가 있습니다. 감정 태양신경총은 파동이 작동하고 있고, 루트 센터는 켜지거나 꺼지는 맥박이 있으며, 의지 센터는 다음 일에 전념하기 전에 휴식을 필요로 하는 주기가 있습니다. 전반적으로 제너레이터 아이는 일반적으로 정의된 모터 센터가 하나든 네 개 모두든 관계없이 많은 에너지를 가지고 있습니다.

제너레이터 자녀가 뭔가(수업, 그룹 또는 친구 관계)를 그만두고 싶어 한다면 예/아니오 질문을 통해 무엇이 문제인지 명확하게 파악할 수 있도록 도와주세요. 새크럴 질문은 그들이 그만두고 싶은지 아니면 상황의 어떤 부분이 그들에게 효과가 없는지를 명확하게 파악하는 데 도움이 될 수 있습니다. 그들이 활동을 그만두고 싶어 하나요? 그렇지 않다면, 갈등을 겪고 있는 누군가가 있나요? 너무 시끄러운가요? 뭔가가 그들을 불편하게 하나요? 자신들이 발전하지 못하고 있다고 느끼나요? 종종 제너레이터와 매니페스팅 제너레이터는 어떤 일에서 더 나아지지 않는다고 느끼고 그만두고 싶어 하는 정체기에 부딪힐 것입니다. 그러다 갑자기 성장기를 맞이하여 자신이 하고 있는 일에서 수준이 올라가게 될 것입니다. 그들이 좋은 부분에 도달하기 전에 그만두지 않는 법을 배우도록 도와주고, 그들이 정말로 그만두고 싶은지 아니면 아직 그것을 마스터하지 않왔기 때문에 좌절했는지를 알기 위해서는 새크럴 질문을 하세요.

다른 에너지 유형이 제너레이터 자녀 양육하기

매니페스터 부모와 제너레이터 자녀

비록 목 센터에 모터 센터가 연결되어 있다고 하더라도 당신에게는 하루 종일 계속해서 밀어붙일 수 있는 새크럴 에너지의 지속력이 없습니다. 만약 당신이 제너레이터에 의해 길러졌다면, 당신은 집에서 당신을 둘러싸고 있는 새크럴 에너지 때문에 무의식적으로 원래의 유형에 비해 너무 열심히 일하는 낡은 패턴에 빠질 수 있습니다. 충분히 휴식을 취하세요. 그리고 제너레이터 자녀가 밤에 휴식을 취하고 쉽게 잠들 수 있도록 신체 에너지를 충분히 소비할 수 있는 방법을 찾고 있는지 확인하세요. 제너레이터 자녀가 계속해서 밤에 침대에서 튀어나오는 바람에 당신이 충분한 수면을 취하지 못한다면, 당신은 성질이 급해지고 감정적으로 분노의 신호가 육아에 나타나게 될 수 있습니다. 또한 하루가 끝날 때 다른 사람들의 에너지를 방출할 충분한 시간을 가질 필요가 있습니다. 적절한 휴식은 내면의 창조적인 추진력을 따르고 당신의 특유의 평화의 감정을 경험할 수 있는 에너지를 갖게 해줍니다. 물론 당신이 무엇을 필요로 하는지, 그리고 당신이 무엇을 할 계획인지를 알려주면 분노라는 낫셀프 감정을 덜 느끼게 될 것입니다.

프로젝터 부모와 제너레이터 자녀

프로젝터는 제너레이터의 에너지를 안내하도록 완벽하게 설계되었습니다. 올바른 '예/아니오' 질문을 하는 법을 배우세요. 그러면 양육의 성공 비결을 이제 막 찾은 것처럼 느껴질 것입니다!

당신은 에너지 유형이 아닌 부모이기 때문에 제너레이터 자녀가 항상 벽에서 에너지로 튕겨져 나오는 것처럼 보일 수 있습니다. 매일 밖으로 데리고 나가 에너지를 좀 더 소모하게 하면 그들은 더 잘 자고 더 잘 공부하고 학교에서 더 잘 집중할 것입니다. 그들의 몸은 매일 움직일 필요가 있습니다. 잠들기 전에 침대에 누워 30분 동안 긴장을 풀어야 하는 당신과 달리, 제너레이터 자녀가 밤에 잘 자려면 새크럴 에너지를 물리적으로 소진해야 합니다.

리플렉터 부모와 제너레이터 자녀

모든 사람의 에너지는 리플렉터에게는 받아들여야 하는 숙명처럼 느껴질 수 있습니다. 하지만 새크럴 에너지는 강력할 수 있습니다. 새크럴 에너지는 육아, 집안일, 업무에 동기부여를 받고 힘을 얻는 데 도움이 될 수 있지만 빌린 에너지라는 것을 기억하세요. 특히 집에 제너레이터가 한 사람 이상 있는 경우, 당신은 그들의 새크럴 에너지로부터 자주 휴식을 취해야 할 수 있습니다. 자녀가 쉽게 잠을 자고 잘 잘 수 있도록 지칠 수 있는 신체 활동을 찾도록 도와주세요. 위의 제너레이터 자녀와 프로젝터 부모에서 언급된 것처럼, 당신의 취침 시간의 루틴은 제너레이터 자녀의 루틴과 다릅니다. 그들이 밤에 충분히 휴식을 취할 수 있도록 충분한 신체적 활동을 하도록 도와주세요. 당신은 매일 받아들이는 에너지를 배출하기 위해 혼자만의 시간이 필요합니다. 그러니 하루 중 자신을 위한 시간을 확보하여 자신이 원하는 부모의 모습을 보여주고 당신 자신의 필요에 부응하는 모습을 보여줄 수 있도록 하세요.

모든 비 새크럴 부모 – 모든 것을 할 수 있는 충분한 에너지 찾기

제너레이터 자녀를 둔 비 새크럴 부모는 자녀가 하루 중에 방출하는 에너지가 더 많기 때문에 자녀와 노는 시간이 다른 집안일보다 훨씬 더 무게가 나간다는 것을 발견할 수 있습니다. 할 수 있다면 다른 작업을 도와줄 사람을 고용하세요. 그것이 여의치 않다면, 육체적 노동이 많이 필요하지 않은 일로 일종의 거래를 할 수 있는 이웃이나 친구가 있는지 살펴볼 수도 있습니다. 집 청소를 전문업체에 맡기고 이웃의 아이들에게 과외를 시키거나, 청구서 수납이나 회계를 지원하는 것과 같은 일 말입니다. 당신이 기꺼이 거래할 수 있는 강점은 무엇인가요? 창의력을 발휘해 자신에게 맞는 것을 실험해 보세요.

제너레이터 부모와 모든 에너지 유형의 자녀들

만약 당신이 제너레이터 부모라면, 당신은 하루 종일 빨래하고, 방 청소를 하고, 요리를 하고, 나머지 청소도 하면서 아이들의 뒤치다꺼리를 하는 패턴에 빠지기 쉬울 수 있습니다. 당신은 어쩌면 이런 일 하기를 좋아할 수도 있고, 그것이 당신의 사랑을 보여주는 방법일 수도 있습니다. 만약 그렇다면, "당신은 어디서 그런 식으로 사랑을 표현하는 것을 배웠나요? 아이들에게 이것이 사랑을 보여주는 방법이라고 가르치는 것이 당신이 그들에게 주고 싶은 메시지인가요?"라는 질문을 곰곰이 생각해 보시기 바랍니다.

다른 사람들을 배려하고 그에 대한 보상을 받는 것은 엄청나게 기분 좋을 수 있지만, 누군가의 도움을 받는다는 것이 얼마나 큰 선물인지 이해하는 것은 오직 그 일의 깊이를 이해할 때만 가능합니다. 저는 아이들에게 모든 집안일을 시키라는 것이 아니라 자녀의 나이, 능력, 에너지 유형에 따라 적절한 양의 집안일을 맡기라는 것입니다. 제너레이터 부모는 자신이 하고 있는 일이 마음에 들지 않더라도 계속해서 일할 수 있는 에너지를 가지고 있습니다. 만약 당신이 좌절감을 느낀다면, 바로 그때가 당신이 하고 싶지 않은 것에 '예'라고 말하는 것을 반성하고 어떻게 집안일이나 업무를 다르게 처리할 수 있는지를 찾아볼 수 있는 좋은 시간입니다.

제너레이터 부모와 프로젝터 자녀

새크럴 센터가 정의된 당신은 일관적인 노동력/생명력 에너지에 접근하는 반면 프로젝터 자녀는 그렇지 못합니다. 그들은 주위에 당신이 있을 때 더 효과적으로 일을 수행할 수 있습니다 - 때로는 제너레이터/매니페스팅 제너레이터보다 더 빠르게 말입니다! 프로젝터 자녀는 당신의 새크럴 에너지를 흡수하고 증폭하기 때문에, 이를 사용하여 당면한 작업을 보다 쉽게 수행할 수 있습니다. 프로젝터 자녀가 정의된 태양신경총, 루트 또는 의지 센터를 갖고 있다면, 당신은 그들이 어떤 날은 자신의 힘으로 작업하고 있을 때 다른 사람들보다 더 작업을 잘 완료한다는 것을 알 수 있습니다. 자녀가 어렸을 때 배우는 것이 그들이 일에 접근하는 방식의 평생 패턴을 설정할 수 있다는 것을 기억하세요. 만약 현재의 순간이 아닌 긴 삶의 게임을 생각한다면, 우리는 그들에게 계속될 수 있는 업무 습관을 심어주고 싶을 것입니다. 프로젝터는 자신이 가지고 있는 에너지로 일하는 방법을 배워야 하며 과도하게 무리하지 않고 휴식을 취할 수 있도록 허용될 필요가 있습니다. 이는 프로젝트, 작업, 관계에 그들의 에너지로 밀어붙이기보다는 (초대를 기다리는) 전략을 따르고 자신의 내적결정권을 사용하는 것으로 시작합니다. 이것에 대해서는 다음 장에서 다룰 것입니다.

제너레이터 섹션에서 언급했듯이 당신은 새크럴 에너지 유형의 부모로서 새크럴 에너지가 아닌 자녀를 위해 모든 것을 할 필요는 없습니다. 그들을 위해 모든 것을 해주는 것이 아니라, 그들이 지속 가능한 방식으로 자신들의 책임을 다하는 방법을 가르쳐주세요. 빡빡한 스케줄보다는 주간 단위의 작업 차트를 만들어 자녀가 일을 언제 하고 싶은지 선택할 수 있도록 하고, 그 일을 일주일 안에 완료할 수만 있다면 언제든 할 수 있도록 하세요.

가족 전체가 제너레이터와 매니페스팅 제너레이터인데 프로젝터 아이가 나타나서 가족 전체의 역동성을 방해하는 경우가 있을 수 있습니다. 저는 특히 프로젝터 자녀를 이해하지 못하는 고객에게서 이런 경우를 자주 봅니다. 프로젝터 자녀는 외향적이고 에너지 넘치는 가족이 관심을 갖는 일에 관심이 없을 수 있습니다. 부모가 이미 가족 내에 존재하는 틀에 맞추기 위해 자녀가 어떤 사람이 되어야 한다고 생각하거나 그렇게 되기를 바라는 것이 아니라 있는 그대로의 자녀를 볼 수 있을 때, 부모는 자녀에게 다른 누구도 흉내 낼 수 없는 선물을 줄 수 있는 기회를 갖게 됩니다. 또래 친구들이 아이를 어떻게 생각하든, 부모가 미리 크기가 정해진 틀에 맞춰 보려고 하고 그것에 끼워 넣으려는 노력을 멈출 때, 그들은 자녀에게 자기 자신이 되는 것에 자신감을 주고, 있는 그대로의 자신으로 안정감을 느끼는 자유를 주며, 삶이 어려워질 때 기댈 수 있는 사람이 됩니다. 아이들은 부모를 기꺼이 용서합니다. 왜냐하면 그들의 마음속 깊은 중심에서 그들은 단지 소속되기를 원하기 때문입니다. 과거에 당신이 프로젝터 자녀를 변화시키려고 아무리 노력했고 또 그것을 거절당했다고 하더라도 자녀는 당신에게 또 다른 기회를 주고 싶어 합니다. 그들에게 당신이 그 기회를 잡을 가치가 있다는 것을 보여주세요.

제너레이터 부모와 매니페스터 자녀

매니페스터 자녀는 당신처럼 지속 가능한 에너지를 갖고 있지 않으며, 따라서 큰 프로젝트, 스포츠 게임 또는 상호작용이 많은 일 후에는 그들이 필요로 하는 휴식 주기를 갖도록 허용해야 한다는 것을 기억하세요. 적절한 휴식은 그들이 창조하고 개시할 수 있는 에너지를 갖도록 해줍니다. 자녀에게 어떤 변화가 일어나고 있는지, 그들에게서 어떤 변화가 필요한지 확실히 알려주세요. 그런 다음 그들의 반응에 따라 선택할 수 있는 여지를 남겨두세요.

실행에 옮기기

당신이 제너레이터든 자녀가 제너레이터든 둘 중 누구도 원치 않는 일을 항상 해야 하는 상황에 처해서는 안 됩니다. 우리 모두는 스스로 책임지는 법을 배울 필요가 있으며, 여기에는 자녀도 포함됩니다. 새크럴 에너지 유형이든 비 새크럴 에너지 유형이든 아이들은 나이에 맞는 집안일, 즉 요리, 청소, 빨래, 돈 관리, 다른 사람 돕기 등을 할 수 있어야 하며, 이를 통해 스스로를 돌보는 법을 배울 수 있습니다. 우리 모두가 각자의 몫을 다한다면 우리는 모두의 짐을 덜어주고 자녀에게 우리 모두는 가족이나 공동체에 고유한 재능을 기여할 뿐만 아니라 우리 자신에 대해 능력이 있고 책임감이 있다는 것을 가르치는 것입니다.

제너레이터 부모와 새크럴 에너지 유형의 자녀

위에서 언급했듯이 자녀에게 책임을 다하라고 가르치되, 단지 그들이 할 수 있는 에너지가 있다고 해서 아무도 원하지 않는 일을 모두 떠맡을 필요는 없다는 것을 상기시켜 주세요. 그들이 성장하고 책임지도록 가르치되 다른 사람들을 돌보느라 자신들을 순교하지 않도록 가르치세요.

제너레이터 부모와 비 새크럴 에너지 유형의 자녀

비 새크럴 에너지 유형의 자녀는 (단기간 동안만 부모의 새크럴 에너지를 증폭시키지 않는 한) 부모가 하는 것과 같은 육체적인 일을 할 수 있는 능력을 갖고 있지 않습니다. 그렇다고 해서 모든 작업이 제너레이터인 당신에게 맡겨져야 한다는 뜻은 아닙니다. 비 새크럴 에너지 유형도 스스로 빨래하고, 스포츠를 하고, 직업을 가질 수 있습니다. 에너지 유형 때문에 아무것도 하지 않아도 되고 앉아서 음식을 받아먹어도 된다는 뜻은 아니지만, 비 새크럴 에너지 유형은 제너레이터인 당신이 할 수 있는 것과 같은 방식으로 작업을 완성시킬 에너지를 유지하지 못할 것입니다. 그들에게 도움을 받을 수 있는 다른 작업에는 어떤 것이 있나요? 그들의 장점은 무엇인가요? 집안일을 도와줄 수 있는 다른 종류의 일이 있나요? 그렇지 않다면, 자녀의 오라 공간에는 정의된 새크럴 센터가 없기 때문에 작업 능력은 당분간만 지속될 것이고 당신이 돌아와 보면 낮잠을 자고 있거나 책을 읽고 있거나 당신이 준 것과는 전혀 다른 프로젝트에 몰두하는 것을 발견할 수도 있다는 것을 기억하세요. 또한, 예를 들어 마당 작업과 같이 육체적으로 힘든 작업을 한 후에는 반드시 약간의 휴식 시간을 갖게 해야 한다는 것을 명심하세요.

프로젝터는 안내하고, 조언하고, 시스템을 숙달하고 사람들과 일대일로 일하는 데 탁월합니다. 매니페스터는 새로운 혁신적인 아이디어를 내는 데 탁월하며, 리플렉터는 가족이나 커뮤니티 내에서 무슨 일이 일어나고 있는지 보여주기 위해 여기에 있습니다. 리플렉터는 다른 아이들이 하고 있는 일을 할 수 있지만, 한 그룹의 아이들이 어떤 감정적 영역에 있는지, 그룹 내에서 어떻게 일이 진행되고 있는지를 알 수 있는 훌륭한 통찰력을 제공할 수도 있습니다.

매니페스팅 제너레이터
(제너레이터 아류형)

새크럴 에너지 유형 – 인구의 약 35%

목적: 노동력 제조자. 자신의 전략을 통해 삶이 그들에게 가져다
주는 것에 반응함으로써 일에 능숙해지는 것

전략: 외부 현실에 뭔가가 나타나기를 기다렸다가 새크럴 반응을
통해 반응하는 것

대표적인 감정: 만족감

낫셀프 대표적인 감정: 좌절과 분노

매니페스팅 제너레이터는 매니페스터와 제너레이터의 특성을 일
부 공유하지만 제너레이터 에너지 유형의 아류형입니다. 저는 성인
매니페스팅 제너레이터들이 매니페스터처럼 행동하고(이는 조건화
와 매우 많은 관련이 있습니다) 새크럴 반응보다는 마음으로부터 행동
하려고 노력하는 것을 종종 봅니다. 빠르게 일할 수 있고 여러 가지

일을 동시에 할 수 있으며 또한 빨리 지루해하기 때문에 더 많은 것을 나타내려고 노력하는 경향이 있습니다. 하지만 그들은 매니페스터가 아니며, 자신이 매니페스터라고 생각하는 것은 그들에게 좌절감과 분노를 느끼게 만들 수 있습니다.

매니페스팅 제너레이터들은 평생 "헌신적이지 않다", "변덕스럽다", 또는 "한 가지를 선택하고 그것을 고수하는 방법을 모른다."라는 말을 들어왔기 때문에 이런 말을 듣는 것을 자의식적으로 받아들이는 경우가 많습니다. 사회는 (다행히도 변화하고 있지만) 우리가 직업을 선택하고, 대학에 가고, 좋은 직장을 얻고, 은퇴할 때까지 일해야 하며, 그런 다음에 즐거움을 누려야 한다고 말합니다. 우우… (야유의 소리) 그것은 많은 매니페스팅 제너레이터와 다른 에너지 유형들에게는 끔찍하게 들리는 말입니다! 은퇴할 나이가 되면 젊었을 때 하고 싶었던 많은 것들을 할 수 있는 능력이 사라질지도 모릅니다. 아마도 그들은 성공하지 못한 투자를 해서 이제는 예상했던 것보다 더 오래 일을 해야 할 수도 있습니다. 삶에는 보장된 것이 없습니다. 매니페스팅 제너레이터는 삶은 온전히, 그리고 때로는 워프(우주 공간의 비틀림을 이용하여 초광속으로 비행하기) 속도로 살아야 한다는 것을 예로써 보여줍니다. 그들은 다양한 관심사를 가지고 있고 많은 것을 시도합니다. 종종 삶에서 다양한 직업을 가지고 있고 새로운 경험을 좋아할 수도 있으며, 관심을 끄는 더 큰 초점을 가질 수 있습니다. 그들은 그 일의 다른 각도를 모두 탐구하기도 합니다.

매니페스팅 제너레이터는 진정한 의미에서 제너레이터처럼 작동하지만 프로세스의 단계를 더 빠르게 진행할 수 있는 추가적인 이점이 있습니다. 그들은 우리가 지름길을 찾을 수 있는 곳을 알아내는 데 도움을 줍니다. 두 명의 십 대들이 가족을 위해 식사를 준비하기로 결심했다고 상상해 보세요. (알아요. 우리 대부분은 이런 어마어마한 판타지를 생각하고 있죠, 그렇죠? 하지만 이런 아이가 있다면 우리 집으로 보내주세요.) 한 아이는 제너레이터이고 다른 아이는 매니페스팅 제너레이터입니다. 두 아이는 각자 세 가지 음식을 요리하고 있습니다. 제너레이터는 첫 번째 메뉴에서 시작하여 두 번째 메뉴를 시작하는 지점에 도달하면 다음 요리를 준비하고 마지막에는 마지막 요리로 이동합니다. 매니페스팅 제너레이터는 세 요리를 동시에 진행합니다. 겉으로 보기에는 약간 혼란스러워 보일 수 있지만 진행 중인 과정이 있으므로 방해하면 하던 일을 던져버리고 말 것이므로 미친 듯이 일할 수 있어야 합니다. 아이러니하게도 제너레이터와 매니페스팅 제너레이터는 거의 동시에 끝날 가능성이 높지만, 그 과정은 크게 다릅니다. 두 가지 방법 중 어느 것도 더 낫거나 더 나쁜 것은 없습니다. 하지만 자녀가 어떻게 일하는지 이해하는 것은 자녀가 왜 그 일을 하는지를 이해하고 그들을 가장 잘 지원하는 방법을 이해하는 데 도움이 될 수 있습니다. 예를 들어, 당신이 제너레이터 부모로서 특정한 요리 방법을 갖고 있다면, 자녀가 그들의 과정을 찾을 수 있도록 허용하는 데는 시간이 걸릴 수 있습니다. 그리고 매니페스팅 제너레이터의 방식으로 요리를 배우는 과정은 몇 개의 요리를 태우는 것을 의미할 수 있지만, 그것이 바로 그들이 배우는 방식입니다. 그렇죠? 우리는 직접 참여하여 실험하면서 배웁니다. 부모로서 자녀가 음식을 태우는 것에 화를 내거나, 한 번에 한 가지씩만 해야 한다고 주장한다면, 우리는 그들에게 요리를 싫어하도록 가르치고 그들의 방식은 "옳지 않다."라고 가르치는 것입니다. 과정에 순응하세요. 그러면 그들은 자신의 길을 찾을 것입니다. 또한 만약을 대비해서 소화기를 준비해 두는 것도 잊지 마세요!

매니페스팅 제너레이터 아이들은 다른 루틴, 다른 장난감 등 바쁜 상태를 유지하기 위해 다양한 옵션을 원할 수 있습니다. 당신이 장난감을 매일 같은 장소에 둔다면, 그들은 장난감을 놓아두는 장소를 바꿔줄 때보다 더 성가시게 굴 것입니다. 하지만 그들이 편안함을 위해 항상 가지고 다니고 싶어 하는 좋아하는 장난감이 있거나 한동안 한 가지를 원하다가 갑자기 그 장난감을 버리고 다른 장난감으로 넘어갈 수도 있다는 점을 배제하지 마세요. 기억하세요, 그들은 새크럴 에너지를 가지고 있기 때문에 충분한 놀이 시간이 낮잠과 밤잠 모두에 도움이 될 것입니다.

매니페스팅 제너레이터는 작업을 수행하는 가장 빠르고 효율적인 방법을 찾고 있으며 두 손 두 발로 뛰어들어 실험을 시작할 것입니다. 6개의 레고 세트가 집안 여기저기에 흩어져 있는 것이 부모에게는 좌절스러울 수 있겠지만, 그들은 아마도 그들 사이에서 춤을 추며 한 번에 하나씩 조금씩 조립하고 있을 것입니다. 한 세트만 갖고 앉아 처음부터 끝까지 작업하는 것은 매니페스팅 제너레이터에게 너무 지루하게 들립니다. 그들은 레고를 시작하고 나서 마당을 뛰어다니거나 레고를 조립하는 동안 영화를 보기로 결정할 수도 있습니다. 요점은 그들이 여러 가지 일을 동시에 하는 경우가 많다는 점입니다.

매니페스팅 제너레이터는 매우 바쁜 꿀벌입니다. 한 번에 여러 가지 일을 하는 것을 좋아합니다. 한 번에 한 가지 일만 하는 것에 지루해합니다. 그들은 아마도 삶에서 자주 한 가지에서 다른 일로 자주 옮겨 다닐 것입니다. 예를 들어, 다섯 살 때 발레 수업을 듣고 싶어 해서 발레 학원에 등록하고 적절한 레오타드와 신발을 사주고 수업이 시작된 지 한두 달이 지나면, 발레는 이제 그만하고 아이스하키를 배우고 싶다고 선언하는 아이들이 이런 경우입니다. 부모의 관점에서는 이것이 좌절감으로 느껴질 수 있습니다. 왜냐하면 부모는 방금 발레에 투자했고 많은 어른들과 마찬가지로 어린 시절부터 "뭔가를 시작하면 끝까지 해내거나 끝을 낼 필요가 있다."라고 조건화되었기 때문입니다. 만약 이 소리가 익숙하게 들린다면 한 걸음 뒤로 물러서서 그 목소리가 어디서 나오는지 생각해 보시기 바랍니다. 당신은 그 목소리를 알아볼 수 있나요? 그 말을 들었을 때의 상황을 상상할 수 있나요? 할 수만 있다면, 아마도 이 영역에서 약간의 치유를 할 수 있는 기회가 있을 것입니다. 일단 시작한 것은 더 이상 적합하지 않다고 느껴지더라도 시작한 것을 끝내야 한다는 강박관념으로부터 말입니다. 자녀가 그만두기 전에 반드시 '예/아니오' 새크럴 질문을 하여 자녀가 아직 그것을 숙달하지 못한 것에 대한 좌절감 때문이 아니라 올바른 이유로 그만두는지 확인하세요.

매니페스팅 제너레이터와 소통하기

매니페스팅 제너레이터는 종종 이걸 원했다 다른 원했다 이랬다

저랬다 하는 듯이 보이지만 전략과 내적결정권을 따르는 것을 배우다면 이리저리 점프하는 것이 그들에게는 옳을 수 있습니다. 하지만 종종 발생하는 일은 매니페스팅 제네레이터 아이들이 한 가지 일에 매달려 끝장을 보도록 조건화되어 있기 때문에 자신의 전략과 권위를 따르지 않아 좌절하고 화를 내게 된다는 것입니다. 그들은 그들 자신이 아닌 다른 뭔가가 되려고 노력하게 됩니다. 매니페스팅 제네레이터 자녀가 있는데, 그들이 스포츠 또는 프로젝트를 끝내기로 결정했는데도 당신은 그들에게 계속 그 일을 하게 한다고 가정해 보세요. 이 경우 당신은 그들을 계속하게 만들기 위해 많은 에너지와 노력을 소비하게 될 것입니다. 그리고 솔직히 말해봅시다. 그것이 정말로 당신이 시간을 보내고 싶은 방법인가요? 아이를 그렇게 가르치고 싶은 건가요? 그들의 새크럴이 그들에게 그만두라고 말하는지를 유의하는 것도 중요합니다. 따라서 새크럴 질문(부록 참조)을 하여 그들의 새크럴이 이 특정 작업/수업/이벤트를 끝냈는지 확인하세요. 때때로 그들은 그만두고 싶지 않지만, 그 수업이나 행사의 어떤 것은 그들에게 효과가 있지 않는 경우가 있습니다. 새크럴 질문을 사용하여 그들이 정말 그만두고 싶은지, 아니면 단지 조정이 필요한지, 아니면 정체기에 도달하여 다음 단계로 넘어가기 전에 포기하고 싶은지 진실을 파악할 수 있도록 도와주세요. 그들의 학습은 계단식 과정입니다. 그것은 다음의 정상으로 다시 올라가기 전에 정상에 도달할 때까지 그들의 학습이 상승한다는 것을 의미합니다. 만약 그들이 정말 그만두고 싶은지 아니면 단지 학습 과정에 좌절감을 느끼는지 명확하지 않다면, 정말로 그만두고 싫어 하기 전에 그만두고는 나중에 후회할 수도 있습니다.

자, 다시 이 작고 주제넘게 나서는 친구들에게로 돌아가 봅시다. 발레를 막 시작했지만 이제 아이스하키를 위해 발레를 버리고 싶어 하는 작은 매니페스팅 제너레이터 자녀는 그들에게 무엇이 옳은지 내면의 신호에 귀를 기울이고 있는 것입니다. 그들은 수업/과제/환경에서 필요한 모든 것을 배우면 다음 단계로 넘어갈 것입니다. 그들은 어린 시절 세상의 모든 달콤한 것들을 맛보고, 자신의 관심사가 무엇인지 보기 위해 많은 것들을 시도하고 있습니다. 그러므로 발레에서의 짧은 두 달은 그들에게 낭비가 아니라 배움의 경험이며, 그것으로부터 많은 것을 얻고 있습니다. 할 수만 있다면, 많은 것을 시도하도록 해주세요. 그러면 그들은 더 행복한 아이들이 될 것입니다. 참고: 그렇다고 해서 그들이 새로운 부름을 받을 때마다 당신이 나가서 엄청난 돈을 투자해야 한다는 뜻이 아닙니다. 매니페스팅 제너레이터의 부모는 비용을 절감하기 위해 중고 또는 대여 장비에 투자하고 다른 부모와 거래하거나 공유하는 것을 고려하는 것이 좋은 생각일 것입니다.

자녀의 모든 경험은 그들만의 독특한 세계관을 줍니다. 그들은 무작위로 보이는 많은 다른 것들을 시도할 수 있지만, 각각의 경험은 그들이 짜고 있는 삶의 태피스트리를 구성하는 실이 됩니다. 이것은 31가지 맛을 제공하는 베스킨라벤스로 가서 항상 같은 맛을 주문하는 것이 아니라 모든 아이스크림의 맛을 샘플링하는 것과 같습니다. 그들은 체험을 위해 여기에 있고, 당신은 그들과 함께 그 여행을 즐길 수 있습니다.

매니페스팅 제너레이터 자녀가 십 대가 되어 고등학교에 입학하면, 그들의 삶에서 무엇을 하고 싶은지 알아내야 한다는 압박감이 가해질 것이고, 특히 루트나 헤드 센터가 미정의되었거나 열려 있다면, 이것들은 불안이나 긴장감을 유발할 수 있는 압박 센터이기 때문에 스트레스와 불안으로 이어질 것입니다. 이런 센터가 정의되어 있는지 또는 미정의되거나 열려 있는지 차트를 확인한 후 8장에서 센터에 대해 자세히 알아보세요. 이곳은 부모/가족의 조건화가 심하게 들어올 수 있는 또 다른 장소입니다. 당신이 어떻게 양육되었는지의 경험은 당신이 양육하는 방식에 영향을 줍니다. 예를 들어, 당신이 대학에 진학했는지 여부는 성공에 대한 당신의 생각 때문에 자녀에게 가하는 압박에 영향을 미칠 수 있습니다. 부모이자 보호자로서 한 걸음 물러서서 왜 아이를 위해 이것을 원하는지, 그리고 그것이 아이도 원하는 것인지를 생각해 보시기를 바랍니다. 때로는 대학을 졸업하거나 특정 진로를 선택하는 등 재정적 지원이 수반되어야 하는 조건이 있을 수 있습니다. 부드럽고 사랑스럽게 다시 말하지만, 저는 당신이 자녀에게 가장 좋은 것이 무엇인지 알고 있다고 느끼는 이유를 생각해 보시기 바랍니다. 당신이 평생 얻은 이런 지혜가 자녀에게 본보기가 될 수 있습니다. 당신은 자신의 길을 선택할 자유가 주어졌었나요? 만약 그렇다면, 당신은 어떤 시도를 통해 무엇을 배웠나요? 어디서 고군분투했고, 그 고군분투로부터 무엇을 배웠나요? 부모로서 우리는 종종 삶의 경험을 바탕으로 "나쁜" 결정을 내리면서 우리의 아이들이 어려움을 겪거나 상처받지 않도록 보호하고 싶어 할 때가 있습니다. 하지만 우리들 대부분은 행동하고 난 후에 세상이 어떻게 반응하는지를 봄으로써 가장 잘 배웁니다. 대학, 진로 또는 직업에 대한 대화가 시작되면 '예/아니오'의 새크럴 질문으로 대화를 시작하세요. 만약 당신에게 스스로의 탐색을 통해 배울 수 있는 선택권이 주어지지 않았었다면, 그 선택으로 당신의 삶은 어떻게 달라졌을지 생각해 보세요. 매니페스팅 제너레이터 자녀가 성장하면서 다양한 것을 탐구하도록 격려하면 무엇이 그들의 흥미를 자극하는지 파악하는 데 도움이 될 것입니다.

학교에서의 매니페스팅 제너레이터

매니페스팅 제너레이터 아이는 아마도 학교에 관심이 많을 것이고, 방향을 자주 바꿀 것이며, 일을 빨리 처리할 것이므로 종종 도중에 놓친 단계들을 두 배로 되돌려서 수정해야 할 것입니다. 이것은 그들에게 정상적인 학습 과정의 일부입니다. 그들은 단계를 건너뛰고 일을 더 효율적으로 처리할 수 있는 방법을 배우고 있지만, 그러기 위해서는 그들이 원하는 방식으로 할 수 있는 기회가 주어져야 하고, 단계를 건너뛸 수 있는 경우와 그렇지 않은 경우를 구분할 수 있어야 합니다.

매니페스팅 제너레이터와 숙제

매니페스팅 제너레이터는 자신이 하고 있는 활동에 새크럴 에너지를 사용해야 한다는 점에서 순수 제너레이터와 비슷한 고민을 할 것입니다. 만약 그들이 숙제를 완료하는 데 어려움을 겪고 있다면 새크럴 반응 질문을 해 보세요. 자세한 내용은 부록을 참조하세요. 숙제할 시간이 되면 일과 중에 또는 방과 후에 충분히 몸을 움직였는지 확인하세요. 마지막으로 그들은 프로젝트 또는 과제를 완료한 후 다음 과제로 이동하는 것이 아니라 프로젝트 또는 과제를 진행하는 중간에 이동할 수 있다는 점을 알아야 합니다. 그들은 완전히 다른 일을 하기 위해 휴식이 필요할 수 있거나 일하는 동안 간식이나 기분 전환할 다른 것을 요구할 수도 있습니다. 호기심을 가지고 관찰하고, 그들의 패턴을 알아차리고, 그들과 함께 실험하여 가장 효과적인 방법을 찾아보세요. 당신의 방식으로 배우거나, 공부하거나, 연구하도록 강요하는 것은 그들이 가장 잘 작동하는 방식을 배우는 데 도움이 되지 않으므로, 일을 완수하는 최선의 방법을 알아내기 위한 실험을 도와주겠다고 알려주세요.

매니페스팅 제너레이터와 일

직업을 구할 때가 되면, 그들은 다양한 유형의 직업을 시도하거나 아주 다른 비즈니스에서 일할 가능성이 높습니다. 이것은 그들이 무엇을 좋아하는지 파악하는 데 도움이 되는 과정의 일부입니다. 그들은 자신이 하는 일에 매우 빠를 수 있고, 그 일을 할 수 있는 에너지를 가지고 있기 때문에 만약 흥미를 끄는 뭔가를 발견한다면, 그것을 탁월하게 할 수 있는 큰 잠재력을 가지고 있습니다. 그들이 여러 직업을 이리저리 옮겨 다닌다고 해서 그들이 변덕스럽다는 의미는 아닙니다. 그것은 그들이 설계된 방식으로 삶을 살아가는 매니페스팅 제너레이터라는 것을 의미합니다.

매니페스팅 제너레이터의 대표적인 감정

매니페스팅 제너레이터와 좌절과 분노

매니페스팅 제너레이터는 자신의 낫셀프 감정으로 좌절과 분노 모두를 느낄 수 있습니다. 이것은 그들의 삶에서 뭔가가 맞지 않거나, 일단 그들이 뭔가를 하기로 결정했는데 행동으로 옮기는 것이 막힌 것 같이 느낀다는 신호입니다. 그들은 또한 (전략과 내적결정권을 사용하지 않음으로써) 일에 잘못 들어갔을 때, 그리고 그들이 하려는 일이 그들이 생각한 대로 되지 않을 때 이런 감정을 느낄 수 있습니다. 뭔가에 강요당한 느낌 없이 새크럴의 '예/아니오' 내적 진실로부터 반응하는 법을 배운다면, '만족'이라는 특징적인 감정적 반응을 경험할 수 있습니다.

매니페스팅 제너레이터와 만족

매니페스팅 제너레이터는 제너레이터와 마찬가지로 개시하기보다 새크럴의 반응을 통해 삶이 가져오는 것에 반응하기를 기다림으로써 특유의 만족감을 경험합니다. 그들에게는 정말로 하고 싶은 일에만 '예'라고 말하는 것이 중요합니다. 하지만 일단 그렇게 하고 난 뒤에는 그들의 결정에 영향을 받을 모든 사람에게 그들이 무엇을 할 것임을 알리는 추가 단계가 있습니다. 이 단계는 그들이 창조적인 과정에서 중단되어 좌절과 분노의 낫셀프 감정을 느끼는 것을 피하도록 도와줍니다.

매니페스팅 제너레이터의 전략 – 반응 및 통보하기

매니페스팅 제너레이터의 전략은 외부 현실에서 반응할 뭔가가 나타날 때까지 기다려야 한다는 점에서 제너레이터의 전략과 유사하지만 매니페스팅 제너레이터에게는 한 단계가 더 추가됩니다. 일단 어떤 것에 '예'라고 대답하면, 일을 쉽게 진행하기 위해 다른 사람들에게 자신이 무엇을 할 것인지를 통보할 필요가 있습니다. 그들은 괜찮은지 확인하는 것이 아니라 정보를 알려주는 법을 배우는 것입니다(물론 어렸을 때 안전하지 않은 일을 하려고 할 때 부모가 알려주는 것이 도움이 되지만). 그들은 일을 할 때 방해를 덜 받을 수 있도록 주변의 다른 사람들에게 자신이 무엇을 할 것인지를 알려줘야 합니다. 이것은 어렸을 때 부모가 "캔디랜드 놀이를 하고 싶어?"라고 묻고 아이는 "네!"라고 대답하고, 그런 다음 아이에게 "넌 뭘 할래?"라고 물어 그들이 캔디랜드 놀이를 할 것이라는 것을 당신에게 알리도록 하는 것과 같은 방식이 될 수 있습니다. 이것은 그들이 행동하기 전에 미리 알려야 한다는 생각을 강화하는 데 도움이 됩니다. 성장하면서 다른 사람들에게 자신이 무엇을 할 계획인지 통보하면 창조하는 과정에서 방해받지 않는 데 도움이 됩니다. 우리는 매니페스터나 매니페스팅 제너레이터에게 허락을 구하고 다른 사람이 괜찮다고 말해 주는 것에 의존하도록 훈련시키는 것이 아닙니다. 자신이 하려는 일을 다른 사람들에게 천천히 알려주면 그들이 가고 싶은 곳에 도달하는 데 제약이 덜하다는 것을 이해하도록 돕기 위해 훈련하고 있는 것입니다.

제너레이터와 마찬가지로 새크럴이 '예/아니오' 질문에 반응할 수 있는 방식으로 질문해야 합니다. 이들은 모터 센터가 목 센터로 연결되어 있기 때문에, 일단 새크럴로부터 '예' 반응을 얻으면 신속하게 행동할 수 있습니다. 매니페스터들처럼 행동하기 위해 다른 사람들을 필요로 하지는 않지만, 그 행동을 취하기 전에 외부 현실의 무언가에 먼저 반응해야 합니다. 매니페스팅 제너레이터 자녀는 일단 반응하면 빠르게 움직일 수 있습니다. 따라서 그들이 당신에게 무엇을 하려고 하는지 알려주는 것은 부모인 당신에게 도움이 될 뿐만 아니라, 그들이 창조하는 도중에 속도를 줄이거나 멈춰야 할 때 경험하는 좌절과 분노를 줄일 수 있습니다.

다른 에너지 유형이 매니페스팅 제너레이터 양육하기

매니페스터 부모와 매니페스팅 제너레이터 자녀

매니페스터 부모는 다른 사람의 도움 없이도 개시할 수 있습니다. 아이디어를 구체화하기 위해 내면의 창조적 신호를 받거나 하고 싶은 일이 있고 여력이 있을 때, 부모는 신속하게 실행에 옮길 수 있습니다. 매니페스팅 제너레이터 자녀 또한 신속하게 행동할 수 있으며 프로젝트를 시작하는 데 다른 사람이 필요하지 않지만, 이 에너지 유형의 차이점은 일에 올바르게 참여하거나 행동을 취하기 전에 외부 환경의 뭔가에 반응할 때까지 기다려야 한다는 것입니다. 이는 때때로 당신에게 좌절스러울 수도 있지만, 속도를 늦추고 새크럴 반응 질문을 던져주면 아이에게 반응할 무언가가 생기고 그들을 다시 빠르게 움직이게 하고 당신과 보조를 맞출 수 있게 할 수 있습니다. 아이의 학습 과정의 일부는 그들이 건너뛸 수 있는 단계를 알아내는 것이므로 종종 배우는 과정 중에 다시 돌아가서 단계를 반복해야 한다는 것을 기억하세요. 자녀가 계단식 학습 과정을 거치는 동안 연민을 갖고 기다려 주세요. 당신은 창의적인 비전이나 과제를 실현한 후에 휴식의 주기가 필요하지만, 아이들은 그렇지 않습니다. 그들은 밤에 잠을 잘 잘 수 있도록 하루 종일 몸을 충분히 움직일 필요가 있습니다. 당신은 매니페스팅 제너레이터가 충분한 신체 활동을 할 수 있도록 도와주어야 합니다. 그러면 잠들기 전에 당신은 휴식 시간을 가질 수 있고 충분한 휴식을 취할 수 있습니다. 그리고 항상 당신이 자녀에게 영향을 미치는 일을 할 때 그것을 미리 알려주는 것을 잊지 마세요. 이렇게 하면 자녀는 저항감을 덜 느끼며 삶을 살아갈 수 있습니다.

프로젝터 부모와 매니페스팅 제너레이터 자녀

매니페스팅 제너레이터 자녀의 프로젝터 부모는 자녀가 자신보다 훨씬 더 지속 가능한 에너지를 가지고 있다는 것을 알게 될 것입니다. 하루를 마감할 때 긴장을 풀고 자신만의 오라 속에 있기 위해서, 그리고 하루 종일 축적한 에너지를 비우는 데 꼭 필요한 시간을 갖기 위해서는 그들이 쉽게 잠을 잘 수 있을 만큼 충분히 신체적으로 움직였는지 확인할 필요가 있을 것입니다. 또한 당신은 자녀가 어떻게 하면 일을 더 효율적으로 할 수 있는지 분명히 보이는데도 당신 말을 듣지 않는다는 사실에 속상할 수도 있을 것입니다. 그들은 자신의 행동을 통해 배우고 있으며, 종종 과거로 돌아가서 단계를 수정해야 하며, 이는 모두 과정의 일부임을 기억하세요. 당신은 그들에게 그 주제에 대한 어느 정도의 경험이 있다는 것을 알려주고 만약 그들이 어떤 제안을 원한다면 당신이 자원이라는 것을 알려줄 수 있지만, 당신의 제안을 강요하지는 마세요. 대신 새크럴 반응 질문을 사용하세요. 그들이 '예/아니오'로 대답할 수 있는 것, 또는 두 가지 중에서 간단히 선택할 수 있는 것으로 질문하세요. 답을 찾기 위해 시간과 공간을 할애하여 이야기하고 과정을 거치는 것도 좋지만, 매니페스팅 제너레이터 자녀는 '예'와 '아니오'로 반응할 수 있는 뭔가가 필요합니다.

리플렉터 부모와 매니페스팅 제너레이터 자녀

당신은 부모로서 휴식을 취하고 재설정하는 데 충분한 시간이 필요하겠지만, 저는 이 조합이 리플렉터 부모에게 정말 재미있을 수 있다고 생각합니다. 매니페스팅 제너레이터는 항상 뭔가를 하고 있으며 종종 여러 가지 작업을 동시에 수행합니다. 리플렉터인 당신은 다양한 오라와 커뮤니티를 샘플링하는 경험을 하기 위해 여기에 있으며, 매니페스팅 제너레이터 자녀는 당신이 적응하고 시도할 수 있는 다양한 환경을 찾는 데 도움을 줄 수 있습니다.

매니페스팅 제너레이터 자녀는 결정을 내릴 때 당신보다 더 빠르게 움직일 것입니다. 큰 결정을 내리려면 달의 주기를 기다려야 하는데, 그것은 어려울 수 있습니다. 왜냐하면 당신은 아이로부터 더 빠른 결정을 내려야 한다는 많은 압박감을 느낄 수 있기 때문입니다. 자녀의 욕구를 이해하고 당신이 지치지 않는 방식으로 육아를 탐색하기 위해서는 새크럴 반응 질문을 활용하는 것을 잊지 마세요. 베이비시터를 고용하든 다른 부모와 육아를 교환하든 필요한 지원 시스템을 찾아보세요. 그리고 아직 그것에 능숙하지 않다면, 도움이 제공될 때 그것을 받아들이는 법을 배워 스스로도 필요한 것을 챙길 수 있도록 하세요. 매니페스팅 제너레이터 자녀가 낮에 필요한 모든 에너지를 소비할 수 있도록 시간을 내어 당신이 밤에 휴식 시간을 가질 수 있도록 하세요. 자녀가 아주 어릴 때, 당신은 받아들인 모든 새크럴 에너지를 방출하기 위해 혼자 있는 시간이 필요하기 때문에 함께 잠자는 것이 어렵다는 것을 발견할 수도 있습니다.

매니페스팅 제너레이터 부모

제너레이터 부모처럼 당신은 자녀의 가정부가 되기 위해 여기 있는 것이 아닙니다. 당신이 그 일을 할 수 있다고 해서 반드시 당신이 해야 하는 것은 아닙니다. 특히 당신이 어린 시절에 가치 있다는 것을 느끼기 위해 사람들의 비위를 맞추는 것을 배웠다면, 사람들에게 칭찬을 받기 위해 비위를 맞추는 것은 피하세요. 당신은 존재한다는 것만으로도 가치가 있습니다. 다른 사람들을 위해 얼마나 많은 일을 하는지를 통해 당신의 가치를 증명할 필요는 없습니다.

매니페스팅 제너레이터 부모와 비 새크럴 에너지 유형의 자녀

매니페스팅 제너레이터로서 당신은 많은 에너지를 갖고 있으며 동시에 여러 가지 일을 할 수 있는 능력을 가지고 있습니다. 비 새크럴 에너지 유형의 자녀는 당신처럼 일관되게 동일한 에너지 특성을 가지고 있지 않습니다. 프로젝터, 리플렉터, 매니페스터는 모두 다른 역할을 하고 다른 일을 할 것이라는 점을 이해하는 것이 중요하지만, 그렇다고 해서 그들이 하루 종일 소파에 앉아 있는 것 외에는 아무것도 할 수 없다는 의미는 아닙니다. 부모가 더 빨리할 수 있거나 '가장 좋은' 방법을 찾았지만 자녀를 위해 대신 일을 해주는 것을 거부하는 것은 부모에게 어려운 일이 될 것입니다. 자녀가 일에 접근하는 방법을 스스로 찾을 수 있는 여유를 주세요. 그리고 자녀에게 당신이 가장 잘 대답할 수 있는 '예/아니오' 질문이 아닌 개방형 질문을 하도록 하세요. 자녀에게 말할 수 있는 공간을 주고 그들이 무엇을 말해야 하는지 알아내는 것을 배우기까지는 시간과 인내심이 필요할 수도 있습니다.

　비 새크럴 에너지 유형의 자녀를 양육할 때 가장 큰 어려움은 아마도 자녀의 에너지 또는 당신이 동기부여 부족으로 인식하는 것과 관련이 있을 것입니다. 비 새크럴 에너지 유형의 아이들은 게으르지 않습니다; 그들은 단지 당신과 다른 수준의 에너지를 가지고 있고 삶에 다르게 접근할 필요가 있을 뿐입니다. 그들이 당신처럼 되고, 당신처럼 에너지가 넘치기를 기대하거나 당신처럼 멀티태스킹하기를 기대하는 것은 그들에게 맞지 않을 것입니다. 그들은 당신과 함께 살면서 당신의 새크럴 에너지를 흡수하고 증폭시킵니다. 그래서 당신만큼 또는 그 이상의 에너지를 가지고 있는 것처럼 보일 수 있습니다. 하지만 비 새크럴 에너지 유형 자녀의 부모로서 당신이 할 수 있는 가장 친절한 일 중 하나는 그들이 당신에게 피곤하다고 말할 때 귀 기울여 듣는 것입니다. 그들이 자신의 몸에 귀를 기울이고 언제 쉬어야 하는지 알 수 있도록 도와주세요. 그리고 피곤하기 전에 잠자리에 들고 하루 종일 축적한 다른 사람들의 에너지를 방출할 수 있는 혼자만의 시간을 갖도록 가르치세요.

매니페스팅 제너레이터 부모와 새크럴 에너지 유형의 자녀

제너레이터 또는 매니페스팅 제너레이터의 부모는 자신의 새크럴 반응을 통해 질문에 반응하는 능력이 확고해야 매니페스팅 제너레이터 자녀가 새크럴 반응에 참여하는 방법을 배울 수 있습니다. 만약 당신이 순수 제너레이터 자녀의 부모라면, 자녀의 학습 과정이 당신의 학습 과정과 다르기 때문에 인내심을 가져야 합니다. 한 프로세스가 다른 프로세스보다 나은 것이 아니라 단지 서로 다를 뿐이며, 부모가 훨씬 더 빠르고 좋은 방법을 알고 있는 것처럼 느껴지더라도 자녀의 방식을 존중하고 자녀가 직접 해보면서 배울 수 있도록 도와주는 방법을 배워야 합니다.

실행에 옮기기

매니페스팅 제너레이터 부모 여러분, 모든 사람이 당신을 따라잡거나 당신만큼 빠르게 기어를 변속할 수 있는 것은 아니라는 것을 기억하세요. 순수 제너레이터 에너지 유형과 마찬가지로, 당신이 그것을 할 에너지가 있다고 해서 다른 사람이 하기 싫어하는 일을 모두 하도록 되어 있는 것은 아닙니다. 책임을 분담하고 자녀가 힘들더라도 그 과정을 통해 배울 수 있도록 인내심을 가지세요. 자녀가 자신의 길을 배우고 찾으면서 다른 시각을 통해 세상을 경험하고 뭔가를 하는 동안 당신은 편안히 앉아 지켜보세요.

프로젝터

비 새크럴 에너지 유형 – 인구의 약 20%

목적: 안내하기
전략: 삶에서 큰일에 대한 초대를 기다리고, 인정받은 후에 다른 사
람들과 자신의 통찰력을 공유할 적절한 시기를 기다리는 것
대표적인 감정: 성공
낫셀프 대표적인 감정: 쓰라림

프로젝터 아이들은 다른 사람들에 대해 현명해지기 위해 여기에
있습니다. 성인이 되어 사회에 첫발을 내딛을 때, 그들은 다른 사람
들을 안내하고 잠재적으로 조언할 수 있는 능력을 인정받아야 합니
다. 어린아이일지라도 그들은 시스템이 어떻게 개선될 수 있는지를
보는 재능이 있지만 그들이 잘 받아들여지기 위해서는 안내를 요청
하는 초대를 기다릴 줄 알아야 합니다. 사람들이 서로 떠들고 도움

을 요청할 여유가 없는 세상에서 기다림이라는 것은 어려울 수 있습니다. 부모로서, 프로젝터 자녀가 자신의 능력과 재능을 보고 인정받는 것을 느낄 수 있도록 도와주는 것이 당신이 할 일입니다. 프로젝터는 목 센터에 연결된 모터 센터가 없기 때문에 그들의 생각과 지혜를 인정하고 그것을 공유해주기를 요청하는 초대를 받는 적절한 타이밍을 기다려야 합니다.

프로젝터는 다른 사람들을 이해하는 데는 능숙하지만 자신에 관해서는 다소 맹점이 있을 수 있으므로 서로 대화하고 아이디어를 공유할 수 있는 신뢰할만한 그룹이 있어야 합니다. 만약 그들에게 '외적결정권'이 있다면, 이것은 두 배로 사실입니다. 그들의 삶에서 신뢰할 수 있는 사람들과 대화하는 것이 반드시 조언을 얻기 위한 것은 아니며, 실제로 그런 경우는 거의 없습니다. 대신에 그들은 자신이 내리고 있는 결정을 스스로 처리하는 과정을 듣기 위해 이야기하는 것입니다. 그들의 결정에 대해 개방형 질문을 하는 것이 조언을 하는 것보다 훨씬 더 효과적인 경우가 많습니다. 이런 유형의 질문의 예로는 "그 결정을 내리게 된 계기가 무엇인가요?" 또는 "다음에 어떤 일이 일어날 것 같나요?"와 같은 질문이 있습니다.

프로젝터 어린이(또는 성인)가 인정받지 못한다고 느낄 때, 그들은 거만해지고 씁쓸해질 수 있습니다. 그들은 다른 사람들에게 자신의 도움을 강요하기 시작합니다; 결국, 그들은 뭔가를 하는 더 나은 방법을 볼 수 있고 그것이 당신에게 많은 도움이 될 것이라는 것을 알기 때문에 당신과 공유하는 것을 가만히 기다리지 못합니다! 그들이 안내하는 능력을 인정받고 안내를 요청받는다면 이는 성공이며,

이것이 프로젝터의 대표적인 감정입니다. 성공은 그들이 가치 있으며, 유용한 뭔가를 기여했고, 그들만의 방식으로 세상을 더 나은 곳으로 만들었다는 것을 아는 것입니다. 만약 그들이 기다리지 않는다면, 그들은 방어적인 태도를 마주하게 되거나 으스댄다는 말을 듣거나 완전히 무시당할 것입니다. 이로 인해 그들은 쓸쓸함을 느낄 수 있는데, 이는 정렬이 어긋난 프로젝터의 대표적인 감정입니다.

적절한 타이밍과 초대 기다리기

적절한 타이밍을 기다리는 것은 아이들이 배우기 어려울 수 있습니다. 아이들이 어릴 때부터 이것을 배우지 않았다면 나이가 들면서 특히 더욱 그렇습니다. 하지만 할 수 있습니다! 모든 연령대의 프로젝터는 적절한 초대를 기다리는 것이 성공을 가져올 수 있다는 것을 깨달을 때 쓰라림과 고통을 훨씬 덜 느낍니다.

그들의 조언을 구하고, 그들의 통찰력에 감사하고, 그들의 의견을 말할 수 있는 공간을 마련해주세요. 이렇게 그들이 주시받았다는 것을 알려주면 인정받지 못한 프로젝터에게서 나올 수 있는 모든 궁핍함이나 쓸쓸함은 빠르게 사라질 수 있습니다. 이는 그들에게 인정과 초대가 올 것이며 사람들을 쫓아내고 초대가 더 적어지게 하면서까지 자신의 길을 강요할 필요가 없다는 것을 앎으로써 그들이 성장하는 데 도움이 될 것입니다.

프로젝터의 목 센터가 열려 있거나 미정의되어 있다면, 그들은 매일 말할 시간이 필요합니다. 하루에 두세 번 몇 분씩 시간을 내어 그들에게 무슨 생각을 하는지 물어보세요. 시간을 따로 설정할 수도 있지만, 그 몇 분 동안 그들에게 온전히 주의를 기울여 당신이 온전히 거기에 있다는 것을 알려주세요. 이런 시간을 자녀에게 먼저 주면 프로젝터는 물론 당신도 더 행복해지는 보상을 받게 됩니다. 저는 제 프로젝터 아이들에게 이런 시간을 주지 않을 때 그들이 더 보채고 방해한다는 것을 종종 느낍니다. 제가 그들의 말을 듣는데 10분만 시간을 내기로 하면 그들은 기꺼이 다른 일들을 독립적으로 하려고 합니다. 가끔은 집에 핸드폰을 둔 채로 산책하러 나가서 아이들의 세상에 무슨 새로운 일이 있는지, 친구들은 어떻게 지내는지 물어봅니다. 프로젝터에게 그들이 잘하는 특정한 것에 대한 의견을 물을 때 진심이 담긴다면 보너스 점수를 받을 수 있습니다. 진심이 아니더라도 걱정하지 마세요. 그들은 당신을 바로 꿰뚫어 볼 것입니다.

인정받지 못하거나 자신의 통찰력을 공유하도록 초대받지 못한 프로젝터는 주의를 끌기 위해 큰 소리로 떠들거나 다른 사람들을 설득하거나 가족 광대가 될 수 있습니다. 반대로, 때때로 대가족에서는 아무도 그들을 보지 않는 것처럼 느껴져 조용해지거나 거의 사라질 수도 있습니다.

저는 어린 프로젝터들에게 초대를 기다리는 것은 멋진 일에 돈을 쓰기 위해 기다리는 것과 같다고 말하고 싶습니다. 100달러짜리 멋진 장난감을 사기 위해 돈을 모았고, 지금은 80달러가 있다고 가정해 봅시다. 장난감 가게에 들어가서 더 싼 가격에 다른 장난감들이 많이 있다는 것을 보고, 지금 당장 80달러를 지불하고 뭔가를 얻을 수 있다는 것을 알고 나서는 다른 여러 장난감을 80달러에

삽니다. 처음에는 신이 납니다. 오랫동안 돈을 모아 지금 이 새로운 것들을 갖게 되었습니다. 하지만 몇 시간이 지난 후에 아이는 정말로 그것들을 원한 것이 아니었으며, 100달러짜리 장난감을 원했다는 것을 깨닫기 시작합니다. 그러고는 원하는 장난감에 훨씬 못 미치는 것에 모든 돈을 썼다는 사실에 화가 나고 씁쓸해집니다. 이제 처음부터 다시 저축을 시작해야 합니다. 하지만 목표가 너무 큰 것 같아 더 이상 시도하고 싶지도 않고 돈을 벌면 바로 쓰게 됩니다. 원하던 100달러짜리 장난감을 결코 얻지 못할 것이라는 씁쓸함을 느끼면서 말이죠.

자, 장난감 가게에 들어갔을 때 100달러짜리 장난감을 사려고 저축을 해왔기 때문에 그 장난감이 돈을 쓰기에 적합하지 않다는 것을 깨닫고, 기다림은 그만한 가치가 있다는 것을 알기 때문에 인내심을 가지기로 결정했다고 상상해 보겠습니다. 그런 뒤 장난감 가게를 나서는데 바닥에 20달러가 떨어져 있는 것을 발견합니다. 아무도 그것을 자기 것이라고 주장하는 사람이 없습니다. 마치 하늘에서 떨어져서 당신만을 위해 그곳에 놓여진 것 같습니다. 기다렸고 인내심을 가졌기 때문에 당신은 결국 당신이 원하는 장난감을 얻게 되었습니다. 기대했던 것보다 훨씬 더 빨리 말입니다. 그렇게 된 이유는 정말로 원하는 것에 돈을 투자하기 위해 기다릴 줄 알았기 때문입니다.

프로젝터의 초대도 같은 방식입니다. 인정받고 초대받기 전에 자신의 안내를 나눠주려고 노력한다면, 그들은 정말로 원하지 않던 장난감에 모든 돈을 쓴 아이가 된 것 같은 느낌을 받습니다. 그들은 후회합니다. 그들은 잘 받아들여지지 않는 조언을 하는 데 에너지를 소비합니다. 하지만 초대장이 올 것이라는 것을 알고 기다리면서 자신의 일에만 집중한다면, 올바른 초대가 찾아올 때 쓸 수 있는 충분한 에너지로 보상을 받을 것입니다. 초대를 덜 강요하려고 할수록, 초대는 더 쉽게 다가올 것입니다. 느긋하게 앉아서 인내심을 갖고 개인적인 발전이나 흥미를 끄는 기술에 집중할 수 있을 때, 초대장이 올 것입니다.

초대와 부모의 도움

초대에 대해 말하자면, 프로젝터 자녀는 파티, 놀이 모임, 심지어 첫 직장을 구할 때도 초대받는 데 부모의 도움이 필요할 수 있습니다. 프로젝터가 초대받지 않았는데도 매니페스터, 제너레이터 또는 매니페스팅 제너레이터처럼 자신을 밖으로 내놓고 행동하려고 할 때, 그들은 자신의 오라로 초대를 내쫓을 수 있습니다. 개인적인 감정은 아니지만, 프로젝터는 다른 사람을 너무 깊이 느끼기 때문에 초대받지 않은 상태로 접근할 때 그들은 다른 에너지 유형에게 침범되는 것처럼 느껴지거나 불쾌감으로 느껴질 수 있습니다. 모르는 사람이 당신에게 자동차, 집, 재킷, 신발, 또는 TV를 얼마에 주고 샀는지를 물어볼 때 어떤 기분이 들지 상상해 보세요. 당신이 평소 그런 종류의 정보를 공유하는 사람이 아니라면, 그것은 침범받는 것으로 느껴집니다. 바로 그것이 프로젝터가 초대받지 않았거나 방금 만난 사람이 "당신은 대면하는 것을 좋아하지 않는 것으로 보이는데, 왜 그렇죠?"라고 말할 때 프로젝터가 발산할 수 있는 에너지입니다. 그것이 상대방에게 주는 느낌은 "으웩, 내 오라에서 꺼져. 그만 쳐다봐!"라고 말하는 것과 같습니다. 그러니 프로젝터 자녀에게 올바른 초대는 다른 사람들을 위해 애쓰는 것을 멈추고 그들 자신이 될 때 온다는 것을 가르치세요. 프로젝터 상태로 있을 때, 그들은 초대를 끌어들일 것입니다. 왜냐하면 프로젝터가 초대를 구하지 않고 단지 자신의 일에만 신경을 쓸 때 사람들은 프로젝터를 거부할 수 없는 매력에 빠져들기 때문입니다.

프로젝터가 초대받기를 구하여 초대를 만들어내려고 한다면 대개는 잘되지 않습니다. 그렇게 해서 초대를 받을 수도 있지만 그때는 그들이 바라고 있었던 느낌이 들지 않을 것입니다. 상대방은 프로젝터가 초대나 주도권을 받으려고 낚시를 하거나 끌어가고 있다고 느낄 것이고, 그것은 상대방의 에너지를 꺼지게 만들 것입니다. 자신의 오라가 자신을 대변하도록 하는 것이 가장 좋습니다. 그리고 초대받으려는 기대를 내려놓으면 더 많은 초대를 받는다는 것을 알게 될 것입니다.

프로젝터는 자신들을 알아보고 높게 평가해 주는 사람들을 만나게 될 것입니다. 하지만 그것은 프로젝터가 자신의 길을 억지로 밀어붙여서가 아닙니다. 초대가 올바르게 이루어지려면 올바른 사람들이 프로젝터를 찾아 그들을 관계 속으로 초대해야 합니다.

프로젝터는 인간관계, 우정, 이벤트, 직업, 파트너십, 그룹 등 삶에서 중요한 일에 초대를 받아야 합니다. 식료품점에 가거나 일상적인 일에서 초대를 받을 필요는 없습니다. 하지만 프로젝터가 편안히 앉아서 일상적인 일에 얼마나 많은 초대를 받는지를 가만히 앉아서 살펴보는 것은 재미있는 실험이 될 수 있습니다.

초대는 형식적일 수도 있지만 에너지적일 수도 있습니다. 프로젝터가 주변 사람들이 어떻게 느끼는지 알아차릴 때, 그들은 언제 초대되었는지를 에너지적으로 감지할 수 있습니다. 그들은 또한 그 초대가 언제 끝났는지를 느낄 수 있습니다. 아이들은 어른들이 하는 것처럼 항상 이런 것들에 대해 말하지는 않을 것입니다. 하지만 프로젝터 아이가 '수지가 더 이상 친구가 되고 싶지 않대요.'라고 말할 때 그들의 말을 귀 기울여 들으세요. 수지가 그런 말을 하지 않았을지도 모르지만, 프로젝터 아이는 에너지가 바뀌고 우정이 변했다는 것을 느낄 수 있습니다. 그들에게 수지와 친구가 되라고 강요하는 것은 초대에 대한 그들의 이해를 흐리게 할 것입니다. 왜냐하면 그것은 그들이 사실이라고 알고 있는 것과 반대되기 때문입니다. 이것이 어린 시절 내내 계속된다면, 그들은 초대의 의미를 이해하지 못한 채 성인이 되어 오해와 소외감을 크게 느낄 수 있습니다.

초대와 삶에 대해 말하자면…

대부분의 아이들은 자라서 독립적이 되어 자신의 생일 파티를 관리하고 싶어 하지만, 프로젝터는 초대 과정에서 여전히 당신의 도움이 필요할 수도 있습니다. 프로젝터는 자신의 파티에 초대장을 보내는 것을 꺼려할 수 있기 때문에, 부모가 초대를 해주거나 파티를 계획하고 초대하는 데 도움을 줄 친구를 모집하는 것이 파티를 더 성공적으로 만들 수 있습니다. 프로젝터 자녀가 자신의 파티를 계획하고, 학교에서 초대장을 나눠주고, 그러고 나서 아무도, 심지어 오겠다고 말한 사람들조차 나타나지 않는 것을 보는 것만큼 가슴 아픈 일은 없습니다.

자녀가 취업할 시기가 되면, 취업 기회를 연결해 주는 부모의 지원이 필요할 수도 있습니다. 자녀가 무엇을 할 수 있는지 인식하고 적절한 기회를 찾을 수 있도록 도와주는 것이 프로젝터의 부모가 해야 할 올바른 일일 수 있습니다. 그들은 시간과 에너지를 투자하는 곳에서 프로젝터로서 보람을 느껴야 하므로 일하는 곳에서 인정받고 가치 있는 존재로 느껴지도록 하는 것이 중요합니다.

프로젝터 아이가 알고 자랐으면 하는 한 가지 소원이 있다면, 바로 이것입니다. "너는 충분해. 그리고 네가 모든 사람에게 동의하지 않듯이 모든 사람이 너에게 동의하는 것은 아니야. 그리고 그것은 완벽하게 완벽해. 너의 에너지는 귀한 자원이니 너에게 맞는 사람들과만 나눌 수 있도록 주의해야 해. 다른 사람들은 네가 무엇을 할 수 있는지 볼 것이고 너 가까이에 있고 싶어 할 것이지만, 이 사람들과 그들의 의도가 너에게 맞는지 말해주는 내면의 목소리에 귀를 기울여. 인내심을 가져. 너의 시간이 올 거야. 네가 초대를 만들어내려는 노력을 적게 할수록, 너는 삶에서 더 성공할 거야."

프로젝터와 소통하기

제너레이터 및 매니페스팅 제너레이터의 '예/아니오' 새크럴 반응 질문과 달리 프로젝터는 개방형 질문을 받아야 하고 그들의 생각을 구두로 표현할 수 있는 여유가 주어져야 합니다. "만약 …라면, 무슨 일이 일어날 거라고 생각해?" 또는 "오늘은 뭘 해야 하지?"

"어떻게 하면 이 상황을 개선할 수 있다고 생각하지?"와 같은 질문으로 시작하세요.

학교에서의 프로젝터

주변의 모든 사람들로부터 많은 에너지를 흡수하고 있는 프로젝터에게 학교는 부담스러운 곳일 수 있습니다. 그들은 한 번에 한 사람의 에너지장을 받아들이도록 설계되었습니다. 그래서 약 70%의 정의된 새크럴 에너지로 가득 찬 교실에 있는 것은 그들에게 많은 부담이 될 수 있습니다. 그들은 방과 후에 하루 종일 받은 에너지를 풀고 발산할 시간이 필요합니다. 낮잠이 필요할 수도 있습니다. 반대로, 그들이 하루 종일 모은 에너지는 증폭되어 과잉 행동을 보일 수 있습니다. 이 경우에는 약간의 춤이나 움직임이 에너지의 일부를 떨쳐내는 데 도움이 될 수 있습니다.

프로젝터와 숙제

프로젝터는 미정의된/열린 새크럴 센터를 통해 모든 에너지를 흡수하고 증폭하기 때문에 압박감이 문제가 될 수 있습니다. 이것은 그들을 최고의 성취자와 실행자가 되게 할 수 있으며, 결국에는 그들을 지치게 할 수 있습니다. 그것이 빠른 속도로 계속된다면, 어린 시절에 쉽게 소진될 수 있습니다. 차트에 열려 있거나 미정의된 다른 센터들이 많이 있다면, 다른 사람들의 에너지에 훨씬 더 민감할 수 있습니다. 압력 센터인 헤드 센터 또는 루트 센터가 열려 있거나 미정의된 경우에는 작업을 완료하기 위해 스스로에게 데 많은 압력을 가할 수 있습니다. 프로젝터의 차트에서 이런 센터가 열려 있거나 미정의되어 있는지 확인하세요. 만약 그렇다면 8장에서 열린/미정의된 센터에 대해 자세히 읽어보고 그들이 느끼는 압박감을 관리할 수 있도록 지원하는 방법을 알아보세요. 예를 들어, 멘탈 프로젝터는 9개의 센터 중 6개나 7개의 센터에서 에너지를 받아들여 일을 완료해야 한다는 압박감에 압도될 수 있습니다. 그들은 또한 다른 사람들이 감정 파동을 통해 내보내는 감정을 받아들입니다 (감정에 대한 자세한 내용은 7장 '감정'과 8장 '감정 태양신경총' 참조). 그리고 열려 있거나 미정의된 스플린 센터에서 증폭된 두려움도 받아들입니다. 차트에서 정의된 센터를 찾아 그들에게 일관된 것이 무엇인지 파악하고 차트에서 흰색으로 표시된 모든 것이 가변적이라는 것을 인식하여 변동하는 에너지를 탐색하는 데 도움을 주세요.

프로젝터의 숙제는 종종 두 가지 시나리오 중 하나입니다. 정의된 루트 센터가 있다면, 자신의 에너지를 기반으로 자신의 속도와 자신의 시간에 따라 작업을 수행합니다. 반대로 미정의된/열린 루트 센터를 가지고 있다면, 압박감에서 벗어나기 위해 서둘러서 그것을 통과하거나 마지막 순간까지 미루고 있다가 벼락치기로 끝내려고 할 수 있습니다. 또한 열린 새크럴 센터로 인해 언제 그만두어야 하는지를 아는 데 어려움을 겪을 수 있고 언제 충분한지 그리고 언제 휴식이 필요한지에 대해서도 당신의 지도가 필요합니다.

프로젝터와 일

프로젝터는 전통적으로 월요일부터 금요일까지, 9시부터 5시까지 일하기 위해 여기에 있는 것이 아닙니다. 프로젝터는 안내하기 위해 여기에 있습니다. 그러나 일주일 내내 일할 수 없다는 것을 의미하는 것은 아닙니다. 그것은 그들이 어떤 직책을 갖고 있는지, 그리고 인정받고 초대받았는지에 달려 있습니다. 저와 함께 일하고 있고 제가 개인적으로 알고 있는 정규직으로 일하고 있는 대부분의 프로젝터는 에너지를 잘못 사용하여 소진되거나 자신의 에너지에 맞추어 일을 조정했습니다. 많은 사람들이 스스로를 위해 일하고 있으며, 휴식 시간을 미리 잡아놓고, 과도한 예약을 하지 않도록 달력을 관리하고, 에너지에 대한 적절한 경계를 설정하는 방법을 배웠습니다. 에너지를 쏟아붓는 프로젝터는 보통 30세 전후에 소진됩니다. 그들을 소진하게 만든 패턴을 수정하지 않는다면, 번아웃이 계속 반복될 수 있습니다. 따라서 프로젝터 자녀에게 그들이 인구의 80%와 다르게 일해야 하며, 자신의 에너지가 다른 사람들과 많이 다른 것이 정상이라는 사실을 일찍부터 가르치는 것이 중요합니다.

그들의 에너지로 밀어붙이기

특히 주변을 둘러보고 친구들의 근황을 볼 때 인정받지 못하거나 자신이 받아야 한다고 생각하는 초대를 받지 못한다면, 프로젝터 자녀는 자신이 원하는 관심을 받기 위해 밀어붙일 수 있습니다. 불행하게도 더 밀어붙일수록, 그들은 더 배척당하게 되고 초대는 줄어듭니다.

저는 제 어린 시절을 기억하면서, 그리고 제 아이들의 어린 시절을 관찰하면서 이런 현상을 목격했습니다. 더 많이 소속되기를 원하고 생각이나 통찰력을 공유하거나 대화에 끼어들려고 할수록 다른 사람들은 프로젝터들을 더 피하게 됩니다. 그리고 아이러니하게도 그들이 물러나 자신의 일을 할 때 사람들이 초대장을 가지고 찾아오는 것을 발견합니다.

대화가 필요하다

프로젝터는 모터 센터와 목 센터의 연결이 없으므로 (연결되면 매니페스터가 됨) 공유하도록 초대되어야 합니다. 적어도 하루에 한 번 이야기할 수 있는 공간을 제공하면 그들이 항상 당신과만 이야기하지 않도록 출구를 마련해줄 수 있습니다. 그들은 또한 자신들의 생각과 아이디어를 처리하는 것을 듣기 위해 이야기할 필요가 있습니다. 사려 깊은 개방형 질문을 통해(예시는 부록 참조) 자녀가 자신을 더 깊이 이해하는 데 도와주되 너무 많은 조언을 하지 않도록 하세요. 그들이 문제를 해결하고 자신의 능력에 자신감을 얻도록 하세요. 그들은 사물을 다르게 봅니다. 40,000피트(12km) 높이에서 바라보는 시야를 가지고 있으므로 그들이 보는 것을 공유하도록 초대한다면 당신에게 새로운 관점을 제공할 수 있습니다.

에너지와 스포츠

그들은 새크럴 센터가 정의되어 있지 않기 때문에 많은 신체적 움직임이 필요한 제너레이터 에너지 유형과 달리 지속 가능한 신체적 에너지는 도전이 될 수 있습니다. 하지만 그것이 프로젝터가 올바른 초대를 수락하는 것을 방해하는 것은 아닙니다. 올림픽 금메달리스트인 세레나 윌리엄스도 프로젝터입니다. 이것은 모든 에너지 유형이 무엇이든 할 수 있다는 것을 강조합니다. 다만 지속 가능하려면 접근 방식을 달리해야 하고 인정과 초대를 통해 올바르게 진입해야 합니다. 프로젝터가 빌려온 새크럴 에너지를 사용하여 너무 세게 밀어붙이면 부상이나 탈진의 위험이 높아질 수 있습니다. 그렇다고 해서 이들이 스포츠를 잘하지 못하거나 즐길 수 없다는 뜻은 아니지만 자신의 몸과 필요에 귀를 기울이는 것이 중요할 것입니다. 스포츠를 하는 프로젝터 자녀가 게임이나 행사 후에 낮잠을 자는 것을 발견하더라도 놀라지 마세요. 어떤 에너지 유형이든 그들이 삶에서 원하는 것은 무엇이든 될 수 있습니다. 하지만 스포츠와 같은 특정 분야에서는 다르게 접근할 필요가 있을지도 모릅니다.

에너지 프로젝터

에너지 프로젝터는 프로젝터의 아류형으로서 하나 이상의 모터 센터(태양신경총 센터, 의지 센터, 루트 센터)가 정의된 프로젝터입니다. 이 세 개의 모터는 펄스 리듬으로 작동하므로 프로젝터의 에너지는 날마다 크게 달라질 수 있습니다. 열린 새크럴 센터와 결합되면 주변에 누가 있느냐에 따라 모터가 미정의된 프로젝터보다 더 많은 일을 계속할 수 있다고 느낄 수 있습니다. 그들은 정의된 모터 내에 일정한 에너지를 가지고 있기 때문에 이것이 빌린 에너지는 아니지만, 정의된 새크럴 센터가 있는 것과는 다릅니다. 만약 프로젝터가 이 에너지가 지속 가능하다고 믿게끔 조건화되어 있다면, 그들은 결국 소진될 것이며, 평생 그것에 맞추어 살려고 노력하는 패턴을 만들어낼 것입니다. 이것은 그들이 신체적으로 더 이상 따라갈 수 없다는 것을 깨달을 때도 여전히 충분하지 않다고 느끼게 만들 수 있습니다. 특히 그들이 그 시점까지 해온 모든 일에 대해 칭찬을 받았다면 더욱 그렇습니다.

열린 센터가 많은 프로젝터

프로젝터는 종종 차트에 열려 있거나 미정의된 센터를 많이 가지고 있습니다. 즉 그들은 열린/미정의된 센터를 통해 많은 에너지를 흡수하고 이를 증폭시켜 많은 에너지를 가지고 있는 것처럼 보일 수 있습니다. 그것을 알고 있는 부모는 자녀에게 이런 에너지의 느낌이 전적으로 그들 자신의 것이 아니며, 나이가 들어서 소진되는 것을 방지하기 위해서는 자신의 페이스를 조절하고 정기적인 휴식 시간을 계획하는 법을 배워야 한다는 것을 깨닫도록 도와야 합니다. 이는 프로젝터의 가장 일반적인 조건화 영역 중 하나이기 때문에 그들이 정기적인 휴식이 필요하며, 그들의 에너지 필요를 인정하고 지원하는 방식으로 일을 해야 한다는 것을 깨닫도록 더 많이 도움을 줄수록 성인이 되어 장기적으로 성공적인 삶을 살 수 있는 환경을 조성할 수 있습니다.

프로젝터의 대표적인 감정

프로젝터와 쓰라림

그들이 궤도를 벗어났다는 것을 알려주는 프로젝터의 대표적인 감정은 쓰라림입니다. 이것은 그들이 코스를 바로잡을 수 있도록 지켜봐야 할 이정표입니다. 대부분의 프로젝터는 인정받지 못하고 초대받지 못한다고 느낄 때, 또는 너무 많은 일을 하고 있어 하루 종일 얻은 에너지를 방출하고 재설정하기 위해 더 많은 휴식 시간이나 혼자만의 시간이 필요할 때 씁쓸함을 느낍니다. 혼자 사색하는 시간이 있을 때 상대방에 대해 관찰하고 배우는 많은 것들이 지혜로 통합되기 때문에, 이런 휴식 시간은 통합의 시간이기도 합니다.

프로젝터와 성공

성공은 정렬된 프로젝터의 정서적 신호입니다. 인정받기를 기다리며 내적결정권을 통해 자신에게 맞는 초대에만 반응하는 전략에 따라 살 수 있을 때 프로젝터는 성공을 느낍니다. 성공은 반드시 돈이나 평판에 관한 것이 아닙니다(비록 그런 것들이 때때로 성공과 함께 올 수 있지만 말입니다). 그것은 그들이 좋은 기분을 느끼고, 기여한 바를 인정받고, 초대를 강요할 필요를 느끼지 않는 정렬된 삶에 관한 것입니다. 그들은 사람들이 자신에게 끌리고 안내해주기를 요청하는 것을 기다리는 법을 배웁니다. 성공은 당신이 과정에 항복할 때, 삶이 당신에게 필요한 모든 초대를 가져다 줄 것임을 아는 것이며, 당신의 있는 그대로의 모습에 평화를 느끼고 삶의 전략에 만족을 느끼는 것입니다.

프로젝터의 수면

프로젝터 자녀가 취침 시간에 지나치게 흥분한 상태라면, 아마도 당신은 아이가 느슨해질 준비가 되었을 때 잠자리에 들게 하는 마법의 시간을 놓쳤을 가능성이 높습니다. 이틀에 한 번씩 자녀의 취침 시간을 15분씩 뒤로 늦추고 침대에 누워 책을 읽게 하거나 책을 읽어주도록 하세요. 오디오북을 듣게 하거나 천장에 별이나 이미지를 투사하는 조명을 설치하여 아이가 잠들 때까지 상상력을 발휘하게 하는 것도 좋습니다. (만일 아이가 정의된 헤드/아즈나를 갖고 있다면, 이것은 진정 효과가 있을 수도 있고 자극적일 수도 있으므로 무엇이 효과가 있는지 실험하고 살펴보는 것이 중요합니다.) 우리는 아이들의 침실에 TV를 들여놓지는 않았지만, 10세 전후로 아이패드에 프로그램을 다운로드하고, 불을 끄기 전에 30분 정도 보게 하면 아이들이 편안하게 침대에 누워 잠들 수 있다는 것을 알게 되었습니다. 때때로 그들은 이야기하고 싶어 하지 않고 심지어 책을 읽는 것도 너무 힘들어할 수 있으므로 쇼를 시청하게 허락하는 것은 그들의 마음속에서 소용돌이치는 어떤 걱정스러운 생각으로부터 벗어나 긴장을 푸는 데 도움을 주는 도구로 사용될 수 있습니다. 쇼의 내용은 중요합니다(그래서 가벼운 것이 가장 좋습니다). 그런 뒤 방에서 기기를 치웁니다. 쇼를 다운로드 받아 와이파이가 꺼진 상태에서 보게 하여 신체에 과도한 자극을 주지 않도록 하고, 기기에서 방출되는 빛의 색상이 수면에 방해가 되지 않도록 아이패드에서 나이트쉬프트를 사용하도록 했습니다.

참고: 이것이 모든 아이들에게 효과가 있는 것은 아니므로 자녀에게 효과가 있는 방법을 찾아야 하지만, 요점은 "현재의 가이드라인"에서 말하는 것이 반드시 옳은 것이 아니라 부모와 자녀에게 효과가 있는

것이 무엇인지 가능성을 열어두어야 한다는 것입니다. 가이드라인을 만든 사람들의 의도는 좋을 수 있지만 그들이 아이들과 함께 살지 않거나 아이들이 어떻게 반응하는지 알지 못할 수도 있습니다. 가이드라인은 일반적인 의미로 모두를 위해 고안되었으며 당신의 자녀를 위해 맞춤화된 것은 아닙니다.

프로젝터 신생아/유아와 모터가 활성화된 부모

당신이 함께 데리고 자는 신생아나 유아 프로젝터가 피곤해서 밤새 깨거나 비명을 지르거나 하루 종일 애를 태운다면, 그것은 당신의 에너지가 그들에게 너무 과한 것일 수 있습니다. 이것은 아이와 함께 자는 것을 꿈꿔온 부모에게 충격적일 수 있겠지만, 그들을 다른 방에 재우거나 가능하다면 부모가 교대로 재우는 것을 고려하세요. 그러면 아이들의 잠자는 오라에 에너지가 덜 전달될 수 있습니다. 낮잠 시간도 마찬가지입니다. 다른 정의된 모터들(태양신경총, 루트, 새크럴, 의지 센터)로부터 떨어진 방에서 낮잠을 자게 할 수 있다면, 아이들은 더 잘 쉬고 더 행복한 아기가 될 것입니다. 주변에 모터 에너지가 있을 때, 이완을 시도하는 것은 아이들에게 너무 자극적일 수 있습니다. 기억하세요, 이것은 개인적인 것이 아닙니다. 단지 디자인이 주는 에너지가 함께 어우러지는 것일 뿐입니다. 모두가 잠이 들면 온 가족이 더 행복해집니다.

십 대 프로젝터와 취침 시간

십 대의 프로젝터 자녀가 있을 때, 그들에게 에너지를 관리하는 법을 어떻게 가르쳤는지에 따라 자녀가 자신의 욕구를 얼마나 이해하느냐가 결정됩니다. 만약 자녀가 제너레이터로 길러졌다면, 그들은 더 이상 갈 수 없을 때까지 가고 또 가고 또 가게 될지도 모르며, 그런 뒤 잘 시간이 되면 신경이 곤두선 자신을 발견할 수도 있습니다. 이 패턴은 어른이 되어서도 이어질 수 있습니다. 저는 평생 매우 늦게까지 깨어 있다가 잠을 이루지 못하는 패턴을 가진 많은 성인 프로젝터들을 작업해왔습니다. 그 패턴을 바꾸는 것은 어려울 수 있습니다.

또한 많은 십 대들은 방에서 휴대폰을 끼고 전원을 켠 상태로, 심지어 베개 밑에 둔 채로 잠을 자는 습관이 있습니다. 최소한 휴대폰을 베개 밑에서 치워주세요. 그들의 뇌는 여전히 발달하고 있는 중이며 휴대폰에서 나오는 방사선의 영향에 훨씬 더 취약합니다. 밤은 우리 몸이 휴식, 소화, 해독 단계에 들어가 내부 방어력이 낮아지는 때이고, 휴대폰에서 방출되는 신호에 의해 신체적 장애에 더 취약해지는 때입니다. 휴대폰에서 나오는 인터넷에 접속하는 소리는 또한 아드레날린을 방출하여 잠을 깨우고 긴급상황과 같은 방식으로 경보를 보냅니다. 그런 다음 소셜 미디어에서 '좋아요', '댓글' 등과 다른 반응을 보면 도파민이 넘쳐나와 보상을 따라가는 나쁜 습관의 악순환을 일으킵니다. 이미 에너지 과잉, 충분한 수면 부족, 소외감 등에 민감한 프로젝터에게 이런 영향이 더해지면 십 대의 고통은 더욱 커질 수 있습니다.

다른 에너지 유형이 프로젝터 양육하기

제너레이터/매니페스팅 제너레이터 부모와 프로젝터 자녀

새크럴 센터가 정의된 부모는 자신이 프로젝터 자녀에게 어떻게 일을 하도록 조건화하고 있는지 아는 것이 중요합니다. 그들은 당신처럼 새크럴 에너지에 지속적으로 접근할 수 없기 때문에, 휴식이 필요하다는 몸의 신호에 귀를 기울임으로써 지치지 않고 일을 마무리할 수 있는 방법을 찾아야 합니다. 그들이 단지 휴식을 취해야 할 필요가 있을 때, 이것은 짜증 또는 명백한 게으름으로 나타날 수 있습니다. 예를 들어, 축구와 같은 조직적인 스포츠에서 뛰는 아이는 승리를 축하하러 가는 것보다 모든 것을 경기장에 남겨두고 집에 와서 낮잠을 자고 싶을 수도 있습니다. 또한 그들이 당신의 재생 가능한 에너지를 항상 따라잡을 수 없다는 것을 깨닫는 것이 중요합니다. 그리고 자녀가 자신에게 맞는 방식으로 일할 수 있도록 하기 위해 부모가 해야 할 일은 일을 하는 방식에 대한 당신의 조건화된 생각에서 벗어나는 것일 수도 있습니다.

제너레이터 섹션에서 언급했듯이 새크럴 에너지 유형의 부모가 비 새크럴 에너지 자녀를 위해 모든 것을 해 줄 필요는 없습니다. 자녀를 위해 모든 것을 해주기보다는 그들이 지속 가능한 방식으로 책임을 다하는 방법을 가르쳐주세요.

매니페스터 부모와 프로젝터 자녀

또 다른 비 새크럴 존재로서, 매니페스터인 당신은 에너지가 들어왔다 나간다는 것을 이해합니다; 당신에게 그것은 제너레이터나 매니페스팅 제너레이터만큼 일관되지 않습니다. 그리고 괜찮습니다. 당신은 개시함으로써 사회 구조 안에서 당신의 역할을 담당하고 있습니다. 프로젝터 자녀는 매일 육체적으로 힘든 일을 하는 것이 아니라, 인정받고 안내하기 위해 기다리는 법을 배우기 위해 여기에 있습니다. 만약 자녀가 모터가 없는 프로젝터라면, 그들은 당신의 모터 에너지를 흡수하고 당신이 있는 곳에서 그것을 증폭시켜 자기들이 훨씬 더 많은 에너지를 가지고 있다고 믿게 됩니다. 하지만 당신과 마찬가지로 그들은 하루가 끝날 때 다른 사람들의 에너지를 방출하고, 재설정하고, 자신으로 돌아오기 위한 휴식 시간이 필요합니다. 그들은 또한 매니페스터가 하는 것처럼 낮잠을 좋아할 수도 있고, 두 시에 낮잠을 포기하는 아이일 수도 있습니다. 각각의 아이들은 서로 다르며, 그들의 진정한 욕구와 조건화된 욕구를 이해하는 것은 그들을 키울 때 큰 차이를 만들어낼 것입니다.

당신의 동력 에너지를 증폭시키는 이면에서 그들은 그것을 받아들이고 그것에 의해 압도당하거나 당신의 낫셀프 특유의 분노 감정에 특히 민감해질 수 있습니다. 당신이 그들에게 화를 내는 것이 아니라 그들이 당신이 원하는 방식으로 에너지를 사용할 수 없다는 점에 좌절감을 느낀다는 것을 그들과 소통하는 것이 중요합니다.

프로젝터 자녀는 당신처럼 목 센터에 연결된 모터 센터가 없기 때문에 하루 종일 에너지를 받아들이면서 목 센터에 압력을 쌓아 올릴 것입니다. 만약 당신이 하루의 대부분을 자녀와 떨어져 있다면, 다시 돌아와 함께 있게 될 때 그들은 모터 센터와 목 센터 연결에 접근할 수 있게 되어 쉽게 압력을 완화시킬 수 있습니다. 당신이 돌아와 함께 있을 때 압박은 풀어지고 누군가가 자신의 말을 들어준다고 느낄 때까지 그들은 수다쟁이가 될 수 있습니다. 당신이 집에서 다른 사람과 대화를 나누고 있을 때 프로젝터 자녀가 문을 열고 들어온다면, 프로젝터 자녀는 자신과 상관이 없는 경우에도 대화에 끼어들려고 할 수 있습니다.

그들은 경청하고 있고 안내하기를 원하며 말하고 싶은 압박감을 느끼고 있기 때문에, 가족 내에서 이러한 행동에 대한 경계를 설정하는 것이 도움이 될 수 있습니다. 또한 목 센터가 미정의 되었거나 열려 있는 아이가 있다면 매일 아이들이 말을 하고 압박을 해소할 수 있는 시간을 주는 것이 중요합니다. 그리고 그들에게 정기적으로 시간을 줄 수 있다면 아이들이 당신에게 말하는 횟수는 점점 줄어들 것입니다. 할머니 집이나 가족 모임 또는 더 많은 사람들이 모이는 곳으로 자녀를 데려간다면 그것 또한 좋은 방법입니다. 차를 운전하는 중에 자녀의 생활, 기분, 좋아하는 동물에 대해서 그리고 그 이유를 물어보세요. 아이의 발달 단계에 따라 압박을 풀어낼 수 있도록 연령에 맞는 개방형 질문을 하세요. 그러면 당신의 아이가 다른 아이가 된 것을 발견하게 될 것입니다. 만약 그들이 최근에 인정을 받았다면, 사촌이나 다른 아이들로부터 같이 놀자는 초대를 더 인내심을 갖고 기다릴 것입니다.

프로젝터는 다른 사람들에 대해 현명해지기 위해 여기에 있습니다. 그들은 보고 배우고 수정하고 조언하고 안내하려고 노력합니다. 그리고 매니페스터인 당신은 무엇을 하라는 지시를 받는 것을 좋아하지 않습니다. 프로젝터는 자신의 기여에 대한 인정이 필요하며 좋은 조언을 해 줄 때 인정받는 느낌이 필요합니다. 그들은 공유하도록 초대받을 필요가 있다는 것을 기억하세요. 그리고 초대받지 않는다면, 그들은 요청받지 않을 때도 공유를 시작할 것입니다. 그들도 어쩔 수 없기 때문입니다. 하지만 그것은 그들이 바라는 방식으로 받아들여지지 않을 것입니다. 초대는 프로젝터에게 "나는 당신이 무엇에 기여하는지 본다."는 궁극적인 형태의 초대입니다.

또한 프로젝터 자녀에게 당신이 무엇을 계획하는지를 알려 그들이 어디에서 당신의 에너지를 느끼고 당신의 에너지가 어떤 영향을 미칠지 이해할 수 있도록 하는 것이 중요합니다. 당신이 자녀에게 알리지 않고 갑자기 행동할 때, 그것은 불안하게 느껴질 수 있습니다. 그러면 자녀는 당신이 무엇을 하고 있는지, 무엇을 할 것인지 등에 대해 많은 질문을 하게 되고, 그것은 당신의 낫셀프 감정인 분노가 표현되도록 이끌 수 있습니다. 프로젝터 자녀에게 당신이 무엇을 하고 있는지를 알리는 방법을 배워 그들이 안정감을 느끼고 당신이 하는 일을 방해하지 않도록 하세요.

프로젝터는 또한 당신의 양육이 일관되지 않은 것에 이의를 제기하는 아이들일 수도 있습니다. 이럴 때는 자녀를 인정하고 현재 상황을 인정하는 동시에 자녀에게 기대하는 바에 대한 명확한 경계를 설정하는 것이 중요합니다. 예를 들면 다음과 같습니다. 당신에게는 취침 시간이 8시인 프로젝터 아이가 있는데, 때때로 당신은 엄격한 취침 시간을 강요하지 않습니다. 당신이 다시 취침 시간을 강제하려고 하면, 그들은 당신의 일관되지 않음에 이의를 제기할 것입니다. 당신은 그것을 인정하고 나서 "그래, 내가 최근에 취침 시간에 일관성이 없었어. 하지만 너의 취침 시간은 8시이고, 나는 네가 내일 좋은 하루를 보내기 위해 충분한 휴식을 취할 수 있기를 바래. 자, 어서 잠자리에 들어. 그리고 그것을 알려줘서 고마워."라며 자신의 입장을 주장해야 합니다.

리플렉터 부모와 프로젝터 자녀

둘 모두가 비 새크럴 에너지 유형이고, 둘 모두가 휴식 시간이 필요하기 때문에 새크럴 에너지 유형의 자녀를 둔 경우보다 더 많은 휴식 시간을 가질 수 있습니다. 그러나 둘 모두가 새크럴 센터가 정의되어 있지 않기 때문에 함께 있을 때 에너지 부족이 문제가 될 수 있습니다. 프로젝터 자녀의 차트에 다른 모터 센터가 정의되어 있다면, 에너지 주기가 왔다 갔다 하는 것을 알 수 있습니다. 당신은 시간이 얼마나 지났는지도 모르게 호기심을 따라가고 주제에 더 깊이 들어갈 수 있는 개방형 질문을 좋아하고 그것을 필요로 합니다. 당신과 함께 사는 다른 에너지 유형에 따라 당신이 에너지를 다루는 방식이 결정될 것입니다. 당신은 물론 자녀에게 휴식 시간이 필요함을 의식하세요. 프로젝터 자녀는 안내하는 것을 좋아하며, 인정받지 못하고 초대받지 못한다면 고압적인 태도를 보일 수 있으며, 이를 당신이 리플렉터로서 다시 반영할 수 있습니다. 프로젝터 자녀의 차트에 열려 있는 센터가 많다면, 자녀는 모든 센터가 열려 있는 당신보다 훨씬 더 민감할 수 있습니다. 왜냐하면 당신은 자신의 에너지가 어떻게 작용하는지 알고 있을 때, 그것을 받아들이고 더 붙드는 경향이 있는 프로젝터와는 다르게, 다른 사람의 에너지가 당신에게 달라붙지 못하게 하는 테플론 오라(테플론 후라이 팬에 음식물이 달라붙지 않는 기능이 있다는 데서 비유한 것)를 더 많이 가지고 있기 때문입니다. 두 사람과 주변 사람 사이의 감정적 공간에 유의하세요. 만약 프로젝터 자녀가 감정이 정의되어 있다면, 프로젝터의 감정 파동에 익숙해지도록 하세요.

프로젝터 부모와 모든 에너지 유형의 자녀

당신은 당신 자신을 돌볼 필요가 있습니다. 생각하기 전에 반응하고 사려 깊게 반응할 시간을 갖지 않는 지치고 씁쓸한 부모가 되기보다는 인내심 있고 자비로운 부모가 될 수 있도록 휴식 시간을 갖고 자신의 필요를 충족시키고 있는지 확인해야 합니다. 프로젝터 부모로서 자녀가 당신의 말을 듣게 하는 것이 다른 부모의 경우보다 더 어렵다는 것을 알 수 있습니다. 프로젝터의 에너지는 소리를 지르고 명령하려고 할 때 잘 작동하지 않으며, 당신의 재능은 아이들의 에너지 유형에 따라 질문하는 방법을 배우는 데 있습니다. 제너레이터 에너지 유형에는 '예/아니오' 새크럴 질문이 필요하며 매니페스터, 프로젝터 및 리플렉터에는 개방형 질문과 대화할 수 있는 공간이 필요합니다.

자녀에게 지침을 제공할 때는 현재 당신이 보고 있는 내용을 인식한다는 것을 알려주고 자녀가 당신의 제안을 원하는지 물어보세요. 자녀가 원하지 않는다면 밀어붙이지 마세요. 그들은 보통 다시 돌아와서 당신의 도움을 요청할 것이지만, 강요하면 그렇게 하지 않을 것입니다. 예를 들면 주머니와 책 안에 메모를 여기저기 쌓아둔 아이가 있다고 합시다. 아마도 당신은 그들이 그것들을 잃어버리지 않도록 하기 위해 공책 하나에 모두 넣어야 한다고 생각할 수도 있습니다. 그들에게 당신의 방식으로 작업해야 한다고 말하는 대신 그들을 인정한다는 것을 보여주고 다음과 같이 제안하세요. "네가 모든 메모를 얼마나 주의 깊게 저장했는지 알겠어. 그것들은 너에게 매우 중요한 것임에 틀림없어. 나는 내 일을 더 쉽게 찾을 수 있도록 한 권의 공책에 보관해. 네가 원한다면 내가 메모를 정리하는 방법을 보여줄게." 당신은 그들의 관심을 인정한 것이고, 그런 다음 다른 해결책을 제시했습니다. 만약 그들이 즉시 '예'라고 말하지 않는다면 그대로 두는 것이 좋습니다. 그들이 도움을 원한다면 당신이 자원이라는 것을 알도록 씨앗을 심는 것입니다. 또한, 당신이 이해하지 못하더라도 그들의 방식이 그들에게 완벽하게 작동할 수도 있다는 것을 기억하세요.

프로젝터 부모가 모든 것을 할 수는 없습니다. 당신은 다른 무엇보다도 모든 일에 압력을 오래 유지할 수 없으며, 그것이 당신의 것이 아니라면 시도하지 않는 것이 좋습니다. 당신과 당신의 가족에게 효과가 있는 일을 하세요. 그리고 그것으로 충분하고 당신도 충분하다는 것을 아세요.

당신은 한 번에 한 사람의 에너지를 받아들이도록 설계되었기 때문에 여러 자녀를 둔 프로젝터 부모들은 모든 자녀의 에너지를 동시에 받아들이는 것이 어려울 수 있습니다. 특히 자녀가 목 센터가 열려 있는 경우에는 하루 중 서로 다른 시간에 1대1로 대화할 수 있는 시간을 갖도록 해 보세요. 또한 육아와 삶에서 발생하는 다른 문제들을 처리하기 위해 의지할 수 있고 신뢰할 수 있는 그룹을 갖는 것이 필수적일 것입니다. 저는 인생 코칭이 프로젝터들에게 도움이 된다는 것을 알게 되었습니다. 특히 당신이 무엇을 해야 할지 조언하는 대신 당신을 위한 공간을 마련해주고, 좋은 질문을 던지며, 당신이 스스로 처리하고 결론을 내릴 수 있게 해주는 좋은 코치를 찾는다면 더욱 그렇습니다.

프로젝터 부모와 새크럴 에너지 유형의 자녀

새크럴 자녀의 에너지와 당신의 에너지, 그리고 당신이 그들로부터 증폭시키고 있는 에너지의 차이를 확실히 구분해야 합니다. 잠시 또는 심지어 수년 동안 빌려온 에너지로 움직이는 것은 쉬운 일이지만 프로젝터는 한번 무너지면 심하게 무너집니다. 삶은 그들에게 "당신이 잘못하고 있다"라고 말하며, 그들이 얼마나 속도를 줄여야 하는지 보여줍니다. 당신에게 붕괴가 일어나야만 하는 것은 아니지만, 프로젝터인 당신은 그것을 반드시 인식해야 합니다. 프로젝터 부모는 아이들에게 쓰라림, 분노 또는 짜증으로 가득 차 있지 않은 뭔가를 주기 위해 먼저 자신의 컵을 채울 필요가 있습니다. 프로젝터가 피곤할 때 필요한 휴식을 취하지 않으면 씁쓸해질 수 있습니다.

부모가 휴식을 취하려면, 새크럴 에너지 유형의 아이들이 지쳐있는지 확인해야 합니다. 그래서 그들이 하루가 끝날 때 쉽게 잘 자고, 다음날 피곤하지 않도록 피로를 풀어줘야 합니다. 그들을 공원에 데려가거나 친구들과 노는 시간을 정하거나, 스케이트장으로 데려가세요. 무엇이든지 아이들이 에너지를 소비하게 하고, 그들이 새크럴 에너지를 소비하는 동안 당신은 에너지를 절약하도록 하세요. 물론 그들과 즐거운 시간을 보내고 기분이 좋을 때 함께 참여하세요. 하지만 당신이 피곤할 때 그들이 노는 시간에 끼어들어 잠이 없는 아이들 때문에 당신이 잠 없는 밤을 보내지 않도록 하세요.

리플렉터

비 새크럴 에너지 유형 – 인구의 약 1%

당신이 얼마나 많은 일을 하는지가 아니라 현재 당신이 누구인지에 집중하세요.

목적: 커뮤니티의 건강/상태를 반영함
전략: 큰 결정을 내리기 전에 달의 주기를 기다리는 것
대표적인 감정: 놀람
낫셀프 대표적인 감정: 실망

리플렉터는 드뭅니다. 인구의 1% 미만입니다. 다른 에너지 유형과 달리 리플렉터는 다른 세 가지 에너지 유형처럼 자신이나 다른 사람들에 대해 배우기 위해 여기 있는 것이 아닙니다. 그들은 그날 그들이 무엇을 경험하고 누구를 경험할 것인지 경이로운 경험을 하

면서 하루하루를 흘러가도록 설계되었습니다. 리플렉터는 다른 사람들로부터 배우고 경험하도록 공동체의 중심에 있어야 합니다. 모든 센터가 미정의되어 있거나 열려 있는 상태에서, 그들은 주변의 모든 것을 받아들이며, 그 때문에 세상을 바라보는 독특한 관점을 갖게 됩니다. 인구의 나머지 99퍼센트에 적응하려고 할 때, 그들은 매우 어렵고 고통스러운 삶을 살 수 있습니다; 하지만 리플렉터가 자신의 에너지 유형에 맞춰 살고 있고 자신이 아닌 것이 되려고 하지 않을 때, 그들은 마법 같은 삶을 살 수 있습니다.

리플렉터들은 모든 것을 받아들이지만, 그 모든 것과 동일시하기 위해 여기에 있는 것이 아닙니다. 그들의 정체성은 유연하며 누구와 시간을 보내느냐에 따라 달라집니다. 그들은 주변의 것들을 반영하기 때문에, 공동체의 건강을 반영하고 성장의 기회가 있는 곳을 보여줄 수 있습니다. 운 좋게도 주변에 이 희귀한 에너지 유형을 가진 사람이 있다면, 그들에게 주의를 기울이세요. 그들에게는 이 세상에 있는 것이 항상 쉬운 일이 아닙니다. 그리고 많은 리플렉터들이 자신들의 재능을 존중하지 않는 삶을 살도록 조건화되어 있습니다. 제가 아는 대부분의 리플렉터들은 자존감, 자신감, 우정 등에 어려움을 겪었으며, 다른 모든 사람들의 기대에 부응하지 못하는 삶을 산다는 느낌을 받는 것 같았습니다. 리플렉터 아이에게 줄 수 있는 가장 큰 선물은 변화무쌍한 자신이 되도록 자유를 주는 것입니다. 태양을 중심으로 순환하는 주기를 가진 다른 에너지 유형과 달리, 리플렉터는 달과 깊이 연결된 유일한 에너지 유형입니다. 달의 주기를 반영하기 때문에, 그들은 스스로 결정을 내리기 전에 달이 29.5일 주기로 통과할 때 모든 게이트를 통해 변화를 느끼는 것이 중요합니다.

제가 휴먼디자인에서 리플렉터에 대해 처음 알았을 때, 저는 이렇게 생각했습니다, "정말 멋지다! 가장 희귀한 에너지 유형이네! 나도 그랬으면 좋겠다! 이건 내 인생의 거의 전부네. 드물거나 특이하다면, 나는 그게 더 좋아." 제가 리플렉터 에너지에 대해 조금 아는 사람들을 통해 더 배우기 시작했을 때, 리플렉터가 되는 것은 끔찍한 부담으로 느껴지기 들리기 시작했습니다. 그리고 리플렉터 차트를 보면, 저는 "오, 저 불쌍하게도 오해받는 인간, 조건화에 열려 있고 민감한 인간"이라고 생각했습니다. 저는 리플렉터가 얼마나 독특한지, 공동체에 얼마나 중요한지 완전히 이해하지 못했습니다. 아니, "올바른" 직업을 갖는 것, "올바른" 사람과 관계를 맺는 것, 아이들을 "올바른" 사람으로 키우는 것과 같은 삶의 모든 측면에서 "올바른" 것을 해야 한다는 사회의 압력과 조건으로 가득한 세상에서 가장 쉬운 에너지 유형은 아닙니다. 다른 사람들은 우리 모두가 어떻게 삶을 살고 행동해야 하는지에 대해 너무도 많은 투사를 하지만 자신의 디자인을 이해하고 살아가는 리플렉터를 발견한다면 당신의 삶에 특별한 누군가가 있다는 것을 알게 될 것입니다.

저는 리플렉터들이 자신들이 특별하다는 것을 어릴 때부터 알았으면 합니다. 그들은 다르고 독특하며 자기 자신이 됨으로써 세상에 기여할 수 있는 것이 많습니다. 그들은 적응하려고 애쓸 필요가 없으며 상황이 맞으면 그렇게 할 것입니다. 그러나 그렇지 않을 때, 그들은 나서서 공동체에 상황이 옳지 않다는 신호를 보낼 것입니다. 여기서 말하는 '옳다'는 우리 사회에서 말하는 '옳은' 방식이 아니라, 모든 사람이 각 개인에게 의미 있는 방식으로 좋은 느낌을 받고, 보고, 듣고, 유용하고, 가치 있고, 사랑받는 건강한 커뮤니티에서 '옳은' 방식으로 존재한다는 것을 의미합니다. 그들이 공동체나 가족이 좋아하지 않는 방식으로 나서서 행동할 때, 공동체나 가족으로부터 무엇을 비춰주고 있는지 조사하는 것이 매우 중요합니다.

환경은 리플렉터들에게 매우 중요합니다. 환경이 편안하고 행복하고 평화롭지 않다면, 그들은 편안하지도 행복하지도 평화롭지도 않을 것입니다. 리플렉터 자녀가 불행할 때는 자녀를 넘어(그들의 욕구가 이미 충족되었다면) 주변에서 누가 불행한지 확인하는 것이 중요합니다. 그들은 공동체에 무엇을 치유하라고 요구하고 있나요?

리플렉터들은 다른 사람의 내부에서 무슨 일이 일어나고 있는지 느낄 수 있기 때문에 다른 사람들의 불행이 꼭 겉으로 드러나지 않아도 됩니다. 부모들은 종종 자기들이 느끼는 것을 아이들에게 잘 숨기고 있다고 생각합니다. 사실은 그렇지 않습니다. 아이들은 부모의 가면을 꿰뚫어 봅니다. 그들은 어른들보다 훨씬 더 느낌에 연결되어 있습니다. 만약 당신이 그들이나 집에 있는 다른 사람과의 관계에서 갈등이 있다면, 리플렉터 자녀는 분명히 그 갈등을 느끼고 그것을 비춰줄 것입니다.

열려 있는 모든 것

열린 센터는 모두 서로 각각 다른 측면에서 중요합니다. 열린 태양신경총은 주변의 감정 에너지와 긴장감을 증폭시킵니다. 열린 루트 센터는 압력과 아드레날린을 흡수하고 증폭시킵니다. 열린 새크럴 센터는 노동력 에너지를 흡수하고 증폭시킵니다. 열린 스플린은 직감과 두려움을 받아들이고 증폭시킵니다. 열린 G 센터는 주변에 있는 사람을 받아들이고 그들이 되며 그들이 사라지면 그 느낌이 사라집니다. 열린 목 센터는 말을 하기 위한 압박감을 흡수하고 축적합니다. 열린 아즈나 센터는 다른 사람들의 생각과 고민을 받아들이고 자신이 그것을 확신하는 척합니다. 열린 헤드 센터는 영감을 받고 누가 영감을 주는지 알아내야 한다는 압박감을 받습니다.

대부분의 사람들은 이런 센터들 중 일부가 열려 있지만, 인구의 99%는 9개 중 최소 2개는 정의되어 있습니다. 이제 리플렉터에게 정의된 센터가 0개라는 것을 고려해 보세요. 그들은 주변으로부터 모든 에너지를 흡수하고 증폭시킬 수 있습니다. 만약 부모가 걱정하고 있다면, 리플렉터 자녀는 이를 받아들이고 증폭시킴으로써 자기 스스로가 걱정하는 것처럼 보일 수도 있고, 당신을 걱정할 수도 있습니다. 부모가 정의된 루트 센터를 가지고 있다면, 그들은 그 압력을 받아들이고 그것을 증폭시켜서 일을 빨리 끝내야 한다는 스트레스를 받을 수 있습니다. 다른 센터들도 마찬가지입니다. 그러나 리플렉터는 다른 사람들의 에너지를 일정량 반영하는 독특한 오라를 가지고 있어서 모든 사람들의 에너지를 샘플링할 수 있게 해주지만, 열린 센터가 많은 프로젝터가 하는 것과 같은 방식으로 받아들이지는 않습니다. 리플렉터 오라는 '테플론 오라'로 묘사되는데 그 이유는 그들이 주변의 에너지를 샘플링하고, 정렬된 상태로 작동할 때 그 에너지가 그들에게 달라붙지 않기 때문입니다.

기다림에 대해서

리플렉터는 초대나 반응할 뭔가가 필요하지 않으며 내면에 창조적 추진력은 없지만, 기회에 접근하는 그들만의 프로세스가 있으며 여기에도 기다림의 시간이 있습니다. 리플렉터는 결정을 내리기 위해 달의 주기인 29.5일을 기다려야 합니다. 당신은 그것을 미친 짓이라고 생각하죠! 저도 알아요. 아무도 결정을 내리는데 그렇게 오래 기다릴 수 없습니다! 리플렉터에 대해 알아야 할 가장 큰 사항 중 하나는 결정을 내리기 위해 서두르면 안 된다는 것입니다. 그들은 시간이 필요합니다. 달의 한 주기를 기다리면서 리플렉터는 그동안 64개의 모든 게이트를 통과하는 달의 움직임과 더불어 결정에 대해 "맛보기"할 수 있는 주변 사람들로부터 다양한 정의 요소를 느낄 수 있는 기회를 갖게 됩니다. 그들은 또한 삶에서 사람들과 함께 서로 결정에 대해 이야기를 나눈 후 한 발 물러서서 자신만의 오라 속에서 앉아 그들에게 무엇이 진실인지 아는 시간이 필요합니다.

삶의 경험으로부터 지혜를 얻은 현명한 현자를 생각해 보세요 – 리플렉터가 경험하는 모든 것은 달의 에너지가 달의 주기로 64개의 게이트를 통과할 때처럼 그들에게 지혜를 줍니다. 그들은 삶에서 그렇게 급박한 것은 거의 없다는 것을 배웠기 때문에 서두르지 않는 차분한 존재감을 가지고 있습니다. 그들만의 방식으로 깨어난 리플렉터는 우리가 진실과 본질적인 것을 알아야 할 때 의지하는 휴먼디자인 시스템 내의 현자입니다. 이것은 반드시 조언을 통해 전달되는 것이 아니라, 그들이 단지 존재하는 것만으로도 우리는 그들 앞에서 우리 자신의 진실을 발견합니다.

기다리는 동안 그들의 결정에 대해 다른 사람들과 이야기할 시간이 주어지는데, 이것이 아이들에게 매우 중요합니다. 부모나 그들에게 친숙한 오라를 가진 누군가가 자녀의 생각을 튕겨주는 것은 그들에게 엄청나게 도움이 됩니다. 부모나 친구가 조언을 하지 않은 채 그들에게 말을 하도록 해주는 것은 부모나 친구가 자녀에게 줄 수 있는 가장 유익한 것 중 하나이며, 그들은 이런 공간을 허용하는 사람들에게 끌릴 것입니다. 이 아이들은 자신이 무엇을 원하는지 모를 때 서두를 필요가 없습니다. 왜냐하면 서두르는 것은 성급한 결정을 내리고 그들의 진실이 나타나기를 기다리는 과정을 신뢰하지 않도록 훈련시킬 것이기 때문입니다. 기억하세요, 이 아이들에게는 환경과 느낌이 전부입니다. 따라서 그들이 원하지 않는 결정을 하도록 강요할 때, 그것이 옳은 결정이 아니라면, 그들은 행복한 아이가 아닐 것이고, 그 결정에 대해 당신을 비난할 가능성이 높습니다. 때때로 큰 결정을 내릴 때 명확성에 도달하는 데는 몇 번의 달 주기가 걸릴 수 있으며, 이때 다른 에너지 유형을 가진 부모들에게는 많은 인내가 필요할 수 있습니다.

학교에서의 리플렉터

리플렉터 자녀는 자신이 있는 모든 환경의 온도를 측정하고 있습니다. 자녀가 수업 시간에 부적절한 행동을 한다면, 가능하다면 자원봉사로 수업에 참여해서 다른 학생들이 어떻게 행동하는지 살펴보세요. 자녀가 누구의 에너지를 흡수하고 반사하고 있나요? 자녀는 자신이 처한 환경을 쉽게 받아들일 수 있습니다. 따라서 아이에게서 보고 있는 것이 갑작스러운 변화라고 느껴진다면, 친구에 대해 물어보세요. 예를 들어, 교실에서 새로 온 친구 옆에 앉아 있는지, 아니면 주변 환경에서 어떤 변화가 있었는지를 물어보세요. 그들이 다른 에너지 유형들처럼 행동하려고 노력하고, 기분 좋은 수준 이상으로 자신을 몰아붙이고 있나요? 하지만 리플렉터는 적응력이 뛰어나기 때문에 여러 사람과 다양한 관심사와도 잘 어울립니다.

리플렉터과 숙제

가정환경에 따라 리플렉터 자녀에게는 동기부여에 문제가 있을 수 있습니다. 혼자 일을 하게 내버려 두면, 그들은 동기와 에너지가 부족할 수 있습니다. 만약 그들이 새크럴 에너지 유형이 있는 집에서 산다면, 함께 일할 수 있는 일시적인 에너지를 가질 수 있지만, 특히 하루 종일 학교에 있는 경우 모든 사람들의 에너지에 압도당할 수 있습니다. 자녀가 숙제를 끝내는 데 어려움을 겪는다면, 그들이 있는 환경을 고려하세요.

리플렉터와 일

다른 모든 에너지 유형과 마찬가지로 리플렉터는 일에 관한 한 자신이 원하는 것은 모두 할 수 있습니다. 그들에게 주어진 직업의 기회는 그것이 그들에게 맞는지 숙고하고 결정할 시간이 필요합니다. 그들은 그것이 적합한지 아닌지를 알아내기 위해 시간을 할애할 수 있어야 합니다. 너무 오래 기다려서 결정을 놓칠까 봐 걱정할 필요가 없습니다. 기회가 맞는다면, 달의 전체 주기 또는 그 이상이 걸리더라도 일단 그들이 명확성을 얻고 나면 그 기회는 여전히 있을 것입니다. 그렇지 않다면 그것은 그들에게 적합한 환경이 아니었을 가능성이 큽니다. 리플렉터가 에너지 유형과 작동 방식을 알지 못한다면 벗아웃이 문제가 될 수 있으며, 특히 하루 종일 받아들이는 에너지를 방출하기에 충분한 휴식 시간을 취하지 않는다면 더욱 그러하므로 적절한 휴식은 이 에너지 유형에게 필수입니다.

리플렉터들의 대표적인 감정

리플렉터와 놀라움

놀라움은 리플렉터에게 그들이 조화롭게 살고 있다는 것을 알려주는 대표적인 감정입니다. 놀라움은 그들이 무언가를 하려고 노력하는 것이 아니라 그들이 단지 그들이 그렇게 되도록 설계된, 비춰주는 공동체 구성원이 되고 있다는 것을 반영합니다. 그들은 삶이 가져다주는 것에 놀라고, 매일 매일 그리고 사람마다 서로 다르다는 사실에 놀랍니다. 그들이 올바른 곳에서 정렬되어 삶을 살 때 그 놀라움은 기쁨에 더 가깝습니다. 그들은 삶에서 누가 자신의 에너지 유형과 전략에 정렬되어 있는지, 그리고 누가 그저 다른 사람들이 하는 일을 따라가고 있는지를 알아내는 능력이 있습니다. 그 사람들이 리플렉터들에게 아름다운 놀라움을 선사하는 것입니다.

리플렉터와 실망

리플렉터가 속한 공동체가 자신들의 능력과 잠재력을 발휘할 기회를 놓치고 있다는 것을 알게 될 때, 그들은 실망감을 느낄 수 있습니다. 그들은 주변의 모든 사람들이 얼마나 독특한지 느끼지만, 그들이 계속해서 똑같은 삶을 위해 노력하는 것을 보면, 그들 특유의 실망감인 낫셀프 감정을 느끼게 됩니다.

리플렉터 전략 – 달 주기를 기다려라.
성급하게 전환하지 마라

리플렉터 어린이는 자신이 처한 환경을 받아들이고 그것에 적응할 수 있지만, 삶의 전환은 그들에게 어려울 수 있으며 적어도 한 번 이상의 달의 주기가 걸릴 수 있습니다. 그들은 대부분의 시간을 주변에 자신이 알고 있는 신뢰할 수 있는 오라를 좋아하기 때문에, 새로운 학교로 전학하거나 새로운 수업에 적응하는 데 시간이 걸릴 수 있습니다. 새로운 팀에 합류하거나 가정/가족에 새로운 사람이 추가되는 경우에도 적응에 시간이 걸릴 수 있습니다.

압력 센터인 헤드 센터와 루트 센터가 열려 있으면 차트에 있는 다른 모든 열린 센터로 압력을 밀어 넣으며, 다른 사람들의 에너지를 자신의 것으로 받아들이지 않고 샘플링하는 법을 배울 때까지 그 압력은 그들에게 엄청나게 느껴질 수 있습니다. 이런 압력은 그들로 하여금 "압력으로부터 벗어나기 위해" 일을 서두르게 만들거나 혹은 문을 닫고 아무것도 하지 않고 그 압박감에 마비될 수 있습니다. 그것은 또한 그들이 확신을 가져야 한다는 압박감, 고정된 정체성을 가져야 한다는 압박감, 또는 일관성 없는 의지력으로 억지로 해야 한다는 압박감을 느끼게 할 수 있습니다.

만약 그들이 결정을 내리는 데 어려움을 겪고 있다면, 그들의 주변 환경이 어떻게 느껴지는지 물어보는 것이 도움이 될 수 있습니다. 열린 G 센터로 인해, 그들에게 장소는 매우 중요하며, 주변에 기분 좋게 느껴지는 사람들과 함께 있지 않다면, 결정에 훨씬 더 어려움을 겪을 것입니다.

그들은 대화가 필요하다

십 대에 접어들면 성장과 사회적 상호작용이 많이 일어나고 처리해야 할 일이 많기 때문에 다른 아이들보다 늦은 밤의 대화가 더 필요할 수 있습니다. 그들이 친구들과 저녁을 마치고 집에 돌아왔는데 당신은 잠자리에 들고 싶어 할 때, 그들은 저녁에 있었던 일을 당신과 함께 처리해야 할 수도 있습니다. 이것을 미리 알면 정신적으로 준비할 수 있으므로 피곤할 때도 인내심을 가지고 자녀를 지지할 수 있습니다. 비 새크럴 에너지 유형의 부모들은 늦은 밤에 리플렉터와 이야기할 것이 예상된다면 미리 낮잠을 자두는 것이 좋습니다. 아니면 그들은 모든 사교 활동을 마친 후 침실 문을 닫고 혼자 있기를 원할 수도 있습니다.

사회적 환경에서의 도전

그들은 다른 사람들과 매우 깊게 연결되고 그들을 통해 모든 것을 느끼기 때문에 하루 종일 교실에 있는 것이 어려울 수 있습니다. 그들은 방과 후에 집에 돌아와서 자고 싶어 할 수도 있습니다. 이것은 그들이 게으르기 때문이 아니라 하루 종일 동료들과 교사들로부터 얻은 모든 에너지를 재생하고 방출하기 위한 휴식 시간이 필요하기 때문입니다.

친구들

함께 있으면 기분이 좋아지는 친한 친구를 발견한다면, 그들은 아마도 그 친구들과 많은 시간을 보내고 싶어 할 수 있습니다. 그들은 자신이 알고 있는 특정 오라를 일관성 있게 갖는 것을 좋아합니다. 새로운 사람은 항상 이해해야 하는 새로운 오라이기 때문에 자신이 가장 잘 아는 오라를 가진 사람에게 끌릴 수 있습니다. 비록 잘 아는 오라를 가진 사람이 그들에게 가장 건강하지는 않더라도 말입니다.

기타 참고 사항

정의된 G 센터를 가지고 있다면, 당신은 자신이 누구인지에 대한 강한 감각이 있습니다. 당신을 가장 잘 아는 사람들에게 당신에 대해 묘사해 달라고 부탁한다면, 자신에 대해 비슷한 설명을 들을 것입니다. 리플렉터 자녀는 다른 모든 센터는 물론 G센터가 미정의되거나 열려 있습니다. 따라서 당신의 자녀는 자신이 누구인지 전혀 모르고 바람 부는 대로 길을 가는 것처럼 보일 수 있습니다. 하지만 이것이 그들이 설계된 그대로입니다. 그들은 자신이 속한 공동체에 적응합니다. 가족이 강한 정체성을 가지고 있다면, 그들이 더 이상 가족의 오라에 있지 않고 밖으로 나가 변하는 것처럼 보일 때 부모는 이것을 받아들이기 어려울지도 모릅니다. 이런 경우를 가정해

보겠습니다. 자녀가 가족의 다른 모든 사람들처럼 종교에 독실하거나 스포츠나 학문에 광적인 것으로 알고 있는데, 그들이 마침내 둥지를 떠날 때(그리고 저는 그들이 때때로 그 둥지에서 부드럽게 밀어낼 필요가 있기 때문에 가벼운 마음으로 말합니다), 그들이 당신이 인식하지 못하는 누군가로 변하는 것을 볼 수도 있다는 것입니다. 그들은 스포츠를 사랑하지 않거나, 가족의 종교와 동일시하지 않거나, 대학에 가고 싶지 않다고 결정할지도 모릅니다. 그들은 그들만의 사람이 되어가고 있는 것입니다. 그리고 그들의 정체성은 많은 다른 것들을 시도하는 사람이 되도록 설계되어 있습니다. 그들은 남은 삶 동안 많은 것을 시도할 수도 있고, 자신에게 좋은 느낌을 주는 무언가를 찾아서 적어도 자신을 흥분시키는 다른 뭔가가 나타날 때까지 그것을 고수할 수도 있습니다.

저는 살아오면서 리플렉터 아이들이 특히 어렸을 때 군중과 어울리기 위해 쉽게 영향을 받아 때로는 그룹에서 그룹으로 떠돌아다니고, 불행히도 왕따, 압박감, 아드레날린을 추구하는 활동의 희생양이 되는 것을 목격해 왔습니다. 집에서 생활하는 동안 삶에 어려움을 겪는 것처럼 보이는 리플렉터 아이들이 일단 독립한 후에는 자신을 있는 그대로 지지해주고 올바른 환경에서 성장할 수 있도록 도와주는 사람들을 만나게 되는 것을 지켜보았습니다. 리플렉터는 우리 자신을 정직하게 들여다볼 수 있는 창을 제공하기 때문에 리플렉터에 비친 자신의 모습에 문제가 있다면, 이것은 당신 자신이나 당신의 가족 내부에서 치료가 필요한 상처를 볼 수 있는 기회입니다.

테플론 오라

리플렉터는 차트의 모든 센터가 미정의되었거나 열려 있습니다. 그것이 그들을 리플렉터로 만듭니다. 휴먼디자인을 처음 배웠을 때, 저는 정의된 센터가 많을수록 좋다고 생각했지만, 그렇지 않습니다. 이는 사람들이 휴먼디자인을 처음 배울 때 흔히 하는 오해이며 바로 잡아야 할 것입니다. 차트에 정의된 센터가 많은 사람은 정의된 센터가 거의 없거나 아예 없는 사람보다 더 유리한 것이 아닙니다. 종종 휴먼디자인을 처음 접하는 사람들이 리플렉터 차트를 볼 때(이는 인구의 1%로 드문 경우임) 그 사람은 "아, 그들의 삶이 얼마나 힘들까"라고 생각할 수도 있습니다. 하지만 그들의 센터가 모두 열려 있음에도 불구하고, 그들의 오라에는 특별한 요소가 있고, 그것은 테플론의 특성을 더 많이 가지고 있습니다. 테플론 팬으로 요리를 해 본 적이 있다면, 재료들이 팬에 달라붙지 않는다는 것을 알 것입니다. 리플렉터 오라는 그와 비슷한 특성을 갖도록 설계되었습니다. 리플렉터는 다른 사람의 에너지, 정체성, 감정, 아이디어 등을 통해 사물을 경험하도록 설계되었지만, 마치 자신의 것인 것처럼 그런 자질에 애착을 갖도록 설계된 것은 아닙니다. 리플렉터들은 그들 자신만의 사람들이며, 비록 그들이 공동체의 건강을 보여주기 위해 여기 있다고 하더라도 완전히 그들 자신을 잃기 위해 여기에 있는 것은 아닙니다. 정렬된 상태로 살 때, 그들은 감정, 생각, 아이디어 등이 그들을 통과해 이동할 수 있도록 해주는 화면이지만 스펀지처럼 그것들을 빨아들이고 매달리는 것은 아닙니다.

건강과 리플렉터 자녀

리플렉터는 다른 에너지를 너무 쉽게 흡수하기 때문에 그것을 인식하지 못하면 다른 사람의 건강 문제를 자신의 문제로 착각할 수 있습니다. 스플린 센터는 면역 체계와 관련이 있습니다. 리플렉터의 스플린 센터가 열려 있기(이것은 스플린 센터가 열려 있는 모든 사람에게도 적용됨) 때문에, 다른 사람들이 건강하지 않을 때 그것을 감지할 수 있고, 이는 그들을 훌륭한 치유자와 조력자로 만들 수 있습니다. 하지만 다른 사람들로부터 가져온 것을 자신의 것으로 동일시해서는 안 됩니다. 그들은 다른 사람들의 에너지를 흡수하기 위해 온 것이 아니라 샘플링하러 온 것임을 기억하세요. 부모인 당신에게 정의된 스플린이 있다면, 당신의 정의된 스플린은 그들의 기분이 좋아지도록 도와주기 때문에 리플렉터 자녀를 당신 없이 세상에 내보내는 것이 더 어려울 수 있습니다.

혼자 있는 시간이 많이 필요하다

하루 종일 다른 사람의 에너지를 흡수하는 샘플링 오라로 인해 리플렉터 자녀는 혼자만의 시간을 많이 가져야 합니다. 만약 당신이 외향적이거나 정의된 새크럴 존재라면 이것이 이상하게 느껴질지도 모릅니다. 그들이 너무 혼자 있고 싶어 하기 때문에 밖에서 볼 때 그들은 그저 우울하거나 반사회적이라는 것처럼 보일 수도 있습니다. 하지만 그들은 하루 종일 모든 사람들로부터 얻은 에너지를 방출할 수 있는 충분한 시간이 주어져야 합니다. 특히 학교에 있거나 주변에 많은 다른 사람들이 있거나 전화나 인터넷을 통해 일하는 경우 더욱 그렇습니다. 리플렉터들은 화상 통화에서도 모든 사람으로부터 에너지를 받아들입니다. 그러므로 15명의 아이들이 화상 수업을 하는 동안 그들은 리플렉터에게 에너지를 줄 수 있으며, 그 후에 리플렉터들은 다른 학생들로부터 흡수한 모든 에너지를 방출하기 위해 낮잠이 필요할 수도 있습니다. 학창 시절 내내, 그들은 다른 아이들이 낮잠을 마친 후에도 낮잠을 계속 자게 될지도 모릅니다.

다른 유형의 부모와 리플렉터 아이들

제너레이터 부모와 리플렉터 자녀

제너레이터 부모는 에너지 유형이 너무 다르기 때문에 리플렉터 자녀와의 관계를 이해하는 데 어려움을 겪을 수 있습니다. 저는 리플렉터 자녀에 대한 이야기를 당신과 나눌 수 있게 되어 매우 기쁩니다. 특히 휴먼디자인을 처음 배우는 분이라면 더욱 그렇습니다. 대부분의 부모들은 리플렉터 자녀들과 많은 어려움을 겪습니다. 종종 정말로 어려운 방식으로 말이죠. 부모는 아이들을 위해 최선을 다하고 싶어 합니다. 그리고 리플렉터 아이들은 자신들이 어떻게 다르게 설계되었는지, 자신의 초능력이 무엇인지 이해하지 못하면 어려움을 겪을 수 있습니다. 저는 개인적으로 제너레이터 가족 내에서 리플렉터 아이들이 사회적 왕따/드라마, 중독, 잘못된 사람들과의 상호작용, 무가치함 또는 고립으로 어려움을 겪는 것을 지켜보았습니다. 그들이 어떻게 다르게 설계되었는지를 더 많이 이해한다면 자녀는 그런 경험을 하지 않아도 됩니다.

리플렉터 아이들은 그들이 얼마나 놀랍도록 다른 존재인지 이해하지 못하면 어려움을 겪을 수 있습니다. 특히 어린 시절에는 단지 아이들과 어울리고, 친구를 사귀고, 사회적 규범의 일부가 되어 받아들여지고 싶어 하기 때문에 자신이 다른 아이들과 다르다는 것을 배우는 것은 처음에는 어려울 수 있습니다. 그리고 그들은 자신이 속한 공동체를 반영하기 때문에 어떤 집단에도 적합할 수 있습니다. 하지만 그들이 속한 그룹은 자신이 무엇을 하고, 어떻게 행동하고, 어떻게 옷을 입고, 무엇을 좋아하는지 등에 영향을 미칠 수 있습니다. 다른 아이들은 그들에게 그들이 자신들을 모방하고 있거나, 단지 자신들처럼 되려고 한다고 말할지도 모릅니다. 이것은 리플렉터의 동기가 아닙니다. 그들은 설계된 방식 때문에 정기적으로 함께 있는 사람들의 정체성을 취할 수밖에 없지만, 만약 다른 그룹으로 밀어 넣는다면, 그들은 새로운 그룹의 정체성에도 빠르게 적응할 것입니다. 리플렉터 자녀는 십 대가 되어 데이트를 시작할 때, 그들은 영향을 받는 사람이기 때문에 사귀는 사람과 쉽게 똑같이 될 수 있습니다.

리플렉터의 기분

주변에 다른 사람들이 없다면, 리플렉터들은 긴장을 풀고 자신의 에너지 속에서 자신의 영감을 매우 만족스럽게 따를 수 있으며, 다른 사람들의 감정을 느끼지 않기 때문에 감정적으로 매우 중립적으로 보일 수 있습니다. 행복하지도 않고 슬프지도 않고 그저 중립적입니다. 감정 파동이 없기 때문이죠. 그러나 그들은 다른 사람들과 행성의 트랜짓(일정한 시간에 천체의 위치나 운행. 바디그래프에 끼치는 조건화와 관련되는 태양, 행성, 노드의 움직임)을 통해 센터와 채널에 일시적으로 정의되는 느낌을 경험할 수 있습니다. 리플렉터 자녀는 중립적인 상태에서 자신의 성격에 맞지 않는 감정과 행동을 경험하는 경우가 있을 수 있는데, 이때는 휴먼디자인 차트에서 여러 게이트를 밝히는 행성의 트랜짓을 확인하는 것이 도움이 될 수 있습니다. 매일 매일의 트랜짓을 무료로 확인하거나 트랜짓이 포함된 휴먼디자인 앱 중 하나를 다운로드하여 해당 정보를 손쉽게 사용할 수 있습니다. 기억하세요. 다른 사람이나 행성이 게이트를 정의하는 모든 곳은 행성이나 주변 사람이 이동함에 따라 리플렉터 자녀가 에너지를 느끼는 곳입니다(지속적으로 사용될 수 없음). 이것은 게이트에 대한 일시적인 정의를 만들 뿐만 아니라, 게이트가 채널을 만들면 차트에서 일시적으로 센터를 정의하고 그들의 에너지와 자기표현에 영향을 미칠 것입니다.

매니페스터 부모와 리플렉터 자녀

매니페스터 부모는 정의된 새크럴 센터가 없기 때문에 리플렉터 자녀의 휴식의 필요성을 제너레이터가 본질적으로 이해할 수 있는 것보다 더 잘 이해할 수 있습니다. 그러나 매니페스터는 여전히 차트에 많은 정의를 가지고 있을 수 있기 때문에 다른 사람에게서 에너지와 정보를 얻는 영역이 더 적습니다. 당신이 개시 단계를 끝낸 후 휴식이 필요하다고 느낄 때의 느낌을 활용하여 리플렉터에게 매일 정기적으로 그 정도의 휴식 기간이 필요하다는 것을 더 잘 이해할 수 있기를 바랍니다. 매니페스터 부모는 리플렉터 자녀에게 무슨 일이 일어나고 있는지, 이들에게 무엇을 기대하는지를 알려야 자녀가 앞으로 일어날 일에 대비할 시간을 가질 수 있습니다. 그들은 신속하게 결정을 내리지 않습니다(당신의 정의된 루트 센터가 그들에게 압박을 주고, 그들이 그 압박을 덜어내기 위해 성급하게 행동하지 않는 한 말입니다). 그들이 당신처럼 개시하거나 당신처럼 의욕적일 것이라고 기대하지 마세요. 리플렉터 자녀가 다르게 행동한다면, 그들은 주변에서 일어나는 모든 일을 비춰주므로 당신 자신의 삶에서 무슨 일이 일어나고 있는지를 먼저 생각해 보세요.

그들에게 영향을 미칠 모든 변화에 대해 반드시 알려주세요. 심지어 당신 가정의 주변에서 일어나는 일상적인 상호작용에 대해 알려주는 것도 도움이 될 수 있습니다. 당신은 강한 오라를 갖고 있기 때문에, 아이들은 그 오라가 어디에 있고 무엇을 할 것인지 알고 싶어 할 것입니다. 아이들의 오라는 7살까지는 성숙하지 않기 때문에, 그때까지는 특히 많은 열린 센터로 당신의 오라가 어디에 있는지 알아가는 것에 편안함과 친숙함을 느낄 것입니다.

프로젝터 부모와 리플렉터 자녀

프로젝터는 차트에 최소 두 개의 정의된 센터가 있으므로 일부 에너지 센터에서는 리플렉터 자녀보다 일관성이 더 높습니다. 리플렉터 자녀는 환경의 상태를 반영하므로 당신의 감정 상태와 가정 내 다른 사람의 관계가 리플렉터 자녀에게서 강조될 것입니다. 리플렉터 자녀의 행동이나 감정이 이해되지 않는다면 그때가 한 발짝 뒤로 물러나 이런 감정이 어디에서 오고 어디로 움직일 기회가 있는지를 생각해 볼 수 있는 기회입니다. 또한 멘탈 프로젝터이거나 정의된 센터가 거의 없다면, 당신은 테플론 오라를 가진 리플렉터 자녀보다 다른 사람의 에너지에 더 민감할 수 있습니다. 당신은 다른 사람의 에너지를 열린 센터로 받아들이는 것에 더 민감하며, 리플렉터 자녀가 자신의 에너지 유형에 일치하는 삶을 살 때보다 더 쉽게 (무의식적으로) 그 에너지를 더 오래 붙잡을 수 있습니다.

리플렉터는 결정을 내리는 데 시간이 필요하며 달의 주기를 기다리는 동안 빨리 행동하지 않는다는 점을 기억하세요. 그들은 당신과 함께 자신의 생각을 처리해야 하며 당신이 그들의 명확성을 찾도록 도와주어야 할 것입니다. 타고난 가이드인 당신은 자녀에게 조언할 필요가 없으며, 오히려 그들이 진실을 찾을 수 있도록 공간을 확보하고 지지해주어야 합니다.

리플렉터 부모

당신은 아마도 이 시기의 대부분의 사람들과 자신이 조금 다르다는 것을 이미 알고 있을 것입니다. 리플렉터인 당신이 리플렉터 자녀의 부모라면, 당신은 그들을 잘 육성하기 위해 무엇을 해야 하는지에 대해 독특한 통찰력이 있습니다. 하지만 저는 아직 리플렉터 부모의 리플렉터 자녀를 보지 못했습니다. 만약 그런 사람이 있다면, 저에게 연락해 주세요; 저는 더 알고 싶습니다. 당신은 제너레이터 에너지 유형의 자녀나 프로젝터 또는 매니페스터 자녀를 가질 가능성이 더 높습니다. 만약 당신이 제너레이터 자녀를 키우려고 하는 리플렉터 부모라면, 자녀의 에너지 수준이 당신의 에너지 수준보다 훨씬 높다는 것을 알고 있을 것입니다. 이것은 압도적일 수 있지만, 에너지 교환에 대해 알지 못한다면 당신은 자녀에게 의존하게 될 수도 있습니다. 아이들의 새크럴 에너지는 매일 재생이 가능하기 때문에, 그들 주변에 있으면 더 많은 것을 하려는 동기를 받을 수 있습니다. 그들과 함께 집에 머물러본 적이 있다면, 자녀가 학교에 가고 없을 때 자녀가 없는 낮 동안의 동기부여에 상당한 변화가 있다는 것을 알아차릴 것입니다. 그리고 자녀가 집을 나가고 집에 다른 새크럴 에너지 유형이 없다면, 에너지 변화를 더 많이 알아차릴 수 있습니다. 이렇게 되면 지금까지 해왔던 방식으로 일을 할 에너지나 동기가 없는 것처럼 느껴질 수도 있지만, 다른 사람의 존재 없이 자신의 에너지를 이해하는 데 필요한 휴식 시간이 될 수도 있습니다. 일을 마치기 위해 약간의 동기부여나 에너지가 필요하다면 커피숍에 앉아 있는 것 같은 간단한 일을 함으로써 언제든지 주변에서 다른 사람들을 찾을 수 있습니다.

학교에서 충분한 운동을 할 수 없었던 제너레이터 자녀는 집에 돌아왔을 때 에너지로 윙윙거리지 않도록 바깥에서 시간을 보내거나 몸을 움직이게 할 수 있는 시간을 가져야 할 수 있습니다. 왜냐하면 당신은 하루 종일 그들의 에너지의 부재를 경험한 후에 이것이 압도적이라는 것을 발견할 가능성이 있기 때문입니다.

자녀가 학교에 있는 동안 당신은 집 밖에서 일하고 하루 종일 사람들 곁에 있다면, 당신은 자녀에게 인내심 있는 부모가 될 수 있도록 하루 종일 주워온 에너지를 발산할 시간을 스스로 마련해야 할 것입니다. 당신은 자녀가 되고 싶어 하는 부모가 될 수 있도록 당신의 필요를 충족시켜야 합니다.

제6장
내적결정권

당신이 옳다고 여기는 것을 하세요.
어차피 당신은 비난을 받을 것이기 때문입니다.

– E. 루즈벨트 –

내적결정권은 결정을 내리기 위한 내적 과정입니다. 그것은 당신에게 무엇이 진실이고 올바른지에 대한 타고난 앎과 연결되는 방법입니다. 그것은 외부에서나 다른 사람에게서 오는 것이 아닙니다. 그것은 당신이 자신에게 맞는 결정을 내리도록 힘을 실어주고 삶을 항해하면서 닻을 내릴 수 있게 해줍니다. 이상적으로는 우리 모두가 유형과 전략과 내적결정권에 따라 살겠지만, 우리는 항상 우리의 내적결정권을 포기하도록 조건화되어 있습니다. 우리는 사회, 언론, 의사, 공동체 지도자, 종교 등에 권위를 부여합니다. 이런 원천을 완전히 무시해야 한다는 말은 아니지만 당신이 어디에서 권위를 내주고 있는지 알아차리라는 뜻입니다. 예를 들어 이런 경우입니다. 당신은 뭔가가 잘못되었다고 느끼고 의사에게 가서 진찰을 받고 검사를 받습니다. 의사는 당신에게 괜찮다고 말합니다. 하지만 당신은 여전히 기분이 좋지 않은 채 병원을 나오고, 아무런 조치도 취하지 않고 돌아갑니다. 그것이 바로 당신의 힘을 내주고 있는 것입니다. 당신은 의사를 당신의 결정권자로 두는 것입니다. 의사는 훈련과 경험을 통해 권위를 가지지만 당신은 당신의 몸에 살고 있는 사람입니다. 그리고 저는 당신이 뭔가가 제대로 되지 않고 있다고 계속해서 느끼고 있을 때 당신에게 어떤 검사를 하거나 "완벽하게 건강하다"라고 말하는 의사보다 당신이 당신의 몸을 더 잘 알고 있다고 믿습니다. 이와 같은 시나리오는 우리의 삶에서 계속 반복되고 있으며, 우리는 우리의 힘을 내주는 것에 너무나 익숙해져서 우리가 얼마나 자주 그렇게 하는지조차 모르게 됩니다. 부모로서 당신의 권위는 매일 결정을 내리는 데 사용됩니다. 예를 들어, 자녀의 선생님은 아이가 행동에 문제가 있고, 이를 관리하기 위해 약물치료가 필요할 수도 있다고 말하지만, 당신은 아이가 최근에 신체적인 놀이 시간을 많이 얻지 못하고 있었고, 당신은 당신 내부의 양육 레이더가 꺼진 것을 느끼고 있습니다. 아이를 의사에게 데려가면, 그들은 아이를 ADHD로 진단하고 그의 행동을 바꾸기 위한 약물 복용을 제안합니다. 이 시나리오에서 선생님이나 의사가 올바른 권위자인가요? 그들은 아마도 외부권위자, 즉 자신의 경험이나 훈련을 당신이 권위로 받아들여 그것이 당신에게 옳은지 아닌지를 판단하게 하는 정보를 제공하는 사람일 것입니다. 당신은 무슨 일이 일어나고 있는지 아이와 대화해 본 적이 있나요? 정보를 수집한 뒤에 "이것은 내가 감지한 것과 일치하는 것 같습니다." 또는 "아니오, 내 아이는 그렇지 않습니다."라고 말하는 부모의 말을 들어본 적이 있나요? 뭔가가 잘못되었다는 그 성가신 느낌은 아마도 당신의 주의를 끌려고 하는 당신의 권위의 소리일 것입니다. 특히 의학적인 결정을 할 때 그것이 옳지 않다고 느껴지면, 다른 의견을 구하세요.

저는 이 두 가지가 모두 자신의 권위를 포기하는 매우 감정적인 사례라는 것을 알고 있습니다. 하지만 우리는 단지 다른 사람들이 우리를 위해 결정하도록 허용하거나, 어떤 것이 사실일 수도 있고 아닐 수도 있는 이유를 합리화하기 위해 우리의 마음을 사용하는 세상에 살지 말고 정말로 중요한 것을 바라봐야 합니다. 당신을 "완벽하게 건강하다"라고 선언하는 의사의 예에서처럼 당신이 병원을 나서자마자 마음이 개입하기 시작합니다. 마음은 이렇게 말합니다. "나는 의사를 찾아가서 진찰도 받고 검사도 했는데 모든 것이 훌륭했다. 그러니 나는 틀림없이 건강하다. 이젠 뭔가 이상하다는 느낌은 무시해도 될 것 같다." 그리고 그들은 학위나 많은 경험을 가지고 있고 당신은 이 분야에서 그런 경험이 없기 때문에 자신의 앎을 무시하는 것을 합리화합니다. 앎은 다양한 형태로 옵니다. 우리 현재 사회에서 가장 칭찬받는 방식으로만 오는 것이 아닙니다.

저는 사람들이 다른 사람들에게 자신의 권력을 행사하는 상황이 있다는 것을 인정하고 싶습니다. 그리고 그것은 당신의 권위를 사용하지 않는 것과는 다릅니다. 그것은 남용이며, 옳지 않습니다. 당신의 잘못도 책임도 아니며, 권위를 사용하는 것과는 관련이 없습니다. 내적결정권은 당신에게 맞는 길을 따라 당신을 움직이도록 돕는 내적인 지침입니다. 당신이 아닌 다른 사람을 위한 것이 아닙니다.

우리는 우리에게 일어나는 모든 일들을 통제할 수는 없지만, 가장 어려운 상황에서도 어떻게 대응할지 선택할 수 있는 힘이 있습니다. 빅터 플랭크Victor E. Frankl의 〈인간의 의미 찾기Man's Search for Meaning〉는 삶이 우리에게 주는 것에 우리가 어떻게 반응할 것인지를 선택하는 힘이 우리에게 있다는 것을 보여주는 깊고 심오한 훌륭한 예입니다.

휴먼디자인의 내적결정권을 신뢰하는 법을 배우게 되면 집, 직장, 친구, 그리고 가족 역학에서 당신에게 맞는 것을 따를 수 있는 힘을 되찾을 수 있습니다. 사람들은 위협을 느끼거나 불안하거나 상처를 받을 때, 다른 사람들을 통제하려고 할 수 있습니다. 우리가 서로에게 권력을 행사할 필요를 느끼지 않고 스스로 내적결정권자가 되도록 허용하는 세상을 만들어 봅시다.

모든 휴먼디자인 차트에는 자신의 진실에 일치하는 결정을 내리는 방법인 '내적결정권'이 있습니다. 어떤 결정은 신체에 기반하고, 어떤 결정은 언어 처리에 더 중점을 두고 있으며, 어떤 결정은 단순히 더 오랜 시간이 걸립니다. 그것들은 센터의 정의 또는 미정의에 의해 결정되지만, 모두 자아와의 깊은 연결을 통해 느낄 수 있습니다.

여러 센터가 정의되어 있을 때는 다음의 순서를 따라 내적결정권을 결정합니다.

순번	내적결정권	에너지 유형
1	감정 결정권	제너레이터, 프로젝터, 매니페스터
2	새크럴 결정권	제너레이터

3	스플린 결정권	매니페스터, 프로젝터
4	에고-매니페스티드 결정권	매니페스터
5	에고-프로젝티드 결정권	프로젝터
6	셀프-프로젝티스 결정권	프로젝터
7	사운딩보드 결정권	프로젝터
8	달의 주기 결정권	리플렉터

내적결정권에 대한 면책 조항

저는 당신이 다음의 정보를 읽고 당신 자신과 자녀에게 무엇이 옳은지 판단할 것이라고 믿습니다. 의사결정에 대한 모든 정보는 부모의 인지와 의사결정의 수준, 자녀와 가족 및 관련된 모든 사람에게 미칠 수 있는 잠재적 영향에 따라 고려되어야 합니다. 자녀가 당신과 소통하도록 격려하고 그들의 삶에서 무슨 일이 일어나고 있는지 알 수 있도록 열린 대화를 유지하세요. 어린 시절의 내적결정권은 아이들이 스스로 의사결정을 하는 힘을 갖도록 도와줍니다. 그것은 아이들에게 자전거 타는 법을 가르칠 때 당신이 한 손으로 붙잡고 아이가 탈 준비가 될 때까지 바짝 따라가는 것과 같은 것입니다. 당신이 손을 놓기 전에 자녀가 자전거 위에서 스스로를 똑바로 세우는 능력에 자신감을 갖도록 가르치듯이, 그들 스스로 결정을 내리는 데 자신감을 갖도록 가르치세요.

내적결정권자로서의 마음에 대한 참고사항

마음은 결코 내적결정권자가 아닙니다. 왜냐하면 마음은 특히 열린 센터를 통해 부모와 같은 다른 사람들을 기쁘게 할 것으로 인식되는 행동을 하도록 너무 쉽게 조건화되기 때문입니다. 그러나 자신의 내적결정권을 이해하고 그것을 사용하여 자신을 이끌어갈 때, 마음은 외부의 권위로서 상황에 대한 보다 객관적인 시각을 제공함으로써 다른 사람들이 자신의 앎이나 진실을 찾을 수 있도록 도움을 줄 수 있습니다. 다른 사람에게 자신의 생각과 고려 사항을 반영하거나 정보를 공유함으로써 당신은 그들이 결정을 명확하게 내릴 수 있도록 도울 수 있습니다. 마음은 정보를 처리하는 데 뛰어납니다. 따라서 마음은 우리 자신의 내적결정권에 근거할 때는 도움이 되지만, 의사결정을 위해 우리가 가지고 있는 내재된 진실이나 지혜에 접근하는 일에는 마음에 의존할 수 없습니다.

마음으로부터 결정을 내리려고 할 때, 우리는 조건화에 따라 또는 낫셀프로부터 결정을 내립니다. 차트에서 열려 있는 곳은 마음에 먹이를 주고 진실이 아닌 곳에서 선택하도록 조건화합니다. 진실에 접근하기 위해서는 몸의 지혜 속으로 내려와야 합니다. 정신 결정권, 달의 결정권, 또는 에고 결정권 같은 희귀한 결정권에서도 마지막 조각은 몸의 느낌에 관한 것입니다. 즉 몸이 당신에게 진실이라는 것을 알려주는 앎 또는 감각에 관한 것입니다. 때때로 정신 결정권, 달 결정권, 또는 에고 결정권에서는 당신의 결정을 큰 소리로 들음으로써 그때 당신의 몸은 소리 안에 있는 공명을 느끼게 되고 일치감을 느끼게 됩니다. 마음은 항상 그렇지 않은 것에 대해 보상하려고 노력할 것입니다; 그러므로 마음은 당신의 진실과 일치하는 선택을 할 수 없습니다.

조건화된 마음으로 결정을 내리는 것에서 내적결정권으로 결정을 내리는 것으로 옮기는 일은 쉬운 일이 아닙니다. 시간이 걸릴 수 있습니다. 휴먼디자인에서는 탈조건화 사이클이 7년 걸린다고 합니다. 이것은 당신이 7년 동안 어떠한 변화도 볼 수 없다는 것을 의미하지 않습니다. 이는 단지 디자인에 따라 자신의 내적결정권을 신뢰하며 오랫동안 살수록, 자신이 정렬된 방식으로 삶을 사는 데 더 많은 이익을 보게 될 것임을 의미합니다. 마음은 내적결정권의 개념을 이해할 수는 있지만, 몸이 올바른 결정을 내릴 수 있다는 것을 신뢰하지 않으며, 마음이 가장 잘 알고 있다고 말하려고 할 것입니다. 저는 당신이 휴먼디자인의 내적결정권을 사용하기 시작하면서 호기심으로라도 저녁 식사로 무엇을 먹을지, 또는 사람들로부터 많이 들었던 새로운 영화를 보러 갈지 말지와 같은 작고 중요한 것들을 결정할 때 내적결정권을 의지해 보기 바랍니다. 당신의 능력에 자신감을 갖게 되면, 시간이 지남에 따라 새로운 일자리 제안을 받아들일지 말지, 아니면 더 이상 옳다고 느껴지지 않는 우정을 끝낼지 말지와 같은 영향력이 더 큰 결정에 내적결정권을 사용하게 될 것입니다. 부모인 당신이 자신의 내적결정권에 확고해질 때 당신은 아이에게 진정한 삶의 본보기가 됩니다.

하지만 당신을 위해 결정을 내리는 데 마음이 최고가 아니라는 것을 신뢰해야만 하는, 어느 정도의 포기가 필요합니다. 만약 당신이 통제력을 느끼고 그것을 포기하는 데 어려움을 겪고 있다면, 탈조건화는 더 오래 걸릴 수 있습니다. 아름다운 점은 우리가 몸에 더 많이 항복할수록, 삶이란 우리에게 일어나는 아름다운 것임을 깨달게 되고, 아이러니하게도 우리는 종종 항복을 선택함으로써 더 많은 통제력을 갖게 된다는 점입니다.

저는 무력감을 느끼는 상황에서 당신이 할 수 있는 모든 것을 통제하려고 하면 일시적으로는 힘이 솟는 것처럼 느껴질 수 있다는 것을 압니다. 결국, 우리가 스스로 깨어날 때, 우리는 이런 통제를 인식하는 것이 우리의 삶과 주변 사람들과 유대감을 형성하고 함께 할 수 있는 능력을 제한한다는 것을 깨닫게 됩니다.

그러나 통제를 포기한다고 해서 경계를 포기하는 것은 아닙니다. 당신의 시간, 돈, 에너지, 건강 등을 둘러싼 경계들은 삶에서 당신이 알고 이해하고 시행하는 일에 중요한 것입니다. 경계는 시간이 지남에 따라 변할 수 있으며, 저는 당신이 경계를 허용하기를 권장합니다. 성장하고 더 많은 것을 배울 때, 당신은 한때 당신을 보호하는 데 도움이 되었던 경계가 이제 당신을 방해하고 있다는 것을 알게 될 것이고 그 경계를 조정할 때가 되었다는 것을 알게 될 것입니다.

일단 내적결정권에 연결되면 경계가 언제 너무 팽팽하고 언제 너무 느슨한지를 느낄 수 있습니다. 내적결정권을 실험하기 시작하면 처음에는 그것을 잘하지 못할 것입니다. 잘못된 선택을 하게 될 것이지만, 괜찮습니다. 그것은 학습 과정의 일부입니다. 항상 정답을 맞출 필요는 없습니다. 최고의 교훈 중 일부는 틀리는 데서 옵니다. 하지만 틀리는 것을 두려워한다면 우리는 시도조차도 못 할 수 있습니다. 인생이 잘못될까 봐 두려워하며 인생을 놓치는 일은 하지 마세요. 유일하게 올바른 방법은 당신의 정렬된 방법입니다. 당신에게 진실하고, 믿을 만하고, 옳다고 느껴지는 것은 무엇인가요?

당신의 몸에 귀를 기울이세요, 그러면 몸은 길을 보여줄 것입니다. 그리고 기억하세요. 코치 훈련 중에 제 멘토인 케이트 스워보다Kate Swoboda가 종종 말하는 것처럼 "모든 것은 그저 실험일 뿐입니다."

감정 결정권

감정 결정권은 인구의 약 50%에 해당되며, 감정 태양신경총이 정의되어 있을 때 결정됩니다. 이 내적결정권을 가진 아이는 올바른 결정을 즉흥적으로 내려서는 안 됩니다. 그들은 명확성을 얻기 위해 파동의 높낮이를 타고 갈 시간이 필요합니다. 감정 결정권을 가진 아이는 친구와 노는 것에 대해 "좋아"라고 말하고는 그 친구의 집에 도착하면 불평하거나 그 친구와 놀고 싶어 하지 않거나 집에 가고 싶어 할 수 있습니다. 이것은 부모에게 혼란스럽게 느껴질 수 있습니다; 그들은 함께 놀고 싶다고 말했고, 그렇게 하도록 해주었는데 이제는 더 이상 하고 싶지 않다고 말한 것입니다.

만약 그들이 우울한 기분일 때 어떤 것을 하기 싫다고 거절해놓고는 나중에 가서 그것을 하고 싶었고 아까 거절했을 때는 그런 뜻이 아니었다고 투정을 부릴 수도 있습니다. 이 내적결정권에는 지금에 진실이 없습니다. 즉, 결정에 대한 명확성을 얻으려면 정의된 감정센터에 오는 감정의 파동을 경험하는 시간이 필요합니다. 만약 그들이 이런 파동을 타고 그 높낮이를 경험함으로써 결정에 대해 일관성을 느낄 수 있다면, 시간이 지남에 따라 이 결정이 그들에게 옳은지 아닌지를 느낄 것입니다.

감정의 파동

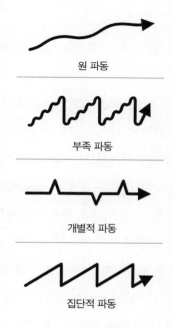

원 파동

부족 파동

개별적 파동

집단적 파동

자녀의 차트를 보면 어떤 채널이 ESP(Emotional Solar Plexus, 감정 태양신경총)에 연결되어 있는지 확인할 수 있습니다. 하나 이상의 채널이 있을 수 있으며, 그것은 하나, 둘 또는 세 가지 파형 모두에 해당할 수 있습니다.

감정 정의는 감정 태양신경총에 연결된 정의된 채널에서 나옵니다. ESP는 4개의 다른 센터(목센터, 의지센터, 새크럴 센터, 루트 센터)

에 직접 연결될 수 있으며, 이때 ESP와 연결된 센터 모두를 정의합니다. 채널의 양쪽 끝에 있는 게이트 정의로 인해 이런 센터 사이에 생성된 채널은 경험하는 감정 파동의 유형에 대해 많은 것을 알려줍니다. 파동의 유형은 채널이 '부족 회로', '개별 회로' 또는 '집단 회로' 중 어디에 있는지에 따라 결정됩니다.

부족 파동 – 채널 37 – 40(공동체), 59 – 6(메이팅), 19 – 49(감수성)

이 파동은 감정적인 폭발, 또는 명료함의 지점까지 한 번에 한 단계씩 올라가는 작은 파동을 가지고 있습니다. 이 파동을 가진 아이들은 균형을 잃을 때까지 정서적으로 상당히 균형 잡힌 모습을 보입니다. 이 파동은 욕구와 촉감과 관련이 있습니다. 따라서 아이들이 힘든 하루를 보냈을 때 부드러운 손을 어깨에 얹거나 포옹하는 것은, 아이들이 아직 폭발하지 않았다면 그들의 감정적 강도를 한 단계 낮추는 데 도움을 줄 수 있습니다. 그들이 어떻게 느끼는지를 일일이 따져 물을 필요는 없으며, 그들의 감정 표현 과정을 허용해 주세요. 이 파동은 또한 명확한 지점에 도달한 후에는 폭발하지 않고도 다시 내려올 수 있습니다.

이 감정 파동을 가지고 있는 사람으로서, 저는 어렸을 때 뭔가가 저를 벼랑 끝으로 몰아넣어 제가 폭발하고, 화를 내고, 그러고 나서 30초 안에 그것을 끝낼 때까지는 감정적으로 괜찮았고 관대했다고 말할 수 있습니다. 불행하게도 제 주변 사람들은 보통 그렇게 쉽게 끝내지 못했습니다. 엄마는 ESP가 정의되지 않았고, 아빠는 ESP가

정의되었습니다. 우리가 말다툼을 할 때, 엄마는 단호하게 선을 긋고 "그만"이라고 말하고는 그냥 말을 멈추고 떠나버리곤 했습니다. 그리고 몇 시간 후 또는 다음 날이 되면, 아무 일도 일어나지 않은 것처럼 보이곤 했는데, 그것이 항상 저를 혼란스럽게 했습니다. 하지만 휴먼디자인의 렌즈를 통해 저는 이것이 어떻게 그녀가 자신에게 필요한 것이 무엇인지 인식하고 감정의 고조를 멈추고 분위기를 전환시켜 재설정을 위한 공간을 확보한 것일 수도 있다는 것을 알수 있었습니다. 문제를 일으킨 원인에 대해 저는 그냥 터놓고 이야기하고, 터뜨리고, 해결하고 싶었는데 침묵으로 일관하는 것이 저에게 벌을 주는 것 같았습니다. 말다툼이 폭발로 이어지지 않았을 때, 제가 어떻게 폭발을 일으키려고 계속해서 노력했는지 이제야 알 수 있었기 때문에 다시 재설정하고 감정적인 부담을 느끼지 않을 수 있었습니다. 격한 감정이 끝날 때까지는 기분이 나아지지 않을 것이라는 것을 알았고, 파동의 반대편으로 가야 한다는 압박감을 느꼈습니다. 그때 정의된 이 감정 파동을 통해 그것이 어떻게 설명될 수 있었는지 알았더라면 정말 좋았을 것입니다. 반면에 아빠와 저는 둘 다 정의된 ESP를 가지고 있지만, 우리는 서로 다른 파동을 가지고 있습니다. 우리는 서로에게 소리를 지르고 화를 내고 강렬한 감정으로 끔찍한 말을 한 다음 화를 내고 그 자리를 떠날 수도 있습니다. 저는 다시 마음을 다잡고 앞으로 나아갔지만, 아빠는 제가 기대에 부응하지 못해 한동안 실망한 듯 보였습니다. 어느 정도 시간이 지나면 다시 시도하다가 다시 의견 충돌이 일어나면 다시 한 번 휴식이 필요하곤 했습니다. 이것은 엄마의 미정의된 ESP

와는 완전히 다른 경험이었습니다. 저는 엄마와 말다툼을 할 때 조심해야 할 것 같았고, 아빠와는 서로에게 더 쉽게 감정을 쏟아낼 수 있는 것 같았습니다. 우리 둘 다 이 감정 파동을 알지 못했고 그것이 우리의 행동에 어떤 영향을 미치는지 알지 못했습니다. 십 대의 호르몬이 더해져 제가 당시 아빠를 생각했던 것처럼 아빠는 제가 정말 골칫거리라고 생각했을 것입니다. 당신과 자녀가 어떤 구성이든, ESP와 파동, 그리고 그들이 함께 작동하는 방식을 이해하는 것은 서로의 욕구에 대한 많은 연민과 이해를 제공하여 더 건강한 방식으로 관계를 헤쳐 나갈 수 있도록 해줄 수 있습니다.

집단적 파동 – 채널 36 – 35(다재다능), 41 – 30(인식)

이 파동은 욕망과 관련이 있으며, 충족되지 않으면 감정이 크게 저하되는 기대에 기반을 두고 있습니다. 이 파동을 타고 있는 사람들은 무슨 일이 일어날지기대하기보다는 호기심에 찬 상태로 사는 것이 좋습니다. 스스로 기대치를 세우고 그 기대가 충족되지 않으면 원하는 결과에 대한 기대감으로 서서히 쌓아 올린 파동이 무너지고, 다시 파동이 움직이기 시작할 때까지 파동이 낮아지는 것을 느낄 수 있습니다.

이 파동은 낮은 부분에서 시작해서 점점 더 흥분하면서 더 높이 올라가다가 갑자기 붕괴되는 느린 구조입니다. 이 파동의 길이는 사람에 따라 다릅니다. 즉, 이 파동을 전달하는 각각의 사람이 서로 다른 부분에서 보내는 시간의 양이 다르다는 것을 의미합니다. 자녀가 경험하는 감정과 자신을 동일시하는 데 얽매이지 않는 것의 중요성은 아무리 강조해도 지나치지 않습니다. 그들이 느끼는 감정은 단순히 감정 파동일 뿐이며, 스스로를 판단하거나 그것에 대해 지나치게 동일시할 필요가 없습니다. 기분을 높거나 낮음으로 식별하는 말을 피하는 법을 배울 수 있다면, 그들은 자신의 기분이 높거나 낮음으로 식별되지 않는다는 것을 알게 될 것입니다. 감정과 동일시하면 할수록, 그들은 파동의 그 부분에서 더 많은 시간을 보낼 수 있습니다. 그들이 일어나면서 "나는 오늘 너무 슬프고 우울해, 나에게 무슨 문제가 있을까?"라고 느끼는 것에서 "나는 오늘 슬프지만 괜찮아. 어떻게 하면 오늘 좀 더 편하게 지낼 수 있을까?"로 프레임을 재구성하도록 도와주세요. 어린 자녀에게 그것은 아마도 단지 더 편안한 시간, 포옹, 당신과 함께 쇼를 보거나, 조용히 책을 읽거나, 그림을 그리거나, 더 내면으로 들어가 그들이 가지고 있는 느낌을 처리하기 위한 공간을 만드는 것이 될 것입니다. 나이가 많은 자녀의 경우, "나는 슬프다"라고 말하면서 그 감정과 동일시하지 말고 "나는 오늘 슬픈 느낌이 든다."라고 말하도록 이야기하세요. 그들이 파동의 그 부분과 자신을 더 많이 동일시할수록, 더 많은 시간을 그곳에서 보내게 될 것입니다. 분명히 말하자면 감정을 우회하는 것이 아니라 그것을 인정하고, 아이들이 감정을 느낄 수 있는 공간을 주고, 낮은 진동 감정을 느끼는 것을 잘못된 것으로 만들지 않는 것입니다. 물론 여기에는 여러 가지 요인들이 있습니다. 만약 자녀가 매우 낮은 감정을 갖고 있거나 그 안에 머무른다면, 전문적인 지원을 구하고 그들이 필요로 하는 지원을 해주세요. 아이들에게 감정에 대해 이런 교훈을 일찍 가르칠수록 자녀는 더 탄력적이 될 수 있고 감정을 있는 그대로(감정으로)가 아니라 단지 경험하는 것으로 볼 수 있게 됩니다.

어떤 날은 우울한 날이 있을 것이고, 이는 그들에게 문제가 있거나 고쳐야 할 것이 있다는 뜻이 아니라 감정 파동의 한 부분이라는 것을 이해하는 것이 중요합니다. 그것은 또한 자녀의 정서적 건강에 대해 도움을 청하지 않고 단지 휴먼디자인이 작동하는 것이라고 여겨야 한다는 의미도 아닙니다. 우리는 복잡한 인간이고 휴먼디자인은 그 이야기의 일부만 말해 줄 뿐입니다.

개별적 파동 - 채널 12 - 22(개방성), 39 - 55(감정기복)

이 파동은 열정과 관련이 있지만 대부분의 경우 침체되어 있습니다. 이 파동은 다른 파동 유형에 비해 더 높은 파동과 더 낮은 파동을 가질 수 있으며 고유한 고점과 저점에서 보내는 시간은 사람마다 크게 다를 수 있습니다.

그러나 집단적 파동과 마찬가지로 어떤 날은 하락하는 날이 있을 것이며, 이것이 잘못되었거나 수정이 필요하다는 것을 의미하지 않는다는 것을 이해하는 것이 중요합니다.

이 파동이 하락하거나 상승할 때 극단적으로 느껴질 수 있지만, 이런 시간은 일반적으로 짧습니다. 이것은 그들이 고점이나 저점에서 많은 시간을 보내지 않으며 새로운 날이 오면 완전히 새로운 전망을 가져올 수 있다는 것을 의미합니다.

감정은 개인적인 것이 아니라 화학적, 기계적 상호작용이다

휴먼디자인의 순수한 기계적 측면에서 볼 때, 감정 태양신경총을 가진 사람들은 감정의 파동을 타는데, 그 파동이 때로는 높고 때로는 낮습니다. 이것을 내적결정권으로 생각할 때 중요한 부분은 그들이 결정을 명확히 내릴 때까지 기다리면서 감정의 파동을 타면서 그 파동이 최고점, 최저점, 중간 어느 지점에 있는지를 확인하는 것입니다. 그들은 모든 지점에서 자신들이 내리는 결정에 같은 감정을 느끼나요? 파동의 고점에 있으면서 삶의 모든 것에 행복해할 때 게임이나 우정 또는 장난감에 대해 '예'라고 말하는 것이 얼마나 멋져 보일지 상상할 수 있을 것입니다! 하지만 다음날 파동의 아래쪽으로 추락하면, 그 결정에 대해 흥분하거나 만족감을 느끼지 못하고 후회할 수 있습니다.

부모나 보호자는 자녀가 방금 본 장난감에 저축한 모든 돈을 지출하는 것과 같은 큰 결정을 내릴 때 며칠을 기다리게 함으로써 자녀를 도울 수 있습니다. 그들이 언제 행복하고 흥분하는지, 또는 언제 뿌루퉁하고, 슬프고, 좌절하는지 물어보고, 중립적인 감정 상태로 돌아왔을 때 다시 한번 물어보고 여전히 그 장난감 하나에 저축한 돈을 모두 쓰고 싶은지 확인하세요. 파동의 높음, 낮음 및 중립 부분에서 자신의 결정을 검토하도록 격려함으로써 자녀가 파동이 명확해지기를 기다리는 과정을 이해하도록 도울 수 있습니다.

아기/유아 단계에서 실행에 옮기기

부모가 자녀에게 무슨 일이 일어나고 있는지 더 잘 이해할 수 있는 한 가지 방법은 자녀가 어떤 파동을 가지고 있는지를 파악한 다음, 그들의 기분을 일기에 적고, 자녀가 충분한 나이라면 그들이 어떻게 느끼는지 말해달라고 요청하는 것입니다. 이 단계에서 당신은 그저 지켜보고 주목하는 것으로 충분하며, 그들의 기분을 추적하고 싶다면, 정기적으로 그들의 기분을 적어 놓아 거기에 어떤 패턴이 있는지 확인할 수 있습니다. 그들을 자극할 필요는 없습니다. 단지 도움이 된다면 그냥 관찰하고 메모하세요.

여러 개의 파동이 있는 경우에는 추적하기가 다소 까다로울 수 있지만, 자녀의 디자인에 따라 정상적인 기복이 있다는 것을 아는 것만으로도 부모로서, 보호자로서 그것에 지나치게 의미를 부여하지 않는 데 도움이 될 수 있습니다.

초등학생 연령 단계에서 실행에 옮기기

이 단계에서는 그들에게 기분이 어떤지 물어보기 시작할 수 있습니다. 자녀가 특정한 감정을 느낀다고 말하거나 그들의 강한 감정이 느껴지면, 손을 들어 그 감정을 얼마나 느끼는지, 약간인지 많은지 보여달라고 요청할 수 있습니다. 그것을 일기에 쓸 수도 있고, 핸드폰에 있는 달력 또는 편리한 곳에 메모를 할 수도 있습니다. 시간이 지남에 따라 최고점이나 최저점이 얼마나 오래 지속되는지 또는 그것을 얼마나 자주 경험하는지의 패턴이 나타나는 것을 보게 될 것입니다. 또 하나 주목해야 할 것은 그들이 충분히 휴식을 취했는지의 여부인데, 이것은 그들의 감정 파동에 영향을 줄 수 있습니다. 특히 그들이 에너지를 너무 강하게 밀어붙이는 비 새크럴 에너지 유형이라면 더욱 그렇습니다.

FEELINGS

1. 화남   2. 두려워함 3 스트레스 받음 4 걱정함 5 슬픔
6. 영 별로임 7 차분함   8 이완됨   9 행복함 10 신남

그들이 좀 더 자라면 이 차트를 보여주고 그날 기분이 어땠는지 물어볼 수 있습니다. 아이들은 이 단계에서 자신이 어디에 있는지를 평가하는 것이 재미있다는 것을 알게 될 수도 있고, 이를 통해 자신의 기분을 더 많이 공유하고, 좌절, 쓰라림, 분노 또는 실망으로 폭발하는 것보다 더 통제된 방식으로 그 감정 중 일부를 내보낼 수 있는 기회 가질 수 있습니다. 아이들이 이미 글을 읽을 수 있다면, 차트의 맨 아래에 있는 감정의 이름을 가려 이름보다는 표정에 초점을 맞출 수 있도록 할 수 있습니다.

십 대의 단계에서 실행에 옮기기

자녀의 삶 전체에 걸쳐 감정을 휴먼디자인 언어로 말해왔다면, 이런 방식은 아이들에게 그렇게 낯설지 않을 것입니다. 십 대 초반의 단계에서 자녀에게 언제 기분이 좋은지 나쁜지, 그리고 감정의 파동이 어디에 있는지 물어볼 수 있습니다. 그들에게 그것이 얼마나 높거나 낮은지를 숫자로 평가하라고 하세요. 가장 낮은 경우에는 −5, 가장 높은 경우에는 +5, 중간은 0으로 표시하게 하세요. 자녀가 학교, 대학, 대량 구매, 직업, 관계 등에 대해 큰 결정을 내려야 한다면, 결정을 내리기 전에 감정적으로 중립적이 될 때까지 파동을 탐색할 수 있도록 도와주세요. 감정적으로 정의된 사람들에게는 지금에 진실이 없습니다. 명확성은 시간이 지나면서 따라오는 것이니 결정하기 전에 적어도 하룻밤은 지내보라고 하세요. 결정할 사안이 크면 클수록 파동을 통해 다른 감정을 경험할 수 있는 여유가 더 많이 주어져야 합니다.

그리고 기억하세요, 그 감정이 곧 자녀인 것은 아닙니다. 그들은 단지 다양한 감정을 느끼는 인간일 뿐입니다.

즉흥성에 대해서

정의된 감정 태양 신경총은 그것을 이해하지 못할 때 힘든 일이 될 수 있습니다. 그것은 당신이 즉흥적이고 순간에 살고 있는 것처럼 느끼게 할 수 있습니다! 정말 급할 수도 있습니다! 파동의 높은 부분에 있을 때는 거기에 스릴이 있기 때문에 파동의 더 높은 곳으로 밀어 올리는 결정을 합니다. 문제는 파동이 되돌아가 다시 내려오는 다음 날쯤에 옵니다, 그리고 그 순간에 내린 결정들은 당신에게 후회와 당혹감을 남깁니다. 당신에게 이런 식으로 작용하는 감정 파동이 있다는 것을 안다면, 결정을 내릴 때 더 주의를 기울일 수 있고, 결정을 내리기 전에 당신이 명확하게 해야 할 시간을 가질 수 있습니다.

새크럴 결정권

새크럴 결정권은 새크럴 센터가 정의된 에너지 유형인 제너레이터와 매니페스팅 제너레이터에게만 있습니다. 이 새크럴 정의는 일관된 노동력과 생명력 에너지를 제공하며 감정 태양신경총이 미정의된 경우에 제너레이터와 매니페스팅 제너레이터의 내적결정권이 됩니다. 새크럴 센터는 감정 태양신경총이 결정권일 때도 중요합니다. 왜냐하면 새크럴은 무엇이 진실이고 무엇이 그들에게 올바른지 알 수 있도록 도와주는 제너레이터와 매니페스팅 제너레이터의 내부 나침반이기 때문입니다. 새크럴은 마음으로부터 조건화되지 않았을 때 마음의 조건화를 우회하여 문제의 진실에 도달합니다.

제너레이터 및 매니페스팅 제너레이터 어린이는 이 강력한 내부 나침반에 연결된 상태를 유지하는 데 부모의 도움이 필요합니다. 새크럴은 단어보다 소리를 통해 더 자주 말하고 그 소리는 "uh-huh" 또는 "unh-uh"처럼 들릴 수 있습니다. 제너레이터 및 매니페스팅 제너레이터 자녀에게 질문할 때는 '예/아니오' 질문을 하여 접근하도록 하세요. 또한 '이것 또는 저것'을 묻는 질문을 시도할 수도 있습니다.

개방형 질문은 비 새크럴 에너지 유형에게는 훌륭하지만 새크럴 에너지 유형에게는 답변을 합리화하거나 설명하기 위해 열심히 애쓰게만 할 뿐입니다. 개방형 질문은 '예' 또는 '아니오'를 명확히 구분하지 못하게 하여 '정답'을 찾기 위해 다시 생각에 잠기게 합니다.

어릴 때부터 새크럴 정의를 가진 아이에게 '예/아니오' 질문을 연습하면 아이들은 마음이 끼어들지 않은 상태로 내면의 진실에 접근하는 것이 어떤 것인지 다시 배울 필요가 없을 것입니다(새크럴 질문을 하는 방법은 부록을 참조하세요). 성인 제너레이터 및 매니페스팅 제너레이터에 대한 제 작업의 대부분은 그들이 새크럴 반응에 다시 연결하는 것을 돕는 것과 관련이 있습니다. 부모이며 보호자인 당신은 자녀가 자신의 새크럴 반응에 계속 연결되도록 도울 수 있는 놀라운 기회가 있으며, 자녀는 평생 이 내면의 나침반으로부터 혜택을 받아 내면의 진실의 길을 계속 걸어갈 수 있습니다. 당신은 자녀에게 참으로 특별한 선물을 주고 있는 것입니다!

아기/유아 단계에서 실행에 옮기기

이 단계에서 "완두콩을 원하니? 공원에 가고 싶어? 블록을 가지고 놀고 싶어?"와 같은 간단한 '예/아니오' 질문을 하세요. "뭘 할까?" 또는 "무엇을 하고 싶어?"라고 묻는 대신 '예/아니요' 질문을 하세요. 질문은 달콤하고 단순하게 하되, 그 순간에는 자녀가 진실을 말하고 있다는 것을 알지만, 하루 내내 상황이 바뀌고 변화하므로 똑같은 질문을 하더라도 다른 대답을 얻을 수 있습니다. 이것은 그들이 무엇을 좋아하고 무엇을 싫어하는지 모른다는 뜻이 아닙니다. 그들은 지금 이 순간에도 자신의 에너지를 쏟고 싶은 것이 무엇인지를 파악하고 있는 것입니다. 만약 그들이 3일 혹은 3주 연속으로 블록 놀이를 거부한다고 해도 블록을 내다 버리지는 마세요; 그들은 단지 지금 그 놀이를 하고 싶지 않으며 뭔가 다른 것이 그들의 새크럴 모터를 켜고 있다는 것을 알아두세요.

발달상으로 두 살 무렵, 아이들은 자율성을 깨닫고 '아니오'라는 단어를 연습하기 시작합니다. 만약 그들이 원하지 않는 것들에 '아니오'라고 말하는 것이 허용된다면(또는 당신이 강요하지 않고 그들에게 야채를 먹이는 것에 '예'라고 말하게 하는 창의적인 방법을 찾을 수 있다면), 그들은 힘을 가졌다고 느낄 것입니다. '아니오'라는 단어를 사용하는 것은 더 이상 부모/보호자에게 큰 부담을 주는 것이 아니므로 그들이 '아니오'라고 말할 때, 그것은 당신에 대한 거부가 아닙니다. 아이가 '아니오'라고 말하는 것이 권력 다툼일 필요는 없습니다. 이 시기는 아이들이 자신을 개인으로 인식하고 스스로 결정을 내릴 수 있다는 것을 인식하기 시작하는 발달 단계이며, 우리는 그들에게 선택을 허용함으로써 힘을 실어줄 수 있습니다.

초등학생 연령 단계에서 실행에 옮기기

자녀가 학교에 다니기 시작하면 수업 내용이나 과제에 순응해야 하는 적응 기간이 있을 수 있습니다. 그런데 이때 새크럴이 '아니오'라고 말하면 아이는 문제아 또는 반항하는 아이로 분류될 수 있습니다. 가능하면 자녀의 선생님과 대화를 해서 자녀에게 '예/아니오' 또는 '이것/저것' 질문을 할 수 있도록 하는 것이 중요합니다. 사실 모든 교사들이 인구의 70%가 새크럴의 정의를 가지고 있고 '예/아니오'의 대답으로 반응할 필요가 있다는 것을 이해한다면 얼마나 멋질까요? 우리의 학교 시스템이 아이들의 전략과 내적결정권을 지지하는 방식으로 학습하도록 허용할 수 있다고 상상해 보세요. 아직 거기까지는 이르지 않았지만, 여전히 자녀를 가르치는 데 성공할 수 있도록 도움이 되는 정보를 교사에게 제공할 수 있습니다.

자녀의 선생님이 이런 방식으로 자녀를 지원할 수 없다면 어려운 상황이 될 수 있습니다. 대부분의 학교 시스템은 현재 선형적이고 논리적인 한 가지 방식의 학습에 맞게 설계되어 있으며, 많은 어린이들은 이런 방식으로 학습하지 않습니다. 아이들에게 올바르게 배우는 방법은 오직 한 가지뿐이라고 가르칠 때, 우리는 그들 자신이 되는 것은 잘못되었다고 말하는 것이며, 그때 그들이 듣게 되는 말은 그들이 충분히 훌륭하지 않고, 충분히 똑똑하지 않으며, 충분히 능력이 없다는 것입니다. 당신은 가정에서 자녀에게 '예/아니오' 반응을 듣는 것의 중요성을 강조하고 자녀의 삶에 자율성을 발휘할 수 있는 곳이 여전히 있다는 것을 가르칠 수 있습니다. 그리고 자녀가 학교에서 정말로 따라갈 수 없는 뭔가를 요구받고 있다면, 당신은 새크럴 질문을 사용하여 그 상황에서 무엇이 그들을 괴롭히고 있는지 이해할 수 있습니다. 예를 들어, 어떤 아이들은 동물에 대한 공감이 너무 커서 실제 동물(파충류 및 곤충 포함)에 대한 학습과 관련된 활동은 그들에게 너무 부담스러울 수 있습니다. 겉으로 보기에는 고집이 세거나 참여하고 싶어 하지 않는 것처럼 보일 수도 있으나, 속으로 이 아이는 동물에 대해 매우 속상해할 수도 있기 때문에 참여하지 않으려는 것일 수 있습니다.

홈스쿨링(자택 학습)을 하는 부모라면 이 정보를 활용하여 매일 전투를 벌이지 않고도 자녀의 학습을 도울 수 있는 시기와 방법을 탐색할 수 있습니다. 자녀를 이해하고 그들의 필요를 이해하고, 사회적으로 조건화된 틀에 맞추려고 노력하기보다는 그들과 함께 노력하면 자녀가 힘을 얻고, 배움을 사랑하며, 당신이 그들의 편이라는 것을 아는 데 도움이 될 것입니다. 지난 5년간 홈스쿨 학부모로서 저는 집에서 학교 수업을 하는 것의 의미를 다시 생각해봐야 했습니다. 저는 공립학교에 다녔고 특정 학년에서 가르치는 특정한 것들이 있다는 것을 배웠습니다. 몇 년 동안 공립학교에 다녔던 아이들을 홈스쿨링할 때가 되었을 때, 저는 그런 생각을 버리고 우리가 홈스쿨링을 하는 이유는 우리만의 속도와 방식으로 원하는 것을 배울 수 있도록 하기 위해서라는 것을 깨달아야 했습니다. 공립학교에서 제공하는 시스템은 자녀에게 필요한 것이 아니었고, 위치/환경이 유일한 문제가 아니었기 때문에 동일한 학교 시스템을 집에서 그대로 따라 하는 것은 당신이 원하는 경험을 제공하지 못할 수도 있습니다.

십 대의 단계에서 실행에 옮기기

자녀가 독립을 주장하거나 반항하는 단계에 있다면 이 시기는 어려운 시기가 될 수 있습니다. 지금은 아마도 "하고 싶어?" 같은 유형의 질문보다는 "이거 할 수 있겠어?" 또는 "이거 해줄래?" 또는 "이거 할래, 아니면 저거 할래?"와 같은 질문을 하기가 더 좋은 때일 것입니다. 또 다른 주목할 점은 그들이 새크럴에 채널이 맞춰져 있고 그들에게 질문할 때는 대답을 들을 준비가 되었는지 확인해야 한다는 것입니다. 옷, 새 소파, 또는 당신이 자랑스러워하거나 좋아하는 다른 것들이 마음에 드는지 물어보면 당신이 기대했던 만큼의 열정을 그들에게서 보지 못할 수도 있습니다.

자녀의 새크럴 모터를 켜라!

새크럴 질문에 대한 자세한 내용은 부록을 참조하세요.

스플린(Spleen, 비장) 결정권

이 결정권은 감정 결정권과 극명한 대조를 이룹니다. 감정 결정권은 명확성을 얻는 데 시간이 필요한 반면, 스플린 결정권은 그 반대이며 즉각적인 정보를 제공합니다. 이 아이들은 빠른 결정을 쉽게 내릴 수 있고 그 순간에 자신이 무엇을 원하는지 확신할 수 있는 아이들입니다. 여기에 필요한 유일한 주의 사항은 스플린이 빠르게 변할 수 있다는 점입니다. 왜냐하면 스플린은 안전과 보안에 관한 것이고 새로운 정보를 끊임없이 스캔하기 때문입니다. 만약 스플린이 안전을 위협할 것 같은 새로운 정보를 감지한다면, 그들의 결정은 바뀔 수 있습니다. 스플린의 앎은 그들에게 믿느냐 마느냐, 가느냐 마느냐, 그것이 건강하냐 아니냐를 말하는 속삭임이며, 그것이 안전하고 정확하다고 느껴지는지에 근거합니다. 그것은 "예!"라기보다는 "멈춰!" 또는 "하지 마!"라고 말하는 속삭임에 더 가깝습니다. 순간적으로 아는 것이기 때문에, 스플린 결정권은 반복되지 않을 것입니다. 따라서 스플린 결정권을 갖고 있는 아이에게 반복적으로 대답을 요구하는 것은 아이가 더 명확해지는 데 도움이 되지 않습니다. 부모의 입장에서 자녀의 대답은 언제 그들에게 묻느냐에 따라 달라지는 것처럼 보이기 때문에 혼란스러울 수도 있지만, 그들은 자신들의 결정에 근거하기 위해 끊임없이 새로운 정보를 받아들이고 있다는 것을 기억하세요. 저는 이 내적결정권을 생각할 때, 큰 고양이나 다른 야생동물들이 안전한지 아닌지를 알기 위해 감각을 사용하는 것을 떠올립니다. "목덜미에 털이 솟았다"라는 말은 이런 내면적인 앎의 섬세함을 전달하기에 적절할 것입니다.

당신에게 스플린 결정권을 가진 아이가 있다고 상상해 보세요. 그에게 아이스크림을 먹으러 가자고 초대하면, 그는 좋다고 대답합니다. 5분 후에 그의 형이 와서 당신은 그에게도 함께 가자고 초대합니다. 그런데 당신도 모르게 그들은 그날 이미 다퉜었고 형이 이 아이를 괴롭히고 있었습니다. 이제 스플린 결정권 아이는 더 이상 아이스크림을 먹지 않겠다고 결정합니다. 표면적으로 당신은 부모로서 좌절감을 느낍니다. 당신은 문밖으로 나갈 준비가 되어 있고, 불과 5분 전에 아이는 자기가 좋아하는 아이스크림에 신이 나 있었기 때문입니다. 이제 그는 집에 있고 싶어 합니다. 그리고 그는 행복해 보이지 않습니다. 그의 스플린은 형이 그를 괴롭히는 정보를 받아들이고 있고, 지금 아이스크림을 먹으러 가는 것은 안전하지도 즐겁지도 않게 느껴집니다. 스플린은 직감, 안전, 그리고 보안에 관한 것이기 때문에, 이것을 잠재적인 위협으로 보고, 이제 형과 함께 아이스크림을 먹으러 가는 것은 좋은 생각이 아니라고 결정합니다. 아마도 그들은 서로 이야기를 나누고 화해할 수 있을지도 모릅니다. 그리고 5분 후면 모두가 아이스크림을 다시 먹으러 가고 싶어 할 수도 있습니다. 이것이 바로 순간적인 스플린이 작동하고 있는 것입니다. 그것은 즉흥적입니다.

스플린 결정권 자녀가 학교에 가거나 친구와 노는 것 같은 일을 하기 싫어한다면, 물어보세요. 그들의 안전이나 보안에 위협이 되는 것처럼 느껴지는 상황은 어떤 것일까요? 이 상황에서 다른 요인들이 작용하고 있을 수도 있지만, 바로 그것이 시작해야 할 곳입니다.

당신은 결정을 내리는 데 시간이나 언어 처리가 필요한 감정 결정권이나 다른 내적결정권을 갖고 있다고 가정합시다. 그럴 경우 당신은 자녀가 어떻게 이렇게 빨리 결정을 내릴 수 있는지 이해하기 어렵기 때문에 자녀에게 자신의 결정을 확신하는지 반복해서 물어보고 싶은 마음이 들 수 있습니다. 이는 의도치 않게 자녀가 자신의 결정에 의문을 제기하고 옳은 선택을 하는 자신을 신뢰하지 못하게 할 수 있습니다. 스플린 결정권의 자녀가 그 순간에 결정을 내리면, 그것이 그 순간에 자녀에게 진실이라는 것을 신뢰해도 좋습니다. 너무 많은 질문은 자신의 진실과 연결을 끊고 조건화된 마음에서 답을 찾기 시작하면서 내면의 앎을 다시 추측하기 시작할 수 있습니다.

아기/유아 단계에서 실행에 옮기기

'예/아니오' 질문을 한 번만 물으세요. 그들에게 장난감, 음식, 관심 등을 원하는지 반복해서 묻지 마세요. 아이가 '예'라고 하면, 당신이 제안한 것을 주세요. 아이가 '아니오'라고 말한다면, 그 뜻을 존중해 주세요. 또는 아이가 '예'라고 말하는 것을 무엇이 막고 있는지 이해하려고 노력하세요. 만약 당신이 그들에게 다가오는 두려움을 없앨 수 있다면, 그들은 대답을 바꿀지도 모릅니다.

취학 연령 단계에서 실행에 옮기기

자신의 직감을 신뢰하고, 내적인 앎을 존중하고, "아니오" 또는 "멈춰"의 작은 속삭임에 귀를 기울이도록 가르치세요. 아기/유아 단계를 기반으로 그 순간 그들이 느끼는 것이 그들에게 진실임을 신뢰하도록 도와주세요. 자녀가 가족 행사 같은 것에 대해 "아니오"라고 말한다면, 그들의 안전이나 보안이 어떻게 위협을 느끼는지 자세히 물어보세요. 그들을 불편하게 만드는 특정인이 있나요? 다른 아이들이 자녀를 괴롭히나요? 함께 있는 것만으로도 기분이 좋지 않은 가족 구성원이 있나요?

십 대의 단계에서 실행에 옮기기

사회적 압력과 또래의 압박이 높은 시기에 자녀에게 자신의 직감을 신뢰할 수 있다는 것을 어릴 때부터 가르칠 수 있었다면, 이 시점에서 자녀는 자신의 직감에 귀 기울이고 신뢰할 수 있는 상당히 강력한 기반을 갖고 있을 것입니다. 만약 당신이 휴먼디자인에 처음이고, 자녀가 이미 십 대라고 해도 걱정하지 마세요; 지금이 그들이 자신의 내면의 앎을 신뢰할 수 있다는 것을 가르칠 완벽한 시기입니다. 더 작은 수준에서 연습하는 방법을 찾도록 돕고 의사결정을 진행하기 전에 상황에 대해 어떻게 생각하는지 물어보세요. 그들은 내면의 목소리를 들을 수 있으면서도 조건화된 마음이 그 과정에 관여하고 그들의 진실이나 앎에서 벗어난 것을 설득하고 있기 때문에 직감을 밀어낼지도 모릅니다. 특히 차를 운전하거나 다른 사람의 차에 타거나 옳지 않다고 느끼는 사회적 상황에 있을 때 그 느낌이나 목소리에 귀를 기울이는 것의 중요성을 가르쳐주세요. 그것이 옳지 않다고 느껴진다면, 그것은 아마도 옳지 않을 것입니다. 늦어지더라도 그 기분이 지나갈 때까지 차 운전을 기다리고, 또는 친구들이 모두 가더라도 그 파티에 가지 말고, 만약 사람들이 그들에게 나쁜 느낌을 준다면, 그들을 떠나 함께 있어도 좋다고 느껴지는 사람들에게 돌아가도록 격려하세요.

에고 결정권

에고 결정권은 매니페스터 또는 프로젝터 에너지 유형에만 속합니다.

에고 매니페스티드Ego Manifested 결정권

매니페스터는 다른 사람의 도움 없이도 창조하거나 수행하도록 부름받은 것을 발현할 수 있으며 영감에 따라 행동할 수 있습니다. 이 내적결정권은 에고 센터라고도 알려진 의지 센터에서 온 것이기 때문에 다른 사람들에게 매우 강력하고 다소 이기적으로 느껴질 수 있습니다. 그것은 "나는 이것을 원한다", "나는 저것을 하고 싶다"에서 나오며 매우 "나" 중심적입니다. 의지 센터는 "내가 원하는 것은 무엇인가?"와 "내가 이것을 할 자원이 있는가?"라는 에너지와 관련이 있습니다. 그 소리가 "나, 나, 나"처럼 들릴 수 있지만, 의지 센터는 심장 차크라와 관련이 있고 부족적部族的(tribal) 요소가 있습니다. "나는 원한다"와 "나는 필요하다" 뒤에 있는 동기는 가장 순수한 형태의 개별적인 "나"보다 더 큰 것입니다.

그들에게 도전은 계속해서 "나"를 강조하는 말을 함으로써 그들의 권위와 힘을 유지하고 자신이 의도하는 일에 영향을 받을 사람들에게 알리는 것입니다. "차가 필요해요"라고 말하면 주변 사람들이 차를 사달라고 요구하는 것이 아닌가 하는 의구심을 품을 수 있으므로 "차가 필요해요"라는 말 대신 구체적인 정보를 덧붙여서 "나는 차가 필요해요. 취직해서 돈을 모아서 학교까지 직접 운전해서 갈 수 있도록 할 거예요."라고 말해보세요.

에고 프로젝티드Ego Projected 결정권

에고 프로젝티드 결정권은 프로젝터에 속하며 채널 25 – 51(개시)를 통해 정의된 의지 센터와 G 센터가 있는 프로젝터에서만 발생하는 드문 결정권입니다. 프로젝터는 인정과 초대를 기다려야 합니다. 그들이 초대에 반응할 때, 그들은 "나는 그것을 위한 에너지/자원을 가지고 있다."라고 말하는 위치에서 반응합니다. 이들은 이기적일 필요가 있고 그들이 받은 초대에 대한 반응으로 "내게 무슨 이득이 있을까? 나는 무엇을 원하는가?"라고 질문해야 합니다. 초대를 기다리는 것은 초대가 도착하는 데까지 오랜 시간이 걸리는 것처럼 느껴질 수 있습니다. 기다리는 동안 자신에게 맞는 초대를 받고 인정받고 반응하기 위해서는 자신의 기술을 다듬고 시스템을 배우고 뭔가를 위한 자원이 되는 것이 중요합니다. 올바른 초대를 기다리는 데는 시간이 걸릴 수 있습니다. 그들의 차트에 있는 모든 열린 센터들에서 중요한 것은 그들이 그 일을 할 에너지가 없거나 조건화된 마음에서 초대받지 못한 것들로 뛰어드는 행동하지 않는 것입니다. "네가 '예' 또는 '아니오'라고 말하면 너에게 어떻게 이득이 있을 것 같니?" 또는 "'아니오'라고 말하면 필요한 것을 얻을 기회를 놓칠 것 같아?" 또는 "왜 그것을 원하지?"와 같은 질문을 함으로써 자녀가 이 내적결정권을 이해하도록 도우세요.

에고 결정권을 가진 아이들

에고 결정권을 가진 아이들은 "나는 원해."와 "나는 필요해."의 목소리로 말할 것입니다. 그리고 우리의 사회적 조건화는 이 아이가 자원을 공유할 필요가 있다는 것과 그것이 자신에 대한 전부가 아니라는 것을 확실히 알도록 지시합니다. 하지만 아이는 조건화된 어른과 같은 방식으로 그것을 보지 않습니다. 그것은 욕심에서 나오는 것이 아니라 지금 '이것이 내게 필요한 것'이라는 것을 아는 감각에서 나오는 것입니다. 그것은 내가 이 땅의 모든 것을 소유하고 싶어서 "나는 그것을 원한다"라고 하는 것이 아닙니다. 그것은 미리 그렇게 멀리까지 생각하지 않습니다. 그것이 바로 마음의 전략일 것입니다.

아기/유아 단계에서 실행에 옮기기

아이가 말을 하기 시작하면 "나는 원해"와 "나는 필요해"라는 언어를 사용하여 자신의 욕구를 전달하고 자신에게 맞는 것이 무엇인지 말해 줄 것입니다. 그러니 아이의 말에 귀를 기울이세요. 아이가 말을 하기 전에는 자기가 원하고 필요로 하는 것을 전달하기 위해 몸을 기울여 물건을 잡을 수도 있습니다. 그들에게 물건을 잡지 말라고 가르치면 이 연결 고리를 차단할 수 있습니다. 하지만 아이가 뭔가를 잡으려고 몸을 숙일 때 "무엇을 원해/필요해?"라고 물어보면 아이가 원하거나 필요로 하는 것이 무엇인지 강조하고 아이의 앎과 더 깊이 연결시킬 수 있습니다.

초등학생 연령 단계에서 실행에 옮기기

이 단계에서 우리는 자녀가 필요로 하는 것을 어떻게 요구하는지에 대한 의사소통을 심화할 수 있습니다. 사회적으로는 자신이 매니페스터라는 것을 알려줌으로써 다른 사람들에게 너무 가혹하게 느껴지지 않는 방식으로 자신의 욕구를 전달하는 방법을 배워야 할 수도 있습니다. 반면에 프로젝터는 초대를 기다리는 법을 배워야 합니다. "나는 원해" 또는 "나는 그것이 필요해"라고 말하면서 움켜쥐고 가져가기보다는, "나는 그 장난감이 좋은데, 가지고 놀아도 돼요?" "나는 그 장난감을 갖고 싶어요." "저녁으로 치킨을 먹고 싶은데, 만들어 줄 수 있나요?"와 같은 문구를 고려해 보세요. 이러한 문구들은 단지 자신이 원하는 것을 가져가는 것이 아니라, 상대방을 배려하여 욕구를 부드럽게 표현하는 것입니다.

십 대의 단계에서 실행에 옮기기

이 시기는 자율성을 찾고 부모로부터 분리되어 자신의 정체성을 찾으려는 시기이기 때문에 이미 매우 자기중심적입니다. 그들의 말은 상처가 될 수 있습니다. 에고 결정권을 가진 자녀의 부모는 아이들이 항상 "나는 원해" "나는 필요해"라고 말할 때 이것이 개인적인 것이 아니라는 점을 기억하세요. 이 내적결정권은 특히 에고 매니페스터 자녀의 경우 때때로 부모에게 이미 강렬하게 느껴져 어려움을 더 많이 줄 수 있지만, 자녀의 에너지 유형에 맞는 전략으로 함께 노력한다면 이 문제를 극복하는 방법을 배울 수 있습니다.

셀프 프로젝티드Self Projected 결정권

셀프 프로젝티드 결정권은 프로젝터 에너지 유형에만 적용됩니다. 이는 정의된 G 센터가 정의된 감정 태양신경총 센터, 의지 센터, 새크럴 센터 또는 스플린 센터 없이 목 센터에 연결될 때 결정됩니다. G 센터는 정체성, 사랑, 방향에 관한 것이기 때문에 목 센터와 직접 연결될 때 그들의 핵심에서, 특히 채널 1-8(영감)에서 진실을 이야기합니다. 이들은 차트에 열린 에너지 센터가 너무 많아 많은 조건화에 열려 있으므로 초대에 반응하여 말하는 것을 여과하지 않는 것이 중요합니다. 반응을 여과하지 않고 그들의 목소리에 귀를 기울이면 조건화된 반응이 아닌 그들의 진실을 듣게 됩니다. 이 결정권은 종종 언어 프로세서이기 때문에, 그저 경청할 수 있고 신뢰할 수 있는 사람을 통해 자신들의 진실을 들을 수 있는 공간을 제공하는 것이 매우 도움이 됩니다. 듣는 사람은 처리할 공간을 마련해 주고 스스로 들을 수 있도록 하는 것 외에 별다른 조치를 취할 필요가 없는 경우가 많습니다. 그들이 처리하게 하고 진실이

그들에게서 흘러나오게 하세요. 그들은 자신의 입에서 나오는 말을 들을 때 무엇이 옳은지 알게 될 것입니다. 그들이 말하는 것을 걸러 내 마음이 결정에 관여하지 않게 해야 합니다. G 센터가 진실을 찾기 위해 자발적이고 자유롭게 말하게 하세요.

이 내적결정권으로 초대에 반응할 때

당신이나 자녀가 이 내적결정권을 가지고 있다면 "이 결정이 나를 더 나답게 만들까, 아니면 나를 덜 나답게 만들까?" "이 방향이 내게 맞는 방향인가?" "이 결정이 데려갈 목적지에 도착하면 내 기분이 좋아질까?"와 같이 질문하거나 격려하는 것이 좋습니다. 물론 100% 확실하게 알 수는 없지만, 이 내면의 인도를 신뢰하는 것을 더 많이 배울수록, 이 인도가 언제 당신을 진실로 이끌었는지, 그리고 언제 마음이 당신을 인도하도록 내버려 두었는지를 배우면서 더 신뢰할 수 있게 될 것입니다. 이 내적결정권은 "이것이 나를 어느 정도 진정한 나의 모습처럼 느끼게 하는가?"라는 필터를 통해 초대를 탐색하고 있습니다.

아기/유아기/유치원 단계에서 실행에 옮기기

이 아이는 프로젝터 아이이기 때문에 일단 언어가 발달되면 자유롭게 말할 수 있도록 초대하는 것이 중요합니다. 어릴 때부터 무엇이 그들을 행복하게 할 수 있다고 느끼는지 질문하세요. 예를 들어, 다양한 장소에서 어떤 기분이 드는지, 혹은 어떤 것이 그들에게 기쁨이나 슬픔을 주는지 물어보세요. 그것은 실질적으로 언어적 반응을 이끌어내지는 못하지만. 자녀가 결정을 내릴 때 스스로에게 무엇을 물어야 하는지를 인식하도록 미묘하게 돕고 있는 것입니다. 자녀가 자신의 결정과 주변 환경에 대해 어떻게 느끼는지가 중요하다는 말을 듣고 자란다면, 그들은 점점 더 자신의 내적결정권을 신뢰하는 법을 배울 것입니다. 나이가 들어가면서 자녀는 자신에게 맞는 결정을 내리는 것과 조건화된 사람들이 사람들에게 비위를 맞추는 결정을 하는 것의 차이를 더 잘 이해할 수 있게 될 것입니다.

초등학생 연령 단계에서 실행에 옮기기

다시 말하지만, 이 내적결정권은 그들이 내려야 하는 결정에 대해 어떻게 느끼는지 물어보는 것입니다. "친구 집에 가면 기분이 좋아?" "거기가 편해?" 이 질문은 자녀가 어떤 결정에 대해 특정한 방식으로 느끼는 이유를 매우 구체화시키려는 것이 아닙니다. 왜냐하면 그것은 마음을 개입시키고 그들이 느끼는 것을 설명하도록 훈련시키는 것이기 때문입니다. 부모는 자녀가 느끼는 것들이 정당화할 필요도 없이 자신에게 진실이고 옳은 것이라는 것을 신뢰하기를 원합니다. 이것은 또한 부모인 당신은 한 발 물러서서 자녀가 스스로 결정을 내릴 수 있도록 허용하고(연령에 맞는 합리적인 범위 안에서) 그 결정의 결과를 이해하도록 해야 한다는 것을 의미합니다. 자녀가 그 순간에 자신에게 최선이라고 느끼는 일을 하고 있다는 것을 당신이 인정하고 있음을 보여주세요. 프로젝터는 보여지고 인정받는 느낌을 가져야 한다는 점을 기억하세요.

십 대의 단계에서 실행에 옮기기

자녀가 기꺼이 부모와 대화를 나눌 의향이 있다면 자녀가 내리고 있거나 내려야 할 필요가 있는 결정에 대해 정기적으로 확인하는 것이 이 단계에서 자녀에게 도움이 될 수 있습니다. 때로는 자녀가 조언이나 도움을 구하는 사람이 부모가 아닐 수도 있습니다. 자녀가 당신에게 의지하지 않는다면, 그들이 의지하고 있는 어른들에게 말할 때 스스로 말할 수 있고 들을 수 있는 것이 중요하다는 것을 이해하도록 도와주세요. 자녀가 자신을 여과하지 않고 대화할 수 있는 사람이 있으면 진실에 훨씬 더 빨리 도달하는 데 도움이 될 수 있습니다. 자녀는 종종 부모가 어떻게 반응할 것인지에 대한 선입견을 가지고 있으며, 부모가 큰 소리로 말하는 것을 걸러낼 것이며, 이는 자신을 위한 결정을 내리는데 신뢰할 수 있는 곳이 아닌 마음으로 의사결정을 내리게 할 수 있습니다.

정신 결정권

이것은 또 다른 프로젝터 결정권이며 몸 안에 정의된 특정한 장소가 (예: 내장 반응이나 내면의 목소리 또는 속삭임이 있는 새크럴 또는 스플린 결정권) 단 하나도 없기 때문에 조금 더 어려울 수 있습니다. 이 결정권에는 목 센터 아래로는 정의된 센터가 없으며, 정의된 헤드–아즈나, 헤드–아즈나–목 또는 아즈나–목 센터가 있습니다.

이 결정권은 열린 센터를 통해 정보를 필터링하여 주변 환경이 옳은지 아닌지, 사람이 올바르게 느껴지는지 아닌지를 확인합니다. 함께 있는 사람들이나 환경이 잘못된 것으로 느껴진다면, 그 환경에서 내리는 결정은 그들에게 옳지 않을 것입니다. 사람이 오거나 가거나 물건이 이동되거나 제거되는 동안 환경에서 뭔가가 바뀔 수 있으므로 그 동일한 환경이 다른 시간에는 옳을 수도 있습니다. 이 결정권이 결정을 내릴 때는 환경이 가장 중요하므로 자녀가 결정을 내리는 데 어려움을 겪는다면 결정을 내리려고 할 때 그들이 어디에 있는지를 고려하세요. 그들에게는 열린 센터가 많이 있기 때문에, 멘탈 프로젝터는 함께 있는 사람들을 깊이 받아들이며, 결정을 내리기 위해 삶에서 주변에 있는 좋은 느낌을 주는 사람들을 본질적으로 찾고 있습니다. 열린 센터를 통해 그들은 누가 자신의 타이밍에 기반을 두고 있다고 느껴지는지(루트 센터), 누가 두려움보다 직관에 귀를 기울이는지(스플린 센터), 누가 있는 그대로의 자신을 확신하는지(G 센터), 누가 높은 자존감을 갖고 있는지(의지 센터), 그리고 누가 말을 하고 들을 수 있는지(목 센터)에 대해 매우 지혜로워질 수 있습니다. 일단 자신의 삶에서 이런 영역에 근거를 갖고 있다고 느껴지는 사람들을 찾아내면, 그 사람들에게 의지하여 결정을 내리는 것을 돕도록 할 수 있습니다.

부모에게 지원을 요청하지 않을 때

이 아이들은 삶에서 공명판으로 삼을 수 있는 사람들을 필요로 하며 삶의 서로 다른 영역에서 서로 다른 사람들을 가질 수도 있습니다. 그리고 그 사람들은 부모인 당신이 아닐 수도 있습니다. 자녀가 자신의 삶에서 중요한 결정에 대해 다른 누군가와 이야기하고 싶을 때 이것은 어려울 수 있습니다. 자녀가 무엇을 해야 할지를 말하지 않으면서도 자녀의 과정을 도와줄 수 있는 누군가와 이야기할 필요가 있다는 것을 기억하는 것이 중요합니다. 부모는 자녀가 큰일에 대해 부모에게 의지하기를 원하기 때문에 그것은 때때로 부모에게는 도전적일 수 있습니다. 자녀의 과정에 연민을 갖고 의사결정 과정에 도움을 주고 자녀가 편안하게 느끼는 누군가 또는 여러 사람이 있다는 것에 감사한 마음을 갖도록 하세요.

장소가 중요하다

이 결정권은 장소와 주변 사람들에게 크게 의존합니다. 따라서 어떤 결정이 장소의 이전을 요구한다면, 그렇게 하기 전에 그것이 옳게 느껴지는지를 확인하기 위해 먼저 그 장소를 방문하는 것이 현명할 것입니다. 자녀가 결정을 내리는 데 어려움을 겪는다면, 다른 방이나 밖이 더 편한지, 아니면 풍경의 변화가 필요한지 물어보세요. 결정이 내려지지 않는다면, 강요하지 말고 아이가 행복하고 기분이 좋은 곳에 있는 동안 결정에 대해 다시 물어보도록 하세요.

그들은 그것을 이야기할 필요가 있다

이 결정권을 가진 사람에게 힘을 실어주기 위해 당신이 할 수 있는 최선의 일은 그들이 말하게 하는 것입니다. 그들은 언어 처리기라고 할 수 있습니다. 그들은 자신이 신뢰하는 다른 사람들과 대화함으로써 상황과 자신의 감정을 명확하게 파악할 수 있습니다. 그렇다고 해서 당신이 무엇을 하라고 말해주기를 바라는 것은 아닙니다. 그냥 이야기하도록 내버려 두고, 그 과정에서 몇 가지 좋은 탐색적인 질문을 던져 자녀가 대답에 대해 생각하도록 유도하면 아이는 스스로 결론을 내릴 것입니다. 만약 당신이 자녀에게 무엇을 해야 하는지 혹은 그들이 해야 한다고 생각하는 것을 말해주려고 한다면, 그것은 자녀가 필요로 하는 것이 아니기 때문에 종종 당신을 공명판으로 의지하지 않을 것입니다. 만약 자녀가 당신에게 "어떻게 할 건데요?"라고 물으면, 그때는 당신이 그들의 위치에 있다면 어떻게 할 것인지에 대한 당신의 관점을 공유하세요. 하지만 당신은 그들이 아니라는 것과 자녀가 올바른 것을 찾을 수 있도록 지지한다는 것을 분명히 하는 것이 중요합니다.

아기/유아기/유치원 단계에서 실행에 옮기기

자녀가 어떤 신발을 신고 싶은지 또는 무엇을 먹고 싶은지 결정하게 하는 것이 힘든 일이라면, 주변을 살펴보세요. 아이가 결정하도록 압력을 받고 있지 않나요? 장난감을 갖고 노느라 주의가 산만한가요? 그들을 다른 방으로 데리고 가서 물어볼 수 있나요? 방에 스트레스를 주는 사람이 있나요? 이 아이들은 너무 많은 압박감에 쉽게 압도당할 수 있습니다.

학령기에 실행에 옮기기

다시 말하지만, 이것은 환경에 관한 것이므로 자녀가 뭔가를 결정하는 데 어려움을 겪고 있다면, 그들의 환경을 바꿔주세요. 주의를 둘러보세요. 방에 누가 있나요? 그들에게 압력을 가하는 정의된 루트 센터가 있나요? 당신의 감정센터가 정의되어 있고 그들이 당신의 스트레스나 좌절 또는 걱정의 감정을 주워 담고 있나요?

이 연령대의 아이들은 이 전략으로 자신의 결정에 확신을 갖지 못할 수도 있습니다. 따라서 어떤 곳이 다른 곳보다 자신에게 더 나은 곳이라는 것을 이해하는 데 도움을 주면 어떤 환경이 자신에게 좋고 나쁜지, 그리고 의사결정에 적절한 시기가 무엇인지를 배우는 데 도움이 될 수 있습니다. 기분이 좋지 않을 때 결정을 내리지 말라고 일찌감치 가르치면 나이가 들면서 더 큰 자신감을 가지고 결정을 내리는 데 도움이 될 것이며, 그때 더 의미 있는 결과를 갖게 될 것입니다. 그들이 어떤 장소에 있을 때, 또는 주변에 누구와 있을 때 기분이 좋고 어떤 것이 기분이 좋지 않은지 물어보세요. 자녀의 결정에 대해 물어보고 그들이 무엇을 해야 한다고 생각하는지 물어보세요. 다음은 이런 프로젝터 결정권을 가진 사람을 위한 몇 가지 질문의 예입니다.

- 네가 무엇을 하면/어떻게 하면/어디서 하면 어떻게 느낄지 궁금해…
- 만약 너에게 그 기회가 주어진다면 무엇을 할래?
- 그 수업은 어떨 것 같다고 생각해?
- 만약 네가 가장 좋아하는 장난감을 누구에게 줘버린다면 기분이 어떨까?

이 결정권은 프로젝터에게만 해당됩니다. 따라서 반드시 개방형 질문을 해야 한다는 것을 기억하세요.

십 대의 단계에서 실행에 옮기기

결정을 내리기 위해서는 느낌이 좋은 사람들과 함께 있으라는, 어렸을 때 배운 교훈을 강화하는 것이 가장 중요합니다. 자녀가 이런 부분에 대해 알지 못하고 자랐다면, 왜 그런 결정을 내렸는지, 그 결정에 대해 무엇이 기분 좋았고 무엇이 기분 나빴는지를 분석하고 그것이 옳은 결정이라는 것을 어떻게 알았는지에 대해 자녀와 더 많은 대화를 나눌 필요가 있을 것입니다. 자녀가 잘 모른다면, 이것은 특정한 사람들이나 장소로부터 받는 감정이 그들에게 무엇이 옳은지를 아는 데 도움이 될 수 있다는 것을 이해하도록 돕는 좋은 기회가 될 수 있습니다. 계속해서 호기심을 갖고 이를 하나의 실험으로 받아들이고 이러한 관점으로 좀 더 사소한 결정을 내리는 놀이를 하는 법을 배우도록 도와주세요. 그들은 자신의 선택에 대해서 자신이 신뢰하는 누군가와 이야기를 할 필요가 있을 것입니다. 그들로부터 조언을 얻기 위해서가 아니라 (부모님들, 바로 여기가 당신이 뒤로 물러서서, 좋은 경청자가 되고, 좋은 질문을 하고, 조언을 주는 모드로 들어가는 것을 자제하는 부분입니다) 자녀가 자신의 말을 듣고 자신의 사고 과정을 들을 수 있도록 말이죠. 그렇게 할 공간과 지원을 제공한다면, 자녀는 자신에게 옳다고 느껴지는 결정을 내릴 것입니다.

달 결정권

달 결정권은 리플렉터에게만 해당됩니다. 리플렉터는 정의된 센터가 없습니다. 기억해야 할 중요한 것 중 하나는 리플렉터는 실행하기 위해 여기에 있는 것이 아니라 존재하기 위해 여기에 있다는 것입니다. 일단 리플렉터가 자신들이 제너레이터처럼 일을 하거나, 매니페스터처럼 개시하거나 프로젝터처럼 안내하기 위해 여기에 있는 것이 아니라는 것을 알게 되면, 리플렉터로서의 역할에 안주할 수 있습니다. 이것을 할 수 있다면, 그들과 다르게 설계된 다른 99%의 인구를 따라잡으려고 노력해야 한다는 부담감을 덜 수 있습니다.

그렇다면, 달의 주기를 기다리는 것은 정확히 무엇을 의미하는가? 한 달 내내 말인가?

그렇습니다! 리플렉터는 시간을 줘야 합니다. 결정이 크면 클수록 시간은 더 오래 걸릴 수 있습니다. 하지만 일단 리플렉터가 자신의 프로세스와 앎을 더 명확하게 파악하면 결정의 수준에 따라 더 짧은 시간 내에 명확해질 수 있습니다. 그래도 그들은 달이 통과할 때 차트의 모든 다른 게이트에서 정의를 경험할 수 있도록 적어도 29일 반의 완전한 달 주기를 기다려야 큰 결정에 최선을 다할 수 있습니다. 그들은 이 기간 동안 자신의 결정에 대해 신뢰할 수 있는 다른 사람들과 대화하여 명확성을 얻고 한 달 내내 64개의 모든 게이트의 정의를 경험하면서 자신의 결정을 반추할 필요가 있습니다.

부모가 휴먼디자인 차트의 게이트에 익숙해지고 한 달 동안 달의 변화를 추적하여 자녀가 삶과 더 큰 결정을 탐색할 때 어떤 에너지가 자녀에게 영향을 미치는지 이해하는 것이 도움이 될 수 있습니다.

아기/유아기 단계에서 실행에 옮기기

이 단계는 당신과 리플렉터 자녀에 대해 관찰하는 것에 관한 것입니다. 집에 있는 사람들의 오라가 그들에게 어떤 영향을 미치나요? 리플렉터 아기가 행복하고 만족할 때보다 불행하거나 불편하거나 기분이 나쁠 때의 환경을 고려해 보세요.

초등학생 연령 단계에서 실행에 옮기기

한 걸음 물러서서 그들이 결정을 내리는 데 시간이 더 오래 걸리는 것이 괜찮다는 것을 이해하도록 충분한 공간과 시간(가능한 경우)으로 결정을 내릴 수 있게 도와주세요. 성급하게 결정하지 말고 옳다고 느껴질 때까지 기다리라고 격려하세요. 자녀가 자신에게 맞는지 결정할 때 올바른 기회가 올 것입니다. 결정을 서두르지 않도록 가르치는 것은 미래에 자녀에게 도움이 될 것입니다. 자녀가 결정을 내릴 때까지 인내심을 가지고 기다려 주세요.

십 대의 단계에서 실행에 옮기기

자녀는 십 대가 되면 결정을 내려야 한다는 또래의 압박을 열린 센터를 통해 느낄 것입니다. 다른 사람들이 어떻게 느끼는지에 의해 영향받기 때문에, 그들은 주변에 있는 사람들이 누구인지, 그리고 그들이 얼마나 압박을 느끼는지에 따라 스스로 잘못된 결정을 내릴 수 있습니다. 그들은 다른 사람들과 함께 가면서 시간을 갖고 명확성을 기다리는 대신 그 순간에 결정함으로써 다른 사람들의 감정 반응을 느끼지 않으려고 할지도 모릅니다. 그들이 결정을 내리는 데 시간을 들여야 한다는 것을 가능할 때마다 상기시키세요. 그들의 디자인은 결정을 내리는 데 다른 어떤 것보다 더 많은 시간을 필요로 합니다. 그리고 그것은 괜찮습니다. 자녀의 친구 그룹을 둘러보며 도움이 되든 상처를 주든 누가 그들의 결정에 영향을 미치고 있는지 살펴보세요. 그리고 같이 있을 때 기분 좋고 긍정적인 영향을 주고 지지하는 사람들을 찾도록 도와주세요.

제7장
감정

세상에서 가장 아름다운 것은 볼 수도 없고 만질 수도 없다.
그것은 가슴으로 느껴야 한다.
- 헬렌 켈러 -

감정은 복잡해 보이지만 휴먼디자인을 통해 감정의 역학을 보면 더 단순하고 덜 개인적인 것이 됩니다.

우리가 경험하는 감정으로 무엇을 하고 그것들과 어떻게 동일시하기로 선택하는지에 따라 감정에 힘이 부여됩니다. 인구의 약 50%가 세상으로 내보내는 감정 파동의 역학에 대해 더 많이 알게 되면, 우리 모두가 살고 있는 감정 수프를 이해할 수 있고, 다른 누군가가 느끼는 감정과 당신이 경험하는 감정을 분리하는 법을 배울 수 있습니다.

미취학 아동이나 그 이상의 자녀가 있다면 "네가 날 화나게 했어!" 또는 "네가 나를 슬프게 하고 있어." 등의 말을 들어본 적이 있을 것인데, 우리가 사용하기로 선택한 단어는 중요합니다. 당신의 허락 없이는 누구도 당신을 어떻게 만들 수 없습니다. 그런 말을 하는 아이는 어떤 감정을 경험하는 것이지만 그 감정이 곧 그 아이인 것은 아닙니다. 그러므로 우리는 아이들에게 "나는 화가 났다"와

"나는 화를 느끼고 있다."를 구분하도록 가르쳐야 합니다. 그들은 부모와 다른 사람들로부터 자신을 분리하거나 다른 사람들과 어울리려고 노력하고 있기 때문에 이런 구분은 당신, 부모, 그리고 자신이 누구인지를 식별하는 것을 배우고 있는 아이들 모두에게 전환점이 될 수 있습니다.

"그는 단지 감정적인 아이일 뿐이야", "그녀는 분노 문제가 있어", "그는 단지 슬픈 아이일 뿐이야"라는 말을 자주 듣는, 극단적인 감정 상태를 주기적으로 듣는 아이를 상상해 보세요. 우리는 우리를 키워주는 사람들로부터 우리가 누구인지를 배웁니다. 우리는 우리 자신에 대해 들은 것들이 사실이라고 당연히 생각하며, 7살 정도가 될 때까지는 우리가 들은 것에 대해 의문을 제기하거나 추론하지 않습니다. 휴먼디자인에서 7년은 완전한 조건화의 주기라는 점을 고려하세요. 아이들은 이미 자신이 누구인지에 대해 많은 것을 배웠습니다. 우리가 아이들에 대해 이야기할 때 사용하는 단어는 중요합니다. 그들은 모든 것을 듣습니다. 비록 우리가 모든 사람들이 우리에 대해 같은 의견을 가지고 있는 것은 아니며 어쩌면 우리의 부모가 모든 것을 알지 못한다는 것을 깨달았을 때도, 그들이 우리에 대해 말하는 것은 여전히 많은 무게를 가지고 있습니다. 우리는 우리에 대해 진실이라고 믿어온 이야기를 반복하면서 우리가 그 이야기를 바꿀 수 있을 때까지 여전히 머릿속에서 그들의 목소리를 듣습니다. 부모가 우리가 아는 사람 중에 최악의 사람일지라도 우리는 항상 그들로부터 인정받기를 원합니다. 우리는 항상 우리가 어딘가에 속해 있고, 다른 누군가가 우리를 알고 있으며, 우리가 여기서 혼자 떠다니고 있는 것이 아니라는 것을 알고 싶어 합니다. 감정에 대해 어떻게 배우면서 성장하느냐에 따라 성장하는 동안 우리 삶에 큰 차이가 만들어질 수 있습니다.

자, 이것을 휴먼디자인의 관점에서 분석해 봅시다. 인구의 약 절반은 세상으로 내보내는 감정 파동을 만들고, 나머지 절반은 그 감정을 깊이 느끼는 감정 공감자입니다. 감정 파동은 세 가지 기본 패턴을 가지고 있으며 부족적, 집단적 또는 개인적일 수 있습니다. 이런 용어는 파동이 바디그래프 내에 위치한 회로와 관련이 있습니다. 차트에 감정 태양신경총에서 목 센터, 의지 센터, 새크럴 센터 또는 루트 센터로 연결되는 정의된 채널이 있는 경우, 이 정의는 당신이 가진 파동의 유형을 나타냅니다. 다양한 감정 파동의 유형에 대한 자세한 내용은 8장의 감정 태양신경총을 참조하세요.

자녀는 이런 파동 중 하나, 둘 또는 세 가지 유형을 모두 가질 수 있습니다. 더 많은 종류의 파동을 가질수록, 그들은 더 "감정적"으로 나타날 수 있는데, 그들이 사랑하는 사람이나 가족이 위협받는 것을 느끼지 않는 한 급격한 기복에서부터 서서히 쌓여가는 희망과 갑작스러운 절망, 가벼운 기복에 이르기까지 다양한 양상을 보일 수 있습니다.

자녀가 어떤 종류의 파동을 가지고 있는지 이해하는 것은 그들이 표현하는 감정 패턴을 파악하는 데 도움이 될 수 있습니다. 자녀의 감정 파동에 대한 대략적인 윤곽을 알면 갑자기 감정이 치밀어 오르는 것처럼 느껴질 때 부모와 자녀가 서로를 더 잘 이해하는 데 도움이 될 수 있습니다. 이 감정 에너지는 화학적 과정이고, 그들이 경험하기 위해 여기 온 것의 한 측면이라는 것을 이해하는 것도 도움이 될 수 있습니다. 하지만 그것이 그들의 본래 모습인 것은 아닙니다. 그들은 감정의 기복이 아닙니다. 그들은 감정의 기복을 경험할 뿐입니다. 그들이 이 심오하면서도 직접적인 측면을 이해하도록 도울 때, 그들이 경험하는 감정에 의해 제한된 느낌을 받는 삶과 그 감정에 정체성을 부여하지 않고 감정적인 경험을 자유롭게 할 수 있는 삶에는 차이가 만들어질 수 있습니다. 당신은 감정적인 사람으로 분류된 적이 있나요? 예민한 사람? 화를 내는 사람? 짜증 내는 사람? 좌절한 사람? 슬픈 사람? 만약 그렇다면, 당신은 그 라벨이 당신을 어떻게 따라다니며 어떻게 자신에 대한 관점을 바꿀 수 있는지 알고 있습니다. 이제 그 감정들이 당신을 정의하는 것이 아니며, 그것들이 당신을 제한할 필요가 없다는 것을 이해하도록 도와준 부모 밑에서 자랐다고 상상해 보세요. 당신은 오늘 당신 자신을 어떻게 보시나요? 당신은 자신에 대해 다른 인식을 갖고 있나요?

다양한 단계에서의 감정적 정의

유아기

이 단계에서 당신은 화가 났을 때부터 신이 날 때까지의 척도를 보여주는 이 차트를 사용하여 자녀가 지금 어떤 기분인지 보여달라고 요청할 수 있습니다. 화를 내거나 좌절감을 느낀 후에, 아이가 그것에 대해 이야기하거나 부모와 함께 앉을 수 있는 단계에 도달하면 얼굴을 가리키며 그들이 느끼는 것과 그들이 만들고 싶은 얼굴을 보여달라고 요청하세요. 또는 그들이 실제로 관찰하고 있는 다른 사람들을 어떻게 인식하는지, 혹은 TV에 나온 사람들이 어떻게 느껴지는지 말해달라고 요청할 수도 있습니다. 자녀가 느끼는 감정을 자신의 정체성과 분리된 것으로 식별할 수 있도록 그 느낌에 라벨을 붙이도록 도와주세요. "저 사람은 슬퍼 보인다."라는 말보다 "저 사람은 슬픔을 느끼고 있는 것으로 보인다."라는 말을 사용하여 단어가 어떻게 차이를 만드는지를 이해하도록 도와주세요.

FEELINGS

1. 화남   2. 두려워함 3 스트레스 받음 4 걱정함 5 슬픔
6. 영 별로임 7 차분함   8 이완됨   9 행복함 10 신남

취학 연령

이 단계에서 감정을 정상화하는 법을 배우는 것은 감정을 말로 표현하는 것에서 시작됩니다. "나는 슬프다.", "나는 행복하다." 보다는 "나는 슬픔을 느낀다.", "나는 행복을 느낀다." 등으로 표현하세요. 행복하다는 느낌과 동일시하는 것이 이상적인 것처럼 들리지만 "행복"이 사라지고 파동의 최저점에 도달하면 어떻게 됩니까? 이제 그들이 동일시했거나 동일시되었던 이 감정은 더 이상 사실로 느껴

지지 않으며, 그들은 자기가 왜 행복하지 않은지, 그리고 어떻게 행복하지 않은 상태에 도달했는지를 끊임없이 비판하면서 그 감정을 꾸며내거나 그것에 부응할 방법을 찾아야 한다고 느낍니다. 행복은 일반적으로 긍정적인 연상 작용을 하고 우울은 부정적인 연상 작용을 하기 때문에, 행복과 우울은 모두 우리가 누구인지가 아니라 움직이는 에너지의 표현일 뿐이므로 정체성에 부여하는 방식에 주의를 기울여야 합니다. 가능하다면 매일 자녀가 어떻게 느끼고 있는지 대화를 나누고, 그날 그들이 연결한 감정을 느끼면서 무엇을 알아차렸는지 물어보세요. 자녀가 자신의 몸과 연결되도록 하기 위해 다음과 같은 질문을 할 수 있습니다. "행복이 몸에서 어떤 느낌으로 느껴지지?" "가슴에 작은 거품이 올라오는 것처럼 느껴져?" "큰 바위를 메고 있는 것처럼 무겁게 느껴져?"

자극에 반응하는 방식은 감정을 유발할 수 있지만, 감정이란 단지 경험하기 위해 존재하는 것이라는 기본적인 이해가 있다면, 감정이 자신에게 무엇을 의미하는지를 판단하기보다는 감정이 무엇을 전달하려고 하는지를 살펴보는 법을 배울 수 있습니다. 위에서 말한 신체 기반 질문을 사용하면 설명하기 어려운 감정과 접촉하는 데 도움이 될 수 있으며, 감정 결정권을 탐색하는 방법을 배우는 데도 도움이 될 수 있습니다.

십 대

어린 시절에 부모로부터 감정 파동에서 자신을 분리하는 법을 배운 십 대들은 자신의 경험을 약간 더 객관적으로 볼 수 있는 단계로 나아갈 수 있습니다. '약간 더'라고 말하는 이유는 이 단계에서 십 대의 뇌는 모든 종류의 재구성 과정을 거치고 있으며, 여기에 호르몬이 더해지면 이상한 일들이 일어날 수 있기 때문입니다. 자녀가 이미 십 대이고 당신이 지금까지 이 감정 파동에 대해 아무것도 모른 상태로 이 책을 발견했다면, 걱정하지 마세요, 우리 모두는 나이에 상관없이 감정을 더 잘 이해하는 법을 배울 수 있습니다. 제가 함께 작업해온 60대와 70대 고객들은 이런 이해에 놀라움을 금치 못하고 자신의 삶에서 더 많은 자유를 얻은 것 같다고 느꼈습니다. 자신의 감정 파동(정의된 ESP) 또는 감정 공감 능력(미정의된 ESP)을 이해하기 위해 스스로 더 많은 노력을 기울일수록 자녀가 자신의 경험에 대해 배울 때 당신은 자녀에게 모델이 되고 도움이 될 수 있습니다.

감정에 대한 개방형 질문과 폐쇄형 질문

제너레이터 또는 매니페스팅 제너레이터 자녀에게는 '예/아니오' 질문을 하세요. "기분이 괜찮아?" "행복/슬픔/분노를 느끼니?" "어떤 느낌인지 얘기하고 싶어?" "느낌을 전달하기 위해 몸을 움직이고 싶어?" 또는 "나는 네가 지금 큰 감정을 느끼고 있다는 것을 볼 수 있어. 지금 당장 너를 지원하거나 그 감정이 너를 통과하도록 돕기 위해 무엇을 해야 하는지 알고 있어?"라고 질문할 수도 있습니다.

프로젝터, 매니페스터 또는 리플렉터 자녀에게는 개방형 질문을 하세요. "오늘 기분이 어때?" "오늘 네 에너지가 조금 다르게 느껴지는데 오늘 네가 뭔가 무거운 감정을 느끼고 있는지 궁금해." "오늘 받아들인 감정을 풀어주기 위해 몸을 움직일 수 있는 방법이 없을까?" 혹은 "네가 좋아하는 노래를 틀고 춤을 추면 어떤 느낌일까?" 때로는 끈적끈적한 것을 털어내듯 손을 흔드는 것만으로도 감정 에너지를 몸 밖으로 내보내는 데 도움을 줄 수 있습니다.

이런 감정적인 대화를 너무 지나치게 하지 않도록 주의하세요. 너무 많은 관심을 쏟으면 감정이 강화될 수 있고, 아이들이 자신이 느끼고 있는 것을 알아내기 위해 지나치게 생각하게 되기 때문입니다. 만약 그들이 거절하거나 괜찮다고 말한다면, 그대로 두고 다음에 다시 시도하세요.

미정의된 감정 태양신경총/감정적 공감

자녀에게 ESP가 미정의되었을 때, 자녀는 지속적으로 세상과 집안의 누군가에 의해 정의된 ESP 파동에 노출될 것입니다. 그들은 이 에너지를 흡수하고 증폭하여 매우 감정적인 아이들로 보일 수 있습니다. 그들은 종종 가족 중에서 가장 큰 감정 롤러코스터에 있는 것처럼 보이는 아이들입니다. 그들은 단지 흡수하고 있는 감정 에너지를 표현하며, 오랫동안 유지하도록 설계되지 않은 시스템에서 그 에너지를 밖으로 내보내려고 노력하고 있습니다. 미정의된 ESP를 가진 아이가 있고 그 아이들이 큰 감정 폭발을 경험하고 있다면, 어디에서 이런 감정 에너지를 가져왔는지를 생각해 보는 것이 중요합니다. 당신이 자신의 감정을 아이들에게 숨기고 있다고 생각하고 겉으로는 감정적으로 보이지 않더라도 감정적으로 공감하는 아이들은 그것을 알아차릴 것입니다. 자녀가 그것을 의식하지 못할지라도, 당신은 그것이 자녀의 행동에 반영되는 것을 보게 될 것입니다. 그들이 느끼는 감정 파동은 화학입니다; 그것은 삶의 자연스러운 부분이기 때문에 멈출 수 없습니다. 그들은 평생 감정적인 사람들과 마주치게 될 것이기 때문에 그것을 숨기려고 하기보다는 감정에서 도망치지 말고 감정을 다루는 방법을 가르치는 기회로 삼으세요.

미정의된 ESP 아이들은 끊임없이 방 안의 감정 온도를 측정합니다. 따라서 정의된 ESP를 가지고 있는 부모는 자신의 감정 파동을 이해하고 그것이 아이가 느끼고 표현하는 감정에 어떻게 영향을 미칠 수 있는지를 이해하는 것이 중요합니다. 당신이 감정을 처리하는 방법을 자녀와 공유하는 것을 두려워하지 마세요. 예를 들어, 만약 당신이 잠에서 깨면서 파동의 낮은 부분에 있을 때 아이가 그것을 알아차린다면, 이렇게 말하세요. "나는 오늘 약간 슬픈 느낌이야. 그냥 지나갈 시간이 조금 필요해. 네가 한 일이 아니야. 내가 한 일도 아니야. 그것은 단지 내가 디자인된 방식이고 내 감정의 정상적인 부분이야. 너도 느낄 수 있겠지만 걱정할 필요는 없어. 오늘은 그냥 조용한 시간이 필요해."

자녀가 다양한 감정을 이해하고 그들의 몸에서 어떤 느낌이 드는지 분명하게 표현할 수 있도록 돕는 것이 중요합니다. 또한 그들이 느끼는 깊은 슬픔이나 기쁨 또는 그사이의 어떤 감정의 원천이 그들이 아니라는 것을 이해하도록 돕는 것도 중요합니다. 감정 공감은 그들로 하여금 쉽게 방의 분위기를 읽고, 감정 온도를 측정하고, 그들이 있고 싶은 장소인지 아닌지를 알 수 있게 해주는 강력한 초

능력이 될 수 있습니다. 그들은 다른 사람들의 기분에 대해 매우 현명해질 수 있고 아무 말 하지 않아도 누가 언제 포옹이 필요한지를 알 수 있습니다. 또한 자신도 모르게 감정적으로 격앙된 사람이 누구인지 알고 있으며, 그들을 자극하지 않기 위해 피해야 할 행동을 알아차리기도 합니다.

미정의된 ESP 센터의 단점은 때때로 압도적인 에너지를 탐색하는 방법을 배우지 않는다면, 강렬한 감정을 느끼지 않으려 할 수 있다는 것입니다. 대립은 양쪽 모두에게 불편한 감정을 수반할 수 있으며, 감정이입은 그들 자신의 감정뿐만 아니라 상대방의 반응이 그들에게 어떻게 느껴질지도 예상합니다. 당신이 미정의된 ESP를 가진 부모라면, 당신은 자신 안에서 대면 회피를 인식하고 그것이 어떤 느낌인지 이해할 수 있습니다. 미정의된 ESP를 가진 아이에게는 감정 스펙트럼의 낮은 쪽 끝만이 아니라 모든 최고점과 최저점이 강렬하게 느껴집니다. 미정의된 ESP 자녀가 훌륭한 성적표, 상, 또는 부모가 흥분하는 뭔가를 가지고 집에 올 때, 부모가 정의된 ESP를 통해 그것을 표현할 때 그것 역시 자녀에게 압도적으로 느껴질 수 있습니다. 이것은 너무 강렬하게 느껴지기 때문에, 그들은 강렬한 감정을 피하기 위해 자신이 성취한 것뿐만 아니라 당신을 화나게 할 수도 있다고 생각되는 것도 숨기려고 할 수 있습니다.

감정적으로 공감하는 두 사람 (미정의된 감정센터)

당신과 자녀 모두가 감정적으로 공감하고 있고(감정센터가 미정의) 이 사실을 몰랐다면 당신은 자녀와 함께 감정적으로 롤러코스터를 타고 있는 자신을 발견했을지도 모릅니다. 때때로 그것은 아마도 곤혹스럽게 느껴졌을 것이고, 당신 중 어느 한 명이 다른 한 명으로부터 벗어나 휴식을 얻기 위해 자리를 박차고 나가야만 해결되는 것처럼 보였을 것입니다. 어느 정도 시간이 지나면 그 상황에 대한 감정적 부담이 사라지는 것을 느꼈을 것이고, 나중에 가서야 처음에 왜 그렇게 화가 났었는지 궁금해할 것입니다. 두 사람 모두 주변 사람들로부터 감정 에너지를 얻고 그것을 집으로 가져올 수 있으며, 그곳에서 서로를 헐뜯거나 낮은 수준의 도발을 느낄 수 있습니다. 심지어는 도발해야만 감정을 해소할 수 있다고 느낄 수도 있습니다. 자신이 경험하고 있는 감정을 확인하고 솔직하게 당신 자신과 서로에게 "이것은 어디에서 왔지?"라고 물어보는 것이 중요합니다. 아마도 당신은 당신이 함께했던 사람이나 예전에 기분이 좋지 않았던 곳으로 거슬러 올라가서 그 감정을 놓아버리기로 선택할 수도 있습니다. 하지만 그것이 어디에서 왔는지 알지 못하더라도 당신은 여전히 놓아줄 수 있습니다. 특정한 출처를 식별하는 것만큼 중요한 것은 그것이 당신의 것이 아니라는 것과 이제는 그것을 포기할 때가 되었다는 것을 인식하는 것입니다. 그것에 집착하거나 둘 사이에서 계속 핑퐁을 주고받을 필요는 없습니다.

두 사람의 차트가 함께 모이면 감정 파동이 임시로 정의될 수도 있습니다. 예를 들어, 당신 중 한 명이 12번 게이트를 정의하고 다른 한 명이 22번 게이트를 정의하고 있다면, 당신들은 함께 있을 때 감정 파동을 만들게 됩니다. 그것은 출생 차트에 그 정의를 가지고 있는 사람만큼 강력하고 지속적이지는 않지만, 당신이 그것을 알아차리지 못하더라도 그것은 여전히 핑퐁을 주고받는 감정 에너지를 만들어낼 수 있습니다.

이런 감정적 부담을 완화하기 위해 당신이 할 수 있는 일에는 산책하기, 예술 창작하기(다른 사람으로부터 오는 감정의 통로가 되는 것은 창조적인 과정이 당신을 통해 들어오도록 허용하는 훌륭한 방법입니다), 글쓰기, 몸 움직이기 등이 있으며, 때때로 그것이 당신의 감정이 아니라는 것을 깨닫는 것만으로도 충분할 수 있습니다. 다른 모든 방법이 실패할 때는 감정적인 부담이 사라지도록 서로에게 공간과 시간을 주세요.

부모는 감정이 정의되고, 아이는 정의되지 않았을 때

감정이 정의된 부모가 감정이입을 하는 자녀를 키우는 경우, 부모가 자녀에게 하는 모든 말과 행동에는 감정적인 책임이 있습니다. 이것이 꼭 부정적이 아닐 수도 있지만 그것을 인식하는 것은 자녀와의 상호작용을 이해하는 데 도움이 될 수 있습니다. 자신의 감정을 부정하기보다는 당신의 감정 파동에 대해 자녀와 대화를 시작하세요(당신이 겪는 정신적 과정을 설명할 필요는 없습니다). 자녀가 흡수하고 있는 감정이 그들로부터가 아니라 당신으로부터 온 것이고, 그들이 그 감정을 취할 필요가 없다는 것을 신뢰할 수 있도록 말입니다. 예를 들어, 당신이 재정적인 문제를 걱정하고 자녀가 그 걱정을 느낀다면, 당신이 걱정의 감정을 느끼고 있지만 자녀가 걱정할 일이 아니라는 것을 알려주는 것이 좋습니다. 그들은 당신이 무엇을 걱정하는지 알 필요는 없지만 그들의 감정을 확인하는 것은 그들에게 힘을 실어줄 수 있습니다. 그런 다음 아이와 함께 춤을 추거나 산책을 하며 감정을 해소하는 것이 아이와 부모 모두에게 도움이 될 수 있습니다.

감정이 정의된 아이와 미정의된 부모

감정이 정의된 아이를 가진 미정의된 감정을 가진 부모는 하루가 끝날 때쯤이면 피곤함을 느낄 수 있습니다. 특히 매일 24시간 내내 감정 롤러코스터를 타고 아이와 함께 집에 머무르는 부모라면 더욱 그렇습니다. 때때로 가족 안에서 가장 나이가 어린 아이의 감정이 당신에게 얼마나 큰 영향을 미칠 수 있는지 놀랍습니다. 그것은 보호자의 소진으로 이어질 수 있으며 휴식과 혼자만의 시간에 대한 깊은 욕구로 이어질 수 있습니다. 특히 당신이 비 새크럴 에너지 유형이거나 2번 라인의 프로파일을 가지고 있다면(우리는 9장에서 프로파일에 대해 논의할 것입니다) 더욱 그렇습니다. 이 사람들은 이런 관계의 역학과 역동성을 이해하지 못한다면 혼자만의 시간이 필요합니다.

자녀가 어릴 때는 가능하면 파트너와 함께 시간을 조정하여 자녀의 감정 파동으로부터 매일 휴식을 취하는 것이 필요할 수도 있습니다. 혼자서 육아를 하고 있다면, 다른 부모와 거래를 하거나 하루에 한 시간 또는 일주일에 두어 번 베이비시터를 고용하세요. 때때로 이 단계에서는 자녀가 잠든 후에 혼자 있으면서 그들의 모든 감정 에너지를 발산하는 시간을 갖는 것만으로도 충분할 수 있습니다. 당신의 욕구에 귀를 기울이고 당신이 필요한 것을 스스로 제공함으로써 자녀를 가장 잘 지원하고 자녀가 자신이 경험하는 큰 감정을 헤쳐나갈 수 있도록 도와주세요.

때때로 당신은 자신이 통제 불능이라고 느낄 수도 있습니다. 정의된 ESP 아이가 우울해하거나 당신에게 화를 낸다면, 당신은 무의식적으로 그 감정을 받아들이고(그것을 인지하지 못한다면 증폭시키고) 의도치 않게 그것을 그들에게 되돌려 보냅니다. 당신은 그들에게 말로 공격할 수 있고, 상황에 따라서는 신체적인 공격을 할 수도 있습니다. 자신이 아이로부터 이런 감정들을 받아들이고 있다는 것을 느낀다면, 한 걸음 물러서서 마음을 가다듬고 아이에게 당신이 그들의 오라에서 벗어날 시간이 필요하다는 것을 알려주세요. 자녀가 어린 경우에는 자녀가 안전한지 확인하고 서로 휴식을 취하세요. 누군가 대신할 수 있는 사람이 있다면, 그들에게 맡기고 당신은 휴식을 취하세요. 만약 당신이 혼자라면, 아이를 유아용 안전 놀이 풀이나 아기 침대 또는 그들이 안전할 수 있는 곳에 눕히고 베개에 얼굴을 묻고 소리를 지르세요. 조용한 비명도 효과가 좋습니다. 당신은 소리를 지르지 않으면서도 모든 에너지를 방출할 수 있습니다. 아이러니하게도 그것은 매우 효과적이고 쉽게 목이 쉬지도 않습니다. 그들이 조금 더 컸다면, 상황이 격렬하게 느껴진다는 것을 알려주고 잠시 휴식을 취하여 진정하고 난 후에 이야기하는 것이 좋습니다. 그리고 그것에 대해서 나중에 이야기하세요. 자녀가 너무 감정적이거나 당신이 대화하고 싶어 하지 않다고 생각해서 당신이 그들을 무시한다는 느낌을 받지 않게 하세요. 당신이 자녀와 당신 자신을 존중하고 있으며, 명확하게 소통하기 위해서는 두 사람 모두 감정의 장을 정리할 시간이 필요하다는 것을 알려주세요.

제8장
센터

끊임없이 당신을 다른 것으로 만들려고 노력하는 세상에서
가장 큰 성취는 당신 자신이 되는 것이다.

– 랄프 월도 에머슨 –

바디그래프에는 차크라 시스템과 관련된 9개의 에너지 센터가 있습니다. 차크라 시스템을 이해한다면, 이미 이 센터들 각각이 어떤 에너지를 가지고 있는지 알고 있을 것입니다.

헤드 센터	크라운 차크라
아즈나 센터	제3의 눈 차크라
목 센터	목 차크라
G 센터	가슴 차크라
의지 센터	가슴 차크라
감정 태양신경총 센터	태양신경총 차크라
스플린 센터	태양신경총 차크라
새크럴 센터	새크럴 차크라
루트 센터	루트 차크라

각 센터에 위치한 게이트(숫자)에는 센터의 에너지 테마와 관련된

테마가 있습니다.

정의된 센터는 삶에서 일관된 에너지의 존재감을 주며, 차트에 색깔로 표시됩니다. 그것은 당신이 세상에 지속적으로 전달하는 에너지이며 다른 사람들이 당신에게서 느끼는 에너지입니다. 이런 정의된 센터는 정의된 채널을 통해 인근의 다른 정의된 센터에 연결됩니다. 채널 정의는 채널의 양쪽 끝에 있는 게이트가 정의될 때 생성됩니다(색깔이 칠해짐). 이것들은 당신이 평생 당신 자신에 대해 배우게 될 영역입니다.

미정의된 센터는 에너지가 일관성이 없으며 다른 사람으로부터 정보를 받아들이는 곳입니다. 이곳은 당신이 평생 다른 사람들과의 관계를 통해 그들의 에너지를 배우는 영역입니다. 이 에너지는 당신이 붙잡으려고 노력하기 위한 것이 아니라, 이 에너지를 지속적으로 전달하는 다른 사람들과 함께 있을 때 또는 행성들이 통과할 때 경험하기 위한 것입니다. 이런 미정의된 센터는 차트에서 흰색이거나 무색입니다. 미정의된 센터에는 적어도 하나의 게이트 활성화가 있습니다. 게이트 활성화는 빨간색 또는 검은색으로 표시되거나 빨간색과 검은색 둘 다가 표시됩니다. 이 센터들의 에너지는 내부의 게이트 활성화를 통해 밖으로 흘러나오며 이는 해당 센터의 주제를 경험하는 방식에 조금 더 일관성을 줍니다.

열린 센터는 차트에 색상으로 표시되지 않습니다. 이 센터가 경험하는 방식은 훨씬 더 다양합니다. 그 안에는 게이트 활성화가 없으며, 관계를 통해 센터에 대해 더 많이 배울 때 조건화 및 잠재적인 지혜에 매우 열려 있습니다.

모든 센터는 조건화에 취약하지만 미정의된 센터와 열린 센터는 대부분의 조건화가 있는 곳입니다. 차트에서 정의를 보는 한 가지 방법은 '본성 대 양육'의 관점으로 보는 것입니다. 이 예에서 정의된 영역은 본성이며, 미정의된/열린 영역은 양육입니다.

우리는 센터를 살펴보고 센터가 무엇을 나타내는지, 그리고 정의되었을 때(색으로 표시됨)나 미정의되거나 열렸을(흰색) 때 센터가 어떻게 보이는지에 대해 알아보겠습니다. 우리 모두가 차트의 모든 것을 가지고 있다는 것을 기억하는 것이 매우 매우 중요합니다. 당신의 자녀는 차트의 모든 것을 가지고 있습니다. 빠진 것은 아무것도 없습니다. 차트에서 무엇이 정의되었는지 살펴보고 내 안에서 일관된 것이 무엇인지, 그리고 세상으로부터 조건화에 열려 있는 것이 무엇인지 알아보세요. 본질적으로 당신이 누구이고 자녀가 누구인지 이해할 때, 부모나 자녀가 자신이 아닌 어떤 다른 사람이 되려고 노력하도록 조건화되는지 알 수 있습니다.

차트를 통해 다른 사람들과 연결되기

에너지적으로 우리는 우리가 아닌 것에 끌립니다. 이는 우리의 차트에서 정의되지 않는 센터, 게이트 또는 채널이 정의된 사람들에게 자연스럽게 끌린다는 것을 의미합니다. 두 사람이 동일한 채널의 반대쪽 끝에 각각 게이트 정의를 가지고 있는 경우, 이를 '전자기 채널'이라고 합니다. 즉, 채널 에너지를 완성하기 위해 서로 전자기적으로 끌어당기는 것입니다. 다른 사람과 같은 채널을 갖고 있을 때 그것을 '우정 채널'이라고 하며, 공통점을 공유하는 채널입니다. 한 사람은 채널 전체가 정의되어 있고 다른 한 사람은 동일한 채널에서 하나의 게이트만 정의되어 있는 경우('타협/양보 채널'이라고 함)도 있습니다. 채널이 정의된 사람은 그 채널의 전체 에너지를 삶에서 일관되게 가질 것이고, 그 채널에 하나의 게이트만 정의된 사람은 그 채널이 나타내는 에너지와 타협하는 사람이 될 것입니다. 만약 당신의 아이가 정의된 채널을 갖고 있고 당신은 그중 게이트 하나만을 가지고 있다면, 당신은 그 채널에서 아이에게 에너지적으로 지배당하는 느낌을 받을 것입니다. 반대로 부모가 전체 채널을 가지고 있고 자녀가 해당 채널에 하나의 게이트만 가지고 있다면 자녀는 부모에 의해 해당 채널에 표시된 에너지가 지배당하는 것처럼 느낄 수 있습니다. '지배 채널'은 한 사람이 전체 채널을 보유하고 다른 사람은 해당 채널이 미정의된 경우입니다.

저는 이 책에서 모든 게이트나 채널에 대해 자세히 다루지는 않지만, 육아 세션에 자주 나오는 몇 가지를 언급할 것입니다. 이 정도 수준의 세부 사항이 흥미롭다면 궁극적으로 당신이 공감할 수 있는 방식으로 세부 사항을 설명하는 책을 구입하는 것이 좋습니다. 일부 옵션은 리소스 섹션을 참조하세요.

차트에서 미정의된 센터는 우리가 가장 큰 조건화를 경험하는 곳입니다. 우리의 마음은 이런 열린 센터를 통해 삶을 경험하는 것에 집착하게 될 수 있고, 그것들을 통해 결정을 내리려고 할 수 있습니다. 이것이 우리를 낫셀프에 살도록 이끌 수 있습니다. 자녀에게 일관성 있고 신뢰할 수 있는 것이 무엇인지 알 수 있도록 도와주면 가족, 동료, 교사 또는 다른 사람에 의해 조건화될 수 있는 우정이나 기타 상호작용을 탐색할 때 도움이 됩니다. 삶은 도전이 될 수 있는 인간관계의 경험을 피하는 것이 아니라, 오히려 셀프 에너지 대 낫 셀프 에너지를 이해하는 것에 대한 것입니다. 우리를 가장 힘들게 하는 사람들도 우리 자신에 대해 뭔가를 가르쳐 주고 있습니다.

헤드 센터

영감 센터 | 압력 센터 | 정의 시 노란색

헤드 센터는 차트의 두 가지 압력 센터 중 하나이며 영감, 의심, 혼란, 질문 및 정신적 압력의 원천입니다. 이 센터는 "알아야 한다." 라는 압박감을 가지고 있습니다.

정의 – 인구의 30%

이 센터가 정의된 아이는 삶과 시스템, 그리고 아직 그들이나 인류 전체에 알려지지 않은 것들에 대해 숙고하도록 고안된 일관된 영감을 가지고 있습니다. 이런 생각과 질문들은 다른 사람들에게 영감을 줄 수 있고 그들로 하여금 "만약 사람들이 돈을 사용하는 것을 멈추고 서로 감자칩으로 지불한다면 어떨까?", "왜 우리는 대마가 아닌 나무로 집을 지을까?" 또는 "어떻게 우리는 매일 어떤 신발을 신을지 결정할까?"와 같은 것들을 갑자기 궁금해하게 할 수 있습니다. 이 아이들은 질문을 통해 다른 사람들에게 영감을 주고 때때로 그 모든 질문으로 부모를 지치게 할 수 있습니다. 혼란, 의심 및 경탄은 정의된 헤드 센터 프로세스의 일반적인 부분입니다. 헤드 센터가 정의된 아이들은 모든 영감이 행동으로 옮길 수 있는 것은 아니라는 것을 이해하는 것이 중요합니다. 적절한 시기가 되면 이런 아이디어나 질문을 공유하고 더 깊이 탐구하도록 초대를 받거나 영감을 받을 것입니다. 전략과 내적결정권을 따르도록 가르치면 자신의 생각을 공유할 때가 언제인지를 아는 데 도움이 될 것입니다.

헤드 센터에 정의된 채널은 정보가 전달되는 일관된 방식을 만들고 자녀가 정보를 처리하는 방법에 대해 더 많은 것을 말해줄 수 있습니다. 이 아이들은 아이디어로 가득할 수 있고 주변 사람들에게 큰 영감을 줄 수 있습니다. 헤드 센터가 정의된 어린이와 함께 테이블에서 창의적인 작업, 쓰기, 그리기 및 그림 그리기를 위해 팀을 구성하면 테이블에 있는 모든 사람에게 더 많은 영감을 줄 수 있습니다. 그들의 오라 안에 있는 것만으로도 주변의 미정의된/열린 헤드 센터는 영감을 받을 수 있습니다.

이 아이들은 소스와 직접 연결되어 있기 때문에 때때로 과도한 자극으로 느껴질 수 있는 정보를 지속적으로 다운로드 받으며, 두뇌를 차단하는 데 어려움을 겪을 수 있습니다. 너무 많은 활동이 여기서 진행되고 있기 때문에 뭔가를 하거나 창조하려는 영감 없이 가만히 앉아 있는 것이 어려울 수 있습니다. 조용한 명상 속에 앉아 있는 것은 어려울 수도 있고 심지어 불가능할 수도 있습니다. 헤드와 아즈나 센터가 정의된 저는 전통적인 명상 방법에 어려움을 겪었던 제 경험을 이야기할 수 있습니다. 저는 마음을 진정시키려면 반드시 누어야 합니다. 헤드와 아즈나는 평평하게 누울 때 활동이 활발하지 않게 되기 때문에 두 센터가 많은 활동을 일으키는 것을 멈출 수 있도록 하기 위해서입니다. 이렇게 하면 행동할 필요를 느끼지 않으면서도 꿈과 가능성과 개방성을 가질 수 있습니다.

미정의/열림 – 인구의 70%

교실에서 미정의된 헤드 센터는 모든 정의된 헤드 센터 에너지를 흡수하고 증폭하여 너무 자극적으로 느껴질 수 있습니다. 이는 마치 ADD(주의력결핍장애)라는 라벨이 붙여진 아이가 어떤 것에도 오랫동안 집중할 수 없는 것처럼 보일 수 있습니다. 이곳은 쏟아져 들어오는 정보를 분류하려고 노력하는 압력 센터이며, 25명의 다른 학생들이 정보를 증폭시키면 매우 압도적으로 느껴질 수 있다는 것을 기억하세요. 그들은 새로운 아이디어를 내고 영감을 주어야 한다는 압박감을 느낍니다.

이 아이들은 호기심이 많고 배우는 일에 흥미를 가질 수 있는데, 특히 61번 게이트가 정의되어 있을 때 더 그렇습니다. 그들은 모든 것에 대해 "왜?"라고 묻고 싶어 하고 새로운 것에 대해 매우 궁금해합니다. 그들은 한 번에 한 가지만을 집중하는 데 어려움을 겪을 수 있으므로(특히 그들이 매니페스팅 제너레이터인 경우) 자녀가 집중할 수 없다면, 그들이 있는 환경을 고려하세요. 그들은 방에서 혼자 있을 때 더 잘 집중하나요? 아니면 식당 테이블에 앉아 있을 때 더 잘하나요? 교실에 있을 때, 같이 있으면 더 잘 집중할 수 있는 특별한 아이들이 있나요? 주변의 모든 소란스러운 소리를 듣는 것도 자극이 될 수 있기 때문에 소음 제거 헤드폰을 사용하는 것이 도움이 될 수 있습니다.

이 센터가 열려 있으면 주변 사람들로부터 얻는 영감이 증폭되어 놀라운 통찰력과 지혜로 이어질 수 있습니다. 하지만 다른 사람들 주변에 있을 때는 들어오는 정보가 너무 많기 때문에 자신에게 상관없는 질문에 대답하려고 하거나 영감을 충족시키려고 애쓰다가 막힐 수 있습니다.

아이들이 누구의 질문에 대답하고 경험하려고 하는지 알아내는 데는 시간이 걸립니다. 질문에 대답해야 한다는 압박감을 내려놓는 법을 배울 수 있을 때, 아이들은 모든 영감과 질문에 대해 많은 지혜를 얻을 수 있으며, 모든 질문에 대한 답을 찾을 필요가 없다는 것을 깨달을 수 있습니다. 그들은 단지 그것들을 관찰하고, 그것들로부터 배우고, 영감을 주는 다음 사람을 경험하기 위해 나아갈 수 있을 뿐입니다. 그들은 반응할 것이 무엇인지를 알기 위해 자신의 내적결정권에 귀를 기울일 필요가 있습니다.

어린아이는 종종 영감으로 가득 차 있으니 아이와 함께 호기심을 가져보세요. 아이들이 영감을 얻는 모든 아이디어가 재미있는 아이디어이지만, 모든 아이디어가 행동으로 옮겨질 수 있는 것은 아니라는 것을 배우도록 도와주세요. 당신은 "누구를 위한 아이디어일까?"라는 씨앗을 심어줄 수도 있습니다. 나중에 자녀의 아이디어가 실현되는 것을 본다면, "너는 일주일 전에 바로 그런 아이디어에 대해 나에게 말했어!"와 같은 말로 상기시켜 주세요. 그러면 아이들은 주변에 소용돌이치는 모든 아이디어가 반드시 행동으로 옮겨지는 것이 아니라 거기에 무엇이 있는지, 그리고 다른 사람들이 어떻게 아이디어를 실현할 수 있는지 경험하고 보는 것이 재미있다는 것을 배우기 시작합니다.

완전히 열린 헤드 센터를 가진 아이는 정보를 받아들이는 일관된 방법이 없으며 뭔가를 해야 한다는 엄청난 압박감을 느낄 수 있습니다. 그들은 자신이 가지고 있는 모든 훌륭한 아이디어에 대해 끊임없이 말할 수도 있으며, 자신의 아이디어가 여기저기 흩어져 있는 것처럼 보일 수도 있습니다. 어떤 것이 그들이 행동해야 할 것이고, 어떤 것이 마치 하늘에 있는 구름이 지나가는 것을 지켜보는 것처럼 그저 즐겨야 하는 것인지를 알기 위해서는 전략과 내적결정권을 따르도록 도와주세요.

헤드 게이트와 학습 스타일

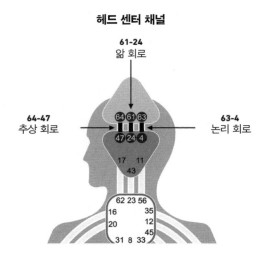

헤드 센터 채널

채널 64-47 (추상적인 생각) - 이 채널은 추상 회로의 일부이며 상당한 양의 정보를 수집하지만 정돈에 어려움을 겪습니다. 마치 누군가가 아무 지침도 없이 레고 세트를 주는 것과 같습니다. 차트에 이 구성이 있는 아이들은 우뇌적인 경향이 더 많으며, 표준 선형적이고 논리적인 학교 시스템에서 어려운 시간을 보낼 수 있습니다. 이 채널을 가진 아이들은 순차적으로 노트를 작성하는 것보다 마인드 맵핑 스타일로 메모하는 것이 더 효과적일 수 있습니다.

채널 61-24 (사색가) - 이 채널은 인식 회로의 일부입니다. 이 채널을 가진 아이들은 그냥 알게 될 것입니다. 그들은 자기들이 알고 있다는 것을 알 것이지만, 어떻게 알게 되었는지 물으면 잘 모르는 경우가 많습니다. 이 아이들은 매우 호기심이 많고 모든 이유를 질문할 수 있습니다. 이 아이들은 자신들의 방식으로 배우고 있으며, 이들 역시 표준 학교 시스템이 항상 그들의 학습 방식을 가장 잘 지원하는 것은 아닙니다. 이 아이들은 복잡한 수학 방정식을 배울 수 있지만, 공식을 말하지 않고 그냥 알 뿐입니다. 그들은 모든 것을 받아들이기만 할 뿐입니다. 그들은 필기나 숙제를 하지 않고도 시험을 잘 볼 수 있습니다.

채널 63-4 (논리적 마인드) - 이 채널은 논리 회로에 속하며 표준 학교 시스템의 기반이 되는 정신적 프로세서 유형입니다. 차트에 이 채널과 다른 논리 회로가 있는 아이들은 보통 학교 시스템이 설정된 방식에 매우 잘 적응합니다. 학교 시스템은 선형적이고 논리적이며 순차이기 때문입니다. 이 아이들은 표준화된 시험을 볼 때 더 쉽게 적응할 수 있습니다. 노트 필기도 더 선형적이고 순차적일 가능성이 높습니다.

*참고 – 여기서 저는 이 중 하나가 다른 것보다 더 나은 것은 아니라는 것을 분명히 하고 싶습니다. 각각은 단지 다를 뿐이며 자녀가 학습하는 방식에 영향을 미칠 수 있습니다. 자녀가 표준 학교 시스템에서 학습하는 데 어려움을 겪는다면, 이런 채널을 통해 자녀의 학습을 가장 잘 지원할 수 있는 방법에 대한 통찰을 얻을 수 있습니다. 이는 또한 차트의 작은 부분에 불과하므로, 학습 스타일과 행동에는 다른 많은 요인이 작용할 수 있습니다.

초대

부모에게 정의된 헤드 센터가 있는 경우, 미정의되었거나 열려 있는 헤드 센터 자녀가 숙제를 하는 동안 자녀와 함께 앉아 있으면 자녀는 지난 2일 동안 막혀 있었던 이야기를 쓸 수 있는 영감을 받을 수 있는데 당신이 그들에게 마무리를 하도록 상기시켜주는 것입니다. 그들은 갑자기 영감을 얻을 수 있습니다. 또는 당신이 주방에서 음식을 준비하는 동안 그들의 글쓰기를 주방으로 가져오게 하여 정의된 헤드 센터의 존재로부터 혜택을 얻도록 하세요.

열린 헤드 센터를 가지고 있는데 아이디어를 개발하거나 영감을 얻는 데 어려움을 겪고 있다면, 그 일을 커피숍이나 다른 사람들이 있는 공용 공간으로 가져가세요. 거기에는 채널을 완성해주는 정의된 헤드 센터 또는 게이트 정의를 가진 사람이 있을 수 있으므로 당신에게 임시로 정의를 만들어줄 수 있습니다. 이런 유형의 환경은 자녀가 작업하면서 영감을 찾는 데 때때로 도움이 될 수도 있습니다.

미정의된 헤드 센터의 조건화된 혼잣말

- 나는 모든 사람들의 질문에 대한 답을 알아내야 한다.
- 누가 영감을 주고 있지?
- 답은 어디서 찾을 수 있지?
- 나는 영감을 주는 방법을 찾아야 해.

혼잣말을 바꾸도록 도와줌으로써 그들의 역량을 강화시키기

- 나는 모든 곳에서 영감을 받지만, 적절한 시기에 행동하기를 기다린다.
- 내가 모든 질문에 대답할 필요는 없다. 나는 질문이 지나가는 것을 보고 누가 그것에 대응하는지 볼 수 있다.
- 내가 영감을 줄 필요는 없다. 나는 영감을 받을 수 있다.

아즈나 센터

인식 센터 | 정보 처리 및 저장 | 정의 시 녹색

아즈나 센터는 3개의 인식 센터 중 하나이며 우리가 정보를 처리하고 저장하는 곳입니다.

정의 – 인구의 47%

정의된 아즈나를 가진 아이는 자신의 생각과 상황을 이해하는 데 자신감이 있습니다. 그들은 정보 처리에 일관성과 친숙한 방식을 가지고 있으며, 신뢰할 수 있는 방식으로 정보를 조사, 구성, 처리하는 것을 즐깁니다.

하지만 사물에 대한 고정된 사고방식에 갇혀 다른 관점에서 사물을 보는 데 어려움을 겪을 수 있습니다. 사물의 다른 면을 보는 데 어려움을 겪는 고정된 관점을 가진 사람과 대화를 나눈 적이 있다면, 당신은 정의된 아즈나 센터를 가진 사람과 대화를 나눈 것일 수 있습니다. 예를 들어, 한 가지 방법으로 수학을 배운 정의된 아즈나를 가진 아이는 동일한 문제를 처리하는 새로운 방법을 배우는 데 어려움을 겪을 수 있습니다. 그들은 일단 어떤 것이 어떤 것인지 알아내거나 결론을 내린 후에는 다른 가능성에 대해 마음을 열어주는 방식으로 도전하지 않는 한 그 결론만을 고수할 수 있습니다.

이 일관된 사고방식은 어떤 것이 어떻게 작동하는지 한 번 처리하고 나면, 그것을 다시 만났을 때 이미 알고 있기 때문에 처리하는 데 정신적 에너지를 많이 소비할 필요가 없어 도움이 됩니다. 그들은 일을 처리하기 위한 훌륭한 시스템을 갖추고 있지만, 새로운 것이 추가되면 그것을 어떻게 처리하고 통합할 것인지를 알아내는 동안 한두 박자 정도 당황할 수 있습니다. 일단 방식을 결정하고 그것을 알아내는 연구와 작업을 완료하면, 그들은 그것에 의존하고 그것이 도전받을 때까지 다시 깊이 들여다보지 않을 수 있습니다.

미정의 - 인구의 53%

미정의된 아즈나 센터는 새로운 아이디어, 답변, 의견, 가능성 및 개념에 열려 있습니다. 이들은 모든 종류의 가능성을 보고 새로운 생각과 아이디어를 세상에 가져오고 그것을 오래된 믿음이나 생각과 결합하는 몽상가들입니다. 이들은 새로운 정보를 수집하며 어떤 것에 대해서도 확신하거나 고정되도록 설계되지 않았습니다. 이 불확실성이 그들의 선물입니다; 그들은 가능성에 열려 있고 자신의 아이디어에 대해 "확신"하라는 사회적 조건화에 희생되지 않으면서 무엇이 가능한지를 알아보려는 호기심을 가지고 있습니다. 이 센터에 있을 수 있는 두려움은 확신할 수 없다는 것에 대한 두려움입니다. 그래서 그들은 확신할 필요가 있다고 느끼는 아이디어를 더 세게 밀어붙일 수 있는데, 이것이 새로운 가능성을 차단할 수 있습니다.

이 아이들이 자신의 디자인에 맞게 올바르게 작동할 때, 때때로 어떤 것에 대해 어떻게 생각하는지 모르거나 생각을 많이 바꾸는 것처럼 보일 수 있습니다. 그들에게 확신하는 척하지 않도록 주의를 기울여 주세요. 사회가 그들에게 확신이 있어야 한다고 해도 독단적인 사고방식에 갇히지 말고 새로운 정보를 받아들이고 그것을 시도하면서 성장하도록 하세요. 이 작은 꿈나무들이 자신이 틀렸다는 것에도 열린 마음을 갖고 성장하게 하세요. 그들이 겸손하고 정직하며 진실하게 자신의 디자인 안에서 살아가도록 도와주세요. 그들은 확신하거나 "똑똑해지기" 위해 열심히 노력할 필요가 없습니다. 그들은 이미 똑똑합니다! 그리고 디자인에 따라 일하는 것은 그들에게 독단적이거나 확신에 차 있지 않은 것이 선물이라는 자신감을 줄 것입니다.

자녀가 완전히 열린 아즈나를 가지고 있다면 설계상 열린 헤드 센터를 갖게 됩니다. 그들은 영감과 아이디어에 개방적이고 어떤 사고방식에 대해서도 확신하려고 애쓰지 않도록 설계되었습니다. 이들은 정보를 해석하고 생각과 개념을 처리하는 새로운 방법을 찾아내어 고정된 사고방식을 가진 사람들이 결코 도달할 수 없는 새로운 통찰력을 끌어내는 훌륭한 사상가일 수 있습니다. 우리 모두는 삶의 게임에서 각자의 역할이 있습니다. 우리는 무엇이 가능한지를 보여주는 몽상가가 필요하고, 이미 알려진 것이나 신뢰할 수 있는 것에 기반을 두는 데 도움을 주는 사람들도 필요합니다.

초대

이 센터는 서로 소통하고 이해하는 데 어려움을 겪을 수 있습니다. 더 크게 말한다고 해도 더 명확해지는 것은 아니므로 이런 정의와 미정의/열린 조합이 육아에서 어떻게 작용하는지에 대해 이야기해 보겠습니다.

부모와 자녀 모두가 정의된 아즈나가 있을 때

부모나 보호자가 사물에 대해 고정된 사고방식을 가지고 있고 아이도 그렇다면, 당신은 서로 소통하는 것에 좌절감을 느끼거나 서로 매우 비슷하게 생각할 수 있습니다. 헤드 센터와 아즈나 센터 사이에 정의된 채널이 동일하다면 더 쉽게 소통할 수 있지만, 각자 다른 채널을 갖고 있다면 서로 다른 회로이기 때문에 소통에 어려움을 겪을 수 있습니다. 서로가 답답하다고 느낄 때 한 발짝 물러서서 상대방의 관점에서 사물을 바라보는 것도 한 가지 배움의 기회가 될 수 있습니다. 자녀가 나이가 들어감에 따라 상대방의 입장을 고려해야 한다는 점을 이야기하고, 서로 잠시 떨어져서 상대방의 입장을 생각해보는 시간을 가질 수도 있습니다. 부모는 자녀의 관점에서 사물을 바라보기 위해 더 열심히 노력해야 할지도 모릅니다. 당신은 새로운 가능성에 당신의 마음을 확장하고 열어주는 선물을 얻고 당신의 아이는 이해받는 느낌의 선물을 받게 됩니다.

아즈나가 한쪽은 정의되고 한쪽은 미정의되었을 경우

한쪽은 열린 아즈나를 가지고 있고 다른 쪽은 정의된 아즈나를 가지고 있을 때, 열린 아즈나는 보통 정의된 아즈나의 사고방식에 적응할 수 있습니다. 당신 중 한 명은 자신의 고정된 생각에 사로잡히지 않고 다른 사람이 나눠주는 것을 받을 수 있는 개방성을 가지고 있는 것입니다. 만약 아이가 열린 아즈나를 가지고 있고 부모가 정의된 아즈나를 가지고 있다면, 부모는 고정된 사고방식을 가지고 있고, 아이는 그들 주변에 있을 때 기본적으로 그런 방식으로 정보를 처리할 것이기 때문에 여기에서 조건화가 일어날 가능성이 있습니다. 자녀가 다른 사람들과 어울리며 새로운 사고방식에 적응할 때, 이것은 자녀가 경험하게 되는 또 다른 맛이 될 것입니다.

미정의된/열린 아즈나 센터의 조건화된 혼잣말

- 나는 확신한다고 말했으니 마음을 바꾸어서는 안 된다.
- 나는 확신하는 척해야 한다.
- 내 머릿속을 휘감고 있는 이 혼란을 정리해야 한다.
- 사람들이 나를 이해하지 못할 것이므로 나는 나누고 싶지 않다.
- 나는 답을 알아내야 한다.

혼잣말을 바꾸도록 도와줌으로써 그들의 역량을 강화시키기

- 나는 새로운 정보를 받아들이고 마음을 바꾸는 것에 열려 있다.
- 나는 내 생각에 독단적일 필요가 없다.

- 나는 초대를 받았을 때 내 생각을 다른 사람들과 공유할 수 있다.
- 내가 모든 질문에 대답할 필요는 없다.

목 센터

발현(표현) 및 의사소통 센터 | 정의 시 갈색

발현은 동사가 아니라 명사이다

더 나아가기 전에 휴먼디자인에서 발현manifestation이 무엇을 의미하는지에 대해 설명해 보겠습니다. 발현은 현재 자기계발 업계에서 많이 사용되는 유행어입니다. 뭔가를 원하면 그것이 일어나기를 바라는 마음으로 그것을 시각화하거나 그것이 일어나도록 만듦으로써 발현할 수 있다는 것을 암시합니다. 바로 그 바람이 조건화된 마음에서 나오는 것입니다. 요즘 말하는 발현은 당신이 그것을 생각해 낼 수 있다면, 그것을 다음 며칠, 몇 주 또는 몇 달 안에 현실이 되는 것으로 꿈꿀 수 있다는 생각인 것 같습니다. 당신이 직접 그것을 일어나게 할 수 있다는 것이 바로 이 아이디어입니다. 이는 훌륭하게 들립니다. 하지만 먼저 마음으로부터 뭔가를 만들고 나서 그것이 일어나도록 강요하려고 한다면, 그런 일은 일어나지 않을 것입니다. 당신이 무언가를 이룰 수 없다는 것이 아닙니다. 그것은 단지 당신이 바랬던 것이 아닐 수도 있고, 단단한 토대 위에 세워지지 않을 수도 있습니다.

휴먼디자인에서 발현한다는 것은 에너지 유형의 전략과 내적결정권에 맞춰 적절한 시기에 반응하기를 기다리는 것이고 그런 다음에 일어나는 일이 에너지의 발현입니다. 이는 모든 에너지 유형에 해당됩니다. 당신이 어떻게 발현되도록 설계되었는지 알기 위해서는 당신의 전략과 내적결정권에 귀를 기울이세요.

목 센터의 목소리

목 센터에서 나오는 열한 개의 게이트는 저마다 독특한 목소리를 가지고 있습니다. 주의를 기울이면 아이들에게서 그리고 어쩌면 당신 자신에게서도 그 목소리를 들을 수 있을 것입니다.

아즈나는 생각, 대답, 아이디어, 개념, 의견, 그리고 걱정에 관한 것임을 기억하세요. ESP는 감정, 기분, 느낌, 욕망, 음식, 로맨스, 열정, 그리고 긴장에 관한 것입니다. G 센터는 사랑, 방향, 정체성에 관한 것이고, 스플린은 본능, 면역 체계, 직관, 생존, 두려움에 관한 것입니다.

(아즈나) 62번 게이트 – 나는 생각한다/나는 생각하지 않는다

(아즈나) 23번 게이트 – 나는 안다/나는 모른다

(아즈나) 56번 게이트 – 나는 믿는다/나는 믿지 않는다

(ESP) 35번 게이트 – 나는 변화를 느끼고 보통 변화를 좋아한다

(ESP) 12번 게이트 – 나는 기분이 좋으면 시도할 수 있다는 것을 안다

(ESP) 45번 게이트 – 나는 갖고 있다/나는 갖고 있지 않다

(G 센터) 33번 게이트 – 나는 기억한다/나는 기억나지 않는다

(G 센터) 8번 게이트 – 나는 내가 기여할 수 있는지/없는지 안다

(G 센터) 31번 게이트 – 나는 이끈다/나는 이끌지 않는다

(스플린) 게이트 20 – 나는 지금이다/나는 지금이 아니다

(스플린) 게이트 16 – 나는 실험을 한다/나는 실험을 하지 않는다

정의 – 인구의 72%

모터와 연결된 정의된 목 센터

매니페스터에게 모터 센터와 목 센터의 연결은 일단 그들이 내면의 창조적인 추진력에 반응하면 다른 사람의 지원 없이 행동할 수 있게 해줍니다. 매니페스팅 제너레이터는 목 센터에 연결된 모터를 사용하여 스스로 작동할 수 있지만, 팀에 합류하거나 프로젝트를 시작하거나 직장을 구하거나 우정을 시작하는 등의 외부 신호에 반응한 후에만 작동할 수 있습니다.

모터와 연결 없이 정의된 목 센터

제너레이터는 행동하기 전에 새크럴로 뭔가에 반응해야 합니다 (그리고 감정 결정권이라면 감정이 명확해질 때까지 기다려야 합니다).

프로젝터는 목 센터에 연결된 모터가 없으므로 정의된 목 센터가

있더라도 행동으로 옮기기 위해서는 적절한 타이밍을 기다려야 합니다.

목 센터에서 나오는 게이트는 모두 다른 목소리를 가지고 있는데, 목 센터에서 정의된 게이트는 아이가 말할 때 그들에 대해 더 많이 이해할 수 있도록 도와줄 것이기 때문에 알아두는 것이 도움이 됩니다.

이 아이들이 정말로 말을 할 수 없을 때 목소리를 내기를 기대하는 것은 공평하지 않습니다. 그들이 말을 하도록 당신이 초대하는 것이 필요합니다.

그들을 초대하고 반응할 수 있는 뭔가를 제공하여 그들이 프로젝터든 제너레이터든 그들의 목소리를 공유할 수 있도록 하세요.

목 센터에 연결된 채널은 그것이 연결된 센터에서 소통합니다. 예를 들어 57-20(뇌파)은 필요/안전/두려움에 대해 소통하며 "나는 존재한다"라는 목소리를 냅니다. ESP에 연결된 채널 12-22(개방성)는 그들의 감정과 느낌을 전달하며 "나는 내가 기분이 좋으면 시도할 수 있다는 것을 안다."라는 목소리를 가지고 있습니다.

센터가 정의되지 않았지만 행잉 게이트(hanging gate, 온전한 채널로 연결되지 않은 정의된 게이트)가 있는 목 센터는 그 게이트를 통해 소통하는 공통 주제를 가질 것이며, 이들은 자신의 목소리를 말하기 위해 해당 채널을 완성해주는 상대 게이트를 가진 다른 사람을 무의식적으로 찾아다닐 수 있습니다. 이 무의식적인 측면은 그 게이트의 에너지가 자신이 운반하는 에너지를 전달해줄 수 있는 목 센터에 도달하려고 하기 때문에 그들을 특정한 사람들에게 더 자연스럽게 끌어당깁니다. 당신이 파트너나 조부모와 대화하는 것보다 자녀가 그들과 더 대화를 잘한다는 것을 볼 수도 있습니다. 이것은 개인적인 것이 아니라는 것을 기억하세요. 그것은 기계적인 측면이 작동하는 것이며, 자녀가 당신보다 할머니와 더 많은 것을 나누고 싶어 하는 것과는 아무런 관련이 없습니다. 그들이 서로 연결될 때 자연스러운 에너지의 흐름이 있고, 함께 있을 때 그들은 자발적으로 이야기를 시작합니다. 소외감을 느껴 아이에게 당신과 더 많은 소통을 하도록 강요하기보다는, 아이들이 할머니 집에서 돌아와서 할머니와 무엇에 대해 이야기를 나누었는지 이야기하는 시간을 보내세요. 이것은 뭔가가 자녀를 괴롭히고 있다는 것을 알고는 있지만, 그것을 당신에게 공유하지 않을 때 도움이 될 수 있습니다. 아이가 나이를 먹어감에 따라 당신은 세 사람 사이에 신뢰의 경계를 넘지 않도록 주의해야 합니다. 그렇지 않으면 아이들은 이야기를 나눌 다른 누군가를 찾을지도 모릅니다. 언제 소통하고 언제 발현해야 하는지를 알려면 전략 및 내적결정권에 따르게 하세요.

모터와 연결이 되지 않은 정의된 목 센터는 연결된 센터에서 일관된 방식으로 소통하고 공유하지만 매니페스터처럼 행동을 개시하는 것은 할 수 없으며 소통을 위해 적절한 타이밍을 기다려야 합니다.

목 센터가 정의된 매니페스터

매니페스터 아이는 자신이 원하는 것을 말할 수 있고, 조용히 말해도 다른 사람이 알아듣는 목소리를 가지고 있습니다. 그들은 주의를 끌고 다른 사람들이 듣게 되는 힘을 가지고 있는데, 만약 그것이 집에서 가장 어린 가족 구성원으로부터 나온다면 다소 위축될 수 있습니다. 매니페스터는 다른 사람이 개시하지 않아도 스스로 행동을 취할 수 있다는 것을 기억하세요.

미정의 – 인구의 28%

미정의된 목 센터는 특히 대가족인 경우 자신의 목소리를 들어달라고 애원하는 경우가 많습니다. 시끄럽게 떠들거나, 장난을 치거나, 아니면 그냥 다른 사람을 설득하려고 할 수 있습니다. 그들은 관심을 끌기 위해 자기 말을 들어달라고 부적절한 말을 하거나 잘못된 때에 말을 할 수 있습니다. 또한 자신이 말하려는 것을 미리 리허설을 하려고 하다가 막상 말할 기회가 오면 이상하거나 엉뚱한 말을 할 수 있습니다. 이때 다른 사람들이 속도를 늦춰 그들의 생각과 말을 꺼낼 수 있는 공간을 마련해 주는 것이 필요하며, 그렇지 않으면 쉽게 좌절할 수 있습니다. 이것은 차트에 열린 센터가 많거나 3중 또는 4중 분할 정의인 경우 더욱 증폭될 수 있습니다. (10장에서 분할 정의에 대해 자세히 설명합니다.)

미정의된 목 센터의 이야기

미정의된 목 센터를 가진 제 프로젝터 아이가 2살이었을 때, 병원에 데리고 가서 어린이 건강 검사를 받았습니다. 의사가 진료실에 들어오자마자 손을 씻으면서 제 아이에 대해 질문하기 시작했고, 아이가 아직 두세 단어의 문장으로 말하고 있는지 묻자, 아이는 고개를 들어 의사를 가리키며 "엄마, 나도 손 씻고 싶어!"라고 말했습니다. 아이는 또한 뭔가를 하고 싶지 않을 때 매우 명확하게 표현하는 아이였습니다. 아이는 "바나나 먹을래?"와 같은 것에 대한 대답으로 "아니요, 나는 바나나를 원하지 않아요, 싫어, 싫어."라고 말하곤 했습니다.

열린 목 센터

완전히 열린 목 센터는 드뭅니다. 그런데 당신의 자녀가 이런 목 센터를 가지고 있는데 아이가 이를 모르거나 당신이 모른다면, 가족이나 친구 또는 동료 그룹에서 주목받거나 말하는 데 어려움을 겪을 수 있습니다. 목 센터에 모터나 다른 센터가 연결되어 있지 않기 때문에(행잉 게이트도 없음), 그들의 목소리를 말하도록 연결하기가 더 어렵습니다. 때로는 엉뚱한 사람들 앞에서 엉뚱한 때에 엉뚱한 말을 내뱉다가 고통의 근원이 될 수 있는 말에 놀라곤 하지만, 일단 전략과 내적결정권을 따라가는 법을 배우게 되면 가장 심오하고 재미있는 말을 하는 사람이 될 수 있습니다.

제게는 완전히 개방된 목 센터를 가진 아이가 있는데, 그 아이는 항상 사람들 곁에 있고 사람들 틈에 끼고 싶어 하는 매우 사교적인 아이입니다. 그런데 그녀의 친구들이 그녀의 말을 들어주지 않아서 그녀의 감정이 얼마나 많이 짓밟혔고, 얼마나 소외감을 느꼈는지는 말을 할 수 없을 정도입니다. 열려 있는 목 센터 어린이들은 그룹에서 자신의 의견을 말하려고 할 때 아이디어를 공유하도록 초대받지 못하면 아이디어를 도둑맞을 수도 있습니다. 주변 사람들은 그 아이디어를 듣고, 아이디어가 머리와 아즈나로 필터링되면서 "내게 아이디어가 있어요!"라고 말하고는 열린 목 센터 아이가 방금 말한 것을 그대로 말하며, 의도하지는 않았지만 종종 그 아이디어에 대한 공로를 인정받습니다.

이 아이들은 다른 사람들을 흉내 내고 언어를 익히거나 다른 사람들의 말의 억양을 익히는 데 능숙할 수 있습니다. 그들은 훌륭한 가수와 배우가 될 수 있고 다양한 목소리에 잘 적응할 수 있습니다. 그들은 다른 사람들의 목소리를 증폭시키는 데 능숙합니다.

목 센터가 미정의되었거나 열려 있는 일부 아이들은 말을 꽤 일찍 할 수 있는 반면, 평균보다 늦게 말을 하는 아이도 있습니다.

열린/미정의된 목 센터가 말하는 데는 시간이 걸린다

목 센터가 열려 있거나 미정의된 어린이는 주변의 정의된 목 센터 에너지를 모두 흡수하면서 낮 동안에 많은 에너지를 축적합니다. 하루가 끝나면 이 아이들은 그저 이야기하고, 이야기하고, 이야기하고 싶어 하는 아이들입니다. 특히 잠자리에 들기 바로 전에 말이죠. 그들은 목 센터에서 축적된 에너지를 배출할 방법이 필요합니다. 그리고 잠자리에 들기 직전이 그들의 모든 이야기를 듣기에 가장 편하지 않거나 가장 인내심이 필요한 시간이라는 것을 알게 될 수도 있습니다. 그들이 말할 수 있는 기회를 갖고 목 센터에 쌓여 있는 에너지를 방출하도록 하루에 한두 번, 특히 그들이 학교에서 집으로 돌아온 후에 10분 정도를 할애하세요.

열린/미정의된 목 센터가 억지로 목소리를 내려고 할 때

이 아이들이 목소리를 더 크게 내서 잘 들리게 하려고 하면 목이 쉬게 되고 심지어 갑상선 문제를 일으킬 수 있는데, 특히 어렸을 때 배운 패턴이 어른이 되어서도 지속된다면 더욱 그렇습니다. 이 아이들은 관심을 끌려고 하기 때문에 학급의 광대가 되거나 청각적으로 가장 방해가 되는 사람이 될 수 있습니다. 그러지 말라는 조언에도 불구하고, 이 아이들은 말할 수 있는 방법을 찾고 있습니다. 그리고 만약 당신이 그들에게 배출구를 줄 수 있다면, 그들의 행동은 바뀔 수 있습니다.

목 센터가 연결된 곳이 어디든 그곳은 그들이 말하는 곳을 말해 줄 것입니다. 목 센터가 ESP에 연결되어 있다면, 자신의 감정에 대해 말할 것입니다. 아즈나와 연결되어 있다면, 자신의 생각에 대해 이야기할 것입니다. G 센터는 그들의 영혼 깊숙한 곳에 있는 자신이 누구인지 말할 것입니다. 이들은 자신의 느낌이나 감정을 감추기보다는 공개적으로 보여주는 아이들이며, 그들이 나누는 것은 진정한 마음이기 때문에 부드럽게 대해주세요. 스플린은 자신의 두려움, 직감, 그리고 자신이나 다른 사람들에게서 느껴지는 것에 대해 말할 것입니다. 의지 센터는 자신이 원하는 것과 가진 것에 대해 말할 것입니다. 새크럴 센터는 자신이 무엇을 할 것인지에 대해 말할 것입니다.

초대

만약 당신이 미정의된/열린, 그리고 모터에 연결되지 않은 목 센터를 가지고 있는 부모이고, 자녀는 정의되고 모터에 연결된 목 센터를 가졌다면, 당신의 자녀는 대화를 압도하면서 바로 당신을 설득할 수 있습니다. 당신은 당신이 말할 때 카드를 섞거나, 저글링을 하거나, 춤을 추거나 다른 에너지가 넘치는 산만한 활동 등 아이의 주의를 끌 수 있는 뭔가를 찾아야 할 수도 있습니다.

목 센터가 미정의된 부모가 말하고 양육할 때는 행동을 말과 일치시켜야 합니다. 말씀을 실천하세요, 부모님들.

미정의된/열린 목 센터의 조건화된 혼잣말

- 누가 내가 원하는 관심을 줄 수 있지?
- 왜 아무도 내 말을 듣지 않지? 관심을 받으려면 무엇을 해야 하지?
- 아무도 듣지 않을 텐데 굳이 왜 뭐라고 말해야 하지?
- 뭔가 말하기가 너무 부담스러워. 때가 아니어도 부적절해도 그냥 제일 먼저 생각나는 얘기만 해야겠다. (이것은 심지어 의식적인 생각이 아닐 수도 있습니다.)

혼잣말을 바꾸도록 도와줌으로써 그들의 역량을 강화시키기

- 적절한 시간에 올바른 정보를 공유할 수 있도록 기다리겠다.
- 나는 관심을 끌기 위해 행동할 필요가 없다. 타이밍이 맞으면 공유할 수 있을 것이다.
- 내가 말하거나 나누도록 초대를 받으면 사람들이 내 말을 들

을 것이다.

– 나의 생각, 감정, 직감이 중요하다. 그리고 시기가 적절하면 나
누도록 초대받을 것이다. 나는 아무것도 강요할 필요가 없다.

G 센터

정체성 | 자기 사랑 | 방향 | 정의될 시 노란색

우리는 사랑받기 위해 온 것이 아니라 사랑하기 위해 온 것이다.
– 라 우루 후

정의 – 인구의 57%

이 아이들은 자신들이 누구인지에 대한 강한 감각을 가지고 있고 다른 사람들에게 사랑이 동사라는 것을 보여주기 위해 여기에 있습니다. 이 사랑은 낭만적인 사랑과는 다릅니다; 그것은 사랑의 화신입니다. 그것은 다름을 받아들이는 길입니다. 이런 종류의 사랑은 그들이 정해진 느낌이 드는 방향으로 여행할 때 그들의 삶을 안내합니다. 그들은 어떻게 그곳에 도착할지는 모르지만, 자신이 누구이고 무엇을 원하는지는 알고 있습니다. 자신이 누구인지를 받아들일 때 그들은 자신의 삶을 펼치기 위해 필요한 곳으로 인도될 것입니다.

정의된 G 센터는 정렬되었을 때 자신의 사랑스러움에 안정감을 느끼고 정체성을 다른 사람과 연결시키는 것에 집착할 필요 없이 다른 사람을 사랑할 수 있습니다. 그들은 다른 사람들에게 사랑과 방향성의 원천이 됩니다. 그들이 정렬되었을 때는 일종의 '서로 자기 방식대로 살아가는' 사고방식이 있지만 정렬 되어 있지 않을 때는 왜 모든 사람들이 자신의 지시를 따르지 않는지 이해하는 데 어려움을 겪을 수 있습니다. 그들이 자신의 길을 따를 때, 미정의된 G 센터를 가진 다른 사람들은 그들을 통해 정체성과 방향을 경험하게 됩니다. 그들이 제공하는 이런 방향은 다른 사람들에게 무엇을 해야 하는지 또는 어떻게 되어야 하는지를 알려주는 것이 아니라, 단지 정렬된 삶을 살아가는 것만으로도 다른 사람들에게 영향을 미치는 것입니다.

그들의 삶의 방향은 쉽게 바뀌거나 통제될 수 없습니다. 따라서 주변에 미정의되거나 열린 G 센터를 가진 사람들이 있을 때, 그 사람들은 정의된 G의 삶으로 뛰어들어 여정을 함께할 수 있습니다. 그러나 정의된 또 다른 G 센터는 다른 궤적을 가질 수 있으므로 관계에서 더 많은 갈등을 경험할 수 있습니다. 따라서 서로가 이런 길을 따르거나 헤어질 수 있는 공간을 허용하는 방법을 배워야 합니다. 전략과 내적결정권을 따르는 것은 이 경로를 서로 나란히 여행하는 것이 옳은지 아닌지를 파악하는 데 도움이 될 것입니다.

반대로, 미정의된/열린 G 센터는 주변 사람들의 영향을 받습니다. 정의된 G 센터를 가진 사람이 방향을 정하고 그것을 고수하는 능력은 종종 방향이나 정체성을 선택하고 그것을 고수할 수 있어야 한다는 조건화 때문에 어려움을 겪는 미정의된/열린 G를 가진 사람들에게 영감을 줄 수 있습니다. 그들은 자신이 그런 식으로 설계되지 않았다는 것을 기억할 필요가 있습니다.

비록 정의된 G 센터가 자신의 방향을 쉽게 따를 수 있다고 해도 그것이 그들을 어디로 데려갈지는 항상 정확하게 알지 못할 수도 있습니다. 그들은 삶을 탐색하면서 자신이 누구인지에 대한 진실에 닻을 내리고, 이 센터와의 깊은 연결을 통해 방향성을 잃었다고 느끼는 열린 G 센터를 가진 다른 사람들을 도울 수 있습니다.

그들이 사랑을 주고받는 방식은 G 센터에서 어떤 게이트가 정의되어 있는지에 따라 더 정해질 수 있습니다. 정의된 G 센터를 보고 아래의 주제들을 살펴보면서 당신의 아이가 사랑을 보여주고 받아들이는 방식을 살펴보세요. 그런 다음 이것이 자녀의 사랑 언어에 어떤 영향을 미칠 수 있는지, 당신이 그들에게 어떻게 사랑을 보여줄 수 있는지, 그리고 그들이 세상과 주변 사람들로부터 어떻게 사랑을 받을 수 있는지를 생각해 보세요.

목 센터에 연결된 G 센터를 가진 아이들(7 - 31 알파, 1 - 8 영감, 또는 13 - 33 돌아온 탕자)은 자신이 누구인지 영혼으로부터 말을 하며, 자신이 온전히 받아들여지지 않을 것을 걱정합니다. 자녀가 자신의 정체성을 부모와 공유할 때, 그것이 자녀의 본질에 대한 비판처럼 느껴진다면 그 말은 자녀에게 깊은 상처를 줄 수 있으니 각별히 주의하세요.

7번 게이트 - 이 아이는 미래를 내다보고 인류가 가고 있는 방향을 파악하고 그것을 어떻게 바로잡을 수 있는지 볼 수 있는 아이입니다. 이 아이는 영향력이 있을 수 있지만, 이 게이트는 권력의 위치에서 이끄는 것이 아니라, 책임자를 보조함으로써 간접적으로 이끌어 주는 조력자에 가깝습니다. 자녀가 이 게이트를 가지고 있나요? 자녀가 모두에게 무엇을 하라고 말하지 않으면서도 솔선수범하면서 가족을 이끄는 것을 본 적이 있나요?

1번 게이트 – 이것은 매우 창의적인 게이트이고 이것이 정의된 사람들은 자신의 개성을 진정으로 표현할 수 있는 독특한 능력을 가지고 있습니다. 그들은 자신들의 북소리에 맞춰 행진합니다. 예를 들어, 다른 모든 사람들이 스키니진을 입었다고 해서 그들이 그것을 원하게 되는 것은 아닙니다; 아마도 그들은 그 스타일에 덜 흥미를 갖게 될 것이고, 그들 자신이 됨으로써, 그리고 완전히 다른 것을 찾고 대신 벨보텀과 같은 것을 입음으로써 새로운 트랜드를 시작할 것입니다.

13번 게이트 – 이 게이트를 가진 아이는 사람들의 이야기를 잘 들어주기 때문에 오래된 영혼으로 묘사될 수 있습니다. 사람들은 다른 사람들에게 쉽게 말하지 않는 것들을 이들에게 말하는 경향이 있습니다. 그들은 자신에게 중요한 것들을 수집하고 기억하며 적절한 시기가 되면 관련된 것들을 공동체와 공유하는 법을 배웁니다. 그들은 누군가의 생각과 감정을 위임받은 것이기 때문에 자신에게 비밀리에 말해진 것을 함부로 나누어서는 안 된다는 것을 배워야 합니다.

25번 게이트 – 보편적인 사랑입니다. 모든 것이 소중히 여겨질 가치가 있다는 방식으로 세상을 사랑하고 바라보는 것입니다. 이것은 다른 사람들에게 영향을 미치고 변화시킬 수 있는 사랑이며, 주변 상황에도 불구하고 매우 순진무구할 수 있습니다. 이 아이들은 자신의 믿음을 시험하고 영과의 연결을 심화시켜 세상의 본보기가 되고 그들의 여정에 힘을 실어주는 경험에 이끌릴 수 있습니다.

46번 게이트 – 육체의 사랑입니다. 이것은 모든 육체의 아름다움을 발견하는 사랑입니다. 이 아이는 당신이 스스로 보지 못하는 것을 당신 안에서 발견할 수 있는 사람일지도 모릅니다. 그들은 또한 자신의 아름다운 몸을 받아들이고 이생의 육체를 영혼의 수단으로 삼기보다는 사회적 압력에 순응하도록 노력하면서 자신의 몸과 씨름할 수 있습니다.

2번 게이트 – 이 게이트는 당신을 삶의 길로 이끄는 타고난 방향 감각에 관한 것입니다. 그것은 의지력을 통해 통제할 수 있는 것보다 더 깊습니다. 이들의 도전은 통제력을 놓아버리고 삶이 펼쳐지도록 허용하는 것입니다. 이 아이는 다른 사람들이 여정의 방향과 자원을 찾을 수 있도록 힘을 실어줄 수 있습니다. 이 아이들은 자신을 열어 그 과정이 펼쳐지도록 허용할 때 필요한 지원이 나타날 것이라는 믿음을 가지고 있습니다.

15번 게이트 – 이 게이트는 인류에 대한 사랑을 갖고 사람들을 있는 그대로 받아들이는 것에 관한 것입니다. 이 아이들은 그들만의 리듬을 가질 수 있고 일상생활에 고정적이고 일관된 패턴이 없으며 일상의 많은 변화를 받아들일 수 있어 겉으로 보기에는 불규칙적으로 보일 수 있습니다. 부모인 당신이 5번 게이트(이 채널의 나머지 절반)를 가지고 있다면, 당신은 일상과 의식에 더 집착하는 반면, 15번 게이트를 가진 아이는 더 불규칙하게 느낄 것입니다. 당신의 도전은 당신의 과정을 존중하면서 아이들의 리듬을 받아들이는 법을 배우는 것입니다. 15번 게이트가 정의된 사람들은 다른 사람들의 다양한 일상과 리듬을 받아들이는 데 더 개방적이며, 당신은 그 안에서 그것을 받아들일 필요가 있습니다. 그들이 작업을 완료하는 동안 방향과 집중력을 유지하려면 당신의 지원이 필요할 수 있습니다.

10번 게이트 – 자기 자신으로서 살아있는 것을 사랑하는 것은 자기 사랑의 궁극적인 표현입니다. 진정으로 당신 자신으로 살 때, 당신은 다른 사람들 역시 똑같이 할 수 있도록 힘을 실어줍니다. 이 게이트가 정의된 아이들은 자신을 표현하고 진정한 삶을 살 수 있지만, 이것이 비판받는다면 자기애를 차단할 수 있습니다. 자녀에게 이 게이트가 정의되어 있다면, 아니는 당신에게 당신 자신을 사랑하는 것이 무엇을 의미하는지, 그리고 당신의 있는 그대로를 포용하는 방법을 보여줍니다. 당신은 어떻게 자녀에게 그들 자신의 독특한 표현을 높이 평가한다는 것을 보여줄 수 있나요? 이 게이트는 자기애가 사는 곳이고, 아이가 자기애에 대한 의식이 높지 않으면 자기비판이라고 하는 이 게이트의 낮은 표현이 이 에너지를 가지고 있는 사람을 힘들게 할 수 있습니다. 이 게이트를 목 센터의 20번 게이트와 연결하면 높은 자기애, 또는 낮은 자기애의 말을 다른 사람과 공유할 수 있습니다. 요컨대 그들은 높은 자기애를 느끼지 않을 때 다른 사람들에게 말로 상처를 줄 수 있습니다. 이 연결은 또한 가족 내

두 사람 사이에서 일어날 수 있으며 나중에 깊이 후회할 상처 주는 말을 서로에게 하게 만들 수 있습니다. 가족 중에 이런 사람이 있다면, 낮은 자기애 표현에서 나오는 상처 주는 말에 초점을 맞추기보다는 자기애의 감정을 개선하는 데 초점을 맞추세요.

미정의 – 인구의 43%

이 센터가 열려 있을 때, 아이들은 사람과 장소 모두에서 주변 환경의 영향을 많이 받습니다. 아이가 자신의 환경에서 기분이 좋지 않다면, 그들은 안정되지도 않고 만족하지도 못할 것입니다. 이들에게는 자기가 있는 곳이 옳은 곳이라고 느끼는 것이 매우 중요합니다. 만약 당신에게 열린 G 센터가 있는 아이가 있고 이사를 계획하고 있다면, 이사할 곳으로 마음에 둔 집으로 아이를 데려가서 먼저 그들에게 그곳의 느낌을 물어보는 것이 현명할 것입니다. 만약 그들의 기분이 좋지 않고 당신에게 다른 선택권이 있다면, 계속해서 다른 곳을 찾아보는 것이 모든 사람들의 삶을 더 좋게 만들 수도 있습니다. 때때로 가구를 옮기는 것만으로도 충분할 것이고, 그들이 먼저 방을 선택하게 하는 것도 좋을 것입니다. 이 아이들은 또한 그들의 방에서 가구들을 이리저리 옮기는 아이들이기도 하고 심지어 안정감을 느끼기 위해 공용 공간의 가구들을 옮기고 싶어 할 수도 있습니다. 이들에게는 환경이 전부입니다.

이 아이들은 주변에 있는 또래 집단으로 변신할 수 있습니다. 그들은 자신이 무엇을 좋아하는지 모르는 것이 아니라, 주변 환경에 적응하고 다양한 많은 것들을 시도할 수 있는 자유를 갖도록 설계되었습니다. 만약 열려 있는 G 센터 아이에게 일어나는 일이 마음에 들지 않는다면, 그들의 친구들을 살펴보고 그들과 친해지세요. 당신의 아이가 변화하는 이유가 그들 때문이라는 것을 알게 될 것입니다.

자녀가 예술가, 작가, 건축가, 체조선수, 축구선수 등 어떤 하나의 정체성에 얽매일 필요가 없다는 것을 이해하도록 도와주세요. 그것들은 모두 그들이 하는 일이 될 수 있지만, 그것이 그들의 정체성은 아닙니다. 그들은 인생에서 많은 정체성을 시도할 수 있습니다, 정말 재미있는 일입니다!

G 센터가 열려 있는 자녀가 전에 가본 적이 없는 장소에서 열리는 생일 파티에 간다면, 그들은 파티에 참석한다는 것에 신이 나서 자리에서 벌떡 일어났을 수도 있지만, 일단 들어갔는데 그곳이 옳지 않다고 느끼면, 당신에게 그들과 함께 있어 달라고 간청하거나 그곳을 떠나게 해달라고 할 수도 있습니다. 그곳에 머물면서 편안하지 않다면 아이에게 즐거운 시간이 되지 않을 것이며 이 반응은 단순한 분리불안 이상의 것이기 때문에 주의하세요.

열린 G 센터를 통해 이들은 사랑이 어떤 것인지를 경험할 수 있는 무한한 능력을 가지고 있으며, 그것이 그들에게 좋게 느껴지면 쉽게 삶의 방향을 바꿀 수 있는 사람입니다. 때때로 열린 G에게는 방향이 없는 것이 그들의 방향입니다 - 그들은 물건에서 물건으로, 장소에서 장소로 이동하고, 많은 사람, 장소, 그리고 여러 유형의 사랑을 경험합니다. 만약 그들이 정체성에 갇히기로 선택한다면, 그것은 그들의 선택에 의한 것입니다.

주변 사람들에게 쉽게 적응할 수 있기 때문에, 그들은 많은 다른 스타일, 흥미, 취미를 가질 수 있고 많은 다른 유형의 사람들과 친구가 될 수 있습니다. 자녀의 친구인 각각의 다른 그룹의 사람들은 모두가 이 사람의 다른 버전을 알고 있기 때문에 아마도 자녀를 다르게 묘사할 것입니다. 이것은 조작이 아니라 카멜레온처럼 많은 사람들과 어울리고 잘 지낼 수 있는 능력입니다. 이것을 있는 그대로의 자신으로 받아들이고 "그들이 누구인지" 혹은 "뭔가"가 되기 위해 그들의 것이 아닌 정체성에 가두지 않는 것이 중요합니다. 그들은 자신들이 유연하고, 적응력이 있고, 사랑스럽고, 자신들이 옳다고 느끼는 방식으로 세상을 항해할 수 있으며, 그렇게 할 때 적절한 사람들과 기회가 나타날 것이라는 것을 알아야 합니다.

이 아이들은 자신의 책상이 어디에 있는지, 누구 옆에 앉는지에 따라, 심지어 교실의 위치마저도 편안하지 않다면 학교에서 어려움을 겪을 수 있는 아이들입니다. 갈등이나 투쟁의 원인이 교사나 아이에게 있는 것이 아닐 수도 있지만, 때로는 교실을 바꾸는 것이 이전에는 어려움을 겪었던 사람들이나 환경과의 관계를 변화시킬 것입니다.

십 대들은 친구들 모임에 적응할 것이기 때문에 당신은 그들이 어떻게 행동하는지, 어떻게 옷을 입는지, 그리고 그들이 누구와 시간을 보내고 있는지에 대해 많은 것을 알 수 있습니다.

미정의된/열린 G 센터의 조건화된 혼잣말
- 나는 내가 삶에서 어디로 갈 것인지 알아내야 한다.

- 나는 나를 사랑해 줄 사람을 찾아야 한다.
- 내가 사랑스러운가?
- 나는 방향이 필요하다.
- 내가 내 인생에서 뭘 하고 있지?

혼잣말을 바꾸도록 도와줌으로써 그들의 역량을 강화시키기

- 나는 다양한 사람들을 경험할 수 있다.
- 나는 많은 종류의 사랑을 느낄 수 있다.
- 내 삶의 방향은 유동적이고, 나는 그것이 나를 어디로 데려갈지 모르는 것을 받아들일 수 있다.
- 나는 언제 환경이 나에게 맞지 않는다고 느끼는지를 신뢰할 수 있다.

스플린 센터

인식 센터 | 두려움 | 직관 | 직감 | 정의 시 갈색

스플린 센터는 가장 오래된 센터이며 생존 본능을 중심으로 하여 면역 건강, 직감 및 안전의 지표입니다. 면역 체계와 마찬가지로 스플린 센터는 지속적으로 위협을 스캔하고 과도하게 활성화될 수 있습니다.

스플린 센터가 지나치게 활성화되면, 생존 본능이 지나치게 과열될 수 있고, 당신의 아이는 반복적으로 두려움을 경험할 수 있습니다. 아이들에게 무섭게 느껴지는 영화를 보면 불을 끈 상태에서 잠을 잘 수 없는 것과 마찬가지로 스플린 인식은 지나치게 경각된 상태를 유지하여 두려움 패턴을 만들면서 삶의 모든 영역에서 신념을 제한할 수 있습니다. 아래 차트는 각 게이트의 두려움을 보여주고 두려움이 떠오를 때 이를 재구성하고 두려움에서 인식으로 전환하도록 도울 수 있는 방법을 설명합니다.

스플린 센터의 두려움

48번 게이트 - 부족함에 대한 두려움. 이것은 "나는 내가 더 알아야 할 때를 감지할 수 있고 내가 알아야 할 것을 배우기 위해 행동을 할 수 있다. 나는 또한 내가 알아야 할 때 알아야 할 것을 알 수 있다는 것도 알고 있다."로 바뀔 수 있습니다.

57번 게이트 - 미래에 대한 두려움. 이것은 "나는 변화가 오고 있음을 감지할 수 있으며, 그것을 두려워할 필요가 없다. 나는 적절한 시기에 대비하는 데 필요한 조치를 취하기 위해 감각을 사용할 수 있다."로 바뀔 수 있습니다.

44번 게이트 - 과거에 대한 두려움. 이것은 "나는 전에 이런 경험을 했고, 그것으로부터 배웠으며, 배운 것을 바탕으로 이 상황을 헤쳐 나갈 것이다. 나는 앞으로 나아가기 위해 무엇이 필요한지 감지할 수 있다."로 바뀔 수 있습니다.

50번 게이트 - (남에 대한) 책임에 대한 두려움. 이것은 "나는 누군가가 상처받고 도움이 필요할 때 그것을 감지할 수 있지만, 내가 누군가를 구조할 필요는 없다."로 바뀔 수 있습니다.

32번 게이트 - 실패에 대한 두려움. 이것은 "나는 실패를 두려워할 필요가 없다. 왜냐하면 내가 적절한 시기를 신뢰할 때, 나는 내가 행동을 취해야 할 올바른 때가 언제인지를 알게 되기 때문이다. 무슨 일이 일어나도 나는 노력하면 배울 수 있다."로 바뀔 수 있습니다.

28번 게이트 - 죽음에 대한 두려움. 이것은 "인생은 모험이고, 어떤 모험은 나에게 무엇이 가치 있는 일인지 가르쳐 준다. 나는 언제 조치를 취해야 하는지, 언제 그것이 노력할 가치가 있는지, 그리고 언제 그만둬야 하는지 알고 있다."로 바뀔 수 있습니다.

18번 게이트 - 권위에 대한 두려움. 이것은 "나는 패턴이 수정되어야 할 부분을 알 수 있지만, 다른 사람들에게 도움이 될 수 있기 위해서는 내가 알고 있는 것을 공유해달라는 초대가 오기를 기다릴 것이다."로 바뀔 수 있습니다.

정의 - 인구의 53%

스플린 센터가 정의된 사람들은 강한 면역 체계를 가지고 있고 자주 아프지 않을 가능성이 더 높을 수 있지만, 병에 걸리면 심각할 수 있습니다. 면역 체계가 강하기 때문에 그들은 더 이상 무시할 수 없을 때까지 뭔가가 이상하다고 말해주는 뉘앙스를 쉽게 알아채지 못합니다.

당신의 아이가 스플린 센터가 정의되어 있다면, 그들은 타고난 타이밍 감각이 있으며 학교와 같은 장소에 제시간에 도착할 가능성이 더 높습니다.

스플린 센터가 정의된 사람들은 하나 이상의 특정한 방법으로 자신의 직관과 연결되는 일관된 방법을 가지고 있습니다. 그들의 직관은 타고난 앎, 감각, 냄새, 소리, 시각 등을 통해 감지될 수 있으며, 이는 그들에게 무엇이 꺼져 있거나 유해하거나 작동하지 않는지에 대한 단서를 제공합니다. 자녀에게 정의된 스플린 센터가 있는 경우 특정할 수 없는 뭔가가 자녀를 괴롭힐 때 자녀가 사용하는 문구에 귀를 기울이세요. 예를 들어, 그들은 "나는 단지 그들이 나를 좋아하지 않는다는 것을 알아요."와 같은 말을 할 수 있습니다. 자녀가 특별한 이유 없이 누군가가 그들을 좋아하지 않는다고 느끼는 것을 우리는 원하지 않기 때문에 자녀가 알고 있는 것을 무시하는 대답을 하고 싶은 유혹을 느낄 수 있습니다. 하지만 이 사람이 자녀에게 맞지 않거나 주변이 안전하지 않다고 느끼는 직관에 귀기울이지 말라고 말하는 것이 자녀에게 호의를 베푸는 것일까요? 이것은 자녀가 자신의 직관을 신뢰하도록 돕고 무슨 일이 일어나고 있는지 더 잘 이해할 수 있도록 도와줄 기회입니다. 이것을 탐색할 때 새크럴 에너지 유형에게는 '예/아니오' 질문을 하고 비 새크럴 에너지 유형에게는 개방형 질문을 하세요.

미정의 - 인구의 47%

스플린 센터가 미정의된 아이들은 주변의 면역 에너지를 흡수하여 증폭시킵니다. 이 차이를 인식하지 못한다면, 당신의 아이는 주변 사람들의 병을 감지하고 그들 자신이 아프거나 똑같은 질환에 걸렸다고 생각하기 시작할 수 있습니다. 이 아이들은 더 민감한(하지만 약하지 않은) 면역 체계를 가지고 있으며 약과 보충제에 훨씬 더 민감할 수 있습니다. 그들의 민감성 때문에, 당신은 그들이 필요로 하는 경우에 가능한 가장 낮은 용량의 약물을 요청하거나 약물에 따라 최적의 용량으로 조절해달라고 - 그것은 당신이 의료 제공자와 대화해야 할 일입니다 - 요청하는 것을 배울 수도 있습니다. 처방된 약은 임의로 바꾸지 마세요. 그리고 잠재적인 반응이 우려된다면 자녀의 의료진과 상의하세요. 때때로 부모는 다른 사람이 자신보다 더 교육 수준이 높다고 생각할 때 침묵을 지킬 수도 있지만, 매일 자녀와 함께 있고 자녀를 가장 잘 아는 사람은 바로 부모입니다. 직관이 뭔가가 옳지 않게 들린다고 말한다면 질문하는 것을 두려워하지 마세요.

자녀가 나이가 들어감에 따라 약물이나 술을 실험해 보기로 결심한다면, 그들은 더 민감해질 가능성이 높습니다.

스플린 센터가 열려 있는 아이는 뭔가 이상하다는 것을 쉽게 감지하고, 자신뿐만 아니라 다른 사람의 건강과 안전에 대해 현명해질 수 있으며, 이는 초능력으로 발전하여 그들이 더 건강한 삶을 살도록 이끌 수 있습니다. 그들은 자라서 치유 기법에 재능 있는 기여자가 될 수 있게 되고, 쉽게 상대방을 읽고, 상대에게 무슨 일이 일어나고 있는지를 느낄 수 있습니다. 그들은 당신이 몸이 안 좋을 때 그것을 직감적으로 알고 당신과 함께 몸을 웅크리고 안아주거나, 당신이 더 느긋한 하루가 필요하다는 것을 아는 아이들이라는 것을 발견할지도 모릅니다.

이 아이들은 일반적으로 다른 아이들보다 훨씬 더 민감해 보일 수 있으며, 다른 아이들보다 더 자주 몸이 좋지 않다고 느낄 수 있고, 스플린 센터가 정의된 부모나 다른 아이들에게 더 집착할 수 있습니다. 그들은 학교에 가고 싶어 하지 않고 하루 종일 부모를 떠나고 싶어 하지 않는 아이들일 수도 있습니다. 특히 그들이 학교에 들어가기 전까지 부모나 조부모와 함께 살았다면 더욱 그렇습니다. 그들은 또한 물건이나 사람들을 놓아주는 데 더 힘든 시간을 보낼 수 있습니다. 비록 그렇게 계속 매달리는 것이 좋지 않더라도 말입니다.

미정의된 스플린 센터에는 해당 센터에서 활성화된 게이트를 기반으로 직관을 수신하는 방법에 대해 보다 일관된 주제가 있을 수 있습니다.

시간을 더 쉽게 추적할 수 있는 스플린 센터가 정의된 아이들과는 달리, 이 아이들은 시간을 놓치거나 잘못 측정하여 부모가 알려준 위치에 있지 않을 때 당황할 수 있습니다. 물론 반대로 전화기에 47개의 알람이 있는 아이일 수도 있기 때문에 약속 시간을 잊지는 않지만, 지각에 대해 질책받는 것 때문에 시간을 지나치게 의식하게 합니다.

열린 스플린 센터(게이트 활성화 없음)

스플린 센터가 열려 있는 아이는 이 센터를 통해 조건화에 더 열려 있습니다. 게이트 활성화가 없기 때문에 이 센터에서 경험하는 모든 에너지는 그들이 누구와 함께 있는지와 행성 이동에 따라 일관성이 없고 가변적입니다.

스플린이 열려 있는(게이트 활성화 없음) 자녀는 매우 직관적일 수 있습니다. 그들의 직관 방식은 그들이 누구와 함께 있느냐에 따라 달라질 수 있기 때문에, 그들이 정보를 받는 방식은 스플린 센터가 정의된 아이처럼 일관되지 않습니다.

스플린 센터의 직감

스플린 센터는 야생 고양이처럼 끊임없이 위협을 스캔하고 있습니다. 그리고 무엇을 감지하느냐에 따라 인식은 끊임없이 바뀌기 때문에 정보를 반복하지 않습니다. 스플린의 인식을 듣고 얻은 자녀의 앎은 순간적이고 반복되지 않기 때문에 주의 깊게 듣는 것이 중요합니다. 이것이 내적결정권이 아니더라도 그것은 여전히 추가적인 정보의 소스가 될 수 있는 인식 센터입니다. 그들이 감정 또는 새크럴 결정권을 가지고 있다면, 행동을 옮기기 전에 해당 센터들을 명확히 파악해야 합니다. 스플린 센터를 뉴스 방송국이라고 한다면, 스플린은 아이디어를 제시하는 기자가 될 것이고, 내적결정권은 그들에게 기사를 언제 내보낼지를 알려주는 편집자일 것입니다. 스플린의 이야기를 놓치면, 시간이 흘러 그 이야기는 더 이상 관련이 없기 때문에 되돌아가서 찾아보기에는 너무 늦었습니다.

저는 이런 부모들의 이야기를 많이 들었습니다. 아이가 장소나 사람에 대해 자신이 느낀 잘못된 점을 말했는데 자녀의 나이 때문에, 그리고 부모가 그 상황이나 사람에 대해 알고 있다고 생각했기 때문에 자녀를 그 상황으로 되돌려보냈다고요. 나중에 정보가 밝혀졌을 때, 그들은 아이의 직감에 귀를 기울였더라면 좋았을 것이라고 했습니다. 아이들은 직관적인 인식을 갖기에 결코 너무 어리지 않습니다. 하지만 사람들과 시간이 아이들을 조건화합니다. 자녀에게 자신의 두려움과 감각에 귀 기울이는 재능을 더 많이 허용할수록 그들이 자신의 앎을 더 신뢰하도록 도울 수 있습니다.

초대

스플린 센터가 미정의되었거나 열려 있는 어린이 및 성인은 스플린 센터가 정의된 사람들에게 끌립니다. 정의된 사람들은 안전과 보안처럼 느껴지기 때문입니다. 당신은 정의된 스플린 센터를 가지고 있고 자녀가 미정의되었거나 열려 있다면, 자녀는 항상 당신 근처에 있기만을 원할 수 있으며, 이는 당신이 휴식을 필요로 할 때 약간의 좌절감을 줄 수 있습니다. 그리고 자녀의 스플린 센터가 정의되어 있고, 당신의 스플린 센터가 미정의되어 있거나 열려 있다면, 당신이 몸이 좋지 않거나 안전한 느낌이 필요할 때, 당신이 그들에게 가서 포옹을 원하거나 그들 곁에 있는 것을 발견할 수도 있습니다. 또한 자녀 중에 스플린 센터가 미정의된/열린 아이도 있고 스플린 센터가 정의된 아이도 있는 경우 자녀 간에 이런 관계의 역학이 나타나는 것을 볼 수 있습니다.

스플린 센터가 미정의되어 있거나 열려 있는 부모라면 다음을 고려하세요: 당신은 더 이상 도움이 되지 않는 무엇을 붙잡고 있나요? 스플린 센터가 정의된 아이가 있는데 그 아이들을 더 독립적이되게 하는 데 어려움을 겪고 있나요? 당신은 자신의 조건화나 두려움을 통해 자녀를 붙들어 놓고 있나요?

스플린 센터가 열려 있는 부모는 때때로 건강하지 않은 관계 속에 있을 수 있습니다. 그들의 파트너가 그들을 잘 대우하지 않거나 학대하는 것입니다. 당신이 이런 경우이고, 파트너가 당신에게 좋지 않다는 것을 알고 있으면서도 계속해서 파트너에게 돌아간다면, 두 사람 모두의 차트를 보고 당신의 관계 내에 이 정의된/미정의된 스플린 역학이 존재하는지 알아보세요. 미정의된/열린 스플린 센터에게 정의된 스플린 센터가 제공하는 안전감은 너무 강해서 그것을 떠나는 것이 불가능하다고 느껴질 수 있습니다. 저는 당신이 좋은 대우를 받을 가치가 있다는 것을 알아주길 바랍니다. 당신의 아이들은 좋은 대우를 받을 가치가 있고, 당신의 파트너는 자녀를 이런 행동으로 이끈 상처를 이해하기 위해 스스로 치료 작업을 수행할 필요가 있습니다.

정의된 센터를 가진 학대하는 부모에 의해 양육된 미정의된 스플린 센터를 가진 아이는 자라서 무의식적으로 분명히 부모가 했던 것처럼 그들을 대하는 파트너를 찾을 수 있습니다. 하지만 그 악순환을 깰 용기와 능력이 있다면, 당신은 개인적인 성장 작업을 통해 부모와의 관계를 치유할 수 있을 뿐만 아니라 미래 세대에 영향을 미치는 것을 막을 수 있습니다. 가족에게 어떤 유산을 남기게 될지 상상할 수 있나요?

에너지가 작동하는 것을 볼 수 있을 때, 당신은 건강하지 않거나 잘못된 행동을 받아들이는 자신을 용서하기 시작할 수 있습니다. 당신은 건강한 관계를 가질 자격이 있고 받을 자격이 있습니다.

미정의된/열린 스플린 센터의 조건화된 혼잣말

- 나는 그 사람/물건이 필요하다.
- 나는 …이 무섭다.
- 나는 (병세가) 있는 것 같다.
- 나는 …하기에 충분하지 않다.
- 나는 내 내면의 앎을 믿을 수 없다.

혼잣말을 바꾸도록 도와줌으로써 그들의 역량을 강화시키기

- 나는 어떤 것을 알고 있고 내가 그것을 어떻게 알았는지 설명할 필요가 없다. 내가 안다는 것을 아는 것만으로도 충분하다.
- 모든 두려움에는 지혜와 통찰력의 잠재력이 있다.
- 나는 내 직감을 믿을 수 있다.
- 나는 다른 사람들이 도움을 필요로 할 때를 감지할 수 있다.

새크럴 센터

모터 센터 | 활력 | 생명력 에너지 | 노동력 에너지

정의 - 인구의 70%

정의된 새크럴 센터는 모터의 발전소이며 많은 사람들의 내적결정권입니다. 이 센터가 정의되면 무한해 보이는 에너지에 접근할 수 있습니다. 이 아이들은 하루 종일 모든 곳을 오르내리고, 만들고, 움직이고, 이동하고 있는 에너자이저 배터리들입니다! 이 에너지는 재생 가능하고 매우 강력하기 때문에 매일 그들의 배터리를 방전시켜야 수면을 취할 수 있습니다. 충분한 운동을 하지 않으면 잠드는 데 어려움이 있을 수 있고 자고 나서도 다음날 피곤함과 짜증을 느끼면서 깨어날 수 있습니다. 학교에서는 수업에 집중하지 못하거나 산만한 행동으로 나타날 수 있습니다. 충분한 신체적 운동은 이런 아이들에게 기본적으로 필요합니다.

새크럴이 반응하는 일에 전념하고 새크럴이 반응하지 않는 일에 대해 거절하는 것을 가르치지 않는다면 이 아이들은 궂은일을 도맡아 하는 사람들로 자랄 수 있습니다. 내적결정권 챕터에서 새크럴 센터가 '예/아니오', uh-huh/unh-uh 소리에 반응한다고 언급했던 것 기억나세요? 기억이 나지 않는다면 걱정하지 말고 6장으로 돌아가 다시 보세요. 아니면 부록에서 새크럴 반응 질문법에 대한 자세한 내용을 참조하세요. 그것은 중요합니다. 이 아이들이 새크럴 소리에 '예'라고 말한다는 것은 에너지를 어떻게 사용할 것인지를 동의하는 것입니다. 아이들이 좋아하지 않는 일에 에너지를 쏟는다면, 그것은 그들의 빛을 어둡게 하고 건강하지 못한 방식으로 에너지가 낮아질 수 있습니다. 그들은 여전히 계속 나아갈 수 있는 에너지를 가지고 있을 것이지만, 당신은 그 안에서 마법, 반짝임, 경이로움, 그리고 경외심이 사라지는 것을 보게 될 것입니다. 이것은 평생 지속될 수 있습니다. 당신은 아마도 혐오스럽더라도 해야 할 일을 해야만 한다고 배워온 많은 사람들을 알고 있을 것입니다. 그들은 그 일을 하긴 하지만 에너지를 억지로 쏟아부어야 하기 때문에 그다지 즐거움이 남지 않을 것입니다. 이런 아이들에게 새크럴 반응이 말하는 것을 따르도록 가르친다면, 그들은 자기들이 좋아하는 일을 어디에서 찾을 수 있는지를 아는 강한 감각을 가지고 자랄 수 있습니다. 그렇다고 해서 그 일이 항상 삶의 목적이 될 것이라는 뜻이 아닙니다(때로는 그런 일이 일어나지만, 그것이 반드시 우리가 목표로 하는 것은 아닙니다). 우리는 그들이 기분 좋게 에너지를 쏟는 일을 찾기를 원합니다. 만약 그들의 삶의 일이 그저 생계를 유지하기 위해 하는 일이 아니라면, 하루 일과를 마칠 때 에너지가 남아 있을 것이고,

그 남은 에너지를 열정 프로젝트, 창작, 자원봉사 등 세상에서 온전하고 살아있다고 느끼게 하는 일에 사용할 수 있습니다.

이 아이들이 새크럴 반응으로 "예"라고 말할 때, 그들은 반응하는 모든 것에 "예! 나는 이 일/프로젝트/예술에 에너지를 쏟고 싶어요."라고 말하고 있는 것입니다.

미정의 – 인구의 30%

미정의된 새크럴 센터를 가진 어린이는 매니페스터, 프로젝터 및 리플렉터입니다. 그들의 에너지는 들쭉날쭉하기 때문에 제너레이터나 매니페스팅 제너레이터와는 다르게 접근할 필요가 있습니다. 그들은 일관된 노동력과 생명력 에너지의 원천을 가지고 있지 않기 때문에 반응하기로 선택한 것에 대해 자신의 내적결정권에 귀를 기울일 필요가 있습니다. 이 아이들은 좋아하지 않는 일을 계속할 수 있는 지속 가능한 에너지가 없습니다. 그들의 에너지는 전형적인 9시부터 오후 5시까지, 월요일부터 금요일까지(적어도 약간의 유연성이 없는 것은 아님) 일하는 직업에 적합하지 않습니다. 따라서 우리는 그들이 어떤 일/놀이/프로젝트가 그들에게 적합한지를 매우 어린 나이부터 이해하도록 도울 필요가 있습니다. 하지만 저는 에너지 유형에 상관없이 모든 아이는 무엇이든 될 수 있다는 것을 분명히 하고 싶습니다. 하지만 어떤 식으로 접근하느냐에 따라 그 일을 얼마나 오래 할 수 있는지가 결정됩니다. 오바마 전 대통령은 프로젝터로 8년 연속 매우 높은 스트레스를 받는 일을 했습니다. 저는 그가 그렇게 하는 데 필요한 도움과 지원을 확실히 받을 수 있는 시스템을 갖추고 있었다고 확신합니다.

비 새크럴 에너지 아이들은 주변의 정의된 새크럴 사람들로부터 새크럴 에너지를 흡수하고 증폭하며 일시적으로 슈퍼 제너레이터처럼 보일 수 있습니다. 새크럴 에너지를 증폭시킬 때는 무한한 에너지를 가지고 있는 것처럼 보이지만, 이런 식으로 계속할 수 없는 시기가 오게 됩니다. 어렸을 때부터 건강하고 지속 가능한 작업 패턴을 찾도록 가르치고 다른 사람들을 따라잡을 필요가 없다는 것을 알려주는 것이 중요합니다.

초대

자녀가 매니페스터, 프로젝터 또는 리플렉터라면, 그들은 낮잠을 자는 사람들일 수 있으며, 이는 정상적인 에너지 패턴입니다. 적절한 휴식은 이 아이들에게 매우 중요하기 때문에 수면에 관한 11장도 반드시 확인하세요.

미정의된 새크럴 어린이들은 무엇에 반응하고 무엇에 자신의 에너지를 쏟아야 하는지, 그리고 단지 해야 한다고 생각해서 무엇에 '예'라고 말하지 않아야 하는지를 이해하기 위해 자신의 내적결정권을 사용하는 법을 배울 필요가 있습니다. 일을 계속하기에 충분한 때를 모르는 이 아이들에게는 압박감이 있습니다. 그들이 자신의 에너지로 밀어붙이거나 과도하게 헌신한다는 것을 당신이 알아차리게 될 때, 그들에게 끼어들어 이제 멈출 시간이라는 것을 알 수 있도록 도와주어야 합니다.

미정의된/열린 새크럴 센터의 조건화된 혼잣말

- 나는 그만둘 수 없다.
- 나는 일을 다 끝내기 위해서는 그저 더 세게 밀어붙일 필요가 있다.
- 왜 나는 다른 사람들을 따라잡을 수 없을까?
- 나는 내가 더 해야 할 것 같다.

혼잣말을 바꾸도록 도와줌으로써 그들의 역량을 강화시키기

- 나는 다른 사람들을 따라잡을 필요가 없다.
- 나는 내 몸이 휴식을 필요로 할 때를 존중한다.
- 나는 다른 사람으로부터 빌린 새크럴 에너지를 단기적으로 사용할 수 있는 시기는 알고 있지만 그것에 의존하지는 않는다.
- 내가 할 수 있는 것은 충분하다. 나는 내 몸이 충분할 때를 말해줄 거라고 신뢰한다.

의지 센터

$$\vert$$

의지력 | 에고 | 고결함 | 자기 – 가치 | 자원 | 모터 센터 | 정의 시 빨간색

당신에게 의지 센터가 정의된 자녀가 있다면, 집에 이 센터가 정의된 다른 사람이 누가 있는지 확인하고 싶을 것입니다. 싸움이 있을 때, 정의된 의지 센터는 항상 더 오래 버티고 마지막에 승기를 잡을 수 있습니다. 만약 부모와 자녀가 함께 정의된 의지 센터를 가졌다면, 싸움은 좀 더 균등해지지만 부모는 어떤 싸움이 싸울 가치가 있는지 고려해야 합니다.

정의 – 인구의 35%

아이는 정의된 의지 센터를 가지고 있고 부모는 그렇지 않다면, 그 아이는 자신들의 의지력을 부모에게 더 쉽게 주장하고 부모에게 영향을 미칠 수 있을 것입니다. 부모는 정의된 의지 센터를 가지고 있고 자녀는 미정의 되었거나 열려 있다면, 그 의지력을 사용할 때 실수로 자녀의 영혼을 짓밟지 않도록 주의하세요. 누구든 정의된 의지 센터를 가진 사람은 일관된 의지력을 가지고 있기 때문에 미정의된/열린 의지 센터보다 더 오래 의지력이 지속됩니다. 부모와 자녀가 모두 정의된 의지 센터를 가지고 있다면 상당한 권력 다툼이 있을 수 있지만, 정의된 부모와 미정의된 자녀의 경우처럼 쉽게 상대방의 영혼을 깨뜨리지는 않을 것입니다.

이 아이들은 자신의 물건을 아끼며, 소유욕이 강하거나 나누고 싶어 하지 않는 것처럼 보입니다. 자녀가 자원을 통제하고 돌보려는 욕구는 물질적이거나 탐욕을 위한 것이 아닙니다. 이 센터는 부족 회로에서 움직이고 있으며 단순히 물건을 소유하는 것보다 공동체를 돕기 위해 자원에 접근하는 것에 관한 것입니다. 이 센터가 정의된 자녀가 있다면, 자녀가 자신의 자원으로 어떻게 행동하는지, 그리고 그 자원으로 공동체를 지원하려는 욕구가 어떻게 표현되는지 잘 지켜보세요.

부모는 정의된 의지 센터를 가진 자녀들이 힘을 적절히 사용하도록 돕고 그들이 군림하는 것을 허용하지 않으면서 힘을 실어줄 필요가 있습니다. 발생하는 문제들은 종종 부모의 관심과 같은 사물이나 사람들에 관한 것일 수 있습니다. 권력을 적절히 사용하고 권한을 부여받았다고 느끼는 것은 아이들이 나이가 들면서 무력감을 느끼지 않고 10대 이후에도 부모나 다른 사람에게 자신의 권력을 주장하려고 하지 않도록 하는 데 필수적입니다.

의지 센터는 맥박이 뛰는 리듬을 가지고 있고 지속적으로 켜져 있는 것이 아니기 때문에 일정 기간 힘을 발휘했다가 쉬고, 다시 힘을 발휘했다가 쉬는 식으로 작동하는 것이 가장 효과적입니다. 의지 센터가 정의되어 있는 아이가 지쳤음에도 불구하고 계속 의지력으로 밀어붙이면 스스로를 소진상태로 몰아넣을 것입니다. 할 수 있다고 해서 반드시 해야 하는 것은 아닙니다. 부모로서 우리는 자녀의 몸이 언제 휴식을 필요로 하는지 이해하도록 도와야 합니다. 의지 센터가 정의되어 있고 새크럴 센터 또한 정의되어 있다면 그들은 새크럴 에너지가 그만둘 준비가 된 후에도 계속 작동하도록 강요할 수 있습니다. 이때는 그들에게 새크럴 질문을 던져 의지력으로 밀어붙이지 말고 멈춰야 할 때인지 알아볼 수 있는 좋은 기회입니다. 정의된 새크럴 센터가 없는 아이라면 휴식이 필요할 때 의지력으로 밀고 나가지 않는 법을 확실히 배우도록 해야 합니다.

정의된 의지 센터를 가진 아이들은 다른 사람들이 단지 그들 앞에 있는 것만으로도 힘을 얻도록 도와줍니다. 그들은 이 힘으로 다른 사람들을 끌어들일 수 있습니다. 하지만 그들은 의지 센터가 미정의된 친구들이 빌린 의지 에너지로 자신이 하고 싶지 않거나 할 수 없는 일을 약속하고 나중에 그 약속을 지키는 데 어려움을 겪는다는 것을 발견할 수 있습니다.

정의된 의지 센터를 갖고 있을 때, 다른 사람들은 그들이 약속한 것을 이행할 것이라고 기대할 것입니다. 만약 어떤 일을 약속하고 그것을 이행하지 않는다면, 다른 사람들은 이들이 하겠다고 말하는 것을 이행할 것이라고 기대하기 때문에 이들의 명성에 손상을 입힐 수도 있습니다. 만약 이들이 약속을 이행할 수 없다면, 에너지 유형에 맞게 올바르게 그만두고 이번에는 그들이 기대에 부응할 수 없다는 것을 전달할 필요가 있습니다.

정의된 의지 센터를 가진 아이들은 다른 사람들이 뭔가에 헌신하고 그것을 끝까지 밀어붙일 수 있는 능력이 없다는 것을 깨닫는 것이 어려울 수 있습니다. 이로 인해 아이들은 의지 센터가 정의되지 않는 다른 사람들이 일관된 의지력을 갖도록 설계되지 않았고 그들과 같은 방식으로 실행하지 않는다는 것에 실망하게 될 수 있습니다.

미정의/열림 – 인구의 65%

자녀는 의지 센터가 미정의되고 부모는 정의되었다면, 부모는 자신의 말, 위협, 처벌, 그리고 약속이 모두 훨씬 더 무게감이 있다는 것을 이해해야 합니다. 내일 그들을 공원에 데려갈 것이라고 말할 때는 진심을 담아 말하는 것이 좋을 것입니다. 부모가 어떤 문제에 대해 단호히 반대한다면, 그것은 미정의된/열린 의지 센터를 가진 부모보다 더 최종적인 것입니다. 그것은 또한 자녀가 부모와 함께 있을 때, 그들은 매일 강아지를 산책시키고, 빨래하고, 잔디를 깎는 등의 일을 더 쉽게 '할 수 있다'라고 느낄 것이지만 일단 부모가 떠나면서 자신의 오라를 다른 곳으로 가져가면, 그들의 의지력은 약해지고, 그 약속을 쉽게 지킬 수 없게 된다는 뜻입니다. 이것은 자녀가 게으르기 때문이 아닙니다; 그들은 단지 부모처럼 의지력에 지속적으로 접근할 수 없는 것이며, 만약 그들의 새크럴 센터가 미정의되어 있다면, 혼자 있을 때 속도가 느려질 수 있습니다.

미정의된/열린 의지 센터를 가진 사람은 누가 약속을 지키고 실행할 수 있는지에 대해 현명해지는 법을 배웁니다. 자기 가치는 이 센터에서 발견되기 때문에 그들은 무엇이 가치 있는지 알기 위해 고군분투할 수 있고, 종종 자신의 가치에 의문을 제기하고 다른 사람들을 위해 일하거나 지나치게 헌신함으로써 자신의 가치를 증명하려고 노력합니다. 그들은 일관된 의지력을 갖도록 설계되지 않았기 때문에 그것을 전달하지 못할 때, 끝까지 해낼 수 없다는 것에 대해 자신이 가치가 없다고 자책합니다. 당신의 아이는 당신, 선생님, 코치 등에게 자신의 가치를 증명하려고 노력하기 위해 여기에 있는 것이라고 조건화될 수 있습니다. 자신의 가치가 자신이 하는 일이나 성취한 것과 무관하다는 것을 이해하도록 도와주세요. 그들은 존재 자체만으로도 가치가 있는 것이며, 그들이 얼마나 헌신하거나 성취하는지로 증명할 필요가 없습니다. 그 모든 것을 통해 자신의 가치를 증명하려고 노력하는 어른들이 얼마나 많은지 아십니까? 소셜 미디어는 다른 사람들이 보기를 원하는 것만 보여주는 서로의 선별된 프로파일과 우리 자신을 비교하기 때문에 이 문제를 악화시키기만 합니다.

초대

인구의 65%는 정의된 의지 센터를 가지고 있지 않습니다. 놀라셨나요? 제가 이것을 처음 알았을 때, 저는 그랬습니다. "간절히 원한다면 방법을 찾을 것이다," "그냥 그렇게 하라," 또는 "그것이 일어나게 하라."와 같은 말을 당신은 하루에 몇 번이나 듣나요? 세상의 절반만이라도 우리 중 오직 35%만이 지속적으로 의지력을 발휘할 수 있는 능력을 가지고 있다는 것을 이해한다면 어떤 일이 일어날지 상상할 수 있나요? 우리는 어떻게 다르게 일할까요? 우리는 어떻게 서로에게 다른 기대를 품을까요? 사람들이 가장 중요한 약속을 이행할 수 없었던 것에 대해 우리는 어떻게 자비를 베풀 수 있을까요? 당신은 부모로서 어떤 일에 전념한 다음 바로 의욕을 잃은 적이 몇 번이나 있었나요? 몇 번이나 다이어트를 시작하고 그만두었나요? 그것은 당신이 충분하지 않아서가 아닙니다. 당신은 의지력만 믿고 절대 흔들리지 않도록 설계된 것이 아닙니다. 어떻게 하면 부모가 되는 것에 대해 더 자비로울 수 있을까요? 당신은 무엇을 약속했다가 실패한 적이 있나요? 그 자학을 버리고 스스로에게 자비로울 준비가 되었나요? 자녀나 다른 사람이 약속을 요구할 때 "그래, 약속해"가 아니라 "잘 모르겠어. 그게 조금만 더 가까워지면 내 기분이 어떤지 볼게. 언제까지 알아야 하지?" 또는 "해볼게."라고 말해보세요.

미정의된 의지 센터의 조건화된 혼잣말

- 내가 그것을 하겠다고 했으니 계속 노력해야 한다.
- 나는 아무것도 끝까지 해낼 수 없다.
- 나는 쓸모가 없다.
- 나는 의지력이 없다.

혼잣말을 바꾸도록 도와줌으로써 그들의 역량을 강화시키기

- 나는 가치가 있다. 왜냐하면 나는 존재하기 때문이다.

- 나는 누구에게도 내 가치를 증명할 필요가 없다.
- 나는 약속한다는 말보다는 노력하겠다고 말할 수 있고, 그것
  은 괜찮을 것이다.
- 나는 내 능력을 안다.
- 만약 내가 약속을 했다가 그것을 할 수 없다는 것을 안다면,
  나는 그 약속을 지킬 수 없다고 그 사람에게 말할 것이다.

감정 태양신경총(ESP, Emotional Solar Plexus) 센터

인식 센터 | 느낌 | 기분 | 창의력 | 열정 | 욕망 | 정의될 시 갈색

자녀의 ESP가 정의된 경우, 자녀는 한 가지, 두 가지 또는 세 가지 유형의 감정 파를 가지며 정상적인 생활 경험의 일부인 감정 기복을 경험하게 됩니다. ESP에서 발생하는 파동에는 부족, 개인 또는 집단의 세 가지 유형이 있으며, 이는 자신이 속한 차트의 회로와 관련이 있습니다.

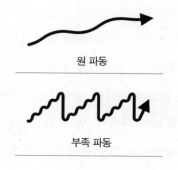

원 파동

부족 파동

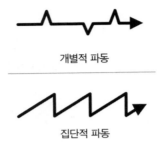

개별적 파동

집단적 파동

부족 파동 - 채널 37 - 40(공동체), 59 - 6(메이팅), 19 - 49(감수성)

이 감정 파동은 래칫(톱니바퀴) 유형의 메커니즘으로 작동합니다. 성가시거나 답답한 일을 한 번에 하나씩 톱니바퀴처럼 돌려서 폭발하거나 명확해졌다가 다시 쌓이기 전에 리셋되는 방식입니다. 이 래칫 동작이 폭발하는 데 걸리는 시간은 사람마다 다릅니다. 폭발이 일어날 때 일기를 쓰거나 어딘가에 기록해 두면, 언제 그런 일이 일어날지 더 잘 이해할 수 있는 패턴을 볼 수 있지만, 폭발 직전에 아이가 사물에 대한 인내력이 점점 더 약해지는 것을 알게 될 것입니다. 이 감정 파동은 접촉에 반응하기 때문에, 감정적인 래칫이 최고조에 도달할 때, 어깨에 부드럽게 손을 대거나 안아주면 감정이 폭발하기 전에 분산될 수도 있습니다. 일반적으로 말해서 이 아이들은 사랑하는 사람들이나 부족에게 영향을 주지 않는 한 감정적으로 꽤 균형 잡힌 모습을 보입니다. 만약 누군가가 영향을 준다면 그들은 큰 감정적인 반응을 가질 수 있습니다. 이런 래칫은 소통 여부와 상관없이 종종 충족되지 않는 욕구와 관련이 있습니다. 이런 욕구에는 사랑받고 싶다는 느낌, 경청받고 싶다는 느낌, 유용하게 쓰이고 싶다는 느낌, 혼자 있고 싶다는 느낌, 쉬고 싶다는 느낌 등의 욕구가 포함될 수 있습니다. 예를 들어, 아이들이 종종 무너지거나 감정적으로 폭발할 때까지 계속 밀고 나가려고 노력하더라도 부모는 아이가 피곤할 때를 감지할 수 있습니다. 특히 비 새크럴 유형으로 감정적으로 정의된 아이에게 붕괴가 다가오고 있다는 것을 알 수 있다면, 그들을 재충전하게 해주는 활동으로 전환해 보세요. 기억하세요: 그들은 주변의 모든 새크럴 에너지를 흡수하고 증폭시키기 때문에 (약 70%), 언제 그만두고 언제 휴식을 취해야 할지를 아는 데 어려움을 겪을 수 있습니다.

일단 압력이 폭발할 정도로 높아지면, 이 파동을 가진 사람은 열을 식히기 위해 약간의 공간이 필요합니다. 때로는 즉각적인 반응이 나타나기도 하지만, 냉정함을 잃은 후에 약간의 당혹감이나 분노가 느껴지는 경우가 종종 있습니다. 그들에게 방금 일어난 일을 정리할 시간을 조금 준 다음, 그 상황에 대해 이야기할 것을 제안하세요. 당신은 그들이 자신의 충족되지 않은 욕구가 무엇인지 파악하고 다음번에 욕구를 충족하기 위해 폭발할 필요가 없도록 욕구가 충족되도록 요청하거나 경계를 설정하는 방법을 배우도록 도울 수 있습니다. 예를 들어, 이 파동은 인스턴트 포트가 압력을 쌓아가고(감정을 단계적으로 증가시키는 것) 포트에 압력이 완전히 차 있을 때 누군가가 와서 압력 완화 밸브를 건드리는 것과 같습니다. 압력이 풀리고(감정 폭발), 결국에는 뚜껑을 열 수 있게 되지만 부엌 찬장 전체와 아마도 천장까지 수증기가 가득 차게 될 것입니다. 엎친 데 덮친 격으로 토마토 소스가 넘쳐난 것을 알게 되고, 그 후에는 청소할 것들이 생길 것입니다(주변 사람들의 감정적인 여파).

저는 채널 37 – 40(공동체)을 가지고 있기 때문에 이 래칭을 경험으로 말할 수 있습니다. 저는 제가 어렸을 때도 참다가 갑자기 참지 못하고 폭발했던 기억이 납니다. 저는 사자자리라서 항상 제 안의 사자가 포효하는 줄 알았습니다. 하지만 이제는 휴먼디자인의 렌즈를 통해 이것이 라쳇 파동이 작동하는 것이며 폭발의 반대편에는 안도감이 있다는 것을 알 수 있습니다. 폭발 뒤에는 죄책감, 수치심이 뒤따르거나 상처받기 쉽게 되고, 쌓여가던 압박으로부터 풀려나 엄청난 안도감이 밀려올 수 있습니다. 안타깝게도 제 주변의 미정의된/열린 ESP들에게는 제가 폭발하고 안도감을 느꼈을 때 감정적인 후유증이 있었습니다. 비록 제가 안도감을 느끼고 재설정된 것을 느끼더라도, 그 후 한동안 다른 사람들이 그 영향을 느끼거나 저로부터 떨어져 공간을 확보해야 했습니다. 어렸을 때 저는 안도감과 명료함을 느끼고 다시 시작할 수 있었지만, 주변 사람들은 저와 다시 놀기 전에 시간이나 공간이 필요했기 때문에 그것이 저에게는 혼란스러웠습니다.

어른이 되어서 저는 제 파동이 높아져서 누군가에게 화를 내고, 사과하거나 우리 사이의 문제를 해결할 준비가 될 때까지 파동이 다시 내려오기를 기다리지 않으면, 제가 말하는 모든 것은 여전히 미정의된 ESP 사람에게 감정적으로 부담이 된다는 것을 알아차렸습니다. 저는 베개에 얼굴을 묻고 소리를 지르거나 슬픈 음악을 틀고 울거나 하는 일종의 감정적인 해소가 도움이 될 수 있다는 것을 배웠습니다. 또한 혼자만의 시간, 산책, 운동 또는 음악을 틀고 벽을 응시하는 것도 감정을 신체적으로 전환하는 데 도움이 될 수 있다는 것을 발견했습니다. 이 모든 것들은 제가 파동의 높이에서 내려와서 다시 명확하게 볼 수 있는 시간을 줍니다.

저는 시행착오를 통해 이 파동의 절정에 있을 때는 꼭 필요하지 않는 한 이메일, 문자 또는 다른 요청에 반응할 때가 아니라는 것을 배워야 했습니다. 제가 말하는 것이 그것을 받는 사람에게, 특히 미정의된 ESP에게 감정적으로 부담을 주는 것처럼 느껴지기 때문만이 아니라, 이런 것들은 대개 결단을 필요로 하는데, 감정적으로 부담을 느끼면서 순간적으로 결정하는 것은 옳은 결정으로 이어지지 않기 때문입니다.

부족 파동 – 근원의 파동 – 채널 59 – 6(메이팅)

이 파동은 당신이 가장 사랑하고 결속되어 있는 사람들을 돌보고 도움을 주는 것과 관련된 감정 에너지입니다. 이 파동을 가진 사람들은 일반적으로 그들이 가장 아끼는 사람들을 위협하지 않는 한 감정적으로 보이지 않습니다.

자녀에게 이 파동이 있다면, 예를 들어, 누군가가 그들의 형제자매를 위협하거나 비열한 말을 할 때, 그들은 위협을 주는 사람에게 공격적으로 반응하는 것을 볼 수 있습니다, 이 파동의 또 다른 예는 누군가 또는 뭔가가 자녀의 안전을 위협하기 전까지는 부드럽고 심지어 온화하지만, 그 선을 넘게 되면 위협적인 사람이나 사물에 사자처럼 포효하는 부모의 경우입니다.

집단적 파동 - 채널 36 - 35(다재다능), 41 - 30(인식)

이 파동은 파동의 낮은 부분에서 시작하여 욕망이나 기대에 기초하여 점점 더 높이 올라가다가 그 기대가 충족되지 않을 때 무너지는 느린 구조입니다. 파동이 무너질 때, 이 사람들은 파동이 다시 쌓이기 시작하기 전에 파동의 낮은 곳에서 시간을 보낼 수 있습니다. 이 파동의 길이는 개인에 따라 다른데, 이는 파동을 타는 사람마다 각기 다른 부분에서 보내는 시간의 양이 다르다는 의미입니다.

자녀가 경험하는 감정을 자녀와 동일시하지 않는 것이 얼마나 중요한지는 아무리 강조해도 지나치지 않습니다. 감정은 단순히 그들이 타는 감정의 파동일 뿐이므로 스스로를 판단하거나 그 감정과 지나치게 동일시할 필요는 없습니다. 감정의 최고점 또는 최저점과 동일시하지 않는 방법을 배울 수 있다면, 자녀 또한 최고점이나 최저점과 동일시하지 않는 법을 배울 것입니다. 자녀가 감정에 더 동일시할수록 그들은 그 감정의 파동에서 더 오랜 시간을 보낼 수 있습니다. 따라서 그들이 우울한 느낌에서 깨어날 때 "나는 오늘 너무 슬프고 우울해, 나한테 무슨 문제가 있지?"에서 "나는 오늘 슬픈 느낌이 들어. 나는 오늘 무엇이 필요할까?"로 프레임을 재구성하도록 도와주는 것을 고려해 보세요. 어린아이들에게는 안아주는 시간, 포옹, 함께 쇼를 보기, 조용히 책 읽기, 그림 그리기 등을 통해 내면으로 들어가서 그들이 경험하는 감정을 처리할 공간을 마련해주세요.

더 나이가 많은 아이들에게는 "나는 슬프다"가 아니라 "나는 오늘 슬프게 느껴져"라고 말하면서 감정과 동일시하지 않는 것에 대해 이야기하세요. 자녀가 파동의 그 부분에 자신을 더 많이 동일시할수록, 그들은 그곳에서 더 많은 시간을 보내게 될 것입니다. 분명히 말하면, 이것은 감정을 우회하는 것이 아니라 감정을 인정하고, 감정을 느낄 수 있는 공간을 만들고, 낮은 진동의 감정을 느끼는 것을 괜찮게 여기도록 하는 것입니다. 물론 여기에는 많은 요소들이 있고 만약 당신의 아이가 매우 낮은 경우거나 그 안에 머물러 있다면, 그들이 필요로 하는 지원을 해줄 수 있는 전문적인 도움을 구하세요. 아이들에게 자신의 감정에 대한 이런 가르침을 더 일찍 가르칠수록, 그들은 더 탄력적이 될 수 있고, 따라서 감정을 자신의 본질이 아니라 경험하는 어떤 것으로 볼 수 있습니다.

차트에 이 파동이 있는 아이들은 단지 그 경험을 위해 뭔가에 참여하고 기대감을 내려놓도록 상기시킬 필요가 있습니다. 희망을 품고 어떤 일이 일어나도록 모든 에너지를 쏟고는 일이 잘되지 않자 주저앉아 "나는 절대 희망을 품지 말았어야 했어." 또는 "왜 엄마는 그 일이 일어날 것이라고 생각하게 만들었어?" 또는 "나는 시도조차 하지 말아야 해. 나에겐 아무것도 잘 풀리지 않아!"라고 말하는 아이에게서 이 채널이 반복해서 재생되는 것을 지켜보았습니다. 이 채널에는 환상적인 요소가 있을 수 있으므로 자녀가 가지고 있는 기대는 실제로 양자가 합의한 것이 아닐 수도 있습니다. 부모는 앞으로 일어날 수 있는 일들에 대한 아이디어를 건넬 때 그것이 약속이 아니라 아이디어라는 것을 확실히 하면 도움이 될 것입니다. 언젠가 디즈니랜드에 가고 싶다는 이유로 대화 중에 아무렇지도 않게 "우리 디즈니랜드에 가자"라고 말하는 것은 이 채널을 가진 아이들에게는 쉽게 "우리는 디즈니랜드에 갈 거야!"라고 들릴 수 있습니다.

부모가 아무런 약속도 하지 않았고 실제로 조만간 갈 수 없다는 사실을 알게 될 때 그들이 느낄 실망감은 충분히 상상이 가능합니다.

하지만, 어떤 날은 우울한 날이 있을 것이며, 그것은 자녀에게 문제가 있거나 고쳐야 한다는 의미가 아니라 그저 감정 파동의 한 부분이라는 것을 이해하는 것이 중요합니다.

이 파동은 감정 결정권을 가진 사람에게 나타나는 것이므로 부모나 보호자는 더 큰 결정을 내릴 때 자녀와 함께 확인함으로써 그들을 도울 수 있습니다. 자녀가 방금 본 장난감에 저축한 돈을 다 쓰는 대신에 며칠을 기다렸다가 그것이 진정으로 모든 돈을 쓰고 싶어 한 장난감인지를 확실히 하는 법을 배우도록 도와주세요. 언제 그들이 행복하고 신나는지, 또는 언제 그들이 삐지고 슬프고 좌절감을 느끼는지 등을 물어보는 연습을 하세요. 자녀가 감정적인 부담 없는 중립적인 상태로 돌아왔을 때, 그들이 저축한 모든 것을 장난감 하나에 여전히 쓰고 싶은지 물어보세요.

개별적 파동 – 채널 12 – 22(개방성), 39 – 55(감정기복)

이 파동은 때때로 갑작스러운 기복이 있지만, 일반적으로 최고점이나 최저점에서 많은 시간을 보내지 않습니다. 이 아이들은 뭔가에 대한 갑작스러운 희망과 흥분을 경험할 때까지 감정적으로 중립적인 기분으로 지낼 수 있습니다. 흥분은 보통 오래 지속되지 않고 다시 중립으로 돌아옵니다. 최저점도 마찬가지인데, 거기서 그들은 갑자기 깊은 절망감을 느꼈다가 다시 되돌아옵니다. 이런 종류의 파동에는 그들이 파동 한가운데 있을 때 다시는 아무것도 느끼지 못할 우울한 느낌이 있을 수 있습니다. 파동이 더 무작위적이고 최고점은 너무 높고 최저점은 너무 낮기 때문에 중립의 느낌은 "메 (영 별로임)" 또는 "무슨 의미가 있나요(뭐 어쩌라고)?"와 같은 느낌입니다. 그들은 언제 다시 깊은 감정을 느낄지 모릅니다. 이러한 높고 낮음에 관계없이 깊은 감정을 통해 그들은 전통적인 방법, 음악, 요리, 디자인 등으로 놀랍고 열정적인 예술을 창조할 수 있습니다.

하지만 어떤 날은 침체된 날이며, 그것이 그들에게 문제가 있다는 것을 의미하는 것이 아니라 단지 감정 파동의 한 부분이라는 것을 이해하는 것이 중요합니다. 이런 우울한 날은 그들이 물러설 필요가 있고 모든 감정을 느끼고 그것에서 빠져나올 수 있는 혼자만 있을 수 있는 시간을 더 많이 제공합니다. 왜 그렇게 우울하거나 기분이 내려앉은 느낌이 드는지 말해달라고 밀어붙인다면, 그것은 단지 그 낮은 상태를 강화하기만 할 뿐이고, 그들은 거기에 더 오래 머물 수도 있습니다. 낮은 상태에 있을 때 그들에게 약간의 공간을 줄 수 있는 방법을 찾고 그것이 그들의 감정적인 과정의 일부라는 것을 아세요.

감정 파동이 있는 아이들의 부모

휴먼디자인은 감정이 작동하는 방식의 메커니즘에 대한 정보를 제공합니다. 당신의 자녀가 극단적이거나 장기간 낮은 상태를 자주 경험하고 있다고 해서 자녀의 정서적 건강에 대해 도움을 구하지 말고 단지 휴먼디자인이 작동하는 것으로 간주하라는 뜻이 아닙니다. 우리는 복잡한 인간이고, 휴먼디자인은 우리 이야기의 일부만 말해줍니다. 부모로서 내적인 안내에 귀를 기울이고 언제 추가적인 도움을 구해야 하는지 알아야 합니다.

정의 – 인구의 51%

당신의 아이가 정의된 ESP를 가지고 있다면, 그들은 방에 들어서면서 그 방의 감정 온도에 영향을 미칠 것입니다. 그들이 파동 속 어디에 있든지, 미정의된/열린 ESP는 비록 그것이 어디에서 오고 있는지 이해하지 못하더라도 감정적으로 느낄 것입니다. 만약 당신 아이의 파동이 감정을 불러일으키는 부분에 있거나 우울한 상태라면, 아마도 지금은 그들을 데리고 새로운 친구들을 만나거나 사진을 찍으러 데려가기에 적당한 시기가 아닐 것입니다. (저는 우리 모두가 그런 가족사진을 본 적이 있다고 생각합니다.) 우리가 항상 이런 것들을 선택할 수 있는 것은 아니지만, 자녀가 감정적으로 어디에 있는지 아는 것은 왜 사물에 반응하면서 그들이 하는 방식으로 하는지 이해하는 데 도움이 될 수 있습니다. 무엇이 자녀가 안정된 느낌이 들도록 도움을 줄 수 있을까요? 무엇이 그들의 스트레스를 날려버리는 데 도움이 될까요? 물 위에서 바위 뛰어넘기? 야구공 치기? 축구공 차기? 춤추기? 음악을 틀고 머리를 흔들기? 베개에 얼굴을 묻고 소리 지르기? 혼자만의 시간 갖기? 감정은 창의성의 생명력이므로 그들에게 예술이나 음악을 창조하도록 격려하는 것은 감정이 자녀를 통해 움직이게 함으로써 그들이 느끼고 있는 것을 처리하는 데 도움을 줄 수 있습니다.

대부분의 아이들은 아마도 자신들이 이런 파동을 내보내고 있다는 사실이나 누구라도 그 파동을 느낄 수 있다는 것을 깨닫지 못합니다. 왜냐하면 그것은 그들 안에서 항상 일어나고 있으며 모든 사람들도 그런 식으로 느낀다고 생각하기 때문입니다. 자녀의 감정 표현이 다른 사람들에게 어떻게 영향을 미치는지를 이해시키고, 감정을 갖는 것에는 아무런 문제가 없으며 그것은 그들 삶의 자연스러운 부분이라는 것을 이해하도록 안내하고 돕는 것이 부모가 해야할 일입니다. 감정에 저항하려고 하면 할수록, 그들은 더 별난 느낌이 들지도 모릅니다.

감정적인 아이들은 어느 날엔 뭔가에 대해 흥분하다가 그다음에는 전혀 흥미를 느끼지 못할 수 있습니다. 기분 좋은 일이 아닌 것으로 느껴지는 일을 계속하도록 강요한다면, 결과는 당신이 생각하거나 바라던 것만큼 좋은 것이 아닐 수 있습니다. 그러니 이것은 개인적인 것이 아니라 기계적인 현상이라는 것을 알고 대비하세요. 감정이 정의된 아이가 "샐리 집에 놀러 가고 싶지 않아요."라고 말하는데, 당신은 아이에게 어쨌든 가라고 강요한다면 마음의 준비를 하세요. 아이는 자신의 파동에서 어디에 있는지 말하고 있는 것이며, 그들에게 파동의 다른 부분에 있으라고 강요하는 것은 잘되지 않을 것입니다.

아이들에게 계속해서 "뭐가 문제야?" "무슨 일이 있었어?" 또는 "무엇 때문에 그렇게 느꼈어?"라고 물을 때, 이는 그들이 가지고 있는 감정이 단지 그들의 본래 모습과 그들이 경험하는 것의 일부가 되게 하는 게 아니라 그들이 가지고 있는 감정에 반드시 이유가 있어야 한다고 말하는 것입니다. 그것은 그들에게 기쁨 이외의 다른 것을 느끼는 것은 잘못된 것이며, 불행하다고 느낀다면 반드시 그 것에 대한 이유를 찾고 그것을 뿌리 뽑기 위해 어떤 대가를 치르더 라도 노력해야 한다고 말하는 것입니다. 아이들에게 그것이 그들이 경험하는 감정 파동의 일부이고 그들의 본래 모습이 아니라는 것을 알게 한다면 어떨까요? 그들은 슬픈 것이 아닙니다. 단지 슬픔을 느 끼는 것일 뿐입니다.

미정의/열림 – 인구의 49%

열린 G 센터를 가진 사람이 누가 누구인지 느낄 수 있는 것과 마 찬가지로, 열린 ESP는 정의된 ESP가 어떻게 느끼는지 느낄 수 있 습니다. 미정의된/열린 ESP는 감정적으로 매우 공감하는 아이입니 다. 그들은 방 안에 있는 모든 감정 에너지를 흡수하고 증폭시킵니 다. 아이러니하게도 이 때문에 그들은 그 방에서 가장 감정적인 사 람으로 보일 수 있습니다. 정의된 ESP는 아무런 말도 하지 않고 방 안을 걸어 다니면서도 방의 전체 분위기를 바꿔놓아 미정의된/열 린 ESP를 가진 모든 사람에게 영향을 줄 수 있습니다. 인구의 약 50%가 감정이 정의되고 50%가 미정의된/열린 상태이므로 당신의 가정에는 이들이 섞여 있을 가능성이 높습니다. 어떤 사람은 논쟁 과 갈등, 그리고 심지어 축하하는 일에도 다른 사람보다 더 많은 영 향을 받기 때문에 누가 다른 사람들보다 감정적으로 민감한지를 알 면 그들의 행동과 반응을 이해하는 데 도움이 될 수 있습니다.

열린 ESP를 가진 사람들은 갈등이나 대립을 좋아하지 않습니다. 아이들은 당신이 누군가와 다투거나 심지어 당신이 어떤 것에 대해

신이 나서 매우 흥분해도 방에 들어가 숨어버립니다. 모든 강렬한 감정은 그들에게 크고 압도적으로 느껴집니다. 이런 아이들은 왕따에 맞서고 싶지 않기 때문에 왕따가 될 수 있습니다. 그들은 당신의 반응에 대응하고 싶지 않기 때문에 당신이 화가 날 것이라고 생각하는 어떤 일을 했을 때(그것이 사실무근일지라도) 당신에게 말하는 것을 피할 수 있습니다. 십 대일 때, 그들은 친구의 감정을 다루거나 공격적이거나 강압적인 에너지에 반응하는 것을 피하기 위해 다른 아이들이 하고 있는 것을 따르거나 또래의 압력에 굴복할 수 있습니다. 이 미정의된 ESP 아이들은 또한 집에 늦게 올 때 부모가 화가 날 것이라는 것을 알고 있고, 정의된 ESP를 통해 표현되는 부모의 강렬한 반응을 느끼고 싶지 않기 때문에 부모의 전화를 받는 것을 피할 수 있습니다. 이 경우에는 ESP가 미정의된 부모/조부모 또는 친구 등 다른 사람이 전화를 걸어 그들이 괜찮은지 확인하는 것이 도움이 될 수 있습니다.

이 아이들은 자기들이 느끼는 모든 강렬한 감정이 자기들의 것이 아니라는 것을 배울 필요가 있습니다. 감정의 근원을 이해할 수 있을 때, 그들은 다른 사람들의 감정에 대한 책임감에서 벗어날 수 있고, 다른 사람들로부터 오는 감정 에너지를 비껴가는 것을 배우거나 그것에 갇히지 않고 흘려보내는 방법을 배울 수 있습니다.

연습: 당신은 아이들에게 다른 사람들(TV나 영화, 만화 캐릭터에 나오는 사람들)에 대해 물어보고, 아이들이 캐릭터들의 감정을 어떻게 인식하는지를 물어봄으로써 아이를 도울 수 있습니다. 다른 사람들을 볼 때 자녀가 느끼는 것은 그들 자신에게서 오는 것이 아니라,

감정을 느끼는 캐릭터들이나 다른 사람으로부터 표현되는 감정에서 온다는 것을 이해하도록 도와주세요. 그런 다음 TV를 끄고 무엇이 느껴지는지 물어보세요.

그들에게 일어나서 몸을 움직여 에너지를 털어버리게 한 다음 그들의 기분이 어떤지 다시 물어보세요. 그런 다음 그 TV 프로그램이나 사람을 보면서 느낀 것과 지금 느끼는 것 사이에 차이를 느끼는지 물어볼 수 있습니다. 때로는 감정의 강도에 따라 털어버리기까지 시간이 더 오래 걸릴 때도 있지만, 첫째로 그들이 집착하는 것이 그들의 감정이 아니라는 것, 둘째로 그들이 그것을 발산할 방법을 찾을 수 있다는 것을 이해하도록 도와주는 것은 그들의 삶에 큰 도움이 될 것입니다.

이것을 이해하지 못하고 모든 사람으로부터 모든 것을 느끼는 아이들은 사람들에게 비위를 맞추는 사람으로 자랄 수 있습니다. 그들은 대립적이지 않게 되어 누구의 감정적 반응도 자극하지 않으며, 종종 자신을 희생시키며까지 완전히 갈등을 피해갈 수 있습니다.

모든 감정을 붙잡고 왜 그런 감정을 느끼는지 이해하려고 애쓰는 스펀지가 되기보다는 스크린이 되어 감정이 통과하도록 가르치세요.

두 개의 미정의된/열린 ESP

두 개의 미정의된/열린 ESP가 함께 모여 임시로 채널을 정의할 수 있습니다. 이를 통해 두 사람은 실제 갈등의 지점에 도달할 때까지 감정 에너지를 서로 주고 받으며 증폭시킬 수 있습니다. 이런 일이 일어난다면, 그들 중 누구도 이 에너지를 만들어내지 않았으며 다른 곳에서 관계 속으로 가져왔다는 것을 기억하세요. 두 사람이 그것을 인식할 수 있고 이 에너지를 방출하기 위해 잠시 떨어져 있는 것에 동의한다면, 다시 모였을 때 감정의 장은 다시 중립적으로 느껴질 것입니다. 떨어져 있는 시간에는 진정으로 혼자가 되어야 다시 돌아올 때 다른 곳에서 더 많은 감정 에너지를 가져오지 않게 됩니다. 감정 공감자에게 혼자 있는 시간은 다른 사람들의 감정을 발산하는 데 가장 좋습니다.

미정의/열린 ESP 센터의 조건화된 혼잣말

- 나는 진실을 말할 수 없다. 왜냐하면 그것은 그들의 감정을 상하게 할 것이기 때문이다.
- 나는 만만한 사람이다. 왜냐하면 나는 나 자신을 앞세우고 싶지 않기 때문이다.
- 나는 너무 감정적이다.

혼잣말을 바꾸도록 도와줌으로써 그들의 역량을 강화시키기

- 나는 "너무 감정적인" 것은 아니지만, 다른 사람들의 감정을 깊이 느낄 수 있다.
- 나는 다른 사람의 감정에 공감하지만, 그 감정을 내 감정으로 받아들일 필요는 없다.
- 감정 감지는 나의 초능력이다!

루트 센터

압력 센터 | 모터 센터 | 정의 시 갈색

루트 센터는 차트에서 압력과 아드레날린을 모두 찾을 수 있는 곳입니다. 루트 센터에서 오는 압력은 스플린 센터, 새크럴 센터 또는 ESP로 전달됩니다. 루트 센터가 정의되어 있다면, 압력에 대한 일관된 주제를 갖게 되며 자신만의 타이밍에 따라 작동합니다. 이 센터가 미정의되었거나 열려 있으면 당신에게 영향을 미치는 사람 또는 행성 트랜짓에 따라 차트에 다양한 에너지가 밀려 들어오게 됩니다.

정의 – 인구의 60%

정의된 루트 센터는 켜짐(on)/꺼짐(off)의 펄스로 작동합니다. 이는 아드레날린이 작용한다고 느낄 때가 있고, 추진력이 없다고 느낄 때가 있다는 것을 의미합니다. 이 켜짐/꺼짐 펄스에 귀를 기울이는 것이 매우 중요합니다. 왜냐하면 당신이 하고 싶지 않을 때 행동을 강요한다면, 그것은 언덕 위로 바위를 밀어 올리는 것과 같아서 열심히 일해도 거의 진전이 없기 때문입니다. 루트 센터의 펄스를 사용하여 작업을 진행하고 "켜진" 시간을 사용하여 흐름에 들어가 원하는 작업이나 필요한 작업을 수행하면 효율성이 향상되고 더 짧은 시간 내에 완료할 수 있습니다. 그것은 마음속으로 계획한 일정에 맞지 않을 수도 있습니다.

자녀의 루트 센터가 정의되어 있고 "꺼진" 펄스에 있을 때 방 청소를 하라고 한다면, 다그치거나 달래거나 강요하는 싸움이 일어날 것을 준비하세요. 심지어 당신이 요구하는 것을 자녀가 하도록 하기 위해 그들에게 뇌물을 주는 자신을 발견할 수도 있습니다. 루트 센터가 정의된 어린이에게는 어떤 일을 하도록 압력을 가할 수 없습니다. 그것은 그들의 타이밍에 따라야 합니다. 당신의 입장에서 작업을 완료하기 위해 얼마나 그들이 필요한지 고려하세요. 아이들에게 그들의 디자인에 어긋나게 일하도록 지속적으로 강요할 때, 우리는 아이들이 자신의 몸이 말하는 것보다 다른 사람들이 말하는 것을 하도록 조건화시켜 그들의 진실과 전략, 그리고 내적 내적결정권과 단절시키는 것입니다. 그들에게 당신의 스케줄에 따라 일을 하라고 강요하는 대신, 그들에게 과제를 완수할 수 있는 시간을 주도록 하세요.

새크럴 에너지 유형

자녀가 제너레이터 또는 매니페스팅 제너레이터라면, 새크럴이 루트 센터보다 일관되게 강력하므로 '예/아니오' 질문을 통해 당신이 원하는 작업을 하도록 요청할 수 있습니다. 하지만 그렇게 하기전에, 저는 당신이 그들에게 휴식하라는 몸의 신호를 무시하도록 가르치고 있지 않은지 묻고 싶습니다. 새크럴은 루트보다 더 강력한 모터입니다. 그리고 그것이 작동되면 루트 센터 같은 다른 센터들을 압도할 수 있습니다. 아이들이 해야 할 일이 있고 생활은 계속되어야 하겠지만, 위급한 일이 아니라면 아이들이 방을 청소하도록 내일까지 기다려 줄 수 있나요? 기억하세요, 우리는 마음이나 다른 사람이 아닌 자신의 몸을 내적결정권으로 아는 아이들을 키우려고 노력하고 있는 중입니다.

비 새크럴 에너지 유형

자녀가 프로젝터나 리플렉터라면, 당신은 그들이 자신의 에너지를 사용하도록 초대할 수 있습니다. "요즘 방에서 물건을 찾기가 어려운 것 같아. 어떻게 하면 개선할 수 있을까?" 또는 "여기서 더 평화롭고 차분하고 정돈된 느낌이 드는 공간으로 만들려면 어떻게 하면 좋을까?" 또는 "너의 방을 정리하는 방법에 대해 말해주겠어?"와 같은 질문을 던질 수 있습니다. 그리고 자녀가 청소를 하거나 당신이 요청한 일을 완료한 후에는 그들이 그 일에 쏟은 노력에 대해 인정해 주세요. 자녀를 주목하세요. 당신이 그들의 행동과 노력을 보고 있다는 것을 알려주세요. 만약 당신이 새크럴 에너지 유형이라면, 자녀가 에너지를 빌리기 위해서는 당신이 남아서 그들과 함께 있어야 할 수도 있습니다.

자녀가 매니페스터인데 당신이 요구하는 것을 하고 싶어 하지 않는다면, 그들이 선택할 수 있는 능력이 있지 않는 한 그것은 정말 어려운 일이 될 수 있습니다. 이럴 때는 예를 들어 "나는 네가 네 방을 청소해 주었으면 해. 금요일 이전에 언제 해줄 수 있겠니?"라고 말할 수 있습니다. 그것은 그들에게 시간의 여유를 주므로 당신이 요청한 일을 수행할 때 일부 발언권을 가질 수 있습니다.

이 방법은 부모가 자신의 힘을 내주는 것이라고 생각하기 쉽지만, 당신의 아이가 누구인지, 그리고 그들의 에너지가 어떻게 작용하는지를 존중한다면, 모든 것들이 힘겨루기일 필요는 없습니다. 힘겨루기는 한 사람이 다른 사람을 지배하려고 할 때 일어납니다. 아이들이 무엇을 원하거나 무엇을 할 수 있다고 느끼든 상관없이 아이들이 당신이 원하는 것을 하도록 하기 위해 아이들을 지배하는 구시대적인 육아 방법이 많이 있습니다. 우리 조상들은 여러 세대에 걸쳐 이러한 방식을 고수해 왔지만, 더 나은 방법이 있습니다. 다시 말하지만, 이것은 자녀에게 과도한 힘을 부여하라는 것이 아니라 자녀의 나이에 맞는 적절한 힘을 부여해야 한다는 의미입니다. 그들에게 자신과 몸에 대한 신뢰에 의지할 수 있는 방법을 알려주면 자녀는 삶에서 성공하고 자신의 능력에 자신감을 갖는 독립적인 사람들로 성장할 수 있습니다.

미정의/열림 – 인구의 40%

미정의된/열린 루트 센터는 압력에서 벗어나야 한다는 엄청난 압박을 받고 있습니다. 이곳은 차트에서 아드레날린을 발견하는 곳이기 때문에, 이 센터가 열려 있으면, 그들 주변의 정의된 루트 센터로부터 아드레날린이 엄청나게 증폭됩니다. 루트 센터가 정의된 사람에게서 나오는 에너지는 너무 많은 에너지를 담고 있는 것처럼 느껴지므로 루트 센터가 열린 사람은 즉시 반응해야 합니다. 정의된 루트 센터를 가진 사람이 "언제든 당신이 원하는 대로"라고 말하더라도 말이죠.

이 에너지를 어떻게 받아들이고 증폭시켜야 할지 모를 때, 당신은 아드레날린이 항상 당신을 통해 흐르는 것처럼 느낍니다. 당신의 몸은 높은 스트레스 호르몬이 지속적으로 일관되게 존재하지 않기 때문에 삶을 서두르고 일찍 탈진합니다. 결국 무리하고, 과도하게 헌신하고, 일반적으로 감당할 수 있는 것보다 더 많은 일을 장기적으로 맡게 됩니다. 단기적으로는 증폭된 아드레날린 에너지로 달리기 때문에 작업을 가장 빠르게 수행할 수 있습니다. 만약 당신이 이 센터가 열려 있어 아드레날린 에너지의 느낌과 그것이 제공하는 스릴에 사로잡힌다면, 아드레날린 중독자가 될 가능성이 높을 수 있습니다.

루트 센터가 완전히 열린 프로젝터인 저는 개인적으로 번아웃에 익숙합니다. 저는 32살에 공황 발작과 불안으로 완전히 지쳐버린 저 자신을 발견했습니다. 제 코르티솔 수치가 너무 오랫동안 상승해서 테스트를 해보니, 제 몸은 수면, 각성, 그리고 스트레스 반응에 영향을 미치는 일주기 리듬을 조절할 수 있는 적절한 수준의 코르티솔을 생산하고 있지 않았습니다. 저는 제가 무엇을 잘못하고 있는지 전혀 몰랐습니다. 저는 하루 종일 제 아이들을 거의 돌볼 수 없었고 하루의 대부분을 소파에서 쉬면서 보냈습니다. 저는 가치가 없다고 느꼈습니다. 저는 저 자신을 잃어버린 채 다른 사람들을 위해 모든 것을 하고 있었고 더 이상 저 자신을 위해 무엇을 하고 싶은지조차 몰랐습니다. 저는 이제 그 시간을 저에게 큰 깨우침으로 돌아볼 수 있고, 그것이 저를 현재의 길에 있게 해준 것에 감사하지만, 그 누구도 그 정도의 번아웃을 견디는 삶을 살지 않았으면 합니다.

루트 센터가 열려 있는 자녀는 압박감에 쉽게 압도당할 수 있습니다. 결과적으로 그들은 학교나 다른 활동에서 불안감으로 어려움을 겪을 수 있습니다. 당신은 압도당하는 것을 피하기 위해 그들과 압박감에 대해 이야기하고, 과제를 더 작은 부분으로 나눠줌으로써 도움을 줄 수 있습니다. 루트 센터가 열려 있거나 미정의된 아이들은 스트레스에서 벗어나기 위해 그것을 끝내기를 원하기 때문에 때때로 서둘러 일을 처리하고 세부 사항에 충분한 시간을 할애하지 않습니다.

제 아이들도 루트 센터가 열려 있거나 정의되지 않았는데, 저는 그 압박감이 학교와 또래 친구들 사이에서 제 아이들에게 어떤 영향을 미치는지 보았습니다. 2020년 내내 집에 있으면서 비록 다른 많은 영역에서는 힘들었지만, 그들이 집에서는 압박을 훨씬 덜 받는다는 것을 알 수 있었습니다.

열린 루트 센터는 열린 ESP가 감정을 느끼는 것과 같은 방식으로 압력이 가해진 에너지를 느낄 수 있습니다. 그들은 에너지가 자신의 것이라고 생각하면서 자신의 에너지로 여기지만, 사실 그것은 빌린 것입니다. 당신 또는 자녀의 루트 센터가 열려 있다면, 루트 센터가 정의된 사람과 함께 있는 것이 어떤 느낌인지 식별하는 방법을 배우세요. 당신이 느끼는 아드레날린 에너지는 자신의 것이 아니므로 당신이 해야 한다는 압박감을 느낀다면, 모든 것을 해야 하는 사람이 당신인지 확인해 보세요. 또한, 자녀가 루트 센터가 열려 있고 감정 결정권을 가지고 있다면, 이 센터를 통해 느끼는 압박감 때문에 초대나 기회에 반응하기를 기다리는 데 어려움을 겪을 수 있습니다.

미정의된/열린 루트 센터와 정의된 루트 센터

당신의 루트 센터가 미정의되었거나 열려 있고 자녀의 루트 센터가 정의되었다면, 당신은 자녀가 항상 물건, 대답, 장난감 등을 요구하는 것처럼 느낄 수 있습니다. 열려 있는 루트 센터는 정의된 루트 센터의 압력을 감지하고 압력에서 벗어나고 싶어 합니다. 루트 센터가 열려 있다면 반응하거나 구매하거나 일을 저지르기 전에 "만약 내가 '아니오'라고 말하면 어떻게 되지?"라고 스스로에게 물어보세요.

당신이 정의된 루트 센터를 가진 누군가와 공동 양육하고 있으며 당신은 미정의된/열린 루트 센터가 있다면, 당신이 동의한 것보다 상대방이 더 많은 것을 요구하고 항상 사물, 시간, 경계에 대해 당신에게 압력을 가하고 있다고 느낄 수 있습니다. 명확한 경계를 설정하면 모든 사람이 처음부터 각자에게 무엇을 기대하는지 알 수 있습니다. 명확한 경계가 있더라도 삶은 일어나고 상황은 변하기 때문에 예상치 못한 일이 발생했을 때는 스스로에게 이렇게 물어보세요. "그들이 요구하는 것인가, 아니면 그냥 물어보는 것인가?"

열린 루트 아이에게 가해지는 압박

루트가 열린 아이들은 특히 다른 열린 센터들과 결합하여 다른 사람들로부터 너무 많은 에너지를 흡수할 수 있어서 그들이 느끼는 것에 대해 질문을 받았을 때 압박감에 무감각해지는 것처럼 보일 수 있습니다. 그들은 정신적으로 자신들이 겪고 있는 스트레스를 인식하지 못하는 것처럼 보일 수 있지만, 그들의 몸은 말합니다. 이것은 스트레스 때문에 충분히 먹지 않거나 과도한 운동을 하는 아이들로 나타날 수 있습니다. 이는 또한 그들이 느끼는 압박감을 스스로 치료하기 위해 과식하는 것으로 나타날 수 있습니다. 저는 또한 이 인지하지 못한 스트레스에 너무 압도되어 스트레스를 받는 상황에 직면했을 때 신체가 정상적인 기능을 멈추고, 도움 없이 걷지 못하고, 정신적으로 문을 닫아 다른 곳으로 도망가는 아이를 목격하기도 했습니다. 이 아이는 신체적으로 아무 이상이 없었지만, 압박감과 스트레스가 그의 몸을 압도했습니다. 이 아이는 즐거운 상황에서는 정상적으로 보여 그가 아프다는 것이 가짜라고 생각하게 만들었지만, 스트레스가 너무 심해지자 정신적으로나 육체적으로 다시 문을 닫았습니다. 그리고는 결국 한 학년 동안 규칙적인 활동을 중단하고 휴식을 취한 후 상황이 호전되어 정상적인 삶의 방식으로 돌아왔습니다. 부모는 모든 것이 "괜찮다"는 아이의 말을 액면 그대로 받아들이기보다는 "너무 과도하다"는 덜 분명한 징후를 살피는 법을 배웠습니다.

루트 센터가 열려 있는 부모라면 나중에 해도 되는 일에 얼마나 많은 시간을 보내고 있나요? 예를 들어, 싱크대에 있는 모든 접시는 놓이자마자 바로 씻어야 하나요? 그렇지 않고 바닥에 엎드려 아이들과 레고 놀이를 하는 동안 청소는 내일로 미룰 수 있나요?

루트 센터가 열려 있다면, 자신에게 가장 소중한 것이 무엇인지 생각해 보세요. 당신이 가장 아끼는 것은 무엇인가요? 당신은 삶을 돌아보며 "아이들이 어렸을 때 바닥을 좀 더 닦아줬으면 좋았을 텐데"라고 말하나요? 아니면 "더 자주 사소한 일들을 내버려 두고 모든 단계에서 아이들과 관계를 맺었으면 좋았을 텐데"라고 말하나요? 우리가 삶과 육아에서 추는 춤은 바로 균형입니다. 우리가 항상 균형을 맞추지는 못합니다. 프로파일에서 3번 라인(다음 장에 자세히 나와 있는 프로파일)이 있다면 무엇이 적합하고 무엇이 적합하지 않은지 파악하기 위해 몇 가지를 시도해야 합니다. 열린 마음을 유지하고 그것이 부모와 자녀 모두를 위한 학습 과정이라는 것을 알아두세요. 당신은 당신이 알고 있는 것에 최선을 다하고 있으며 당신 자신에게도 상냥해야 한다는 것을 기억하세요.

초대

이것은 육아를 어떻게 해야 하는지에 대해 마음속으로 들려주는 이야기들을 살펴보라는 초대장입니다. 당신은 부모가 시키는 대로만 하도록 길러졌고 삶에서 당신이 처한 상황에 대해 동정을 받지 못했나요? 감정이 낮거나 에너지가 떨어진 날을 보내고 있을 때, 억지로 그것을 뛰어넘도록 강요받았나요? 당신의 경험에서 볼 때 자녀가 당신의 방식대로 당신의 시간에 맞춰 일하기를 원하는 것으로 식별되는 조건화가 무엇이 있나요?

미정의된 루트 센터의 조건화된 혼잣말

- 나는 내가 해야 할 모든 일을 어떻게 해야 할지 모른다. 따라서 나는 아무것도 하지 않을 것이다.
- 나는 너무 압박을 느껴서 올바른 때를 기다리지 않고 행동할 뿐이다.
- 나는 단지 압박감에서 벗어나고 싶을 뿐이다.
- 왜 사람들은 항상 나를 압박하지?

혼잣말을 바꾸도록 도와줌으로써 그들의 역량을 강화시키기

- 나는 나 자신의 타이밍 감각을 익히는 것을 배울 수 있고 다른 사람의 일정에 맞출 필요가 없다.
- 내가 압박감을 느낀다고 해서 지금 당장 행동해야 하는 것은 아니다.
- 나는 속도를 줄이고 나 자신의 시간에 달릴 수 있을 정도로 나 자신을 존중한다.
- 누군가가 나에게 뭔가를 요구한다고 해서 바로 행동해야 하는 것은 아니다.

제9장
프로파일

성장하고 진정한 자신이 되기 위해서는
용기가 필요하다.
- E. E. 커밍스CUMMINGS -

휴먼디자인의 프로파일은 당신이 이 삶에서 어떤 역할을 하는지 이해하는 데 도움이 됩니다. 프로파일은 학습 방식과 다른 사람과 상호 작용하는 방법에 대해 자세히 알려줄 수 있습니다. 자녀의 프

5/2 프로파일

프로파일 숫자 찾는 방법

프로파일 라인은 의식적, 무의식적 태양에서 비롯된다. 의식적 라인이 먼저 표시되고 그다음에 무의식적 라인이 표시된다. 이 차트는 5/2 프로차일이다.

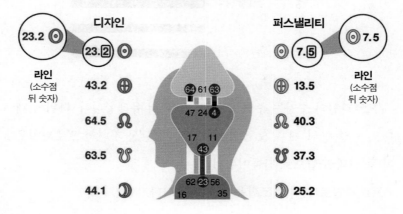

로파일을 이해하면 자녀의 성격에 대한 많은 통찰력을 얻을 수 있습니다.

프로파일의 라인은 의식적 태양과 무의식적 태양에서 발견됩니다. 차트를 보면 행성 기호가 나열된 차트의 검은색과 빨간색 면에 기호가 표시되는 것을 보게 될 것입니다. 태양 기호에서 게이트 번호 뒤에 소수점과 숫자(1 – 6)가 표시되거나 일부 차트에서는 지수 또는 올림 숫자로 표시됩니다. 위의 예에서는 게이트 7에 의식적 태양이 있고 그 뒤에 소수점이 있고 프로파일 라인 5가 표시되어 있습니다. 프로파일은 먼저 의식적인 태양 라인을 읽은 다음 무의식적 태양 라인을 읽습니다. 이 예는 5/2 프로파일을 보여줍니다.

헥사그램 라인

상괘	6	롤 모델	▬▬▬▬▬▬▬
	5	이단자	▬▬▬▬▬▬▬
	4	기회주의자	▬▬▬▬▬▬▬
하괘	3	순교자	▬▬▬▬▬▬▬
	2	은둔자	▬▬▬▬▬▬▬
	1	조사자	▬▬▬▬▬▬▬

프로파일의 숫자는 주역의 헥사그램에서 유래합니다. 하위의 괘 1, 2, 3 및 상위 괘 4, 5, 6으로 구분되어, 당신 자녀의 프로파일은 이 두 선의 조합으로 만들어집니다.

프로파일로 알려진 조합은 12개뿐입니다.

이제 어디에서 프로파일 번호를 찾을 수 있는지를 이해했으니 프로파일 숫자가 나타내는 의미에 대해 알아보겠습니다.

롤 모델 / 순교자	6/3	
롤 모델 / 은둔자	6/2	왼쪽 각도
이단자 / 은둔자	5/2	초 개인적 인생 경로
이단자 / 조사자	5/1	
기회주의자 / 조사자	4/1	병치, 고정된 인생 경로
기회주의자 / 롤 모델	4/6	
순교자 / 롤 모델	3/6	
순교자 / 이단자	3/5	
은둔자 / 이단자	2/5	오른쪽 각도
은둔자 / 기회주의자	2/4	개인적 인생 경로
조사자 / 기회주의자	1/4	
조사자 / 순교자	1/3	

왼쪽 각도 프로파일

프로파일 5/1, 5/2, 6/2 및 6/3은 왼쪽 각도 또는 초 개인적 카르마 프로파일로 간주됩니다. 이런 프로파일의 사람들은 초 개인적 카르마를 가지고 있는데, 이것은 그들의 삶의 궤적에 영향을 미치는 인간관계에 관한 것입니다.

오른쪽 각도 프로파일

프로파일 1/3, 1/4, 2/4, 2/5, 3/5, 3/6 및 4/6은 오른쪽 각도 또

는 개인적 카르마 프로파일로 간주됩니다. 개인적 카르마 프로파일의 인생 이야기는 다른 사람들과의 관계보다는 자신들이 경험한 개인적인 경험을 바탕으로 전개됩니다.

병치 프로파일

오른쪽 각도 프로파일이나 왼쪽 각도 프로파일에 속하지 않는 프로파일이 하나 있습니다. 4/1이며, 그것은 병치 또는 고정 카르마 프로파일입니다. 이 프로파일은 미리 결정되거나 고정된 궤적을 따라 이동합니다. 여러 면에서 그들은 삶을 경험하는 관찰자이고 종종 심리학, 휴먼디자인, 성격 유형 등과 같은 다른 사람들의 패턴을 연구하는 데 관심이 있는 사람들에서 발견됩니다.

프로파일을 부분으로 나누기

1번 라인 - 조사자

이 기본 라인은 헥사그램 구조를 지원합니다. 따라서 프로파일에 첫 번째 라인이 있는 아이들은 조사하고 사물의 근본을 파악하고 싶어 합니다. 그들은 세상과 공유하기 전에 새로운 것을 배우고 이해하고 싶어 하며, 스스로 그럴만한 자격이 된다는 느낌을 받기를 원합니다. 그들이 하고 있는 일을 준비도 되기 전에 공유하도록 강요한다면, 그것은 그들의 지식에 불안감을 조성하고 다음 작업을 공유하기 전에 훨씬 더 많은 것을 알아야 할 필요성을 느끼게 할 수 있습니다. 그들은 공유하기 전에 그 분야에서 유능하다고 느낄 때까지 숨어 있을 수 있습니다. 그들이 "충분히 알지 못함"에서 길을 잃지 않도록 자신이 생각하는 것보다 더 많이 알고 있다는 것을 깨닫도록 격려하는 것이 때때로 도움이 될 수 있습니다. 너무 세게 밀어붙이지 않도록 주의하고 그들이 자신의 속도에 맞춰서 아는 것을 공유할 수 있게 하세요.

정규 교육을 통해서든 독학으로 공부를 해서든, 배우고 싶은 분야에 유능하다고 느껴지는 멘토를 찾아다니든, 1번 라인 프로파일은 평생 학습자입니다. 이들은 진실에 도달하기 위해 끊임없이 사물을 파헤칩니다. 그들은 충분히 알고 있다고 느낄 때 안정감을 느낍니다. 그들이 경험할 수 있는 근본적인 두려움은 자신이 충분히 알지 못한다는 것이고, 이것은 그들이 앞으로 나아가거나 아는 것을 공유하는 것을 방해할 수 있습니다.

이 아이들을 많은 책과 자료로 둘러싸세요. 도서관 카드를 주고 책에서 무엇을 얻을 수 있는지 가르쳐 주세요. 신뢰할 수 있는 정보 출처와 그 출처를 찾는 방법을 이해하도록 도와주세요. 그들은 결정을 내리기 위해 확실한 정보 기반이 필요합니다. 자녀가 관심 있는 것에 대해 질문하고 자녀의 지혜를 끌어내기 위해 아는 것을 공유하는 법을 배우도록 도와주세요.

그리고 마지막으로, 그들은 배우고 있는 것을 통합하기 위해 혼자만의 시간이 필요합니다. 1번 라인의 아이는 책을 많이 읽고 자기 방으로 숨어버리거나 유튜브 튜토리얼을 보며 학습에 몰두하다가 방금 얻은 정보를 처리하기 위해 혼자 산책하는 아이일 수 있습니다.

1번 라인 부모

1번 라인이 있는 부모는 연구원이 될 가능성이 높습니다. 예를 들어, 부모로서 어려운 일이 있거나 의학적인 문제를 다루고 있다면, 당신은 그 주제에 대해 그 누구보다도 더 많이 조사하고 배울 것입니다. 당신은 얻은 지식을 바탕으로 자녀를 위한 결정을 내리기 위해 정보를 수집합니다.

육아에 관한 큰 결정을 내릴 때, 당신은 행동하기 전에 혼자서 지식을 처리하고 다음에 무엇을 할 것인지에 대한 생각을 정리하기 위해 잠시 물러설 필요가 있습니다.

2번 라인 – 은둔자

2번 라인에는 약간의 초연함이 있습니다. 사물을 조사하고 파악하는 데 몰두하는 1번 라인과 달리 2번 라인은 본래부터 사물을 알고 있습니다. 그들은 종종 인생에 대해 현명해 보이는 늙은 영혼으로 묘사되는 아이들입니다. 어떻게 그런 것들이 나올 수 있는지 모르겠고, 물어보면 어떻게 아는지 모르겠지만 그들은 알고 있습니다. 그들은 주변의 삶과 세상을 조용히 관찰하고, 그것을 모두 받아들이고 있으며, 관찰을 통해 배우는 것을 처리하고 통합하는 데 혼자만의 시간이 필요합니다.

그들의 앎은 너무 많은 질문을 받기 전까지는 확실합니다. 왜 사물이 특정한 방식으로 작동하는지에 대한 증거를 원하는 논리적인 세계에서 이런 종류의 앎은 친구, 교사, 그리고 어른들로부터 면밀한 감시를 받을 수 있습니다. 이런 질문이 그들을 숨고 싶어 하게 만들 수 있는데, 이유는 그들이 밖에 나가서 세상에 노출되지 않는다면 사람들이 덜 질문할 것이기 때문입니다. 2번 라인의 아이는 방 한구석에서 모두를 바라보며 책에 파묻혀 있는 척하면서 눈 앞에서 일어나는 상호작용을 보면서 학습하는 모습으로 발견됩니다. 이 아이들은 모든 것을 알아차리고 받아들이며 자신만의 방식으로 처리하여 그것이 나중에는 다른 사람들이 찾을 수 있는 지혜가 됩니다.

나이가 들어감에 따라 더 많이 숨기려고 하면 할수록, 그들은 사회적인 사람이 되고 통찰력을 공유하라는 부름을 더 많이 받게 된다는 것을 알게 될 것입니다. 그들이 배우는 것을 통합하기 위해서는 조용하고 고요하고 혼자 있을 수 있는 공간이 허용되어야 합니다. 대가족을 둔 부모 입장에서는 어린 자녀가 방에 혼자 있고 싶어 하는 것이 이상하게 보일 수 있지만, 그들은 조용한 시간이 필요할 것입니다. 이런 필요성은 자녀가 학교에 있을 때, 긴 하루를 사교적으로 보낸 후에 특히 중요합니다. 만약 그들이 무엇을 어떻게 알고 있는지를 테스트받고 있다면, 재충전을 위한 휴식 시간이 필요합니다. 혼자 있는 것은 그들이 에너지를 재생하고 배운 것을 지혜로 통합할 수 있게 해줍니다.

다른 사람들은 2번 라인 프로파일에서 그들 자신이 볼 수 없는 것을 보고 2번 라인을 불러낼 수 있습니다. 이 아이들은 다른 사람들이 도와줄 필요가 없는 아이들입니다. 그리고 그들은 은둔자 방식으로 자신의 일을 하는 것에 만족하며 자기 도취에 빠져 있는 것처럼 보일 수 있습니다. 자신만의 작은 세계에 있는 것처럼 보이는 아이가 춤을 추는 것을 상상해 보세요. 그러면 그 아이들이 움직임에 타고난 재능이 있다는 것을 알게 될 것입니다. 그들을 불러내서 그들이 얼마나 잘하는지 말해주면 그들은 방으로 달려갈지도 모릅니다. 왜냐하면 당신이 그들의 고유한 능력에서 뭔가를 알아차렸다는 것을 깨달았으며 이제 자신이 무엇을 할 수 있고 무엇을 알 수 있는지 당신이 기대할지도 모른다고 믿기 때문입니다. 그들은 자신만의 오라 속에서 아무도 보지 않는 가운데 자신만의 방식으로 부름을 받았다고 느끼는 일을 계속하는 것을 선호할 것입니다.

2번 라인 부모

만약 당신이 2번 라인의 프로파일을 가진 부모라면, 당신은 다른 부모들이 자신이 모르는 것을 당신이 알고 있다고 믿고 당신이 어떻게 하는지를 알고 싶어 하는 방식으로 자녀를 양육할 수 있습니다. 또한 아이들은 당신이 뭔가를 알고 있다는 것을 깨닫고 이에 대해 물어볼 수도 있습니다. 또한 자녀가 1번 라인 프로파일을 가지고 있다면, 자녀는 당신이 어떻게 알고 어디서 정보를 얻었는지 알고 싶어 할 수 있으며, 이로 인해 당신은 불려가서 주시받는 느낌이 들게 되어 질문을 피하고 싶어질 수 있습니다. 61번 게이트가 정의된 아이는 당신이 정보의 출처를 제공해줄 수 없다면 시험받는 느낌이 들게 하는 '왜'라는 질문을 많이 할 수 있습니다. 또한 당신은 하루 종일 사람들과 상호 작용한 후 내면적으로 처리해야 할 작업이 많기 때문에 다른 프로파일보다 더 많은 휴식 시간/혼자 있는 시간이 필요할 것입니다.

3번 라인 - 순교자

3번 라인의 아이는 호기심이 많고 "내가 그렇게 말했기 때문에", "그것이 우리가 하는 방식이기 때문에", "그것이 작동하는 방식이기 때문에"라는 대답을 받아들이지 않을 것입니다. 그들은 자신에게 맞는지 확인하기 위해 그 일에 뛰어들어 직접 시도할 필요가 있습니다. 부모는 자녀가 이런 유형의 대답에 이의를 제기할 때, 이것이 그들을 위해 가장 좋은 방법인지 고려해 보세요. 그들은 "당신이 틀렸다"라고 말하는 것이 아니라 그것이 그들에게도 사실인지 확인할 필요가 있다고 말하는 것입니다. 3번 라인은 그것이 어떻게 작동하는지 보기 위해 직접 손을 더럽히고 그 과정에 몰입할 필요가 있는 "내가 해볼게요." 아이입니다. 이 프로파일은 체험 학습이 매우 중요합니다. 어릴 때 과학 실험, 이론 실험, 모든 과정에 의문을 제기하는 체험형 어린이 박물관이 이들에게는 멋진 곳입니다. 3번 라인의 프로파일 아이에게 취할 수 있는 가장 좋은 접근법은 이 아이들이 이유를 묻고 "왜 우리가 이런 식으로 하는지 모르겠어요. 우리가 어떻게 해야 한다고 생각하세요?"라고 말할 때 그들의 손을 잡고 그들의 수준으로 내려가서 그들과 함께 호기심을 가져보는 것입니다. 그들은 과정을 통해 현명해지고 다른 사람들과 공유하기 위해 엄청나게 배우고 있기 때문에 그들이 자신의 세계를 탐험하고 모든 것에 질문하는 것이 괜찮다는 것을 알도록 도와주세요.

이 프로파일은 훌륭한 과학자, 요리사 또는 다양한 결과를 낼 수 있는 직업에 적합할 수 있습니다. 왜냐하면 그들은 틀에서 벗어나 생각하고 무엇이 효과가 있는지 보기 위해 기꺼이 흙탕물에 뛰어들 수 있기 때문입니다. 관계에 대해서도 같은 말을 할 수 있습니다. 이 프로파일에 맺어졌다 깨지는 주제가 있는 이유는 그들이 무엇이 효과적이고 무엇이 그렇지 않은지를 보기 때문입니다. 이 프로파일을 가진 아이들에게 학습하고 앞으로 나아갈 수 있는 이러한 능력을 포용하도록 가르치는 것은 그들이 새로운 것을 시도할 때 실패할 것이라는 제한적인 믿음이나 두려움에 갇히는 것을 피하는 데 도움이 될 수 있습니다.

만약 당신에게 3번 라인 프로파일의 십 대가 있다면, 이 아이들은 마약이나 술 같은 것들을 실험해 보고 싶어 하는 아이들일 수 있습니다. 겁을 주려는 것은 아니지만, 그들에게 그것이 나쁜 생각이라고 말하는 것만으로는 충분하지 않습니다(그들은 매우 경험적이라는 것을 기억하세요). 이 프로파일을 가진다고 해서 자녀가 약물이나 알코올로 실험을 하거나 문제를 일으킬 것이라고 예측하는 것은 아니지만, 이 프로파일의 실험적 특성을 통해 이런 가능성이 있다는 것을 고려하는 것이 중요합니다. 과속이나 기타 무모한 행동에도 마찬가지입니다. 여기에 미정의된/열린 루트 센터를 추가하면 십 대 또래들의 압박으로 인해 더 위험한 실험을 할 수 있습니다.

자녀가 어떤 일을 겪든 직접 시도하고 결과를 볼 수 있도록 하는 것은 학습하는 과정에서 매우 중요한 부분입니다. 자녀가 성공하지 못한 것에 초점을 맞추기보다는 그들이 일하는 방식과 배운 것을 연결하도록 도와주는 것이 좋습니다. 당신이 어렸을 때 어떻게 느꼈는지, 그리고 부모의 가혹한 비난이나 처벌이 당신의 마음을 더 많이 열게 한 적이 있는지 생각해 보세요. 이런 학습 스타일에서는 비판적이기보다는 호기심을 유지하도록 노력하세요. 당신은 그들과 다르게 배울 수도 있고, 다른 사람들이 실수하는 것을 보는 것만으로도 충분할지도 모르지만, 이 아이는 그들만의 과정을 통해 배울 수 있는 공간이 필요할 것입니다. 이 아이들은 실수를 하는 것이 아니라 단지 매우 경험적인 과정을 통해 배우는 것일 뿐입니다. 일이 뜻대로 되지 않을 때, 왜 생각대로 잘되지 않았는지, 다음에는 어떻게 다르게 할 것인지, 그 과정을 통해 무엇을 배웠는지 생각해보고 반성할 수 있도록 도와주세요.

물론, 다시 말하지만, 단지 학습을 위해 고의로 해로운 결정을 내리는 것은 허용하지 마세요. 하지만 그들이 하는 일 중 일부는 결코 당신의 통제하에 있지 않을 것이라는 것도 알아두세요. 바라건대, 자녀가 십 대와 그 이후에 도달했을 때, 그들의 과정을 조금 더 이해하고 그 지혜를 자기 자신을 위해 좋은 결정을 내리는 데 사용할 수 있도록, 초기에는 좀 더 경미한 결과를 초래하는 실험을 할 수 있도록 허용하기 바랍니다.

3번 라인 부모

만약 당신이 3번 라인의 프로파일을 가진 부모라면, 당신 또한 행동함으로써 배울 것입니다. 그것은 당신이 '잘못'하고 있는 것이 아닙니다. '모든 것을 다 알고 있는' 것처럼 보이는 다른 부모들을 보면 그렇게 느껴질 수도 있겠지만, 삶의 다른 모든 것과 마찬가지로 당신은 행동을 통해 배우므로 전략과 내적결정권에 따라 자녀를 양육하는 방법을 찾으세요. 항상 당신이 생각한 것처럼 잘되지는 않을 것이지만, 괜찮습니다. 당신은 최선을 다하고, 그것으로부터 배우고 계속 나아가세요. 육아에 대한 기대치를 적절히 조절하면서 그 과정을 여유롭게 받아들이세요.

4번 라인 – 기회주의자

4번 라인은 상위의 괘(4, 5, 6번 라인)의 기초이며, 이들에게는 다른 사람과의 관계를 구축하는 것이 중요합니다. 얼마나 많은 사람들을 아느냐가 중요한 것이 아니라 인맥의 질이 중요합니다. 삶의 질은 주변 사람들의 네트워크와 관련이 있습니다. 그들은 오래 지속되는 친구 그룹을 갖는 경향이 있고, 가족은 그들에게 필수적입니다. 그들이 얻게 되는 기회는 그들이 아는 사람들을 통해 올 것입니다. 직접적이지는 않지만, 예를 들어 일자리를 구하러 갈 때, 그들이 아는 누군가가 이렇게 말할 수도 있습니다. "도움을 찾고 있는 사람을 알고 있습니다. 두 분을 연결해 드리겠습니다."

1번 라인 프로파일이 공유할 준비가 될 만큼 충분히 알아야 할 필요가 있는 것처럼, 4번 라인이 준비되었다고 느끼려면 무엇을 기대해야 하는지 알아야 합니다. 프로파일에 4번 라인이 있는 아이들은 새로운 곳에 갈 때 그곳에서 어떤 일이 일어날지, 누가 있을지, 그들이 무엇을 하게 될지 등에 대해 많은 질문을 할 것입니다. 그들은 현재 속해 있는 기반을 떠나 다음 단계로 나아갈 준비를 할 수 있도록 무엇을 기대해야 하는지 미리 알아야 합니다. 그것이 새로운 집이든, 학교든, 친구의 집이든, 스포츠 대회든, 혹은 그들이 경험해보지 못한 곳이든, 마주칠 수 있는 사람들이든, 그들은 다음에 무엇이 올지 앎으로써 안정감을 갖게 됩니다. 모든 질문은 때때로 부모들을 약간 짜증나게 만들 수 있지만, 일단 이 에너지에 대해 알게 되면, 부모들은 자녀가 새로운 기회를 향해 더 쉽게 나아가기 위해 필요한 것이 무엇인지 이해할 수 있습니다.

다음 과제로 넘어갈 때 편안함을 느끼기 위해서는 자녀가 알아야 할 것이 무엇인지 물어보세요. 예를 들어, 만약 당신이 새로운 장소나 마을로 이사한다면, 가능하다면, 아이를 그 지역이나 그 장소로 데려가서 그곳이 어떤지 보게 하세요. 그러면 아이들은 그곳에 어떻게 적응하고 무엇을 기대해야 하는지 더 잘 이해할 수 있어 스트레스를 덜 받을 수 있습니다.

이들은 다음에 무슨 일이 있을지 미리 알아야 하기 때문에 자발성을 발휘하는 것은 더 어려울 수 있습니다. 어른들 또한 마찬가지입니다. 성장했다고 해서 당신이 이 프로파일을 벗어나는 것은 아닙니다. 비록 성숙해지고 변화에 더 익숙해질 수는 있다고 해도 말입니다. 지금 가지고 있는 직업을 그만두기 전에 다른 직업을 갖게 되면 당신은 항상 더 안정감을 느낄 것입니다. 그리고 새로운 도시로 이사하기 전에 그곳에 가서 확인하고 싶을 것입니다. 그것은 당신이 기반에 대한 안정감을 느끼는 데 도움이 되기 때문입니다. 하지만 그것을 받아들이는 법을 배울 때, 당신은 다른 사람들에게 변화에 적응하는 훌륭한 본보기가 될 수 있습니다.

4번 라인의 아이는 지금 아는 사람들이 많이 있지만 친구들의 긴

밀한 네트워크를 갖게 될 것입니다. 이 프로파일을 가진 아이는 같은 그룹의 친구들과 함께 학교를 다니는 아이일 수 있습니다. 이 친구 네트워크가 그들을 지지하는 느낌을 주고 서로 연결되고 영양분을 공급받는 느낌을 주는 것이 중요합니다. 하루 동안의 네트워킹이 끝난 후에, 이 4번 라인의 아이들 또한 그들 자신만의 시간이 필요할 것입니다.

4번 라인 프로파일을 가진 부모

프로파일에 4번 라인이 있는 부모들은 다음 일로 넘어가기 전에 항상 다음 일을 스캔하고 "이것이 우리 가족과 나에게 어떤 영향을 미칠까?" "이런 전환 과정에서 편안함을 느끼려면 무엇이 필요할까?"와 같은 질문을 합니다. 친구 그룹이나 가족 중에 아직 부모 친구 그룹이 없다면 자녀를 키우는 부모들의 친구 그룹을 찾는 것은 자녀를 양육할 때 도움이 될 수 있습니다. 아이를 학교, 보육원, 친구 집 등 새로운 곳으로 데려갈 때는 그곳이 어떤 곳인지 알고 싶어 할테니 부끄러워 말고 친구의 부모를 만나거나 친구가 사는 곳을 보여달라고 요청하세요. 자녀를 보내기 전에 스스로 안전과 보안에 대해 느낌을 알아야 합니다.

5번 라인 – 이단자

이 아이들은 틀에 박히지 않은 사고로 무엇이 가능한지 보여주기 위해 여기에 있습니다. 그들은 구원자나 해결사로 지나치게 투영될 수 있습니다. 이들은 항상 돕고 싶어 하는 것처럼 보이는 아이들일 수도 있지만, 주의하지 않으면 이 역할에 지나치게 동일시하여 항상 주변의 모든 사람들을 구하기 위해 노력해야 한다고 느낄 수도 있습니다. 그들은 도움을 줄 때 가장 기분이 좋아지기 때문에, 올바른 기회를 기다리기보다 도움을 줄 더 많은 기회를 찾을 수 있습니다. 결국 자신이 도와주기만 바라고 그런 다음 더 이상 도움이 필요하지 않을 때는 사라지는 사람들에게 이용당한 느낌을 받을 수도 있습니다.

5번 라인의 아이는 이 투영의 장 때문에 무언가에 '예'라고 말하고 그것을 끝까지 하지 못하면 평판이 나빠질 수 있다는 점을 이해할 필요가 있습니다. 그들은 약속만 하고 약속을 지키지 못하는 아이로 알려질 수 있습니다. 애초에 아이가 실제로 약속한 적이 없더라도 투영의 장 때문에 나쁜 평판을 얻을 수 있습니다. 만약 다른 아이가 그것을 약속으로 인지했는데 당신의 자녀가 약속을 이행하지 않는다면, 당신의 자녀는 친구들에게 소외될 수 있습니다. 그들이 모든 사람을 돕거나 모든 사람의 문제를 해결할 필요가 없다는 것을 이해하도록 도와주세요. 그들은 다른 사람들과 계획을 세우거나 합의를 할 때 명확해야 하고, 자신이 하겠다고 말하는 것을 매우 구체적으로 말해야 하며, 그들이 해낼 수 있다는 것을 아는 경우에만 약속하는 법을 배워야 합니다. 만약 계약을 체결하고 지키지 못할 것 같다면, 정직하게 상대방에게 알려야 합니다. 전략과 내적결정권을 사용하여 자신이 어떤 일에 관여해야 하는지 파악하는 방법을 배우는 것이 중요합니다.

5번 라인 프로파일을 가진 사람들은 또한 다른 사람들의 장점과 그들이 무엇이 될 수 있는지를 보는 능력도 있습니다. 조심하지 않는다면, 그들은 최고의 자아를 발휘하지 못하는 누군가를 돕다가 결국 상처받고 혼란에 빠질 수 있습니다. 그들은 누군가가 최고 버전이 되고 싶어 하지 않을 것이라고 상상하지 못합니다. 5번 라인의 아이가 이런 경험을 하는 것은 상처가 될 수 있지만, 다른 사람이 설정한 기준에 따라 살기를 기대하는 것은 불공평할 수 있다는 점을 명심해야 합니다. 그렇기 때문에 5번 라인 프로파일을 가진 아이들에게 우정, 관계, 업무 계약 및 프로젝트를 헤쳐나갈 수 있는 전략과 내적결정권을 가르치는 것이 중요한 것입니다.

카르마 거울

5번 라인의 투영은 그들의 삶에 있는 사람들에게 카르마 거울을 들이대어 삶에서 개선해야 할 것이 무엇인지 보여주는데, 상대방이 자신의 치유가 필요한 상처를 투사하면 때때로 고통스럽게 느껴질 수 있습니다. 안타깝게도 이 아이들은 다른 사람들이 이유 없이 자기에게 화를 내거나 자기가 하지 않은 것에 대해 괴롭힘을 당하거나 비난을 받는 것처럼 느낄 수 있습니다. 만약 당신에게 5번 라인의 아이가 있는데, 그들이 일을 제대로 하고 있지 않다고 여겨지거나 그들이 다른 모든 사람들처럼 일을 해야 한다는 반복적인 느낌에 일상적으로 직면한다면, 자기 성찰을 통해 이 아이가 당신에게 무엇을 보여주려고 하는지 자문해 보는 것이 현명할 것입니다. 이것은 당신 자신에 대해, 그리고 당신이 돌봐야 할 상처가 어디에 있는지 알 수 있는 기회입니다.

5번 라인 프로파일은 자신이 구세주가 될 필요가 있다고 믿기 시작할 수 있습니다. 특히 그것이 그들이 자라면서 가정에서 했던 역할이라면 더욱 그렇습니다. 예를 들어, 부모가 스스로를 돌볼 수 없거나 이 에너지의 장을 통해 아이들에게 투사하고 있다는 것을 인식하지 못한다면, 이 아이들은 다른 가족 구성원들의 신체적, 정신적, 그리고 정서적 안녕에 대해 매우 일찍부터 책임을 질 수 있습니다.

만약 아이가 항상 누군가(친구, 부모, 그리고 나중에 파트너)를 구해야 하는 투영의 장과 관계를 유지한다면, 그들은 잘못된 사람들과 잘못된 장소에 있기 때문에 이 에너지의 가장 높은 표현을 살아 낼 수 없을 것입니다. 그들이 날아오르려면 투영의 장에서 나와야 합니다. 이와 같은 투영의 장과의 관계에서 시간을 보내는 것은 그들이 가치에 대한 감각을 잃고 계속 숨어 있게 하며 5번 라인 프로파일로서의 진정한 목적을 달성하지 못하게 할 수 있습니다. 그들의 진정한 목적은 곧 비전을 가진 리더로서 다른 사람들의 잠재력을 보고 언제 대응하고, 안내하고, 개시해야 하는지를 알기 위해 그들의 전략과 내적결정권을 신뢰하는 것입니다.

올바른 장소에서 올바른 사람들과 함께 있을 때, 그들은 다른 사람들이 잠재력을 발휘하도록 이끌고 다른 가능성을 볼 수 있도록 도와줍니다. 그들은 이에 뜻을 같이하고, 약속을 지키며, 자신의 행동에 대한 책임을 질 사람들을 찾습니다.

2번 라인 프로파일과 마찬가지로, 그들이 "다른 사람을 구해주는" 역할을 피하기 위해서는 리더십을 제공하기 전에 숙고하고 의식적으로 관계에 들어갈 수 있는 혼자만의 시간이 필요합니다.

5번 라인 부모

만약 당신이 5번 라인 프로파일을 가지고 있다면, 당신은 자녀로부터 "하지만 엄마는 쇼핑몰에 가기로 약속했잖아요!" 또는 "하지만 엄마는… 라고 말했어요."라는 말을 듣게 될 것입니다. 왜냐하면 그들은 그들의 기대를 당신에게 투영하기 때문입니다. 당신이 약속을 명확하게 하지 않는다면, 암묵적인 약속이나 암시된 약속이 논쟁의 불씨가 되어 감정을 상하게 할 수 있습니다.

숙제를 마지막 순간까지 기다렸다가 끝내는 것을 좋아하는 아이에게 그것을 끝내라고 강요한다면, 당신은 그들에게 힘을 실어주고 있는 것인가요, 아니면 그것을 하도록 압박하는 당신에게 의지하도록 가르치면서 그들에게 힘을 빼앗고 있는 것인가요? 만약 그들이 프로젝트를 끝내지 못하거나 마지막 순간에 벼락치기를 하고 제시간에 제출할 준비가 되지 않아 수업에 낙제할 것이라고 겁을 먹고 있다면, 당신은 항상 그들을 구해주나요? "내가 도와줄게/살려줄게/구해줄게"라는 느낌을 줄 수 있는 투영의 장이 있다는 것을 알게 되면 당신이 이런 상황에 어떻게 처하게 되는지 그리고 이 역할을 강화하지 않는 것이 왜 중요한지 그 이유를 이해하는 데 도움이 될 것입니다. 투영의 장을 인식하고 당신이 무엇을 할 것이고 무엇을 하지 않을 것인지, 그리고 합의된 자신의 역할이 무엇인지를 명확하게 파악하세요.

만약 당신이 공동 양육자이면서 5번 라인 프로파일이고 당신의 파트너는 그렇지 않다면, 당신은 모든 일을 해결해주는 해결사로서 쉽게 기대될 수 있으므로 항상 해결사가 되는 습관을 들이지 않도록 조심하세요.

라인 6 – 롤모델

6번 라인은 삶에서 세 가지 뚜렷한 단계를 거친다는 점에서 다른 라인들과 다릅니다. 이 아이들은 자신이 반드시 찾아내고 살아내야 하는 삶의 목적이 있다는 느낌을 받을 수 있습니다. 그들은 나중에 삶에서 무엇을 해야 하는지에 집착할 수 있는데, 실제로 그것은 자신이 어떤 존재인지에 대한 것입니다.

첫 번째 단계는 첫 번째 토성 귀환에 도달하는 약 30세까지 지속되며, 3번 라인 프로파일로 삶을 살아갑니다. 만약 당신에게 3/6 또는 6/3 프로파일의 아이가 있다면, 당신은 그들의 첫 단계 내내 3/3을 양육하는 육아 기간을 경험할 것입니다. 3번 라인의 아이는 실험하고 자신에게 효과가 있는 것이 무엇인지 알아내고 배우고 지혜를 모으는 것이 맞는지 확인하는 것에 대한 것임을 기억하세요. 그들은 이 단계에서 삶을 실험할 필요가 있습니다. 그들은 자신들이 의미 있는 뭔가를 위해 여기에 있다는 것을 알고 있으며, 때때로 그들이 그것을 "올바르게" 이해하지 못하기 때문에 스스로에게 힘들어 할 수 있습니다. 그들에게는 3번 라인 프로파일처럼 사는 것은 완벽에 관한 것이 아니라는 격려가 필요합니다. 이 아이들은 뭔가를 시도하는 것이 괜찮다는 것을 알아야 합니다. 그리고 당신은 처음에 당신이 그들에게 원했던 방식이 아니라 본래의 그들의 방식을 다시 시도하도록 하고, 각각의 시도에서 무엇을 배우고 있는지 볼 수 있도록 도와주어야 합니다.

6번 라인의 삶의 두 번째 단계는 대략 30세에서 50세까지 지속되며, 첫 번째 토성 귀환부터 카이론 귀환까지 지속되며 휴먼디자인에서 이를 "지붕 위에 있는" 시기라고 설명합니다. 그것은 더 안으로 들어가 속도를 늦추고 토성 귀환까지 3번 라인을 살아가며 배운 모든 것을 숙고해보는 시간입니다. 그들은 또한 다른 사람들을 관찰하고, 치유하고, 다음 단계를 위해 에너지를 회복하며, 이 단계에서 혼자만의 시간을 필요로 함에 따라 2번 라인 또는 5번 라인 프로파일처럼 보일 수 있습니다. 이런 전환은 많은 에너지를 가지고 실험하는 것에 익숙한 제너레이터 또는 매니페스팅 제너레이터에게 더 어려울 수 있습니다. 그들은 여전히 에너지가 있지만 전략과 내적결정권에 더 깊이 의지하면 에너지를 사용할 대상을 탐색하는 데 도움이 될 것입니다. 이 기간 동안 배운 내용을 반영하고 통합하는 데 시간을 들이지 않으면 지붕에서 내려올 때 착지가 험난해질 수 있습니다. 겉으로 보기에는 그들의 삶이 무너지는 것처럼 보일 수도 있는데, 실제로는 우주가 그들이 있어야 할 곳에 맞추도록 돕고 있는 것이며, 자신의 말을 실천함으로써 운명적인 롤모델이 되도록 도와주는 것입니다. 두 번째 단계는 삶의 목적이 계속 펼쳐질 수 있도록 정렬하고 효과가 없던 것들을 정리하는 것입니다.

6번 라인이 삶의 3단계가 되면, 그들은 현명한 롤모델이 되어 그것을 세상과 나눕니다. 이 단계는 자신이 누구인지, 그리고 그들 자신이 됨으로써 다른 사람들에게 진정한 삶을 사는 것이 무엇을 의미하는지 보여주는 것입니다.

하지만 이 첫 30년은 험난한 여정이 될 수 있으니 부모님들, 힘내세요! 만약 당신이 많은 통제와 명령을 좋아하는 부모라면, 이런 아이를 환영하는 것은 당신에게 꽤 도전적이고 학습적인 경험이 될 수 있습니다. 저는 이 호기심을 억누르고 차단하려고 하기보다는 자녀와 함께 호기심을 갖고 학습에 빠져보기를 권합니다. 6번 라인의 3번째 단계에서 자녀들은 당신과 함께 또는 당신 없이 실험하는 방법을 찾을 것이기 때문에 부모가 그 과정에 참여한다면 훨씬 더 잘 잘할 수 있을 것입니다. 그것 때문에 흰머리가 날지도 모르지만, 적어도 당신은 그들이 무엇을 하고 있는지 알 것입니다!

롤모델이라는 용어는 아이들에게는 부담스러운 것이므로, 수십 년 동안 이런 일이 일어나지 않는다는 것을 명심하세요. 당신이 부모로서 해야 할 일은 그들이 호기심을 갖고, 모험적이고, 실험적으로 지낼 수 있도록 돕는 것입니다. 아이들은 아마도 다른 음식을 먹어보고, 새로운 장소에 가고, 새로운 사람들을 만나고, 모든 모험을 하고 싶을 것입니다. 그러니 부모님들, 안전벨트를 매세요, 이것은 거칠고 재미있는 탈것입니다! 아이들에게 들려줄 모든 이야기를 생각해 보세요!

6번 라인 부모들

당신이 부모가 되는 시기가 어떤 단계에 있는지, 그리고 삶에서 이런 중요한 변화를 경험하면서 언제 지붕 위로 올라가고 내려올지 생각해 보세요. 예를 들어, 스물일곱 살에 부모가 되고 서른한 살에 토성 회귀를 맞이한 제너레이터라면, 당신은 엄청난 에너지를 가지고 있고 육아를 잘 해내고 있다는 느낌에서 4살짜리 아이 때문에 지쳤다는 느낌으로 바뀔 수 있습니다. 아이가 4살이 되었기 때문이라거나 4살이 힘든 나이이거나 당신이 "나이를 먹고" 있기 때문이 아닙니다. 이제 막 '지붕 위'에 올라가 이제는 좀 더 내면적인 과정으로 접어들었기 때문에 물러서서 성찰할 시간이 더 필요하기 때문입니다. 당신의 에너지는 이 시간 동안 잠잠해지고 최고조를 잃은 것처럼 느껴질 수 있습니다. 이를 미리 알면 이런 변화가 당신 및 자녀 양육에 어떤 영향을 미칠 수 있는지 준비하는 동시에 이런 깊은 통합의 공간을 확보하는 데 도움이 될 수 있습니다.

예를 들어 아이들이 어렸을 때 당신이 "지붕 위"에 있다가 아이들이 십 대가 될 때 "지붕 아래"로 내려온다면, 당신은 제너레이터로서 갑자기 더 많은 에너지를 갖게 되고 아이들과 새로운 방식으로 연결된다는 것을 알게 될 수도 있습니다.

6번 라인 프로파일로서 타임라인의 어느 위치에 있든, 육아와 감정을 탐색할 때 이런 단계를 염두에 두세요. 당신이 탐색하는 것은 자녀의 다양한 발달 단계일 뿐만 아니라 당신 자신의 발달 단계이기도 합니다.

제10장
분할과 관계

나는 당신이 할 수 없는 일을 할 수 있고,
당신은 내가 할 수 없는 일을 할 수 있습니다.
우리는 함께 위대한 일을 할 수 있습니다.

– 마더 테레사 –

휴먼디자인에서 분할은 센터의 그룹 수를 나타냅니다. 차트를 인쇄한 후 정의된 에너지 센터 중 하나에 펜을 올려놓고 차트의 정의된 모든 센터를 종이에서 펜을 떼지 않고 하나의 연속된 선으로 그릴 수 있나요? 만약 그렇지 않다면, 당신은 디자인에서 하나 이상의 분할이 있는 것입니다. 또한 www.geneticmatrix.com에서 고급 차트를 받으면 당신 또는 자녀가 분할 정의를 가지고 있는지 여부를 알려줍니다.

분할된 정의를 가지고 있는 사람은 무의식적으로 차트에서 떨어진 곳에 다리를 놓아주는 사람들을 찾습니다. 정의된 센터의 위치에 따라 그 틈이 작을 수도 있고 클 수도 있습니다. 틈을 메우기 위해서는 단일 게이트만 필요할 수도 있고 전체 채널이 필요할 수도 있고 또는 한 채널과 몇 개의 게이트가 필요할 수도 있습니다. 또한 분할을 연결하는 여러 개의 게이트 또는 채널이 있을 수 있지만 모든 게이트가 연결될 필요는 없습니다.

조건화는 주로 열린 곳에서 이루어지므로 정의된 센터 그룹 사이에 틈이 있는 영역은 항상 당신이 가지고 있지 않은 것을 찾기 때문에 더 많은 조건화에 열리게 된다는 것을 기억하세요. 단일 정의를 만들고 목 센터에 에너지를 공급하여 소통하고 발현하는 것이 우선순위가 높으므로 분할을 연결하거나 목 센터를 모터에 연결하는 게이트 및 채널은 더 많은 조건화가 있을 가능성이 있는 곳입니다.

우리는 항상 무의식적으로 이런 센터의 그룹을 연결하는 데 도움이 되는 다른 사람들을 찾기 때문에, 2중 분할, 삼중 분할 또는 4중 분할을 가진 아이는 그들이 단일 정의를 가질 수 있도록 도와주거나 함께 있을 때 최소한 분할을 줄여주는 데 도움이 되는 누군가를 열정적으로 찾습니다. 분할을 가진 사람들은 다른 사람들이 필요한 반면, 단일 정의를 가진 사람들은 온전함을 느끼고 자신의 정의를 쉽게 표현할 다른 사람이 필요 없다고 생각할 수 있습니다. 단일 정의 사람들은 분할 정의의 사람들이 하지 않는 방식으로 스스로 만족하고 있습니다.

우리는 특별히 이런 게이트를 가진 사람들과 친구가 되거나 관계를 맺거나 함께 일할 사람들을 찾으러 가지 않아야 한다는 점을 유의하세요. 당신이 해야 할 일은 삶에서 어떤 역할을 할 운명을 가진 사람들에게 당신을 안내하도록 당신의 전략과 내적결정권을 따르는 것뿐입니다. 자녀가 전략과 내적결정권을 통해 우정과 그 이후의 관계에 들어가는 법을 배울 수 있도록 도와줌으로써 인생에서 경험해야 할 사람들을 찾을 수 있도록 하세요. 우리는 완벽한 관계를 설계하려는 것이 아니라 우리 모두가 서로 어떻게 다르고 에너지적으로 지원되는지에 대한 이해와 통찰력을 얻으려는 것입니다. 종이 위의 완벽한 조합은 환경, 트라우마, 그리고 자신의 디자인에 대한 낮은 표현력이나 낮은 자존감 등의 영향으로 인해 실제 생활에서는 끔찍한 조합이 될 수 있습니다. 차트의 각 부분은 원형이며, 이를 표현할 수 있는 다양한 방법이 있다는 것을 기억하세요. 자신의 디자인에 한계를 느낄 필요는 없습니다.

단일 정의

단일 정의는 분할이 없음을 의미하며, 모든 정의된 센터가 하나의 연속된 선으로 연결될 수 있습니다. 이는 곧 정의된 모든 에너지 센터가 서로 대화하고 정보를 쉽게 주고받을 수 있다는 뜻입니다. 단일 정의는 미정의 센터를 통해 대부분의 조건화를 받습니다.

자녀에게 단일 정의가 있다면, 당신의 차트를 살펴보고 정의된 센터가 자녀의 열린 센터를 조건화하고 있는지 확인하세요. 이것은

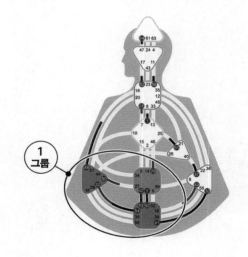

부모가 전송하고 자녀가 경험하게 될 에너지이므로, 그 센터의 에너지와 당신의 관계가 얼마나 건강한지에 초점을 맞추는 것이 중요합니다.

분할 정의(2중 분할)

분할 정의는 차트에 정의된 센터의 그룹이 두 개가 있는 경우입니다. 누군가가 이런 틈을 연결시켜주는 데 도움을 주지 않는 한, 정의된 센터의 두 그룹이 소통하는 데는 시간이 걸릴 수 있습니다. 차트에서 이 정보가 어디에 위치하느냐에 따라 그것이 어떻게 경험되는지가 결정됩니다. 분할이 작은지(틈을 연결하려면 게이트 하나가 필요함) 또는 넓은지(틈을 연결하려면 하나 이상의 채널이 필요함)를 확인합니다. 분할 정의는 브릿징 게이트(정의의 한 영역을 다른 영역과 연결하는 게이트)를 통해 대부분의 조건화를 받습니다.

자녀에게 분할 정의가 있다면, 당신의 차트에서 정의된 게이트

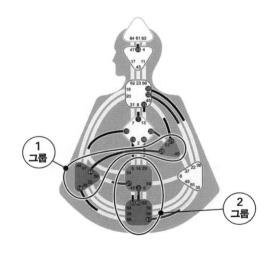

또는 채널이 자녀 차트의 틈을 연결하는지 확인하세요. 그런 다음, 자녀는 당신과 가까운 다른 사람들을 통해 해당 게이트 또는 채널 주위에서 조건화를 받아들이므로 해당 게이트 또는 채널의 에너지와 당신과의 관계에 대해 알아가세요. 이러한 게이트 또는 채널의 에너지는 부모가 세상으로 전달하고 자녀가 경험하게 되는 것이기 때문에 해당 게이트 또는 채널의 에너지와의 관계가 얼마나 건강한지에 초점을 맞춰야 합니다.

3중 분할 정의

3중 분할 정의는 차트에 정의된 센터의 그룹이 세 개가 있는 경우입니다. 3중 분할 구성은 누군가가 이런 틈을 연결해 주는 데 도움을 주지 않는 한 정의된 모든 센터가 한 그룹으로 소통하고 정보를 주고받는 데 시간이 조금 더 걸릴 수 있습니다. 3중 분할 정의는 차트에서 미정의된/열린 센터를 통해 대부분의 조건화를 받습니다.

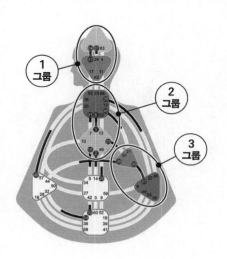

자녀에게 삼중 분할 정의가 있다면, 차트를 보고 당신의 정의된 센터가 자녀의 미정의된/열린 센터를 조건화하고 있는지 확인하세요. 이것은 그 에너지가 당신이 세상으로 전송하는 것이고 당신의 자녀에 의해 경험될 것이기 때문에 그 센터의 에너지 관계가 얼마나 건강한지에 초점을 맞춰야 하는 영역입니다.

4중 분할 정의

마지막이자 가장 희귀한 분할 유형은 정의된 센터의 그룹이 네 개가 있는 4중 분할입니다. 이런 유형의 분할은 정보를 주고받으려는 네 개의 개별 그룹이 있기 때문에 센터 간의 소통이 느려질 수 있습니다. 특히 소통할 때 누군가가 틈을 연결하는 데 도움을 주지 않는 한 정보를 필터링하여 목 센터로 전달하는 데 시간이 더 오래 걸릴 수 있습니다. 누군가가 목 센터와 모터 센터가 연결되어 있고 당신의 자녀는 그렇지 않다면, 당신의 자녀는 다른 사람보다 그 사

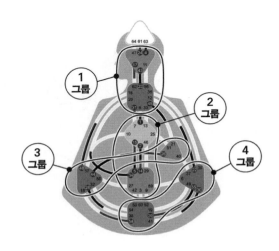

람과 소통하는 것이 더 쉬울 수 있습니다. 당신은 또한 자녀에게 생각을 처리하고 자신의 목소리로 표현할 수 있는 공간을 제공하기 위해 속도를 늦춰야 할 수도 있습니다. 4중 분할은 드물지만, 제가 함께 일했던 4중 분할 정의를 가진 성인들은 자신에게 네 가지 다른 부분이 있는 것처럼 느껴진다고 말했습니다. 그들은 의사소통을 할 때 이런 그룹들이 동기화될 때까지 기다려야 하며, 이는 그들이 누구와 함께 있느냐에 따라 속도가 느려지거나 그들의 생각, 감정, 감각이 완전히 처리되기 전에 말하게 될 수 있다고 말했습니다.

이런 4중 분할 정의는 브릿징 게이트(정의의 한 영역을 다른 영역과 연결하는 게이트)를 통해 대부분의 조건화를 받습니다. 이런 게이트는 그 에너지가 당신이 세상으로 전송하는 것이고 당신의 자녀에 의해 경험될 것이기 때문에 그 센터의 에너지와의 관계가 얼마나 건강한지에 초점을 맞추는 것이 중요합니다.

만약 당신의 자녀가 3중 혹은 4중 분할이 있다면, 생각과 감정을 처리하고 부모에게 전달하는 데 시간이 더 오래 걸릴 수 있습니다. 일반적인 학교 환경에서 배우는 것이 그들에게는 더 어려울 수 있고, 그들이 정보를 받아들이는 방식, 시간, 압박감을 느끼는 정도에 따라 학습 경험이 달라질 수 있습니다. 이런 아이들은 스스로를 온전히 점검할 수 있도록 서두르지 않아야 합니다. 하지만 교실에서는 함께 있는 사람들의 차트에 따라, 그리고 그들이 아이들의 차트에서 부족한 부분을 어떻게 메워주는지에 따라 때때로 홈스쿨 환경보다 이 환경에서 훨씬 더 잘할 수 있습니다. 이 아이들은 주변에 그들 자신의 다양한 측면을 탐구하고 협력할 수 있는 사람들이 필요합니다. 자녀에게 무엇이 효과적인지 확인하고 자녀가 정보를 처리하고 말하는 데 도움이 되는 방법을 실험해 보세요.

제11장
신체와 욕구

새는 답을 가지고 있기 때문에 노래하는 것이 아니다.
새는 노래를 갖고 있기 때문에 노래를 부르는 것이다.

- 중국 속담 -

자녀 먹이기

차트의 더 깊은 층에는 소화 유형에 대한 정보를 포함하여 그 자체로 전체적인 수업이 되는 요소가 있습니다. 여기서 소화에 대한 매우 높은 수준의 부분은 절대적인 것으로 읽어야 하는 것이 아니라 자녀에게 맞는 것을 찾기 위한 실험의 출발점으로 삼아야 합니다. 소화는 휴먼디자인에서 최초의 토성 귀환(약 30세)까지 주요 초점으로 간주됩니다. 소화는 부모가 자녀를 지원하는 방법을 좁히는 데 도움이 되는 중요한 측면입니다.

이것을 실험해 보고 그것이 당신과 가족에게 효과가 있는지 알아보되 절대적인 것으로 받아들이지는 마세요.

지난 8년 동안 영양 치료 전문가로서 고객과 함께 작업하면서 저는 음식이 우리 모두에게 얼마나 큰 영향을 미치는지 보았습니다. 식품 시스템이 변질되고 오염되어 한때 영양분이 풍부했던 음식은 이제 영양분이 없거나 살충제와 호르몬으로 가득 차 있습니다. 모든 문제를 일으키는 것은 한 가지 식품이나 식품군이 아닙니다. 사람마다 효과가 있는 음식과 효과가 없는 음식의 고유한 조합이 있습니다. 예전에는 음식에 대한 과민성과 알레르기가 드물었고 소화 문제는 희귀하거나 성인의 문제로 여겨졌지만, 저는 점점 더 어린 아이들이 고통받는 것을 봅니다. 저는 음식에 민감한 생후 몇 개월 된 아이들을 보살폈습니다. 3주 된 제 아이도 제가 모유 수유를 하면서 먹고 있던 음식으로 인해 문제가 생기기 시작했습니다. 무엇을 먹는지가 중요하다는 것은 의심의 여지가 없지만, 어떻게 먹는지는 종종 간과되기 때문에 저는 육아를 위한 휴먼 디자인의 이 요소를 좋아합니다.

고려해야 할 것은 음식은 결코 음식에만 국한된 것이 아니라는 것입니다. 전통, 문화, 유대감, 연결, 기억, 식품 화학물질 등을 포함하여 음식에 싸여 있는 너무 많은 것들이 우리가 음식을 보고 그것들이 우리와 우리의 고유한 신체에 효과가 있는지 여부를 결정할 때 고려해야 할 대상입니다. 우리 몸에 더 깊은 수준으로 연결되고 아이들과 우리 자신에게 진정으로 효과가 있는 것이 무엇인지를 알아내기 위해 주의를 기울이는 것이 필요합니다.

어린 시절 제 경험에 비추어 볼 때 저는 먹는 방법이 특이했습니다. 저는 제 음식들이 서로 닿는 것을 싫어했고, 다음 음식으로 넘어가기 전에 접시에 있는 음식 한 종류를 모두 먹는 것을 좋아했습니다. 예를 들어, 스테이크, 옥수수, 그리고 샐러드를 먹는다면, 저는 스테이크를 다 먹고, 옥수수를 다 먹은 다음 샐러드를 먹을 것입니다. 꼭 그 순서대로는 아닐지라도 다음 음식으로 넘어가기 전에 음식 하나를 모두 먹을 것입니다. 이런 식으로 먹지 않는 것은 저에게 엄청나게 좌절감을 주었고 스트레스였습니다. 왜 이런 식으로 먹어야 하는지 정확히 설명할 수 없었지만, 저는 그게 가장 기분이 좋은 방법이라는 것만 알았습니다. 30대 후반이 되어서야 저는 제 소화 유형이 순차적 식성이라는 것을 알게 되었습니다. 즉 제가 한 번에 한 가지 정보를 받아들이듯이 이런 식으로 먹도록 설계되었다는 것을 의미합니다. 그렇다면 지금은 한 번에 한 가지씩만 먹는다는 뜻인가요? 아닙니다. 그것이 항상 저에게 효과가 있는 것은 아닙니다. 비록 간단한 음식을 먹을 때는 훨씬 더 소화가 잘 되고, 재료가 적으면 더 좋아진다는 것을 알아차리긴 하지만요. 예를 들어, 저는 종종 사과를 먹고, 한두 시간 후에 견과류를 먹고, 그런 다음 두어 시간 후에는 오이를 먹고, 당근을 곁들여 먹을 수도 있습니다. 이렇게 먹는 방법은 여러 음식을 섞은 더 많은 양의 식사를 하루에 세 끼씩 먹는 것보다 훨씬 더 소화가 잘됩니다. 우리는 모두 독특한 개인이고 우리 각자에게 가장 적합한 것이 무엇인지 찾아야 합니다.

잠시 시간을 내어 당신이 아이였을 때를 떠올려보세요. 당신은 음식을 어떻게 먹는 것을 좋아했나요? 당신은 당신에게 조건화된 선호하는 식사 방식이 있었나요? 아이들은 어떤가요? 자녀에게 당신이 알아차렸거나 심지어 "교정"하려고 시도한 특별한 식사 방식이 있나요?

휴먼디자인에는 자녀가 최적의 소화를 할 수 있도록 음식을 제공하는 12가지 방법이 있습니다. 이것은 자녀에게 무엇을 먹여야 하는지를 알려주는 것이 아니라 먹이는 방법과 경우에 따라서는 자녀가 먹을 때 환경을 어떻게 해주어야 하는지에 대한 것입니다. 자녀의 식사 전략은 Genetic Matrix under Design → Determination(디자인의 유전 매트릭스 → 결정) 아래에 있는 고급 프로 차트(Advanced Pro chart)에서 확인할 수 있습니다. 이 정보를 얻기 위해서는 분 단위로 정확한 출생 시간을 아는 것이 중요합니다. 출생 증명서에 정확한 분이 없거나 어떤 이유로든 정확한 분이 아닐 경우에도 이런 모든 옵션을 탐색하고 자녀가 어떤 음식에 자연스럽게 끌리는지 관찰할 수 있습니다. 이를 자녀의 식습관을 자연스럽게 받아들이는 데 도움이 될 수 있는 가능성으로 생각하세요.

흥미로운 점은 이것이 식사에만 적용되는 것이 아니라 학습 및 정보 수집과 같은 다른 활동에도 적용된다는 것입니다. 자녀가 정보를 수집하는 모든 활동에서 자녀의 소화 유형에 따라 이런 개념을 가지고 놀 수 있습니다. 예를 들어, 아이가 고요함이라는 소화 주제를 가지고 있는데 시끄러운 환경에서 숙제를 하거나 배우려고 노력하고 있다면, 그들의 학습 공간을 집안의 조용한 공간으로 옮기고 집중력이 향상되는지 확인해 보세요.

이 모든 소화 유형은 모두 차트의 한 측면일 뿐입니다. 자녀는 차트의 한 부분만이 아니라 온전한 인간이라는 것을 기억하는 것이 중요합니다. 이 정보를 받아들이고 그것을 가지고 놀아주세요. 당신이 아이가 어떻게 먹기를 원하는지, 무엇을 어떻게 배우기를 원하는지 고집하기보다는 그들이 어떻게 자연스럽게 먹고 배우기를 원하는지 관찰하세요. 이 모든 것은 계속해서 성장하고 진화하는 큰 실험일 뿐입니다. 자녀에게 무엇이 효과가 있는지 확인하고 그 것을 시작점으로 삼으세요. 그것이 유일한 방법이 되지 않도록 하 세요. 우리는 진화하고 성장하면서 다양한 요구사항을 갖게 됩니 다. 가장 좋은 식이요법은 이러한 점을 고려하여 독단적인 식사나 학습 방식에 얽매이지 말고 호기심을 갖고 몸이 필요로 하는 것에 대해 열린 마음으로 받아들이는 것입니다. 단순히 누군가가 시키는 대로 따르거나, 혹은 그것이 한때 효과가 있었기 때문에, 혹은 심지 어 휴먼디자인 차트가 그렇게 말했기 때문에 하는 것은 여전히 당 신에게 가장 좋은 것이 무엇인지에 대한 당신의 타고난 지혜와 연 결되도록 허락하지 않습니다. 우리는 복잡한 인간이고 우리의 몸은 항상성 균형을 유지하고 주어진 것에 할 수 있는 최선을 다하고 있 기 때문에 모든 것이 바뀔 수 있다는 가능성을 열어 두어야 합니다. 아이들의 몸은 똑같지만, 어리면 어릴수록 그들이 경험한 식이의 조건화는 더 적습니다. 편안히 앉아서 그들에게 효과가 있는 것이 무엇인지 호기심을 갖고, 그것에 반대하기보다는 어떻게 대처할 수 있는지 결정해 보세요.

소화의 12가지 유형

처음 여섯 가지 소화 유형은 자녀가 음식을 먹는 방식과 아이가 좋아하는 음식에 더 중점을 두고 있는 반면, 나머지 유형은 음식 자체보다는 환경 조건에 더 중점을 둡니다.

자녀가 좋아하는 음식이나 주제가 무엇인지, 그리고 식사나 숙제를 어디서 어떻게 하는 것을 선호하는지를 알아내는 것은 그들의 에너지 유형에 맞는 질문을 함으로써 도움을 받을 수 있습니다.

1. 순차적 식성: 순차적인 소화는 수렵 채집 시대의 식습관으로 거슬러 올라가 가장 오래된 소화 유형으로 여겨집니다. 상상할 수 있듯이 오늘날처럼 슈퍼마켓과 식료품이 많이 없는 상황에서 딸기 덤불을 발견했다면, 당신은 그것들을 모두 먹어 치웠을 것입니다. 그런 다음 아마도 이리저리 돌아다니다가 개울을 발견하고 물고기를 잡아 먹어치웠을 것입니다. 이런 소화 유형을 가진 사람들은 말 그대로 한 번에 한 가지 음식을 먹는 것이 가장 좋습니다.

자녀가 이런 소화 유형을 가지고 있다면, 당신은 이것을 이미 알고 있을지도 모릅니다. 그들은 모든 음식이 접시에 뭉쳐진 것을 좋아하지 않는 아이일 것입니다. 그들은 완두콩을 다 먹고, 그다음에는 밥을 다 먹고, 그다음에는 고기를 다 먹는 등 접시에 있는 음식을 한가지씩 다 먹어 치우고 다음 음식으로 옮겨갑니다. 이 유형은 또한 가장 선천적인 소화 유형일 수 있는데, 이는 곧 몸에서 어떻게 느껴지는지에 따라 무엇이 좋고 옳은 것인지를 아는 타고난 능력을 갖고 있다는 뜻입니다. 인간으로서 우리는 예전에 이것이 어떤 느낌인지 알고 있었지만, 점점 더 많은 음식이 우리의 뇌를 밝게 하고 더 많은 것을 원하도록 고안된 식품 화학물질이 표준이 되면서, 우리 몸에 진정으로 필요한 것이 무엇인지, 그리고 음식에 대해 우리의 뇌가 무엇을 필요로 하는지를 아는 것은 어렵게 되었습니다. 사슴과 같은 야생동물이 먹이를 먹는 것을 지켜본 적이 있다면, 사슴은 나뭇잎을 한 입 베어 물고 씹고, 몸이 원하는 것이라면 덤불을 통째로 먹을 수 있지만 그렇지 않다면 그냥 넘어가서 다음 것을 먹습니다. 사슴은 식품 화학물질과 사회적 조건화가 주어지지 않았기 때문에 이러한 소화 작동 방식과 매우 유사한 패턴으로 계속 먹습니다. 당신의 아이는 블루베리와 같은 단일 음식에 집착하여 하루 종일 그것만 먹고 싶어 할 수도 있고, 접시 위의 음식을 분리시켜 한 번에 한 가지 음식을 먹어야 할 수도 있습니다. 또한, 이것은 감자와 같은 한 가지를 의미할 수도 있고, 우유와 버터가 들어 있는 으깬 감자를 먹을 수도 있고, 몇 가지 음식을 섞어 먹지만 일반적으로 많이 먹지 않을 수도 있습니다. 아이에게 어떤 것이 효과가 있는지 알아보려면 실험을 해봐야 하겠지만, 항상 한 번에 한 가지 음식만을 의미할 필요는 없습니다. 그것은 또한 머핀과 계란을 동시에 먹는 것보다 머핀 하나만 먹는 것을 의미할 수도 있습니다.

당신의 아이가 이렇다면, 이미 이런 식으로 먹게 하고 있나요? 그렇지 않다면, 아이가 이런 식으로 먹는 것을 실험해 볼 수 있도록 허용하려면 무엇이 필요할까요?

학습

순차적인 식성 소화 유형은 한 번에 한 가지에 집중하는 것이 가장 좋습니다. 주변의 방해 요소를 제한하고 컴퓨터에서 하나의 브라우저 탭만 열도록 하면 과부하를 줄이고 집중력을 유지하며 효율적으로 학습하는 데 도움이 될 수 있습니다.

2. 번갈아 먹는 식성: 이 소화 유형은 이전의 순차적 식성을 기반으로 하지만 약간 더 많은 변화를 허용합니다. 그들의 음식은 분리되어 있지만 다음 음식으로 넘어가기 전에 한 가지 음식을 다 먹는 것이 아니라 케일 한 입을 먹고, 다음에 블루베리 한 입 먹고, 다음에 사과 소스 한 입 먹는 방식으로 진행됩니다. 따라서 여전히 음식을 분리하지만 끝날 때까지 한 번에 한 가지만 먹는 것보다 한입과 다음 입 사이에 더 많은 변화를 허용합니다.

학습

번갈아 먹는 식성 소화 유형은 한 번에 몇 개의 브라우저 탭이나 주제를 열고 한 가지 일을 조금 하고 그다음 일을 조금 하고 그 사이를 왔다 갔다 하는 것을 잘할 수 있습니다. 이런 식으로 배우는 것은 우리가 표준화된 선형, 논리적 학습 시스템에서 배운 방식이 아니기 때문에 부모들이 시도하는 것은 어려울 수 있습니다. 당신의 아이가 이런 소화 유형을 가지고 있는데 한 가지 일에 집중하려고 애쓰거나 너무 집중해야 하는 것에 부담을 느끼면서 숙제를 하려고 앉아 있다면, 그들과 함께 실험해 보세요. 한 번에 2~3개의 선택지를 주고 그들이 원하는 순서대로 하게 하고 상황이 바뀌는지 확인해 보세요. 다시 말하지만, 작업을 완료하는 데 있어 전략과 내적결정권을 따라 올바른 선택을 하도록 도와주세요.

3. 열린 미각: 이 소화 유형을 가진 사람들은 새로운 음식을 시도하고 새로운 것을 배우는 데 열려 있습니다. 자녀가 이런 종류의 소화 능력을 가졌다면, 그들은 다른 아이들보다 더 모험적으로 음식을 먹을지도 모릅니다. 그들에게 다양한 음식을 제공하세요. 그리고 당신이 좋아하지 않는 음식을 그들이 좋아할 수도 있다는 생각에도 항상 열려 있도록 하세요. 부모는 자녀가 특히 어렸을 때 자신과 비슷한 음식을 좋아할 것이라고 생각할 수 있지만, 자녀가 이런 소화 유형을 가지고 있다면, 그들이 실험하도록 하세요. 그들을 식료품점에 데리고 가서 무엇에 관심이 있는지 보거나 요리책을 살펴보게 하여 자녀의 흥미를 유발하는 음식이 무엇인지 알아보세요.

학습

열린 미각 소화 유형은 많은 것을 배울 수 있습니다. 심지어 여러 언어 또는 한 가지의 다양한 변형도 말이지요. 예를 들어, 춤에 관심이 있다면, 그들은 무엇을 더 깊이 파고들고 싶은지 알아내기 위해 몇 가지 종류의 춤 수업을 시도하고 싶을지도 모릅니다. 자녀가 학교에서 주어진 제한된 선택에 지루해하지 않도록, 배울 수 있는 다른 기회를 제공하세요. 그들의 호기심을 따라가세요. 이 유형은 3번 라인 프로파일과 관련이 있습니다. 당신의 자녀는 자기가 좋아하는 것을 알기 위해 많은 것을 실험하고 시도해야 합니다.

4. 닫힌 미각: 이 소화 유형은 자신이 좋아하는 것의 목록을 가지고 있고 그것을 고수하는 아이를 나타냅니다. 당신은 때때로 그들에게 새로운 음식을 시도하게 할지도 모르지만, 그들은 자신이 선호하는 검증된 음식만을 먹을 것입니다. 그들의 음식이 어떻게 될지, 그것을 먹는 느낌이 어떨지를 아는 것에는 어떤 안전장치가 있습니다. 그리고 이 안전장치 속에서 그들은 자신들을 기분 좋게 만드는 음식에 끌립니다. 이것은 그들이 치킨 너겟과 설탕이 든 간식으로 살아야 한다는 것을 의미하는 것은 아닙니다. 아마도 그들은 오직 세 종류의 과일만 좋아하고 당신이 주는 다른 과일들은 먹어보고 싶어 하지도 않을 것입니다. 그들이 발전하고 변화할 때, 새로운 음식을 계속 제공하세요. 왜냐하면 처음에는 그렇지 않았던 새로운 것이 나중에 그들에게 어필할 수도 있기 때문입니다. 아이들의 미뢰는 자라면서 극적으로 변합니다. 그들은 매우 단순한 미각

으로 시작해서 더 복잡한 맛으로 미각을 발전시킬 수 있습니다.

식당에 갔을 때 아이가 이런 소화 유형이라면, 당신은 같은 음식을 주문하나요? 당신은 그들이 새로운 것을 시도하도록 내버려 두나요, 아니면 압력을 넣나요? 그것이 아이에게 어떤 효과가 있었나요?

학습

닫힌 미각 소화 유형은 자신이 어떤 과목을 정말로 즐기는지를 알아내고 그 과목에 깊이 파고들고 싶어 하는 아이일 가능성이 높습니다. 분명히 배워야 할 분야가 더 많이 있지만, 그들은 그것을 다른 사람들만큼 즐기지 않을 수도 있기 때문에 새로운 것을 배우도록 격려하기 위해서는 당신이 창의적이 될 필요가 있을 것입니다. 당신은 자녀가 하고 싶어 하는 것에 대해 더 많은 시간을 가질 수 있도록 먼저 그들이 좋아하지 않는 과제를 완성하도록 협상할 수 있나요? 박물관, 캠프, 수업, 도서관, 또는 그들이 가장 좋아하는 과목에 더 깊이 들어갈 수 있는 기회 같은 보상은 그들이 별로 좋아하지 않는 것들을 할 수 있는 원동력이 될 수 있습니다.

5. 뜨거운 갈증: 이런 유형은 소화가 잘되지 않으며 소화가 잘되려면 약간의 도움이 필요합니다. 그들은 샐러드, 스무디, 또는 차가운 음식보다(소화에 더 많은 노력이 들어감) 수프, 오트밀, 그리고 요리된 야채와 같은 따뜻한 음식에(소화를 시키는 데 노력과 에너지가 덜 들어감) 끌리는 경향이 있습니다.

학습

뜨거운 갈증 소화 유형은 따뜻한 공간에서 학습하도록 장소를 조정해야 할 수 있습니다. 1년 중 시간대와 거주지에 따라 실내에 더 많이 있거나 실외에 더 많이 있을 수도 있으며, 자녀가 온도를 편안하게 느끼지 못하면 학습이 더 어려워질 수 있습니다. 숙제를 하기 위해 소파나 침대에서 담요를 덮고 편안하게 있는 것에 관심이 있을 수 있으므로, 그들에게 어떤 것이 더 편안하게 공부할 수 있는지 물어보세요.

6. 차가운 갈증: 이 소화 유형은 열을 식혀야 하는 소화 시스템에 속하며 상온의 음식이나 차가운 음식에 끌립니다. 이 아이들은 손으로 집어 먹는 음식, 조리 식료품, 애피타이저와 같은 간식이나 차가운 시리얼, 스무디, 샐러드, 샌드위치, 냉동 과일, 그리고 그와 비슷한 더 차가운 음식을 즐깁니다.

학습

차가운 갈증 소화 유형은 그들이 문자 그대로 서늘한 온도의 공간에서 학습하도록 장소를 조정해야 할 수 있습니다. 1년 중 시간대와 거주지에 따라 실내에 더 많이 있을 수도 있고 실외에 더 많이 있을 수 있는데, 자녀가 온도를 편안하게 느끼지 못하면 학습이 더 어려워질 수 있습니다. 서늘한 바닥이나 열린 창문 옆에 있는 것에 관심이 있을 가능성이 높으므로 그들에게 어떤 온도가 공부하기에 더 편안한지 물어보세요.

7. **고요한 촉각**: 이것은 고요하고 조용한 환경에서 가장 잘 작동하는 소화 유형입니다. 이 아이들에게 가장 좋은 것은 멋지고 조용한 가족 저녁 식사, 일대일 식사, 또는 조용한 식당에서의 식사입니다. 주변의 소란을 가라앉히면 음식을 더 잘 소화할 수 있는 상태로 이완하는 데 도움이 됩니다. 가족 수가 많거나 식사 시간이 혼란스럽다면, 조용한 공간에서 다른 시간에 식사를 하거나 다른 방에서 식사를 하는 등 모든 사람들이 필요한 것을 얻을 수 있는 다른 옵션들을 고려하세요. 다른 시간에도 가족이 함께 식사할 수 있지만, 아이들이 각자 자신에게 가장 잘 맞는 방식으로 식사할 수 있도록 허용하면 식사하는 동안 기분이 좋아지고 음식을 더 잘 소화할 수 있습니다. 고요한 소화 유형을 가진 아이가 혼자 밥을 먹는다고 한다면, 그것은 그들이 우울하거나 당신을 좋아하지 않는다는 뜻이 아닙니다. 이것은 그 어떤 것도 당신에게 개인적인 것이 아닙니다. 단지 그렇게 하는 것이 소화를 위한 최적의 방법일 뿐입니다.

학습

고요한 촉각 소화 유형은 최적의 학습을 위해 고요한 환경이 필요합니다. 예를 들어, 자녀가 보통 부엌 카운터에 앉아 공부하고 숙제를 하고 있는데 다른 가족 구성원들이 부엌을 드나들고 있다면, 이것은 자녀에게 매우 산만할 수 있습니다. 그들은 가장 잘 배우기 위해 조용하고 평화로운 공간이 필요합니다. 당신 집의 공간 목록을 작성하고 하루 중 다른 시간에 어디가 조용한지 살펴보세요. 이것은 반드시 고요함을 의미할 필요는 없지만 많은 움직임이나 소란이 없는 곳이면 됩니다.

8. **신경과민 촉각:** 고요한 촉각 소화 유형과는 반대로, 신경과민 촉각 유형은 최적의 소화를 위해 움직여야 합니다. 이 아이들은 식탁에 가만히 앉아 있는 것을 힘들어하고 일어나서 돌아다니기를 원합니다. 그들은 또한 음식을 한입 먹고 씹는 동안 식당이나 거실을 돌아다니다가 다시 한입 먹으러 오는 아이일 수도 있습니다.

저는 끼니마다 이렇게 하는 사촌과 함께 자랐습니다. 그녀는 식사하는 동안 가만히 앉아 있지 못했습니다. 그녀가 세 살 때 그녀의 엄마가 차에서 낡은 안전 벨트를 가져와서 저녁 식사를 마칠 때까지 그녀를 식탁에 버클을 채웠던 기억이 납니다. 나중에 제가 휴먼디자인을 알고 그녀의 차트를 찾아보았을 때 그녀의 소화 유형이 신경과민 촉각 유형이었습니다. 알고 보니 그녀는 저녁 식사 중에 움직이면서 몸이 가장 좋게 느끼는 방식으로 소화를 시키고 있었던 것입니다.

학습
신경과민 촉각 소화 유형은 공부하는 동안 돌아다닐 수 있는 환경이 필요합니다. 일어나서 움직이고, 심지어 춤을 추고, 다시 앉아서 집중할 수 있으려면 자주 휴식을 취하는 것이 필요할 수 있습니다. 당신은 심지어 그들이 에너지를 발산하기 위해 책을 읽는 동안 책상을 두드리는 것을 발견할지도 모릅니다.

9. 높은 소리: 이 소화 시스템은 소리의 높이가 더 높은 공간에 있는 것에 관한 것입니다. 시끄러운 식당, 배경에 TV가 켜져 있거나 음악이 재생되는 것이 이 유형에게 선호됩니다. 그들은 또한 시끄러운 소리를 내거나 숟가락을 유리잔에 부딪히거나 접시에 두드리는 아이일 수 있습니다. 이것이 당신을 미치게 할 수도 있고 그렇지 않을 수도 있지만, 그것은 소화 과정의 일부입니다. 소란과 혼란이 심할수록 그들은 더 편안하고 이완을 느낍니다. 대가족과 함께하는 시끌벅적한 가족 저녁 식사? 바로 그것이 그들이 좋아하는 것입니다. 그들은 외식하거나 친구나 가족과 함께 식사할 때 소화가 잘됩니다.

학습

높은 소리 소화 유형은 숙제를 하는 동안 방에서 음악을 크게 틀어 당신이 들어와서 소리를 줄이고 집중하라고 말하게 하는 아이일 수 있습니다. 당신에게는 효과가 없을지라도 그들에게 효과가 있는 가능성을 열어 두는 것이 중요합니다. 그들은 주변에 소음과 분주함이 있는 커피숍에 숙제를 가져가고 싶을 수도 있습니다.

10. 낮은 소리: 이런 소화 유형 또한 환경에 관한 것이지만, 이들은 부드러운 음악, 식사 중 조용한 대화, 또는 심지어 침묵을 선호합니다. 이런 유형은 식사를 하면서 클래식 음악이나 감미로운 분위기의 다양한 현대 음악을 즐기거나 조용히 혼자 식사하고 싶어 하는 아이로 나타날 수 있습니다.

학습

낮은 소리 소화 유형은 클래식 음악이나 다른 부드러운 음악을 배경 음악으로 틀어주면 학습을 가장 잘할 수 있습니다. 선호하는 감미로운 음악을 다양하게 실험해 보고 자녀의 집중력이 어떻게 반응하는지 확인해 보세요. 그들은 또한 비슷한 학습 스타일을 가진 다른 사람과 더 친밀한 환경에서 학습하는 것을 선호할 수도 있고, 도서관과 같이 조용한 곳으로 가는 것을 선호할 수도 있습니다.

11. 직사광선: 이 소화 유형은 음식을 먹는 환경과 더 관련이 있습니다. 직사광선은 하루 중 자연광을 이용할 수 있는 시간과 관련이 있으며, 이는 일 년 내내 변화합니다. 야외에 앉아 햇볕을 쬐면서(날씨가 좋을 때) 식사를 할 수 있다면, 이것은 소화기관에 행복을 가져다줍니다. 그렇지 않다면, 자연광이 좋은 창가나 창 근처에 앉아 있는 것으로 충분할 수 있습니다. 당신의 식사 공간에는 자연광이 있나요? 그렇지 않다면, 자녀가 자연 채광이 더 잘 들어오는 다른 방에서 먹게 할 수 있나요? 만약 자연광을 이용할 수 없다면, 조명이 더 밝은 곳이나 이른 시간에 저녁 식사를 하세요.

학습

직사광선 소화 유형 어린이는 아직 햇빛이 남아 있는 이른 시간에 학습을 끝내는 것을 선호할 수 있습니다. 그들은 일을 할 때 외부 자연광이나 창가에 앉아 있는 것을 선호할 수 있습니다. 또한 저녁 늦은 시간에 일을 완수하거나 집중력을 유지하는 데 어려움을 겪을 수 있습니다. 만약 당신이 직장이 있는 부모이고 저녁 늦게까지 숙제를 도와줄 시간이 없다면, 이 디자인을 잘 다루는 방법에 대해 약간의 창의성이 필요할 수도 있습니다. 그들이 일찍 숙제를 하는 동안 함께 앉아 있을 수 있는 형/누나/언니/오빠나 이웃이 있나요? 방과 후 프로그램에 자연광을 받으며 숙제할 수 있는 공간이 있나요?

12. **간접조명**: 이 소화 유형 또한 식사 시간 및 식사 시 조명과 관련이 있습니다. 이 유형은 간접조명에서 식사하는 것을 선호하는데, 이는 해가 진 후에 배가 고파지거나 식사를 하는 것을 의미할 수 있습니다. 하지만 식사 공간을 낮은 조명으로 바꾸거나 커튼을 치는 것으로 해가 질 때처럼 더 친밀한 공간을 만드는 것도 도움이 될 수 있습니다. 촛불을 이용한 저녁 식사는 LED 조명이나 너무 자극적으로 느껴질 수 있는 백열등보다 덜 거친 조명이기 때문에 선호될 수 있습니다.

학습

간접조명 유형 아이는 잠잘 시간이 가까워지고 어두워질 때까지 일을 미루는 것을 선호할 수 있습니다. 많은 부모들은 아이들이 저녁 시간에 휴식을 취할 수 있도록 숙제를 더 일찍 끝내기를 원하지만, 이것은 간접조명 소화 유형을 가진 아이와 다툼이 될 수 있습니다. 그들에게 가장 좋은 조건이 될 때까지 기다리면 일단 일을 더 일찍 끝내도록 강요받지 않은 채로 일에 몰두할 수 있게 되므로 자녀가 더 효율적으로 일을 끝낼 수 있으며, 이는 당신과 부모, 그리고 아이에게 더 적은 스트레스를 의미합니다. 자녀가 공부를 더 잘하는 데 도움이 된다면, 커튼으로 방에 은은한 빛의 분위기를 연출할 수도 있습니다. 그들에게 어떤 것이 효과적인지 물어보고 실험하세요.

이런 모든 디자인 및 제안과 함께 자녀의 에너지 유형에 맞는 전략과 내적결정권을 따르는 것이 가장 중요하다는 것을 기억하세요. 당신 아이에게 소화의 12가지 요소가 모두 있을 수 있으며, 사실 그것은 정상입니다. 우리는 복잡한 존재이고, 우리 모두는 차트의 모든 요소를 가지고 있습니다. 심지어 특정한 센터나 채널, 게이트에 정의가 있는 사람들도 그 에너지의 변화를 경험할 수 있는데, 특히 우리가 가장 많은 시간을 함께 보내는 사람들의 조건화 때문입니다. 조건화를 부정적으로만 경험할 필요는 없습니다. 조건화는 우리를 있는 그대로의 모습으로 만들고 우리 자신에 대해 현명해지기 위해 필요한 교훈을 배우도록 도와줍니다. 아무도 조건화 없는 삶을 피할 수 없으며, 그렇게 해서도 안 됩니다. 우리 모두는 서로 상호작용하고, 서로에게 영향을 미치고, 서로에게서 배우는 삶을 여행하고 있을 뿐입니다.

학습에 대한 호기심

당신의 학습 방법과 선호도가 자녀의 학습 방법에 영향을 미칠 수 있다는 것을 생각해 보세요. 그들의 소화 유형을 실험해 본다면 식사 시간이나 학습에 어떤 변화가 생길 수 있을까요? 자녀가 학습에 성공하고 지지받는다고 느끼려면 무엇이 필요할까요?

다양한 소화 유형에 어떻게 대처할까?

가족 구성원 모두가 음식에 대한 민감성, 알레르기 또는 선호도 때문에 각기 다른 소화 욕구나 요구사항을 가지고 있을 때 그것이 얼마나 부담스러운지 저는 알고 있습니다. 이렇게 다양한 식습관까지 더해지면 벅차게 느껴질 수 있지만, 이러한 유형의 조합은 대부분 식사할 때 함께 탐색할 수 있습니다.

신경과민의 소화 유형이 있는 아이와 고요한 소화 유형이 있는 아이가 있다면, 그들을 별도의 방에서 혹은 서로 다른 시간에 먹여야 할 수도 있는데, 이것은 가족끼리 식사하는 것을 우선시할 때 실망스러울 수 있습니다. 절대로 함께 먹지 못한다는 말은 아닙니다. 하지만 만약 가족 식탁에서 한 아이는 가만히 앉아 있을 수 없고 다른 아이는 그 아이의 움직임을 감당할 수 없다면, 아마도 작은 변화가 도움이 될 수 있을 것입니다. 가능하다면 식탁을 나누거나 두 개의 식사 공간을 만들거나 서로 다른 시간에 식사를 하도록 한다면 훨씬 덜 스트레스 받는 식사 시간을 만들 수 있습니다.

높은 소리 소화 유형과 낮은 소리 소화 유형의 경우는 높은 소리 소화 유형의 아이들이 헤드폰을 착용하도록 하여 그들에게 최적화된 높은 소리를 들을 수 있게 하는 반면, 낮은 소리 소화 유형의 아이들은 소음 제거 헤드폰이나 귀마개를 하게 하여 둘 다 여전히 같은 식탁에 있게 할 수 있습니다.

순차적 소화 유형의 아이들은 다른 접시에 다른 음식을 담아 줄 수 있고, 괜찮다면 칸막이가 있는 접시에 음식을 담아줄 수도 있습니다. 열린 미각 소화 유형을 가진 어린이들은 매주 또는 어쩌다 한 번씩 새로운 재료를 가져와 새로운 음식을 제공하는 시도를 하거나 이전에 먹어본 적이 없는 음식을 제공하는 레스토랑을 시도할 수 있습니다. 열린 미각 유형은 새로운 것을 기꺼이 시도하고 다른 사람들이 시도하지 않는 것들을 조합하는 데 개방적이기 때문에 훌륭한 요리사가 될 수도 있습니다.

부모는 고요한 소화 유형을 가지고 있고 아이들은 신경과민이나 높은 소리 소화 유형을 가지고 있다면, 아이들이 식사를 하는 동안 함께 앉아서 음료를 마시고 대화를 나눈 다음 그들이 식사를 마친 후에 차분한 환경에서 당신의 식사를 할 수 있는 공간을 마련하세요.

장담하건대, 당신은 이런 다양한 소화 유형에 대처할 수 있습니다. 단지 열린 마음과 약간의 창의성이 필요할 뿐입니다. 우리는 우리가 설정했거나 선조들로부터 오랫동안 이어받아 온 경계와 그들이 우리에게 기대했던 것을 허물어야 합니다. 앞으로 나아가는 길은 당신과 가족을 위하는 길입니다. 우리가 사는 시대는 사십 년 전이나 오십 년 전과 다르고, 백 년 전과는 아주 다릅니다. 전통을 높이 평가하는 사람들에게 전통은 모든 것을 의미할 수 있습니다. 전통은 여전히 당신의 삶의 일부가 될 수 있습니다; 당신은 전통에 접근하는 방법과 전통을 정의하는 방법에 대해 약간의 창의력을 발휘해야 할 수도 있습니다. 당신은 어떤 새로운 전통을 만들 수 있나요?

다양한 소화 유형으로 인해 저녁 식탁에서 유대감을 형성하는 것이 너무 까다롭게 느껴진다면, 식사 시간이 아닌 다른 방법으로 자녀 및 가족과 유대감을 형성할 수 있는 방법을 고려해 보세요. 가족 게임의 밤? 저녁 댄스파티? 가족 산책이나 자연 하이킹? 당신은 가족이 관심을 갖고 있는 것이라면 무엇이든 창의력을 발휘하여 꼭 저녁 식탁이 아니더라도 서로 소통할 수 있는 시간을 만들 수 있다고 확신합니다.

수면

잠은 부모 자신과 아이들 모두에게 큰 도전이 될 수 있습니다. WebMD(주로 인간의 건강과 복지에 관한 뉴스 및 정보 제공기업)에 따르면, 수면에 대한 현재의 연구는 아이들이 연령에 따라 다음과 같은 양의 수면을 필요로 한다는 것을 보여줍니다.

아이들의 권장 수면시간

나이	수면시간
1-4주	15-16시간
1-4개월	14-15시간
4-12개월	14-15시간
1-3세	12-14시간
3-6세	10-12시간
7-12세	10-11시간
12-18세	8-9시간

이 연구 결과는 아이들에게 필요한 평균 수면시간이지만, 당신의 아이가 중간 평균에 맞지 않을 수도 있으므로 자녀를 개별적으로 바라보면 취침 시간과 수면시간에 스트레스를 덜 받을 수 있습니다. 다이어트 조언, 운동 조언, 사업 조언, 그리고 삶의 다른 모든 것과 마찬가지로 육아 조언은 그것을 쓴 사람에게 효과가 있었거나 특정한 수의 아이들에 대한 연구에 기초하여 제공되지만, 당신의 아이는 다를 수 있습니다. 이 책은 당신과 자녀가 개인이라는 것을 상기시켜줍니다. 당신이 필요로 하는 것, 당신의 아이가 필요로 하는 것, 그리고 가족이 필요로 하는 것은 당신과 그들에게 독특할 것이므로 이를 자유롭게 받아들이길 바랍니다. 특히 이 주제와 관련하여 육아에는 충분한 판단이 필요하므로 최적의 수면을 취하기 위한 몇 가지 핵심 요소를 고려해 보겠습니다.

자녀의 수면을 개선하기 위해 시도할 수 있는 7가지

1. 하루 중 화면 보는 시간을 줄여라

화면 보는 시간을 게임, 춤, 스포츠, 자연 산책, 도서관 여행, 퍼즐, 상상 게임, 자전거 타기 등과 같은 다른 것으로 대체하세요. 자녀의 에너지 유형에 대한 질문을 통해 자녀가 무엇을 더 하고 싶은지 알아보세요.

2. 밖으로 데리고 나가서 몸을 움직이게 하라

새크럴 센터가 정의된 어린이가 밤에 잠을 잘 자지 못한다면 낮

동안 충분히 신체적으로 몸을 움직였는지 확인하세요. 작은 새크럴 에너지 공장들이 매일 쏟아내는 에너지를 모두 방출할 만큼 충분히 움직이지 않는다면, 쉽게 잠들지 못할 것입니다. 그들은 안에서 윙윙거리는 이 에너지를 다 써버려야 잠을 잘 수 있습니다. 충분히 수면을 취하지 않으면, 이것은 다음날 주의력 저하, 피로를 동반한 과잉 행동, 학교에서 정보를 받아들이는 능력 저하로 이어질 수 있습니다. 종종 과잉 행동 장애나 주의력 장애로 분류되는 아이들은 몸을 더 많이 움직이는 것만으로도 큰 효과를 얻습니다. 지금은 일어나거나, 몸을 움직이거나, 창의적인 일을 하면서 정보를 소화할 시간이나 공간을 갖지 않고 자리에 앉아서 번개 같은 속도로 정보를 공급받는 사회가 되었습니다. 우리는 계속해서 더 많은 정보를 우리의 뇌에 밀어 넣을 뿐입니다. 더 많은 움직임이 새크럴 에너지 유형의 웰빙에 만들어낼 수 있는 변화를 과소평가하지 마세요.

물론, 이 모든 권장 사항은 먼저 부모로부터 시작되어야 합니다. 당신이 밤낮으로 TV를 보거나 공원에서 자녀와 함께 있는 동안에 전자 기기에 매달려 있다면, 그들은 그것이 정상이라고 생각하고 당신을 따라 할 것입니다. 당신은 당신의 아이가 보여줄 행동의 모범을 보여야 하며, 이는 제가 규칙적으로 저 자신에게 상기시키기 위해 열심히 노력해야 했던 교훈입니다. 자영업을 하거나 재택근무를 할 때 휴식이나 업무 중에 소셜 미디어를 스크롤하는 경우가 많은데 타이머를 설정하고, 휴대폰을 끄고, 필요하면 잠그고, 자녀들에게도 책임을 묻도록 하세요. 우리 모두는 화면 시간과 소셜미디어와 관련하여 더 나은 경계를 설정할 수 있습니다.

3. 맨발로 땅에 밟게 하라

해변 근처에 산다면 훨씬 더 좋지만, 자연 그대로의 땅이라면 어디든 좋습니다. 어싱은 지구로부터 전자를 흡수함에 따라 활성산소를 중화시키고, 염증을 줄이며, 코티솔을 낮추는 데 도움이 되는 과정입니다. Ober, Sinatra, Zucker가 쓴 책 〈어싱Earthing〉은 어싱의 이점을 매우 자세히 설명합니다. 특히 하루 종일 신발을 신는 데 익숙하지 않은 아이들에게는 이런 식으로 땅과 연결되는 것만으로도 기분이 좋아질 수 있습니다. 자녀가 다양한 감각에 민감하다면, 모래, 물, 풀, 진흙, 흙 등 다양한 질감을 시도해 보세요. 진흙 파이를 만드는 것은 재미있을 뿐만 아니라 건강상의 이점도 있습니다!

4. 요가나 명상과 같은 마음챙김 수련을 가르쳐주어라

앱을 다운로드하여 자녀와 함께 할 수 있는 몇 가지 요가 시퀀스를 직접 배워보세요. 동영상을 따라 하거나, 혼자 배운 다음 음악을 틀고 몸을 함께 움직여보세요.

5. 창의적이 되게 하라

그림 그리기, 글쓰기, 만들기, 탐험하기, 춤추기, 연기하기 또는 요리하기 등 창의적인 표현을 장려하세요. 스스로 만들든 다른 사람들로부터 흡수하든 그들은 에너지와 감정을 움직이게 되니 일거양득입니다!

6. 전자기장(EMF)에 대한 노출을 줄여라

전자 장치 및 EMF에 대한 챕터를 조금 더 자세히 살펴보세요.

7. 애정 어린 관심과 신체적 접촉으로 안전한 환경을 조성하라

하루 종일 누구와도 접촉하지 않고 지내면서 당신의 안전감과 연결감이 어떻게 변하는지 살펴보세요. 어린 자녀 양육에 한창인 몇몇 부모들에게는 하루 종일 자녀를 돌보고 있는 몸이 자신의 몸처럼 느껴지지 않는 경우가 있기 때문에 누구와도 접촉하지 않는 하루는 천국처럼 들립니다. 저는 그러는 당신이 보여요. 항상 이렇지는 않을 것입니다. 당신의 몸은 언젠가 다시 당신의 몸이 될 것입니다.

최적의 수면을 위한 몇 가지 다른 고려 사항

송과선

송과선은 수면 호르몬인 멜라토닌을 생성합니다. 그것이 충분하지 않으면 우리는 잠을 자는 데 문제가 있을 수 있습니다. 보충제가 있긴 하지만, 의사가 권장하지 않는 한 아이들에게는 권장하지 않습니다. 보충제인 멜라토닌을 섭취하는 것은 당신의 몸이 더 이상 스스로 만들 필요가 없다는 것을 말하는 것이 될 수 있고 그렇게 되면 호르몬 생성은 하향 조절되기 시작할 것입니다. 송과선은 수면과 깊은 관련이 있으며, 일주기 리듬(코르티솔 수치의 상승과 하강을 통해 당신의 몸이 깨어있고 잠든 패턴)을 조절합니다.

내분비계는 갑상선, 성호르몬, 췌장(혈당을 조절하기 위해 소화효소, 인슐린, 그리고 글루카곤을 만듦), 부신(코르티솔과 아드레날린 생산), 그리고 내분비계의 주된 선이면서 다른 모든 것을 통제하는 뇌하수체와 시상하부를 포함합니다. 만약 이런 영역 중 하나에 기능 장애가 있다면 신체의 많은 다른 부위에 영향을 미칠 수 있습니다. 수면은 기분과 집중력뿐만 아니라 내분비계 전체에 영향을 미치며 건강에 매우 중요합니다.

송과선 기능에 영향을 미칠 수 있는 것들

1. 불소, 브롬화물 및 기타 할로겐은 시간이 지남에 따라 송과선을 석회화시키고 갑상선 수용체 위치를 놓고 경쟁하며 갑상선 문제의 원인이 됩니다.
2. 깜박이는 LED 조명을 포함한 인공조명은 뇌를 과도하게 자극하여 신체에 스트레스를 줄 수 있습니다.
3. 살충제와 다른 환경 화학 물질들은 시간이 지남에 따라 송과선의 석회화에 기여합니다.
4. 송과선은 "영혼의 자리" 또는 "제3의 눈"이라고 합니다. 그것은 영혼과의 관계와 깊은 관련이 있으며 근원/영혼/신/여신/우주로부터 단절된 느낌은 잠을 잘 수 있는 능력에도 영향을 미칠 수 있습니다.

낮잠

어떤 아이들은 두 살이 되면 낮잠을 포기하는 반면, 어떤 아이들은 초등학교 내내 낮잠을 계속 필요로 합니다(특히 비 새크럴 에너지 유형). 우리가 세상을 어떻게 인식하고 다른 사람들로부터 얼마나 많은 에너지를 받아들이는지는 우리가 얼마나 잘 쉬는지에 큰 영향을 미칠 수 있습니다. 자녀가 열린 센터가 많이 있고 특정 유형의 에너지를 오랫동안 유지하도록 설계되지 않았다면, 그들은 더 많은 휴식 시간, 더 많은 낮잠, 더 이른 취침 시간 또는 더 늦은 기상 시간이 필요한 자녀일 수 있습니다.

휴식 시간

비 새크럴 에너지 유형의 어린이는 더 많은 휴식 시간이 필요하며, 이는 더 많은 수면을 포함할 수도 있고, 포함하지 않을 수도 있습니다. 이 아이들은 하루 종일 주변에 있는 새크럴 에너지를 흡수하고 증폭시킨다는 것을 기억하세요. 만약 그들이 형제자매나 가족 구성원과 침실을 함께 사용한다면, 그들은 혼자 잠을 잤을 때처럼 깊이 쉬지 못할 가능성이 높습니다. 이 아이들(그리고 어른들)은 불이 꺼지기 최소 30분 전에 잠자리에 들고 책이나 유도 명상으로 긴장을 풀고 이야기하는 시간을 갖거나 오디오 북을 듣는 것이 최선입니다. 그들이 누우면 바디그래프가 바뀌고, 어떤 센터들은 당신이 다시 일어나 수직으로 서 있을 때까지 본질적으로 잠이 들기 때문에 긴장을 푸는 동안 반드시 누워있어야 합니다. 그래서 그것은 단지 조용히 혼자만의 시간을 갖는 것에 대한 것이 아니라, 누워있는 것에 대한 것입니다. 저는 프로젝터로서 비록 잠들기 전에 블루 라이트 차단 안경을 착용한 채로 아이패드로 쇼를 보고 있더라도, 그렇게 하는 동안 침대에 누워있으면 긴장을 푸는 데 도움이 될 수 있다는 것을 발견했습니다. 제가 누워있을 때, 낮에 똑바로 서 있을 때는 할 수 없는 방식으로 매우 활동적인 제 마음을 조용하게 할 수 있다는 것을 정의된 헤드와 아즈나를 통해 알 수 있습니다.

블루 라이트

블루라이트는 우리가 하루 종일 노출되어 있고, 특히 아이들의 뇌는 블루라이트에 노출되면 흥분하기 때문에 현재 수면에 대한 가장 중요한 관심사 중 하나입니다. 이상적으로는 아이들을 저녁 늦게까지 그것에 노출시키지 않는 것이 좋겠지만, 우리는 현대 세계에 살고 있고 모두 최선을 다하고 있을 뿐입니다. 컴퓨터용 f.lux와 같은 앱을 다운로드하거나 iOS 기기에서 Night Shift를 사용하여 빛의 색을 눈이나 뇌에 그다지 가혹하지 않은 호박색 톤으로 바꿀 수 있습니다.

블루 라이트 차단 안경은 또 다른 옵션이며, 자녀가 이미 안경을 쓰고 있다면 렌즈에 블루 라이트 차단 코팅을 추가하면 자녀가 컴퓨터에 보내는 시간이 그다지 가혹하지 않게 할 수 있습니다. 일부 소매점에서는 추가 비용 없이 모든 아동용 안경에 이 코팅을 적용하기도 합니다.

수면 위생

자녀가 자는 환경은 큰 차이를 만들 수 있습니다. 예를 들어, 촉각이 예민한 아이가 긁히는 소리가 나거나 너무 부드러운 담요를 사용한다고 생각해 보세요. 담요가 너무 무겁거나 너무 가벼운가요? 무게가 나가는 담요는 신경계를 진정시키는 포옹과 같은 역할을 하기 때문에 불안한 아이들을 진정시키는 데 도움을 줄 수 있어 지난 몇 년 동안 더욱 널리 보급되었습니다. 담요의 두께가 온도, 계절, 또는 장소에 적합한가요? 공기가 너무 덥거나 춥지는 않나요? 아이가 밤에 불을 켜고 자는 것을 선호하나요? 어둠 속에서 자는 것이 멜라토닌 생성에 최적이지만 모든 아이들이 그것을 견딜 수 있는 것은 아닙니다. 아이가 편안함을 느끼고 숙면을 취할 수 있도록 조명을 가장 낮게 설정하세요.

음식

낮에 또는 자기 전에 단것을 많이 먹었나요? 카페인을 마시나요? 매우 이른 시간일지라도 이런 음식은 수면의 질과 빨리 잠드는 능력에 영향을 미칠 수 있습니다. 자녀가 식용 색소가 많이 들어간 음식을 먹나요? 식용 색소는 과잉 행동과 관련이 있는 것으로 밝혀졌습니다. 자녀가 이 중 하나에 민감하다면, 많은 양을 섭취하지 않아도 영향을 미칠 수 있습니다. 글루텐이나 유제품 같은 식품 과민증이 있나요? 복통은 종종 수면에 어려움을 주거나 변비를 유발하여 수면의 질에 영향을 미칠 수 있습니다.

몸

자녀가 오늘 충분히 몸을 움직였나요? 하루 종일 다른 사람들로부터 축적된 에너지를 방출해야 하나요? 새크럴이 아닌 아이들은 춤을 추거나 다른 움직임을 통해 하루 종일 흡수한 에너지를 털어낼 수 있다는 것을 잊지 마세요.

창의력과 상상력

자기 전에 아이에게 책을 읽어주는 것은 아이들이 언어를 이해하고 창의력과 상상력을 고취시킬 수 있으며, 이야기에 따라서는 도덕과 가치관을 이해하는 데 도움을 줄 수 있습니다. 또한, 바쁜 일상 속에서 부모가 아이에게 온전히 집중하고 있다는 느낌을 주면 아이는 자신이 양육되고, 중요하며, 사랑받고 있다는 느낌을 받으며 잠들 수 있는 특별한 유대감을 형성하는 시간이 될 수 있습니다.

추가적인 휴먼디자인 측면

자녀에게 미정의된 목 센터가 있나요? 만약 그렇다면 그들은 하루 종일 정의된 목 센터 주변에 있으면서 많은 에너지를 축적합니다. 그들은 목 센터에 저장된 모든 에너지를 방출할 시간이 필요합니다. 보통 그들의 하루에 대해서, 새미가 운동장에서 무엇을 했는지, 에리카가 수업 시간에 말을 듣지 않을 때 터너 선생님이 무엇을 했는지 등등 모든 것을 말함으로써 말이죠. 잠자리에 들기 전에 하루를 이야기할 시간을 주거나 잠자리에 들 때 계획을 세워 하루 일과를 마치고 쉬고 싶은데 잠자리에 드는 시간이 너무 오래 걸린다고 좌절하는 일이 없도록 하세요. 리플렉터 자녀가 있다면, 그들은 늦게까지 이야기하고 그날 그들이 사용한 모든 에너지를 처리하고, 배출하기를 원할 수도 있고, 아니면 잠잘 때 혼자만의 시간을 가지

며 자신만의 오라를 가장 필요로 할 수도 있습니다. 그것을 개인적
으로 받아들이지 않도록 하세요.

새크럴과 비새크럴 유형의 휴식시간

정의된 새크럴 에너지 유형의 아이들 – 제너레이터와 매니페스팅 제너레이터

새크럴이 정의된 에너지 유형은 Go, Go, Go 에너지의 원천입니다. 밤에 휴식을 취하고 잠을 잘 수 있을 만큼 충분히 느려지려면 새크럴이 매일 생성하는 에너지를 충분한 신체 활동으로 소진하여 휴식과 이완 모드로 들어갈 수 있어야 합니다. 새크럴 에너지 유형의 아이가 더 짜증을 잘 내고 좌절감을 느끼며 집중력이 떨어질수록 일상생활에서 더 많은 신체 활동이 필요할 가능성이 더 높습니다.

저는 많은 부모들이 아이들에게 잠자리에 들기 전에 강제로 몸을 풀게 하면 아이가 잠을 자지 않을까 걱정된다고 말하는 것을 들었습니다(이들은 보통 비 새크럴 에너지 유형의 부모입니다). 하지만 자녀가 새크럴 에너지 유형이라면, 비록 잠들기 직전일지라도 마당에서 뛰기, 줄넘기, 댄스파티 또는 아이가 에너지를 소모하기 좋아하는 다른 방법으로 새크럴 에너지 배터리를 다 소진하도록 해야 할 수도 있습니다.

비 새크럴 아이들 – 매니페스터, 프로젝터, 리플렉터

비 새크럴 아이들은 하루 종일 흡수하고 받아들인 에너지를 방출할 방법이 필요합니다. 특히 정의된 새크럴 에너지 유형과 함께 사는 경우 더욱 그렇습니다. 이 아이들은 새크럴 에너지 유형이 하는 것처럼 많은 육체적 노력이 필요하지 않으며, 휴식하고 긴장을 푸는 데 더 많은 시간이 필요합니다. 비 새크럴 유형의 아이들은 불을 끄기 최소 30분 전에 잠자리에 들어야 하루 동안 흡수한 에너지를 방출할 수 있으며 몸의 속도가 느려지게 할 수 있습니다. 이상적으로는 자신의 오라 속에서 혼자 있을 때 말이죠.

또 다른 주의할 점은 목 센터가 미정의된 프로젝터 또는 리플렉터 자녀는 목 센터에 쌓인 압력을 해소하기 위해 그날 하루를 이야기하는 시간이 필요할 수 있다는 것입니다. 특히 당신의 취침 시간이 매일 밤 점점 더 길어지는 경우, 그들이 잠자리에 들기 위해 긴장을 풀 수 있도록 축적된 압력을 방출하면서 이야기하고 듣는 시간을 따로 마련해야 할 수도 있습니다.

비 새크럴 에너지 유형은 주변의 모든 새크럴 에너지를 받아 그 에너지를 증폭시킬 수 있습니다. 그들 주변에 이 새크럴 에너지가 많이 있다면, 그 에너지를 물리적으로 통과시키기 위해 몇 분 동안 트램펄린 위에서 춤을 추거나 뛰어야 할 필요가 있을 수도 있지만, 정의된 새크럴 에너지 유형의 아이들이 신체적인 움직임이 필요한 강도와 같은 수준은 아닙니다. 그들 사이의 차이점은 정의된 새크럴 센터는 에너지 창조자이고 그 에너지가 육체적인 일이나 놀이를 통해 방출될 때까지 그 안에서 윙윙거린다는 것이며, 반면에 비 새크럴 아이는 이런 종류의 에너지를 오래 보유하기로 되어 있지 않은 시스템에서 에너지 과부하 상태에 있으며, 단지 에너지가 그들을 통과할 수 있기 충분할 정도로 움직이기만 하면 됩니다.

전자 장치, EMF(전자기장) 및 건강

전자제품은 우리 일상생활의 큰 부분을 차지합니다. 모든 사람들이 휴대폰을 가지기 전의 시간을 기억하나요? 저는 기억합니다. 그때는 정말 놀라웠습니다! 우리는 누군가가 우리의 사진을 찍고, 소셜 미디어에 올리고, 그것으로 우리를 괴롭힐 것이라는 걱정 없이 자유롭게 놀고, 만들고, 행동할 수 있었습니다. 그것은 또한 우리에게 주어진 시간에 게임을 하거나, 밖에 나가거나, 독서를 하거나, 학습하거나, 탐험하거나, 심지어 단순히 자동차 여행에서 창밖을 내다보고 차 안에서 소박한 게임을 하는 것과 같은 다른 것들을 찾도록 강요받았다는 것을 의미했습니다. 우리는 지루할 틈이 있었고, 그것은 상상하고 창조할 수 있는 공간을 만들어주었습니다.

우리 모두는 아이들이 TV를 보는 시간과 전자기기를 사용하는 시간을 제한해야 한다는 말을 들었을 것입니다. 저는 부모가 관심을 기울이면 아이에게 가장 좋은 것이 무엇인지 알 수 있다고 굳게 믿습니다. 18개월 된 아이에게 주기적으로 휴대폰을 건네주고 그들이 휴대폰에 빠져 멍해 있는 동안 방해받지 않고 상점에서 쇼핑을 할 수 있다면, 그것은 아마도 많은 관심을 기울이는 것으로 간주되지 않을 것입니다. 대신 아이와 소통하며 쇼핑, 예산 책정, 좋은 과일과 채소 고르기, 세일, 품질이 좋은 물건과 조만간 부러져 쓰레기통에 버려질 물건 등에 대해 가르칠 수 있는 기회로 삼아보세요.

〈새로운 유년기, The New Childhood〉의 저자인 조던 샤피Jordan Shapiro는 우리 아이들이 특정한 나이가 될 때까지 전자제품을 사용하지 못하게 하면, 나중에 그 제약을 풀어줄 때 아이들은 그것을 관리하는 방법을 알지 못하게 된다고 말합니다. 아이들은 그것이 새롭고 중독성이 있고 이용하는 방법이 매우 많기 때문에 지나치게 열중하게 됩니다. 하지만 아이에게 어릴 때부터 책임감을 가지고 사용하는 방법을 가르치고 장난감이 아닌 도구로 보게 한다면 아이들은 그것이 도구이고 그 자신의 역할이 있지만, 모든 것을 소비할 필요는 없다는 것을 이해하면서 자랄 수 있습니다. 기술은 아무 데도 가지 않는 것처럼 보이므로 우리는 우리가 창조한 이 세상을 항해하기 위해 가능한 한 가장 건강한 방법으로 기술을 받아들이는 방법을 배워야 합니다.

화면 보는 시간

화면을 보는 시간이 얼마가 되어야 너무 많다고 할 수 있나요? 고대 세계에서 사는 것은 얼마나 많은 것을 기피하는 것인가요? 이 주제는 수년 동안 연구되고 조사되어 왔습니다. 연구 결과는 다양한 요소나 변수가 도입됨에 따라 달라지지만, 우리가 아는 것은 휴대폰을 머리에 대는 것만으로도 아이들의 뇌가 짧은 시간 안에 큰 영향을 받는다는 것입니다. 2020년 11월에 발표된 〈임상 및 실험 소아과〉에 실린 기사에서는 "발달 중인 신경계는 성인의 신경계보다 전도성이 더 높고 더 많은 전자기 에너지를 흡수한다."라고 말합니다. 저는 대부분의 사람들이 전자파가 그들에게 영향을 미칠 수 있는 잠재력이 있다는 것을 알고 있다고 생각합니다, 하지만 어느 정도까지 영향을 미칠까요? 신기술은 항상 발전하고 있으며, 특히 미국에서 전국적으로 5G가 광범위하게 보급되면서 우리는 이제부터 이 신기술의 결과를 보게 될 것입니다. 또한 구석구석에 Wi-Fi가 있으며 일반적으로 여러 개의 신호가 있습니다. 아파트에 거주하는 경우 우리는 스마트 전기 계량기, 이웃의 Wi-Fi, 휴대폰 및 스마트 온도 조절기, 스토브, 세탁기 등과 같은 모든 장치에 노출됩니다.

우리 주변에서 일어나는 일들을 항상 통제할 수는 없지만 전자파와 전자제품에 우리 자신을 직접 노출시키는 정도는 통제할 수 있으며, 이는 특히 밤에 중요합니다. 잠자는 동안 우리의 몸은 재생 상태로 들어가고, 방어력은 가장 낮아지며, 방사능의 영향에 더 취약해집니다. 수면 공간을 보호하고 전자파가 없는 수면 보호 구역을 만드는 방법이 있지만 비용이 많이 듭니다. 이런 공간을 만드는 데 수백 달러에서 수천 달러를 투자하지 않고도 몇 가지 간단한 방법으로 자신과 가족의 전자파 노출을 제한할 수 있습니다.

1. 와이파이 라우터에 타이머를 설정하여 와이파이가 밤에 꺼지도록 하세요. 아침에 다시 켜지도록 설정할 수 있으므로 누구

에게도 방해가 되지 않습니다. 이것은 밤에 집에 있는 모든 사람들이 전자파에 노출되는 것을 제한할 뿐만 아니라 아이들이 한밤중에 인터넷에 접속하여 수면을 방해하는 것을 방지합니다.

2. 밤에 잠자리에 들 때는 휴대전화를 비행기 모드, 무음, 방해 금지 또는 진동 모드로 돌리세요. 다시 말하지만, 방해물이 적을 수록 더 나은 숙면에 도움이 됩니다. 비행기 모드는 또한 휴대폰이 근처 기지국에 연결하는 시도를 차단합니다. 휴대폰 수신이 좋지 않은 지역에 살고 있다면, 신호가 잘 잡히지 않을수록 서비스에 연결하기 위해 더 열심히 노력하면서 휴대폰에서 방출되는 방사선이 더 많아진다는 것을 알고 있었나요? 또한 시내를 운전하거나 장거리 여행을 하는 경우 휴대폰이 기지국과 기지국 사이를 연결했다가 분리되었다가 다시 연결되면서 방출되는 방사선의 양을 증가시키고 있습니다. 외딴 지역에서는 음악이나 지도를 다운로드한 다음 다시 돌아올 때까지 비행기 모드를 켜두는 것이 방사선 노출을 줄이는 데 도움이 되며, 특히 당신이 예민하다면 더욱 그렇습니다.

3. 알림 소리에 깨지 않도록 부모와 자녀의 휴대폰을 다른 방에서 충전하세요. 많은 아이들이 베개 밑에 휴대전화를 두고 자고, 밤새도록 머리 바로 밑에 전자파를 방출하는 기기를 두고 자는데, 이때는 방어력이 떨어지고 신체가 가장 취약한 상태라고 들었습니다.

4. 자녀가 휴대폰 서비스에 연결하지 않고 밤에 와이파이 라우터

를 끄더라도, 많은 어린이들은 여전히 취침 시간이 지나도 기기를 켜고 게임을 하고 있습니다. 이것이 당신 가족에게 있는 문제라고 생각되면, 아침까지 모든 기기를 자물쇠가 달린 서랍에 보관하는 것을 고려해 보세요.

만약 당신의 아이에게 열린 센터가 많이 있다면, 그들은 전자파에 더 민감할 수 있습니다. 전자파의 민감성은 예를 들자면 초조, 불안, 짜증, 귀울림, 어지러움, 따끔거림, 피로 등의 증상으로 나타날 수 있습니다.

스플린 센터가 정의되지 않았거나 열려 있는 아이들의 부모와 이야기를 나누면서, 저는 그들이 전자파에 더 민감한 경향이 있다는 것을 발견했습니다. 또한 미정의되거나 열려 있는 루트 센터가 있는 아이들이 전자제품을 내려놓는 데 더 어려움을 겪고 그것들을 언제 치워야 하는지를 아는 데 어려움을 겪는다는 사실도 발견했습니다.

제12장
왜 아이들은
그릇된 행동을 하는가

더 잘 알 때까지 최선을 다하세요.
그런 다음 더 잘 알 때, 더 잘 하세요.

— 마야 안젤루MAYA ANGELOU —

아이들은 행동하고 반응하며 부모의 모든 인내심을 시험할 수 있지만 처음부터 부모를 당황하게 하려고 그런 행동을 하지는 않습니다. 그렇게 행동하는 이유는 그들이 사랑받고 있고, 소속되어 있고, 가치가 있고, 부모가 자신을 소중히 여기고, 가족과 세상에 자신을 위한 자리가 있다는 것을 알고 싶어 하기 때문입니다. 그들은 또한 어떻게 해야 하는지를 지시받기보다는 행동을 통해 탐구하고, 실험하고, 배울 수 있도록 허용되어야 합니다. 이런 자율성은 자녀가 나이에 맞게 능력이 있다는 느낌이 들게 하고 자부심을 갖게 해줍니다. 제가 부모로서 제 역할을 제대로 했다면 아이들이 자라서 저를 필요로 하지 않겠지만, 그들은 돌아와서 저와 함께 삶을 공유할 것이라고 항상 느껴왔습니다. 왜냐하면 제가 아이들의 삶에서 그들이 관심받고 있고, 말을 들어주고, 존중받고, 그들 자신이 되도록 자유를 허락받았다고 느낄 수 있는 공간을 제공했기 때문입니다.

우리가 순간순간 멀티태스킹과 문제해결에 너무 몰두한 나머지 아이들의 행동 표면에는 보이지 않는 내면의 불확실성과 상처를 잘 보지 못합니다. 아이들은 자신의 불안감을 행동으로 표출하거나, 부모와 힘겨루기를 하거나, 부모에게 상처를 주어 복수하려고 하거나, 어려운 일을 그냥 포기함으로써 은폐하려고 합니다. 그들은 부모가 관심을 갖고 있는지를 확인하기 위해 도전하고 있으며, 종종 자신이 이런 것을 하고 있다는 것을 의식하지도 못합니다.

어린이들이 잘못 행동하는 네 가지 기본적인 방법은 루돌프 드라이쿠어의 책 〈어린이: 도전Children: The Challenge〉에 자세히 설명되어 있습니다. 이 책은 저의 멘토인 카렌 커리 파커가 저에게 소개한 책입니다. 저는 부모와 함께 작업하면서 아이의 행동을 살펴볼 때 이 네 가지 요소를 사용하여 부모가 어떻게 하면 아이를 가장 잘 지원할 수 있는지 파악합니다. 이 네 가지 기본적인 행동을 이해할 때, 우리는 아이들의 휴먼디자인 차트를 보고 그들의 욕구가 어디에서 충족되지 않는지, 그리고 우리가 그것에 대해 무엇을 할 수 있는지 확인할 수 있습니다.

충족되지 않는 자녀의 욕구가 무엇인지 더 잘 이해할 수 있는 방법은 자녀의 행동이 우리를 어떻게 느끼게 하느냐를 살펴보는 것입니다. 그들이 우리 안에서 끌어내는 반응은 왜 그들이 그렇게 행동하는지에 대한 단서를 제공합니다.

아이들이 사용하는 네 가지 기본적인 행동은 다음과 같습니다.

1. 주의 – 이 행동으로 아이들은 자신이 여전히 소속되어 있고, 부모가 자신을 사랑하며, 버튼을 눌러도 부모가 여전히 거기에 있다는 것을 확인하기 위해 부모의 주의를 끌려고 노력합니다. 아이

들은 부모가 여전히 자신을 아끼는지 알고 싶어 합니다. 그들이 바로 나서서 말할 수 없는 것은 "내가 어디에 속해 있는지 모르겠어요, 내가 사랑받고 안전하다고 느끼게 해주세요."라는 것입니다. 이것은 부모가 야근을 하거나 재택근무를 할 때, 또는 새로운 아기나 형제자매 또는 파트너를 집으로 데려올 때와 같이 자신이 충분한 관심을 받지 못하고 있다고 느낄 때 나타날 수 있습니다. 자녀가 부모의 관심을 끌려고 노력할 때, 부모는 좌절감을 느끼거나 짜증을 낼 수 있습니다.

2. 힘 – 이러한 행동으로 아이들은 자신에 대한 일종의 통제권을 주장하려고 하는데, 이는 다른 사람들을 제압하려는 것처럼 보일 수 있습니다. 그들은 단지 자신의 삶에서 일어나고 있는 일에 대해 발언권을 원할 뿐입니다. 아이들은 자신의 나이에 맞는 적절한 힘을 가질 수 있다는 것을 알 수 있도록 부모가 도와주길 원합니다. 당신이 허용하지 않거나 격려하지 않을 때 그들이 무엇을 스스로 할 수 있나요? 자녀가 권력을 갖고 싶어 하는 것이 적절하지 않다면, 그들의 삶에서 권력을 가질 수 있다는 것을 알 수 있도록 도와줄 수 있는 방법은 무엇인가요? 우리는 여기서 파워 몬스터를 만들려고 하는 것이 아닙니다. 단지 그들이 자신의 목소리가 들려지고 자신들에게 일어나는 일을 통제할 수 있다는 것을 확인하려는 것입니다. 자녀가 자신의 삶에서 힘을 느끼지 못할 때, 그들은 당신과 힘을 겨루게 될 것이고, 그러면 당신은 도전을 느끼고 자극을 받을 것입니다. 아이에게 장난감을 집어달라고 했을 때 그들이 "아니오"라고 대답한 경우를 생각해 볼 수 있습니다. 당신은 그들이 장난감

을 집어 들어야 한다고 더 강력하게 말하고, 그들은 "엄마가 나에게 시킬 수 없어요, 엄마는 내 상사가 아니에요!"라고 대답합니다. 이 것은 누가 이기느냐는 힘겨루기의 예입니다. 두 사람 모두 눈물로 끝날 때는 아무도 이기지 못한 것입니다. 그들이 자신의 삶에서 적절하게 강력함을 느낄 수 있도록 어떻게 기회를 줄 수 있는지 생각해 보세요. 그들에게 선택할 수 있는 힘을 주세요, 예를 들어, "지금 네 장난감을 집어 들고 싶니, 아니면 간식을 먹은 후에 하고 싶니?" 라고 물어보세요.

3. **부적절함** – 이 행동은 자신의 방을 청소하거나 숙제를 시작하라는 요청을 받았을 때 "나 혼자서 다 할 수 없어요, 도움이 필요해요" 또는 "어떻게 해야 할지 모르겠어요"와 같은 행동입니다. "나는 너무 멍청해, 도저히 못 하겠어."라고 말하면서 포기하는 아이는 종종 과제에 압도되어 있는 경우가 많으며, 과제를 관리 가능한 조각으로 나누는 방법을 이해하는 데 부모의 도움이 필요합니다. 루트 센터가 열려 있다면 작업을 완료해야 한다는 압박감이 너무 과하게 느껴질 수 있습니다. 과제를 완성하기 위해 취할 수 있는 단계로 세분화할 수 있도록 도와주세요. 자녀가 열려 있는 새크럴 센터를 가지고 있다면, 그들은 작업을 완수하기 위해 약간의 빌려온 에너지가 필요할 것입니다. 아이가 부적절하다고 느낄 때, 부모가 느끼는 감정은 혼란이나 분노입니다. 그들이 능력이 있다는 것을 알기 때문에 당신은 이 행동에 대해 혼란을 느끼고, 무엇이 문제인지 즉시 이해하지 못하기 때문에 결국 좌절하게 됩니다. 한 걸음 뒤로 물러서서 자녀가 압도당하고 있는지 생각해 보세요. 자녀가 도움이 필

요한 건 아닌가요? 어떻게 하면 그들이 적절하고 성공적이라고 느끼게 할 수 있을까요? 에너지 유형에 따라 새크럴 질문, 또는 개방형 질문을 던져 다시 시작할 수 있도록 유도하는 것도 잊지 마세요.

4. 복수 – 이것은 보통 오랫동안 욕구가 충족되지 못한 십 대들이나 아이들이 하는 것이고, 그들은 화가 나고 상처를 입었기 때문에 당신도 똑같이 느끼길 원합니다. 이 아이들은 종종 사랑받는다는 느낌을 받지 않습니다. 가족 안에서 무엇이 변했나요? 집에 새로운 사람이 들어왔나요? 아기가 생겼나요? 당신은 그들에게 쓰던 시간으로 가족을 돌보고 있나요? 그들은 소외감을 느끼거나 무력감을 느끼고 있나요, 아니면 당신이 사랑하기에 그들이 충분하지 않나요? 그들은 충분한 관심을 받고 있나요? 자녀가 자신의 삶에서 적절한 힘을 느끼고 있나요? 삶의 어디에선가 부족함을 느끼고 있고 당신의 지원이 필요한가요? 아이가 복수의 필요성을 느낄 때, 부모는 종종 그들에게 끔찍하고 상처 주는 말을 하거나 집에서 쫓아내는 것과 같은 과도한 반응으로 아이를 다치게 하고 싶어 할 것입니다.

아이들이 행동할 때, 반응하기 전에 잠시 멈춰서 우리가 어떻게 느끼는지 생각해 볼 수 있다면, 단순히 생각 없이 반응할 때 놓친 것이 무엇인지 볼 기회가 생깁니다. 하지만 아이들에 대한 반응으로 우리가 어떻게 느끼고 있는지를 측정하기 전에, 우리 자신을 돌아보고 우리의 욕구가 충족되고 있는지를 고려해야 합니다. 우리는 안정감을 느끼고 있나요? 휴식을 취하고, 재충전하고, 원기를 회복할 수 있는 충분한 시간을 우리 자신에게 주고 있나요? 하루 종일 안정적인 에너지를 느끼고 배고픔을 느끼지 않도록 규칙적으로 잘 먹고 있나요? 일에 걸리는 시간에 대해 현실적인 태도를 취하고 있나요, 아니면 하루에 너무 많은 것을 밀어 넣고 아이들이 우리의 관심을 원할 때 짜증을 내고 있나요? 우리가 스스로를 돌보는 방식은 아이들의 반응하는 방식에 영향을 미칠 뿐만 아니라, 아이들은 우리에게서 습관을 배우고 있으며, 우리가 스스로를 돌보는 방식을 지켜보고 있습니다. 우리가 아이들에게 무엇을 가르치고 있는지, 또는 우리가 스트레스를 받으며 경주하는 것을 보면서, 우리 자신을 우선시하지 않고 우리의 몸에 영양을 공급하지 않는 것을 보면서 그들이 어떻게 삶을 조건화하고 있는지 고려해야 합니다. 자녀에게 더 많은 평화, 성공, 만족 또는 놀라움(에너지 유형에 맞을 때 보여주는 그들의 대표적인 감정)을 원한다면, 우리 스스로도 그런 것들을 더 많이 원하도록 해야 합니다.

제13장
성별 역할

당신은 이미 목에 걸고 있는 다이아몬드 목걸이를 찾기 위해
이 방 저 방을 돌아다니고 있다.

– 루미 –

성 역할은 그 어느 때보다도 도전받고 있고, 우리는 마침내 사회적으로 가족의 모습을 재정의하기 시작했습니다. 사회는 오랫동안 남자, 여자, 아이들이 어떻게 보이고 어떻게 행동해야 하는지, 어떤 역할을 해야 하는지에 대한 구체적인 생각을 가지고 있었지만, 우리는 마침내 삶의 모든 것이나 모든 사람이 깔끔하고 정돈된 상자에 잘 담겨 올바른 사회의 선반에 올려지는 것은 아니라는 것을 보고 있습니다.

사회가 사회적 구조를 무너뜨리고 우리 모두가 어디에 적합한지 그리고 가족이 더 큰 규모로 어떻게 보이는지를 재정의하는 시대가 왔습니다. 가족들은 종종 자신이 "규범"에 맞지 않는다고 느끼고 다른 사람들에게 그들의 삶, 육아, 관계를 설명하는 데 어려움을 겪습니다. 저는 모든 사람들이 그 상자에 맞지 않는다고 얼마나 많이 느끼는지 모두가 알기를 바랍니다.

상자는 사람이 아니라 물건을 담기 위한 것입니다.

지금은 많은 수준에서 변화가 필요한 시기이며, 우리의 전통적인 성 역할도 예외는 아닙니다. 엄마들이 집에 머물면서 아이들을 키우고, 학부모회에서 자원봉사를 하고, 5시에 남편이 바쁜 일과를 마치고 집에 도착하여 식탁에 앉아 준비된 칵테일과 함께 저녁을 먹는 동안 엄마가 모든 것을 돌보던 시대는 지나갔습니다.

　저는 자라면서 조부모와 많은 시간을 보냈습니다. 할아버지는 장거리 트럭 기사였고 한 번에 며칠씩 집을 비웠습니다. 그가 집에 돌아오면, 저녁 식사는 매일 5시에 TV 앞 그의 리클라이너에 있는 쟁반에 담아주었습니다. 저는 고등학교에 다닐 때, '세상에, 나는 절대로 그렇게 하지 않을 거야!'라고 생각했던 것을 기억합니다! 그리고 제가 결혼했을 때, 저는 그것을 기억하고 남편에게 말했습니다. "매일 밤 내가 당신을 위해 요리할 거라고 기대하지 마세요." 그리고 남편은 그 말대로 했습니다. 그는 제가 요리할 때 항상 감사하고, 제가 무슨 요리를 하든 절대 까다롭게 굴지 않았습니다. 그리고 단둘이 있을 때는 무엇을 먹는지, 언제 먹는지, 어디서 먹는지에 훨씬 더 자유로웠습니다. 한 번은 자정 무렵에 남편이 토르티야(전통 멕시코 요리. 옥수수 가루 혹은 밀가루 반죽을 얇게 개어 구워낸 빵)를 원했는데, 우리는 아무것도 없어서 남편이 온라인에서 레시피를 찾아서 직접 만들어줬고, 우리는 약 2시간 동안 열심히 준비한 후에 맛있는 토르티야를 먹었던 기억이 납니다.

　하지만 그 후 아이들이 태어나서 우리는 아이들을 먹이고, 입히고, 양육하고, 아이들이 안전하고 행복한지 확인해야 했고 우리의 세상은 아이들의 욕구를 중심으로 돌아갔습니다. 저는 '좋은 엄마'

가 되고 싶었고, '제대로' 하고 싶었고, 나중에 제가 열정을 갖고 시간이 요구되는 사업을 시작하면서 지속 불가능한 패턴에 빠졌습니다. 어느 날 저는 깨어나서 모든 사람들의 식사를 준비하고, 그들이 먹고, 샤워하고, 숙제를 하는지 확인하고, 엄마로서 당연히 해야 한다고 기대되는 다른 모든 것들을 하는 가정부 같은 기분을 느꼈습니다. 저는 제가 절대 빠지지 않겠다고 스스로에게 약속한 역할에 이제 막 발을 들여놓았다는 것을 깨달았습니다. 저는 사업을 하면서 그런 것들을 유지하는 것이 계속 제 역할이라는 것에 분개하기 시작했습니다. 가장 답답한 부분은 남편이 도와주기는 하지만 그의 방식대로 도와주는 것이 너무 힘들었습니다. 저는 여전히 책임감을 느꼈습니다. 엄마로서 "제 일"을 제대로 하지 못하는 것 같았습니다.

저는 정말 누구한테 화가 났을까요? 첫째, 저는 저 자신과 세상에 기여하기 전에 먼저 저의 전통적인 역할을 해야만 모든 것을 가질 수 있다고 말하는 사회에 화가 났습니다. 두 번째로, 저는 이런 시대에 뒤떨어진 생각들을 저 자신이 지속하고 있다는 것에 화가 났다는 것을 깨달았습니다. 제가 이 패턴을 살려두고 있었어요!

이제는 이런 기대를 바꾸고 이야기를 바꿔야 할 때입니다. 저는 저와 같은 위치에 있으면서 엄마의 역할 외에 다른 뭔가가 되고 싶어 한다는 것에 죄책감을 느끼는 여성들과 매일 대화를 나눕니다. 만약 당신이 진정으로 요리하고 사람들을 돌보는 것을 즐긴다면, 훌륭합니다! 세상은 당신이 하도록 설계된 것을 하기를 원하니까요! 그러나 그렇지 않다면 가족의 역학 관계가 변하여 모든 사람이 각자의 필요를 충족하고 가정에서도 작업량을 분담할 수 있도록 바뛸 수 있습니다.

심지어 가족을 위해 많은 일을 하고 싶어 하는 엄마들도 이타적인 일에 지칠 때가 있습니다. 어느 순간, 우리 모두는 인정받고 있다고 느낄 필요가 있습니다. 그리고 비 에너지 유형은 인정이나 감사 또는 지원 없이는 계속 일을 해나갈 수 없습니다. 해야 할 일이 많을수록, 하고 싶은 일은 줄어듭니다. 우리는 분하고, 좌절하고, 화를 내거나 실망하게 됩니다. 제가 하는 코칭 작업에서 거의 모든 엄마들은 처음에는 어느 정도 번아웃의 느낌을 갖고 찾아옵니다. 왜냐하면 그들은 그들이 가져야 하거나 선택해야 하는 직업적인 삶 외에도 전통적인 엄마와 아내의 역할을 계속 수행할 것으로 기대되기 때문입니다. 그리고 그들은 피곤합니다. 너무너무 피곤합니다.

휴먼디자인은 우리 모두가 다르게 설계되었고 성별, 인종, 종교 또는 다른 어떤 것도 중요하지 않다는 것을 보여줍니다. 휴먼디자인 차트는 모든 인간에게 동일한 가능성이 있으며 생년월일, 시간 및 장소에 의해 결정됩니다. 무한한 가능성이 있는 것처럼 보이는 이 차트를 볼 때 어떻게 성별만으로 특성을 분류할 수 있을까요? 이것은 단지 여성의 역할에 국한된 것이 아닙니다. 남성들이 갈망하는 양육과 돌봄의 역할을 수행할 수 있는 공간을 허용하지 않는다면, 남성들이 진정한 삶을 살고 있다고 느끼도록 어떻게 지원하고 있을까요? 구시대적인 생각으로 이분법으로만 스토리를 운영한다면 성별에 따라 정의되지 않은 사람들이 어떻게 스토리에 적응할 수 있을까요? 고객의 차트를 볼 때, 저는 그들의 에너지와 일관성 있는 것(정의된 것)과 가변적인 것(미정의된 것)을 살펴보고, 이를 바탕으로 이것이 고객의 삶에서 어떻게 나타나고 있는지 살펴봅니다. 예를 들어, 어떤 가족의 차트를 보면 성취감을 느낄 수 있는 일을 하고 싶어 하는 여성보다 남성의 간병 및 양육 능력이 더 뛰어나다는 것을 알 수 있고, 그런 이야기를 듣기도 합니다. 하지만 가족과 사회가 그들이 그렇게 할 수 없다고 믿도록 조건화했기 때문에 서로에게 부여된 역할을 수행하는 데 어려움을 겪습니다. 상황이 점점 나아지고는 있지만, 여전히 편견이 남아 있습니다.

휴먼디자인은 우리에게 가족이 되거나 집안일과 책임을 분담하는 데 옳고 그른 방식이 없다는 것을 보여줍니다. 가족이든 아니든 외부에서 어떻게 보이든 모든 사람들이 자신의 역할에 만족감을 느낀다면 당신과 가족에게 맞는 방식이 당신에게 옳은 일입니다.

우리 모두 진정한 자신의 모습을 받아들이고 서로가 그렇게 할 수 있도록 허용함으로써 이러한 고정된 틀에서 벗어날 수 있도록 노력합시다!

제14장
에너지 유형이 다른 아이들의 육아

각각의 아이들은 예술가이다.
문제는 어른이 된 후에도
어떻게 예술가로 남을 것인가이다.

– 피카소 –

제가 흔히 받는 질문은 "다양한 에너지 유형을 가진 아이들이 있을 때 어떻게 다루나요?"입니다. 제가 드릴 수 있는 가장 기본적인 조언은 아이들을 한 개인으로서 있는 그대로 존중하라는 것입니다. 그들의 고유한 재능과 장점을 찾고, 그것에 집중하고, 그들이 다르게 설계되었기 때문에 가족에 대한 그들의 기여도 다를 것이라는 것을 알기 바랍니다.

　예를 들어, 매니페스팅 제너레이터 자녀는 일하고 행동할 에너지가 있고 집안일에 도움이 될 수 있으며, 일단 그들이 외부 현실의 어떤 것에 반응하면 스스로 행동할 수 있습니다(예를 들어, 그들에게 뭔가를 하도록 요청하거나 초대한 경우). 반면에 프로젝터는 접근 방식이 다르므로 동일한 작업을 수행하기를 기대하는 것은 공정하지 않습니다. 여기서 분명히 말하자면, 이것은 프로젝터가 집안일을 하지 않아도 된다는 것을 의미하는 것이 아닙니다. 에너지 유형(제너레이터 및 매니페스팅 제너레이터)이 함께 있을 때 프로젝터의 아이는 모든 새크럴 에너지를 흡수하여 증폭시킬 수 있습니다. 그리고 짧은 폭발의 경우에는 매니페스팅 제너레이터를 능가할 수 있습니다. 하지만 그들이 할 수 있다고 해서 그 일에 습관을 들여야 한다는 것을 의미하지는 않는다는 것을 기억하세요. 그들이 매니페스팅 제너레이터와 같은 수준의 신체적 작업을 지속할 것으로 기대하는 것은 그들을 매니페스팅 제너레이터처럼 성장하도록 조건화시키는 것이며 이것은 지속 가능하지 않습니다. 프로젝터가 에너지를 올바르게 사용하는 방법을 이해하지 못할 때, 그들은 조기에 번아웃되어 자신이 다른 모든 사람들처럼 잘되지 않는 것에 씁쓸해할 수 있습니다.

팀을 구성하여 함께 작업할 수도 있지만 프로젝터 아이는 자연스럽게 시스템을 배우고 그 시스템을 더 효율적으로 만드는 경향이 있으며, 또한 그들이 인정받고 초대받은 후 안내하도록 되어 있다는 것을 인식하는 것이 좋습니다. 그들이 더 자연스럽게 재능을 발휘하고 하고 싶어 하는 일을 하도록 도움을 줄 수 있는 일이 있을까요?

움직임

비 새크럴 에너지 유형은 최적의 건강을 위해 다른 사람들과 마찬가지로 몸을 움직여야 합니다. 하지만 프로젝터, 매니페스터 또는 리플렉터의 움직임은 매니페스팅 제너레이터 또는 제너레이터와 다를 수 있습니다. 매니페스팅 제너레이터 어린이는 그들이 신체적으로 새크럴 에너지를 소진할 때까지 매일 신체적으로 움직여야 하는 반면, 비 새크럴 에너지 어린이는 움직일 필요는 있지만 소진될 정도까지는 아닙니다. 그렇습니다. 그들은 같이 놀고 같은 일을 할 수도 있고, 팀 스포츠에도 참여할 수 있지만, 강도와 기간이 다를 것입니다. 비 새크럴 아이들은 뛰어다니는 것보다 공원에 앉아서 책을 읽는 것에 완벽하게 만족할지도 모릅니다. 아이들이 자연스럽게 운동하는 경향과 운동량을 확인하고 아이들에게 에너지 유형의 질문을 던져 운동이 더 필요한지 또는 덜 필요한지 알아보세요. 새크럴 에너지 유형에 대해서는 '예/아니오' 질문을 하고 비 새크럴 에너지 유형에 대해서는 개방형 질문을 하세요.

예를 들어, 하루를 마무리할 무렵, 새크럴 아이에게 저녁 식사 전에 춤을 출 노래를 고르고 싶은지 물어보세요. 새크럴 에너지 아이가 춤을 추고 난 다음에는 "저녁을 먹기 전에 몸을 더 움직일 필요가 있어?"라고 묻고, "아니요"라고 대답하면 "저녁 식사 후에 몸을 더 움직일 필요가 있어?"라고 묻고, "예"라고 대답하면 저녁 식사 후에 다시 확인하세요. 반면에 자녀가 비 새크럴 에너지 아이라면, "우리가 저녁 식사를 하기 전에 몇 분 동안 춤을 추는 것은 어떨까?"라고 물을 수 있습니다. 이런 종류의 움직임은 그들이 열린 센터에서 하루 종일 주워 담은 에너지를 몸 밖으로 내보내는 것을 도울 것입니다. 그들의 몸은 이 에너지를 오랫동안 유지하도록 설계되지 않았습니다.

수면 준비

자녀가 여러 명이고 공간적 여유가 있다면 각 자녀가 자기만의 방에서 잠을 자는 것이 이상적입니다. 자녀가 여러 명인 대부분의 사람들은 적어도 두 명 이상의 자녀가 함께 쓰는 방이 하나 이상 있습니다. 이런 경우, 특히 새크럴 유형과 비 새크럴 에너지 유형의 아이들이 있다면, 그들을 에너지 유형별로 짝을 지어보세요. 새크럴 에너지 유형은 잠자리에 들기 전에 새크럴을 소진시켜야 한다는 것을 고려하세요. 반대로 비 새크럴 에너지 유형은 하루 종일 주운 에너지를 방출하기 위해 침대에 누워 책을 읽거나 잠자기 전에 조용한 시간을 가질 필요가 있습니다. 만약 비 새크럴 에너지 유형이 새크럴 에너지 유형이 있는 방에서 밤새 잠을 잔다면, 그들은 혼자 있거나 다른 비 새크럴 에너지 유형과 같이 있을 때와 같은 수준의 휴식을 취하지 못합니다. 비 새크럴 에너지 유형이 두 사람이 함께 있어도 서로 자극적일 수 있습니다. 예를 들어, 두 개 또는 세 개의 센터가 정의된 멘탈 프로젝터와 매니페스터가 함께 있다면, 그들에게는 그것이 여전히 너무 자극적일 수 있습니다. 나이에 따라 또는 같은 성별의 방으로 분리하는 것이 항상 합리적이지 않을 수도 있지만, 에너지 유형에 따라 잠자리를 함께 배정하는 실험을 해보면 모두가 더 나은 휴식을 취할 수 있습니다.

부모의 디자인이 아이들의 조건화에 어떤 영향을 줄까?

우리가 일을 정의하는 방법은 어렸을 때부터 시작됩니다. 부모와 다른 어른들이 자신의 에너지를 어떻게 사용하는지를 보고, 몸의 모든 것들이 멈추라고 말해도 밀어붙이는 것을 보면서 아이들은 몸이 주는 신호와 징후를 무시하는 법을 배우게 됩니다. 어른인 우리가 몸의 신호를 무시할 때, 우리는 아이들에게 그들의 몸이 필요로 하는 것을 마음이 결정하게 내버려두도록 가르치는 것입니다.

저는 대부분의 부모들이 의도적으로 아이들에게 몸을 무시하도록 가르치고 싶어 한다고 생각하지 않습니다; 하지만, 직업윤리와 열심히 일하는 것에 대한 조건화가 대대로 전해져 내려오고 있습니다. 우리 부모가 일하는 방식은 힘들었습니다. 그들은 열심히 일하면 보상이 온다고 배웠고, 이것이 많은 부모들이 자란 환경입니다. 우리가 아이들에게 일을 바라보는 시각을 바꾸고 성실하게 일하도록 가르치는 것은 우리에게 달려 있습니다. 성실하게 일하는 것은 당신 자신, 당신의 몸, 자원, 다른 사람들에 대한 기대, 필요, 그리고 에너지를 존중하는 것을 의미합니다.

자녀에게 우리처럼 일하거나 행동하기를 기대하며 키울 때, 우리는 그들의 진정한 모습을 무시하는 것이며, 그들로 하여금 자신의 진정한 모습을 무시하도록 가르치는 것입니다.

자녀가 일하도록 설계된 대로 양육하고 있는지, 아니면 당신이 그들이 일을 배워야 한다고 생각하는 대로 자녀를 양육하고 있는지 잘 생각해 보세요.

저는 휴먼디자인에서 당신을 만나게 되어 매우 기쁩니다. 지금이 바로 자녀를 그들만의 독특한 사람으로 보기 시작할 완벽한 시기이기 때문입니다. 자녀의 재능을 존중하고, 그들의 한계를 받아들이고, 그들이 삶의 도전을 헤쳐 나갈 때 은혜와 지지를 보여주는 것은 자녀에게 줄 수 있는 가장 소중한 것 중 하나입니다.

제너레이터 가정에서 자란 프로젝터 아이는 열심히 일하는 법을 배웁니다. 제너레이터가 얼마나 정렬되어 있는지에 따라, 프로젝터 아이는 사람들의 비위를 맞추는 법을 배울 수도 있고, 다른 사람들을 위해 모든 일에 대해 순교자가 될 수도 있습니다. 그들은 초대를 기다리지 않고 행동하는 법을 배우고 삶을 실현하려고 노력합니다. 가장 정렬된 제너레이터 가족 내에서도 아이들은 여전히 가족을 통해 조건화를 받습니다. 부모는 의식적으로 노력하여 자녀가 자신이 어떻게 다른지 깨닫도록 돕고, 자녀가 성공했다고 느끼기 위해 일하는 방식과 삶에 대한 접근 방식이 어떻게 달라야 하는지 존중하는 법을 배우도록 도울 수 있습니다.

모두가 프로젝터로 구성된 집의 프로젝터 아이도 조화를 이루지 못하고 각자의 삶을 강요한다면 조화를 이루지 못한 채 살아가게 될 수 있습니다. 따라서 부모와 온 가족이 각자 어떻게 고유한지, 그리고 가족과 인류의 더 큰 이익을 위해 어떻게 서로의 고유성을 지지할 수 있는지를 배우는 것이 중요합니다. 우리 자신이 고유한 자신이 되는 것을 더 많이 허용할수록, 우리는 모든 사람들이 그들 자신이 고유하게 되는 것을 더 많이 허용하고 지원합니다.

리플렉터 아이들은 그들과 함께 사는 모든 사람들에 의해 조건화되고 있으며, 그들이 삶에서 누구와 파트너가 되거나 누구를 피할 것인지를 결정할 수 있습니다. 그들이 자신의 고유성과 욕구를 확인하고 존중하도록 도와주세요. 제너레이터 아이는 종종 매니페스터가 되도록 조건화되며 행동을 취할 수 있는 적절한 타이밍을 기다리지 않습니다. 다시 말해, 삶이 일어나게 내버려 두었다가 그들의 타이밍이 맞을 때 행동을 취하기보다 삶이 일어나도록 만들려고 노력합니다. 우리가 서로를 조건화하는 방법은 많이 있지만, 목표는 조건화를 피하는 것이 아니라는 것을 기억하세요. 목표는 우리가 누구인지 서로를 보고, 우리가 부모로서 해결해야 할 이야기를 인정하며, 우리가 아이들을 그들의 디자인에 어긋나는 방식으로 일하거나 행동하도록 강요하는 것을 발견할 때 이를 바로잡는 것입니다. 휴먼디자인의 렌즈를 통해 부모로서 우리가 해야 할 일은 아이들의 고유한 모습을 파악하고 그들이 단지 그들 자신으로 살아간다는 것이 무엇을 의미하는지를 탐색할 수 있도록 돕는 것입니다.

제15장

인정은 프로젝터만을 위한 것이 아니다

모든 사람들은 격려받기를 좋아한다

당신의 삶을 작고 큰 모험적인
순간들로 채우세요.

－ 사크SARK －

이 책을 읽고 당신과 자녀의 차트를 살펴보면서, 당신의 자녀와 더 강한 유대감을 형성할 수 있는 방법을 찾았기를 바랍니다. 항상 쉽지는 않지만 건강하고 조화롭게 느낄 수 있는 길, 함께 성장할 수 있는 길을 찾길 바랍니다.

휴먼디자인은 제가 본 것 중에서 인간을 위한 사용자 매뉴얼에 가장 가까운 시스템입니다. 이 차트에서 발견되는 것은 나만이 가질 수 있는 심오한 자유의 잠재력이며, 이는 나 자신과 가족, 그리고 세상에 줄 수 있는 가장 큰 선물입니다.

휴먼디자인에서 우리는 프로젝터를 인정하는 것에 대해 많은 이야기를 합니다. 저 역시 프로젝터의 한 사람으로서 종종 아무도 우리를 보지 못하는 것처럼 느껴질 수 있기 때문에 그 점을 높이 평가합니다. 하지만 진실은 우리 모두가 인정받고, 가치를 존중받아야 한다는 것입니다. 당신과 같은 사람은 전에도 없었고 앞으로도 없을 것입니다. 왜냐하면 이 순간은 전에 존재하지 않았고 앞으로도 결코 없을 것이기 때문입니다.

　프로젝터였던 증조할머니는 제가 어렸을 때 부모님이 직장에 있는 동안 저를 봐주시곤 했는데, 저는 그녀가 항상 소파에 앉아 십자말풀이를 했던 것을 기억합니다. 그녀는 긴가민가할 때 항상 커다란 빨간 하드백 사전을 옆에 두고 퍼즐을 맞추셨습니다. 그녀는 제가 12살 때 세상을 떴고, 저는 제가 지금도 가지고 있는 그 사전을 증조할머니께 달라고 요구했던 것을 기억합니다. 그녀는 표지 안에 이렇게 썼습니다. "사전을 이용해서 할 수 있는 모든 것을 배워라. 왜냐하면 그것은 영화 형태로는 결코 나오지 않을 것이기 때문이다." 그것은 저에게 언어의 중요성과 우리가 서로 어떻게 연결되는지를 말해주고, 우리가 사물과 사람과 관계를 어떻게 묘사하는지를 말해줍니다. 우리의 말은 중요합니다. 현명하게 선택해야 합니다. 저에게 있어 그것은 또한 세상은 예쁜 리본이 달린 깔끔한 패키지로 우리에게 주어지지 않는다는 것을 말해줍니다. 세상은 우리 모두에게 열려 있지만, 우리는 조각들을 모아서 우리가 누구인지 이해하기 위해 노력해야 합니다. 그리고 우리는 종종 가장 큰 어려움을 통해 가장 크고 심오한 성장을 이룰 수 있습니다. 우리는 우리가 알고 있는 조각들을 가지고 그것들을 더 잘 이해하고, 그것들과 함께 일하고, 그것들이 우리 삶의 큰 그림에 어떻게 들어맞는지 봐야 합니다. 힘들어 보일 때, 위대한 지혜, 위대한 통찰력, 또는 멋진 하루가 다가오고 있다는 사실을 기억하세요. 사전이 있으면 올바른 단어를 찾을 수 있고, 아직 알지 못하는 단어의 철자법을 배울 수 있습니다. 그리고 이 책을 손에 들고 있으면, 모르는 것에 대해 배우기 시작할 수 있는 자원을 갖게 되어 부모로서의 언어가 확장될 수 있습니다.

증조할머니도 몇 가지 지혜로운 말씀을 하시곤 했는데, 다섯 살짜리 저에게는 항상 완전히 이해되지는 않았습니다. 하지만 그것은 분명히 영향을 남겼습니다. 제가 오늘도 그것들을 기억하기 때문이죠. 언젠가 그녀가 시계를 보며 "다시는 지금 같은 때가 아닐 것이야."라고 말했던 것을 기억합니다. 저는 그녀가 말하는 것의 의미를 이해하지 못하고 "하지만 내일은 다시 이런 때가 될 것이에요."라고 대답했습니다. 아이들은 꽤 문자 그대로일 수 있습니다. 실제로, 시계는 돌고, 다시 같은 시간을 보여줄 것입니다. 하지만 다시는 이 순간이 되지 않을 것입니다. 지금이 당신의 순간입니다. 부모로서의 모든 순간은 덧없는 것입니다. 그것은 존재하다가 순식간에 사라집니다. "하루는 길지만 1년은 짧다."라는 말이 있습니다. 저는 아이들이 아기였을 때 이 말을 들었고, 삶이 고달팠던 많은 날에 그 말을 꼭 붙들고 있었습니다. 그 말들은 제가 다음에 무엇을 해야 할지 어떻게 해야 할지 모르는 것처럼 느껴질 때 저를 붙잡아주었습니다. 우리는 부모입니다. 우리는 방법을 찾습니다. 우리 아이들이 아기였을 때 휴먼디자인에 대해 알았으면 좋았을텐데, 때마침 휴먼디자인이 저를 발견해줘서 정말 감사했습니다. 휴먼디자인은 제게 미지의 바다를 항해하는 데 도움이 되는 지도와 지침을 주었습니다. 저는 그것이 당신에게도 도움이 되기를 바랍니다. 물론, 다른 부모들이 우리보다 먼저 왔지만, 아무도 이전에는 당신의 아이를 양육한 적이 없습니다. 저는 당신이 당신의 길을 찾을 것이라고 굳게 믿습니다.

부록

새크럴 반응 질문

만약 자녀가 새크럴 에너지 유형(제너레이터 또는 매니페스터링 제너레이터)이라면 새크럴 반응 질문에 익숙해질 필요가 있습니다. 자녀가 반응할 수 있는 질문을 하는 방법을 배우면 당신의 삶이 달라질 것입니다. 만약 당신이 새크럴 에너지 유형의 부모라면, 다른 사람과 함께 연습하여 새크럴이 어떻게 반응하는지 알아보고 새크럴 에너지 유형의 자녀들이 자신의 에너지에 반응하도록 가르칠 수 있도록 하세요.

만약 당신이 비 새크럴(프로젝터, 매니페스터, 리플렉터) 에너지 유형의 자녀를 둔 새크럴 에너지 유형의 부모라면, 자녀에게 새크럴 질문을 하지 마세요. 왜냐하면 그것은 그들이 제너레이터 유형으로 살아가도록 조건화하는 것이기 때문입니다. 비 새크럴 에너지 유형에는 열린 질문이 필요합니다.

만약 당신에게 새크럴 에너지 유형의 아이가 있다면, 항상 그들에게 '예/아니오' 또는 '이것/저것' 질문을 하는 연습을 하세요. 이것은 강력한 내적 앎과 연결되어 그들이 삶을 탐색하는 데 도움이 되는 새크럴 반응과 연결되는 데 도움이 될 것입니다.

아이가 나이가 더 들어가면, 그들과 함께 게임을 할 수 있습니다. 그 게임에 이름을 지어주거나 그것을 "'예/아니오' 게임" 또는 "내가 결정하기" 게임이라고 부르세요. 창의적이 되게 하되 재미를 유지하도록 하세요. 이것은 그들이 어렸을 때 자신의 새크럴 소리에 연결되도록 도와주는 데 이용할 수 있지만, 또한 특정한 것에 대한 진실을 알아내는 데 이용할 수도 있습니다.

주변 환경이나 입고 있는 옷에 대한 간단한 질문부터 시작하세요. 일단 질문을 시작하고 아이가 대답을 하기 시작하면, 속도를 높여서 아이가 충분히 생각할 수 없게 될 때까지 점점 더 빠르게 질문을 던집니다. 그때가 아이가 진실로부터 답하고 있다는 것을 알게 되는 때입니다. 저는 아래에 몇 가지 예제 질문을 나열하고 있지만, "나를 좋아해?" 또는 "저녁 식사는 좋았어?"와 같이 상대방의 진심을 들을 준비가 되지 않은 질문은 주의해서 물어보세요. 받은 대답이 마음에 들지 않을 수도 있습니다. 그들은 그날 당신에게 화가 나서 그 순간 당신을 좋아하지 않을 수도 있으니 그때는 이런 질문을 하기에 최적의 시기가 아닐 것입니다. 그들의 새크럴은 현재 순간 질문이 무엇인지에 대해 답변하고 있는 것입니다.

한 가지 주의할 점은 다음과 같습니다. 원하는 질문에 들어가기 전에 새크럴을 살살 예열해야 합니다. 원하는 질문에 바로 뛰어들지 않도록 하세요.

아이가 감정 결정권을 가지고 있다면, 당신은 시간이 지남에 따라 그들의 진실을 볼 수 있도록 그들의 감정 파동 전체에서 이것을 여러 번 수행하는 것이 좋습니다. 그것이 감정 결정권이 필요로 하는 것입니다. 6장의 감정 결정권에서 감정 파동에 대해 더 읽는 것도 좋습니다. 일반적으로 새크럴이 파동 전반에 걸쳐 질문하는 동안 '아니오'라고 대답하면 그것은 질문에 대한 '아니오'로 이해됩니다. 다음 몇 번의 세션에서 반복할 수 있도록 질문 목록을 보관해 두세요.

새크럴 반응 질문의 샘플 목록

- 이름이 (   )이니?
- 너는 앉아 있니?
- 지금 낮이니?
- 지금 밤이니?
- 축구하는 것을 좋아하니?
- 방을 칠하고 싶니?
- 신발을 신고 있니?
- 내가 너의 (엄마/아빠 등)이니?
- 너는 선생님을 좋아하니?
- 수영을 좋아하니?
- 선물 받는 것을 좋아하니?
- 선물 주는 것을 좋아하니?
- 여름 방학이 되면 신나니?
- 가장 친한 친구가 있니?
- 하늘이 파랗니?
- (친구의 이름)을 볼 생각에 신나니?

방 안 주변에 무엇이 있는지 또는 무엇이 분명한지에 대해 간단한 것부터 시작하세요. 그런 다음 그들이 빠르게 대답하고 마음을 통해 정보를 걸러내는 것을 멈췄다는 것을 알게 되면 그다지 분명하지 않은 질문으로 넘어가서 그들에게 물어봐야 할 진짜 질문을 할 수 있습니다. 그 지점에 도달하기 위해 더 많은 질문이 필요한 경우, 그들이 더 이상 마음으로부터 대답하지 않는다는 것을 알 수 있을 때까지 질문을 계속 추가하세요.

자녀가 더 나이를 먹더라도, 여전히 이런 방식으로 '예/아니오' 질문을 할 수 있으며, 그들의 나이에 맞게 적절하게 질문을 만들 수 있습니다. 자녀가 의사결정을 하는 데 새크럴 반응을 사용하지 않고 마음에 의존하여 찬성/반대 목록과 같은 새크럴 반응에 연결되지 않은 경우, 이 질문을 여러 번 반복해야 새크럴 반응이 활성화될 수 있습니다. 자녀에게 다른 사람들의 기대와 감정을 고려하는 "올바른" 결정을 내리고 있는지에 대해 스트레스를 받기보다는 먼저 당신 자신을 포함한 다른 사람들의 영향을 받지 않고 자신의 진실을 이해할 수 있다고 설명하세요. 이것이 그들의 진실이고 그 진실과 연결되는 것은 에너지를 보존하는 방식으로 세상과 자신에게 오는 기회를 탐색하는 데 도움이 될 수 있다는 것을 알려주세요. 이런 식으로 그들은 의무감 때문에 '예'라고 말하는 것이 아니라 자신이 진정으로 하고 싶고 삶에서 일치한다고 느끼는 것에만 전념하며 법을 배우게 됩니다.

개방형 질문

자녀가 비 새크럴 에너지 유형인 부모라면, 그들이 가장 잘 반응하는 개방형 질문을 하는 것에 익숙해질 필요가 있습니다. 이는 프로젝터, 매니페스터 및 리플렉터에 적용됩니다.

개방형 질문은 가능성의 공간, 탐색의 여지, 그리고 답변의 길을 찾을 수 있을 만큼 충분히 말할 수 있는 자유를 허용합니다. 당신이 새크럴 에너지 유형이라면, 빠른 '예/아니오'를 원하고 다음 단계로 넘어가기를 원하기 때문에는 처음에는 이런 질문이 답답할 수 있습니다. 예/아니오 질문에 대답할 수 있어야 비 새크럴 에너지 가족 구성원에게도 예/아니오, 이것/저것 유형의 질문을 할 수 있도록 가르칠 수 있기 때문에 당신도 필요한 것을 얻는 것이 중요합니다.

개방형 질문의 예
- 그것에 대해 네가 '예'라고 말한다면 그것은 어떤 모습일까?
- 어떻게 그렇게 할 수 있다고 생각하지?
- 그것에 대해 더 자세히 알아보려면 어디로 가야 한다고 생각해?
- 그것에 대해 더 자세히 알 수 있는 좋은 소스가 누구인지 알고 있어?
- 무엇을 먹으면 좋을까?
- 왜 이것이 너에게 맞는 선택이라고 생각하지?
- (   )에 간다면 무엇을 가져가야 할까?

- (   )에 대한 너의 계획은 뭐지?
- (   )을 누가 잘할 것 같니?
- 왜 그렇게 생각하지?
- 어떻게 알 수 있지?
- 너는 그것이 어떻게 될 것이라고 생각해?
- 이 프로젝트를 진행하기 전에 알아야 할 것이 무엇이라고 생각하지?
- 네가 어떻게 그런 결론을 내렸는지 궁금해.
- 만약 네가 (   )한다면 어떤 일이 일어날까?
- (   )에서 가장 마음에 든 것이 무엇이지?
- (   )에 대해 자세히 알려줘.

배우는 동안에도 당신은 여전히 '예/아니오' 질문을 계속하는 것을 발견할 것입니다. 무표정한 시선을 받으면 질문을 바꿔서 좀 더 개방적인 질문으로 만들어 보고, 상대가 더 쉽게 대답할 수 있는지 확인해 보세요.

만약 자녀가 당신으로부터 '예/아니오' 질문을 듣는 데 익숙하다면, 그들은 빨리 대답할 수도 있겠지만 그것은 조건화된 반응에서 오는 것입니다. 그들에게 개방형 질문을 더 많이 할수록, 당신은 자녀가 자신의 진실과 연결되도록 더 많이 도와주는 것입니다. 계속 연습하고 필요할 때마다 재구성하세요. 당신은 할 수 있어요!

리소스

책들

〈주역〉: 고대 중국의 변화의 서

〈양자 활성화 카드 동반서 Quantum Activation Cards Companion Book〉: 카렌 커리 파커

〈휴먼디자인의 결정적인 책, 차별화의 과학 The Definitive Book of Human Design, The Science of Differentiation〉: 린다 부넬과 라 우루 후

〈유전자 키 Gene Keys〉: 리처드 러드

〈지혜지기 오라클 데크와 내면의 가이드북 The Wisdom Keepers Oracle Deck and Inner Guidebook〉: Rosy Aronson 박사

〈휴먼디자인 이해 Understanding Human Design〉: 카렌 커리 파커

차트를 어디서 구하는가

유전자 매트릭스–www.geneticmatrix.com. 기본 차트를 무료로 복사하거나 적은 비용으로 가족을 위한 차트를 만들고 소화 정보를 포함한 고급 기능을 얻을 수 있습니다.

소화 유형을 찾으려면 고급 구성원 멤버십 플랜(Advanced Membership plan)을 선택합니다. 차트의 왼쪽에 있는 유전자 매트릭스의 퀀텀 차트 아래에 나열된 결정(Determination)이 있는데, 그것이 소화 유형을 알려줄 것입니다.

참고: 이 전자책에 포함된 유전자 매트릭스 링크는 제휴 링크입니다.

아이프릴 포터로부터 책과 함께 제공되고 학습 경험을 풍부하게 해주는 더 많은 리소스:

- 이 책의 이미지 컬러 및 확대

- 이 책의 워크북

- 휴먼디자인으로 양육하기 수업

카메라 앱을 열면 휴대폰이 자동으로 웹 브라우저를 열고 내장된 링크로 이동합니다.

BIBLIOGRAPHY

Bakthavachalu, Prabasheela, Kannan, S Meenaksh, Qoronfleh, M Walid. "Food Color and Autism; A Meta-Analysis." Advances in Neurobiology. 2020; 24:481-504. https://pubmed.ncbi.nlm.nih.gov/32006369/.

"Grow" by WebMD, "How Much Sleep Do Children Need?" accessed on 12/17/2021, https://www.webmd.com/parenting/guide/sleep-children#1

"Just Now Chart," Jovian Archive, Discover Your Design, Live Your Life, accessed on 12/17/2021, https://www.jovianarchive.com/Just_Now.

Moon, Jin-Wha. "Health Effects of Electronic Fields on Children." Clinical and Experimental Pediatrics. 2020 Nov; 63(11): 422-428, http://www.ncbi.nlm.nih.gov/pmc/articles/PMC7642138/#:~:text=In%20today's%20world,%20most%20children,effects%20of%20전자파s%20are%20in creasing

Oschman, James L. "Can electrons act as antioxidants? A review and commentary." Journal of Alternative and Complimentary Medicine,.2007 Nov;13(9):955-67, https://pubmed.ncbi.nlm.nih.gov/18047442/

Zander, Megan. "A Milestone Developmental Stage: The Age of Reason." Scholastic Parents. (April 12, 2019). https://www.scholastic.com/parents/family-life/social-emotional- learning/development-milestones/age-reason.html

용어집/색인

Anger 분노-매니페스터의 낫셀프 감정 테마이자 매니페스팅 제너레이터의 2차
적인 낫셀프 감정 특성입니다. 일반적으로 행동으로 옮기는 데 방해를 받고
다른 사람에게 자신이 하고 있는 일을 설명해야 할 때 발생합니다. 매니페스
터에서는 개시와 개시 사이에 충분한 휴식을 취하지 않아서 발생할 수도 있
습니다.

Authority 내적결정권-차트의 내적결정권을 나타냅니다. 내적결정권은 당신이
스스로 일치된 결정을 내리도록 설계된 방식입니다.

Bitterness 쓰라림-프로젝터의 낫셀프 감정적 테마. 이 감정은 일반적으로 프로
젝터가 초대를 기다리지 않고 강제로 세상에서 자신의 길을 가려고 할 때
저항에 부딪히거나 프로젝터가 피곤하면서도 계속 강행하려고 할 때 나타
납니다. 그들이 투사하는 감정은 씁쓸함이며, 그것은 자신과 타인이 느낄 수
있습니다.

BodyGraph 바디그래프-출생 시간, 날짜, 위치를 기반으로 한 당신의 고유한 차
트로 센터, 게이트, 채널, 행성 및 라인을 보여줍니다.

Center 센터-차트의 에너지 센터이며 헤드, 아즈나, 목, G, 스플린, 새크럴, 의지,
감정 태양 신경총 및 루트 센터를 포함합니다.

Channel 채널-채널은 양쪽 끝에 게이트가 있는 두 센터 사이의 연결입니다. 게
이트가 모두 정의되면 채널이 정의됩니다. 게이트가 모두 미정의되었거나 하
나만 정의된 경우에는 채널이 정의되지 않습니다.

Electromagnetic Channel 전자기 채널-두 사람이 같은 채널에 게이트 중 하나
씩을 가지고 있을 때 두 사람이 함께 모이면 자석처럼 전자기를 통해 함께
끌어당깁니다.

Friendship Channel 우정 채널-두 사람이 동일한 채널이 정의되어 있으면 이
채널을 통해 공통점을 공유합니다.

Compromise Channel 양보 채널-한 사람이 채널에 하나의 게이트를 갖고 있
고 다른 사람은 전체 채널을 가지고 있는 경우. 하나의 게이트를 가진 사람
은 항상 전체 채널을 가진 사람에게 에너지를 양보할 것입니다.

Dominance Channel 지배 채널-한 사람이 채널을 가지고 있고 다른 사람은 동
일한 채널에 채널 또는 게이트 정의가 없는 경우입니다.

Circuitry 회로—부족, 개인 또는 집단 회로와 같이 차트에서 공통 주제를 가진 에너지 그룹을 나타냅니다.

Conditioned Self/Conditioning 조건화된 자아/조건화—어떤 사람이 자신의 차트 에너지가 작동하는 방식으로 살지 않고 배운대로 또는 기대되는 대로 행동하는 때를 말합니다. 자신의 에너지 자아에 충실하지 않은 것입니다. 조건화는 대부분 출신 가족이나 그들을 키운 사람에게서 나옵니다.

Defined 정의됨—색상이 지정된 차트의 요소. 센터는 갈색, 녹색, 노란색 또는 빨간색으로 표시됩니다. 게이트와 채널은 정의된 경우 빨간색 또는 검은색으로, 또는 빨간색과 검은색으로 표시됩니다.

Disappointment 실망—리플렉터의 낫셀프 감정적 테마. 일반적으로 리플렉터가 다른 사람에게서 충족되지 않은 잠재력을 볼 때 발생합니다.

Emotional Theme 감정적 테마—자신의 계획에 따라 생활하거나 낫셀프/조건화된 자아에 살 때 특정 에너지 유형과 관련된 감정입니다.

Energy type 에너지 유형—개인의 에너지 유형 즉, 매니페스터, 제너레이터, 매니페스팅 제너레이터, 프로젝터, 리플렉터를 나타냅니다.

Frustration 좌절—제너레이터의 낫셀프 감정 테마와 매니페스팅 제너레이터의 일차적 낫셀프 감정 테마입니다. 좌절은 그들이 행동으로 옮기기 전에 반응할 무언가를 기다리지 않고 적절한 타이밍을 어기고 있을 때, 또는 업무 프로세스에서 다음 단계의 기술로 넘어가려고 할 때를 알려줄 수 있습니다. 또한 '아니'라고 말하고 싶은 사람, 직업, 프로젝트에 대해 '예'라고 대답할 때도 나타날 수 있습니다.

Gate 게이트—그것이 위치한 센터와 관련된 에너지의 원형. 예를 들어 G 센터는 사랑, 방향 및 정체성에 관한 것이고 그 센터 내의 게이트 10은 보다 구체적으로 자기애에 관한 것입니다. 게이트는 바디그래프를 보면 찾을 수 있습니다. 게이트는 센터에 위치한 숫자로 표시됩니다. 정의되거나(색상) 또는 정의되지 않을(흰색/색상 없음) 수 있습니다.

Generator 제너레이터—새크럴 센터가 정의된(채색된) 에너지 유형입니다.

Hanging Gate 행잉 게이트—전체 채널이 미정의된 센터의 단일 게이트. 행잉 게이트는 정의되거나 미정의된 센터에 위치할 수 있으며 특정 채널의 나머지 절반을 가진 사람에게 끌립니다. 예를 들어, 채널 43-23에는 게이트 43과 23이 포함되어 있습니다. 게이트 43만 정의된 경우 당신은 행잉 게이트 43을 갖고 있는 것입니다.

Initiating 개시-매니페스터가 세상에 내놓는 활기찬 행동이 개시 에너지입니다. 그들은 새로운 것/아이디어에 생명을 불어넣기 위해 여기에 있습니다.

Magnetic Monopole 마그네틱 모노폴-G 센터에 위치한 이 보이지 않는 단방향 자석은 우리에게 삶과 경험을 끌어들입니다.

Manifesting Generator 매니페스팅 제너레이터-정의된 새크럴 센터를 갖고 있고 목 센터에 연결된 모터 센터를 가짐으로써 정의되는 에너지 유형입니다. 이들은 삶이 그들에게 가져다주는 것에 반응하기 위해 여기 있으며, 새크럴 센터를 통해 반응한 후 신속하게 행동할 수 있습니다.

Manifestor 매니페스터-새크럴 센터가 정의되지 않고 목 센터에 모터 센터가 연결됨으로써 정의되는 에너지 유형입니다. 그들은 새로운 것/아이디어에 생명을 불어넣기 위해 여기 있으며 스스로 행동할 수 있습니다.

Motor Centers 모터 센터-에너지를 생성하는 센터: 감정적 태양신경총, 새크럴, 의지 센터, 루트 센터.

Not-Self 낫셀프-조건화된 자아라고도 하며, 자신의 삶/환경적 조건에서 벗어나 에너지 자아에 충실하게 살지 않는 사람을 말합니다.

Open Center 열린 센터-정의나 게이트 활성화가 없는 에너지 센터입니다.

Projector 프로젝터-최소한 두 개의 센터가 정의되고 새크럴 센터가 미정의됨으로써 정의된 에너지 유형입니다. 이들은 또한 목 센터에 연결된 모터가 없습니다. 이들은 자신의 능력을 인정받고 공유하도록 초대받은 후 안내하기 위해 여기에 있습니다.

Reflector 리플렉터-바디그래프에 정의된 센터가 없음으로써 정의된 에너지 유형입니다. 이들은 모든 환경에 적응하고 환경에서 일어나는 일을 반영해주는 능력으로 공동체의 건강을 반영하기 위해 여기에 있습니다.

Right Timing 적절한 타이밍-행동에 옮기기 전에 시간, 장소 및/또는 사람이 올바를 때까지 기다리는 것. 매니페스터의 경우 창조하려는 내면의 추진력을 느껴야 합니다. 제너레이터와 매니페스팅 제너레이터는 반응할 무언가가 외부 현실에 나타날 때까지 기다려야 합니다. 프로젝터는 인정받고 초대될 때까지 기다려야 합니다. 리플렉터는 행동할지 여부를 명확히 하기 위해 음력 주기를 기다려야 합니다.

Sacral Response 새크럴 반응-제너레이터 및 매니페스팅 제너레이터에 고유한 것으로, 이것은 삶이 가져오는 것에 반응하여 '예'라고 대답할지 또는 행동으로 옮길지에 대한 새크럴 센터와의 소통을 나타냅니다. '예/아니오' 반응;

밀고/당기는 느낌 또는 uh-huh, unh-uh 하는 소리가 될 수 있습니다.

Satisfaction 만족-에너지 디자인과 조화를 이루며 살아갈 때 제너레이터 또는 매니페스팅 제너레이터의 특징적인 감정적 반응.

Saturn Return 토성 회귀-출생 시 토성이 차트의 정확한 위치로 돌아가는 데 걸리는 시간을 나타냅니다. 태어난 날로부터 대략 28~30년마다 발생합니다.

Signature Emotion 대표적인 감정-각 에너지 유형에 고유한 감정적 반응으로 에너지 정렬 상태로 살고 있는지 또는 조건화된 자아를 통해 살고 있는지 알려줍니다.

Stairstep Learning 단계별 학습-제너레이터 및 매니페스팅 제너레이터의 학습 과정을 말합니다. 이들은 어떤 주제에 대한 이해나 숙련도가 높아지면 다음 단계로 올라갈 수 있는 에너지/자원을 모으는 정체기에 도달합니다.

Story 이야기-상황이나 관계가 특정 방식이어야 한다는 오랫동안 깊이 간직된 믿음으로, 일반적으로 당시에 일어나고 있던 일에 대한 보호 메커니즘으로 개발되었지만, 시간이 지남에 따라 더 이상 사실이 아닐 수 있습니다. 예를 들어, 당신이 수줍은 아이라는 말을 들었다면, 당신은 자신이 수줍은 사람이라고 믿고 자랄 수 있습니다. 당신은 그 이야기를 듣거나 믿었기 때문에 가지고 다녔지만, 자라면서 당신은 더 자신감이 생겼고 더 이상 부끄러워하지 않지만, 무의식적으로 또는 의식적으로 여전히 당신이 수줍은 사람이라는 이야기를 붙잡고 있을 수 있습니다.

Success 성공-에너지적으로 정렬된 프로젝터의 특징적인 감정적 반응. 반드시 재정적 성공에 관한 것이 아니라 삶에서 인정받음과 일치에 대한 일반적인 느낌입니다.

Surprise 놀람-에너지적으로 정렬된 리플렉터의 특징적인 감정적 반응. 그들은 일반적으로 다른 사람들과 삶에 놀라거나 기뻐합니다.

Undefined 미정의-색상이 지정되지 않았지만 하나 이상의 정의된 게이트 또는 행잉 게이트가 있는 센터를 나타냅니다.

Uranus Opposition 천왕성 대립-천왕성이 출생 당시의 원래 위치로 반쯤 되돌아가는 삶의 지점. 중년의 위기라고도 알려진 이 에너지는 젊은 삶의 끝과 성숙한 삶의 시작을 알리는 변화를 가져옵니다. 흔히 우리 삶에서 무엇이 효과가 있고 무엇이 효과가 없는지 알아차리고 중요한 변화를 일으키는 시기입니다.

감사의 글

아이들이 없었다면 이 책은 존재하지 않았을 것입니다. 이모젠과 아탈리아, 너희는 내 삶에 나타나기 전에는 존재하지 않았던 내 마음의 구멍을 채워주었어. 나는 너희가 성장하는 것을 지켜보고 너희가 변명할 수 없는 진정한 자신이 되는 것을 통해 내가 누구인지에 대해 그렇게 많이 가르쳐주리라고는 예상하지 못했어. 세상이 너희에게 필요한 것은 바로 너희들이라는 사실을 잊지 말아라. 너희 둘 모두 서로를 너무 깊이 생각하여 나를 겸손하게 만들어. 계속 세상에서 너희가 보고 싶은 변화가 되도록 해. 나는 나의 모든 것으로 너희를 사랑해.

표지의 어린이 그림을 그려준 이모젠, 고마워. 너의 타고난 재능과 예술을 다듬는 것에 대한 헌신은 전염성이 있어. 그림 그리기, 춤, 또는 너만의 고유한 존재가 되는 것을 멈추지 말아. 너는 펜을 종이에 댈 때마다 다른 사람들에게 무엇이 가능한지 보여주고, 삶이 너에게 던진 모든 도전을 통한 너의 쾌활함은 매일 나에게 영감을 줘.

아탈리아, 너는 내가 처음부터 기대했던 것보다 더 많은 것을 가르쳐 주었어. 너의 여정은 나를 자기 발견, 치유, 확장의 길로 인도했어. 방법을 알려주고 내가 포옹을 얼마나 좋아하는지 보여주어서 고마워! 모든 사람과 모든 동물에 대한 너의 공감은 나에게 멈추고, 존재하고, 바로 앞에 있는 것에 감사하도록 일깨워줘.

물론 부모님이 없었다면 저는 존재하지 않았을 것입니다. 우리

엄마 Tami에게 특별한 감사를 드립니다. 당신은 저를 이해하지 못하거나 제가 한 선택을 이해하지 못했을 때에도 항상 저를 바라봐 주셨고 저를 있는 그대로 받아들이셨습니다. 당신이 프로젝터인지도 몰랐으면서도 안내하는 방법을 알고 계셨고 저는 영원히 감사할 따름입니다. 당신은 저의 나침반이고, 저의 시금석이며, 모든 인간 형태의 Google입니다. 저를 지구로 불러주셔서 감사합니다.

저는 처음부터 이 책이 적절한 타이밍과 경이로움을 통해 빠르고 신속하게 왔다고 말했습니다. 제가 알고 있는 것을 세상과 공유할 수 있는 저의 능력과 저를 전적으로 믿어준 남편이 없었다면 이 책은 저를 던져버린 또 다른 프로젝트가 되어 어딘가로 치워졌을지도 모릅니다. 제프, 수년 동안 저의 모든 기업가적 여정을 통해 제 최고의 후원자이자 격려자가 되어 주셔서 감사해요. 함께한 지난 17년은 당신에게 험난한 여정이었을 거예요. 때때로 나는 햇빛을 가져오고 다른 때는 허리케인이지만 다른 방법으로는 나를 가질 수 없다는 것을 알아요. 나는 당신의 경계를 알고 그것을 존중해요. 나를 나로 만들어주고 나와 함께 성장해주어서 고마워요. 항상 거기에 있고 항상 내 잠재력을 보아 주셔서 고마워요. 나도 당신을 위해 똑같이 하기를 바래요. 오랜 시간 동안 이 책의 그래픽과 표지를 디자인해 주셔서 고마워요.

휴먼디자인은 이 책과 같은 방식으로 제 세계로 들어왔습니다. 빠르고 강렬합니다. 휴먼디자인이 저를 찾았을 때 저는 올인했습니다. 저는 휴먼디자인의 창립자인 라 우루 후(Ra Uru Hu)가 만든 모든 것을 다 마셔버렸습니다. 저는 수업을 들었고 그런 다음 길을 잃었습니다. 라가 말했듯이 "당신은 그것을 살고 실험해야 합니다." 저는 그것에 대해 읽는 것만으로 그것을 배울 수 없었습니다. 처음에는 엄청나게 실망했습니다. 하지만 내려놓을수록 프로세스가 더 많이 작동하는 것을 보았고 더 많은 신뢰를 가질수록 더 많은 이해를 갖게 되었습니다. 우리 모두를 위해 이 시스템을 제공한 라 우루 후에게 정말 감사합니다. 라는 항상 이 시스템이 아이들을 위한 것이라고 말했고, 이제 세상이 재편되고 우리가 될 수 있는 잠재력이 무한해짐에 따라, 지금은 그의 전승에 대한 저의 해석을 우리 아이들과 그들을 키우고 있는 사람들과 공유할 가장 중요한 시간처럼 느껴집니다.

라의 원래 가르침을 받아들여 퀀텀 휴먼디자인(Quantum Human Design™)을 통해 새로운 언어를 도입한 카렌 커리 파커Karen Curry Parker의 작업에 깊은 감사를 드립니다. 카렌의 학생이 된 이후로 제 삶은 기하급수적으로 변했습니다. 그녀는 각 학생을 존중하면서 가장 큰 연민과 가장 큰 마음으로 가르칩니다. 그녀는 그들이 독특한 개인으로 성장하도록 허용합니다. 또는 그녀는 "일생에 한 번뿐인 우주적 사건"이라고 말합니다. 제 멘토가 되어주셔서 감사합니다.

제 편집자 샤우나Shauna에게, 제 비전을 보고 휴먼디자인의 육아 주제에 대한 제 열정을 공유해 주셔서 감사합니다. 때때로 세상이 무너지는 것처럼 느껴졌을 때 저를 위해 공간을 잡아 주셔서 감사합니다. 한 프로젝터로서 다른 프로젝터에게, 저는 당신을 보고 당신에게 감사드립니다.

편집자 Laurie에게, 영어의 규칙을 지키면서 HD의 언어 규칙을 탐색하는 데 인내심을 갖고 이 책을 완성할 수 있도록 도와주셔서 감사합니다. 제가 휴먼디자인에 열심이었던 것처럼 당신이 휴먼디자인의 용어에 열심이었던 것에 영원히 감사할 것입니다.

수년 동안 저의 모든 영양, 라이프 코칭 및 휴먼디자인 고객 여러분은 저와 자신을 공유하고 저를 여러분의 삶에 허용함으로써 저에게 많은 것을 가르쳐 주셨습니다. 당신이 되어준 것과 당신의 이야기로 저를 믿어주셔서 감사합니다.

이 책의 그래픽에 아름다운 바디그래프 이미지를 사용할 수 있도록 허락해 준 Genetic Matrix에 특별한 감사를 드립니다.

그리고 마지막으로, 세상이 들어야 할 이야기를 전달하는 데 앞장서고 저와 같은 사람들이 자신의 목소리를 공유할 수 있는 방법을 제공한 GracePoint Publishing에 감사드립니다.

저자 소개

아이프릴 포터(Aypril Porter)는 휴먼디자인 5/2 프로젝터입니다. 태평양 북서부에서 프로젝터 및 매니페스팅 제너레이터 부모 사이에서 태어나 프로젝터 딸, 매니페스터 남편, 프로젝터 엄마와 함께 살고 있습니다. 그녀는 의료 보조원, 영양 치료사, 전업주부, 스쿠버 강사 등 다양한 직업을 거치며 타인을 위해 봉사하는 삶을 살아왔습니다. 현재는 Life and Human Design Coaching을 통해 다른 사람들에게 봉사하고 있으며, 여기서 그녀는 사람들이 영혼이 원하는 삶을 살고 번아웃에서 회복하도록 돕습니다. 그녀는 또한 부모가 자신에게 충실할 수 있는 방식으로 자녀를 양육하여 자녀가 자라서 자신이 누구인지에 대한 진실을 기억해야 하는 위기를 겪지 않아도 되도록 돕고 있습니다.

아이프릴은 사람들이 있는 그대로의 자신을 보고, 듣고, 사랑받고, 가치 있게 여기는 세상, 즉 우리가 자신의 진정한 모습을 받아들이고 다른 사람들도 그렇게 할 수 있는 세상을 만들 수 있다고 믿습니다. 그녀는 우리가 있는 그대로의 모습을 인정받을 때 서로에 대한 연민과 우리에게 가장 도전적인 사람들에 대한 이해가 더 커진다고 믿습니다. 그녀는 사람들이 진실을 실천하고 자녀도 그렇게 하도록 키울 수 있는 새로운 삶의 이야기를 개발할 수 있는 도구를 제공하는 데 열정적입니다. 휴먼디자인의 렌즈를 통해 자신에게 항상 어렵게만 느껴졌던 가족들과의 관계를 개인적으로 변화시킨 그녀는 이 시스템에서 발견되는 자유를 열렬히 옹호합니다. 그녀는 누구나 휴먼 디자인을 활용하여 감정적 반응을 넘어 자신과 사랑하는 사람이 누구인지에 대한 진실을 볼 수 있다면 조상의 패턴을 바꿀 수 있다고 믿습니다. 또한 그녀는 사람들이 가능한 것에 대해 호기심을 갖고 노력함으로써 어린 시절의 상처가 미래 세대에게 대물림되는 것을 막을 수 있다고 믿습니다.

아이프릴은 모든 연령대의 고객과 함께 일하는 것을 즐깁니다. 휴먼디자인 세션, 휴먼디자인 부모 코칭, 휴먼디자인 라이프 코칭 및 수업에서 그녀를 만날 수 있습니다. 자세한 정보는 www.ayprilporter.com에서 확인할 수 있습니다.

더 많은 좋은 책을 보려면 Human Design Press 온라인을 방문하세요.

books.gracepointpublishing.com

자녀 양육하기를 재미있게 읽고 온라인 판매점을 통해 구입했다면, 다른 사람들이 이 책을 찾을 수 있도록 사이트로 돌아가서 리뷰를 작성해주세요.

역자후기

제가 휴먼디자인을 좋아하게 된 이유는 간단합니다. 그동안 남들과 달리 특이한 성향을 가지고 있었던 것과 소통에 어려움을 겪고 있었던 이유를 알게 되었기 때문입니다. 사실 처음 휴먼디자인을 소개받고 저의 유형에 대해 설명을 들었던 날, 저는 일종의 저항감이 느껴졌습니다. "아니, 내가 그 독재자 히틀러나 모택동과 같은 유형이라고? 내가 아는 나는 순종적이고 착한 아이였는데? 내가 알고 있었던 나와 나의 본래 모습이 이렇게 다르다고?" 뒤통수를 크게 얻어맞은 느낌이었습니다. 그날 이후로 며칠 동안은 저를 돌아보는 시간이었습니다.

50여 년의 시간을 돌아보면서 남들과 달리 특이했던 점들이 휴먼디자인의 새로운 개념으로 명쾌하게 설명되는 것에 '아하~'를 몇 번이나 외쳤는지... "아하~ 이래서 내가 사람들과 소통하는 데 어려울 수밖에 없었구나. 아하~ 이래서 내가 남들이 하지 않는 일을 누구보다 먼저 하고 있었구나. 아하~ 이래서 내가 집중하고 있는데 식사할 시간이 되어 밥 먹으러 가자고 하면 뜬금없이 분노가 일어나 얼굴이 굳어지고 말이 퉁명스러워져 나 스스로도 당황스러웠구나." 등등. 그렇게 생각하고 행동하는 것이 매니페스터라고 하는 유형에게 기계적으로 일어나는 일이었다는 것을 알게 되는 순간 저는 해방감을 느끼게 되었습니다. 나도 모르게 일어나는 분노에 대해 괜히 죄책감 같은 것을 느끼고 그것을 어떻게든 만회하고 보상하려고 애썼던 이유를 알게 된 것입니다. 그것은 누구의 잘못도 아니었습니다. 그 뒤로는 그런 분노가 일어날 때 헛웃음 한번 웃고 나면 그만이 었습니다. 이유를 알고 나니 그저 웃음만 나왔습니다. 이제는 그 일로 죄책감을 느낄 필요가 없었습니다. 대신 그런 유형이 갖고 있는 창의성과 실행력이라는 장점에 더 초점을 맞추게 되었습니다. 정신적인 부담은 줄어들고 잘하는 일에 더 집중하다 보니 삶이 더 행복해졌습니다. 남들이 나와 같지 않다는 것을 알게 되니 내 기대대로 움직이지 않는 것에 스트레스를 받을 일이 없게 되었습니다.

얼마 전 만나게 된 부부와 저녁 식사를 같이하는 자리에서 휴먼 디자인으로 잠깐 조언을 준 적이 있었습니다. 이 부부는 결혼한 지 6년째 되는 분들이었습니다. 제가 한 말은 몇 마디 뿐이었습니다. "아내는 창조적이고 자신만의 길을 남들 간섭 없이 가야 하는 유형인데 에너지가 많이 부족하기 때문에 잠을 충분히 주무셔야 합니다. 그러니 남편분은 아내분이 늦게까지 주무시더라도 깨우려고 하지 마시고 아내분이 생명을 연장하고 있는 중이라고 생각하세요. 그리고 남편분은 에너지가 충분하지만 내면에서 에너지가 통합하는 데 시간이 걸리는 유형이므로 남들보다 느리게 행동할 수 있습니다. 그러니 아내분은 남편분이 느리다고 책망하지 마시고 절대 재촉하지 마세요. 재촉하게 되면 나오는 것은 설익은 밥일 뿐입니다."

다행히 두 분이 모두 저의 설명에 많이 공감해주었습니다. 나중에 들은 이야기인데 돌아가는 길에 남편분이 오늘 굉장히 중요한 부부상담을 하고 가는 느낌이라고 말씀하셨다고 합니다. 정말로 이 분들이 위의 두 가지 내용을 이해하였다면 앞으로 같이 사는 동안 이와 동일한 문제로 서로에게 시비를 걸 일은 없을 것입니다. 그렇지 않고 만약 이런 이야기를 듣지 못하였다면 앞으로 살아가는 동안에도 지금까지 해왔던 것처럼 "왜 아내는 계속 잠만 자지? 왜 남편은 저렇게 느려 터졌지?"를 겉으로 표현하지는 않더라도 속으로 계속 비난하고 살게 될 것입니다. 그런 비난에 쏟는 에너지가 얼마나 될지, 그리고 그로 인해서 스스로 느끼게 될 답답함이 얼마나 클지 한 번 상상해보시기 바랍니다.

휴먼디자인을 통해 우리가 서로를 안다는 것은 바로 이런 에너지 낭비를 막아주는 일입니다. 앞으로는 그 일로 에너지를 쏟을 필요가 없게 할 것이고 그 에너지를 자신이 갖고 있는 장점에 쏟을 수 있게 해줍니다. 단 한 가지만 알더라도 엄청나게 큰 선물을 받은 느낌을 받습니다. 누구로부터 이해받고 응원받는다는 것은 기분이 좋은 일이며 기운이 나는 일입니다. 자녀를 양육하는 것도 마찬가지입니다. 강의를 들으신 분들 중에 많은 분들이 이런 말씀을 하셨습니다. "그동안 제가 우리 아이에게 한 행동이 너무도 후회됩니다. 휴먼디자인을 진즉에 알았더면 좋았을텐데……. 그래도 지금이라도 알게 되었으니 다행이라는 생각입니다." 이런 이야기를 들을 때마다 보람을 느끼게 됩니다.

휴먼디자인은 인간을 이해하는 데 탁월한 도구입니다. 그 안에 담긴 지혜는 한두 가지로 끝나지 않습니다. 하지만 그 모든 것을 다 섭렵하지 않더라도 우리는 충분히 혜택을 입을 수 있습니다. 깊이 들어가지 않고 단지 표면만 긁는 사람들도 통찰을 얻을 수 있는 것이 휴먼디자인입니다. 앞서 말씀드린 대로 단 몇 가지만이라도 자신에게 또는 주변 사람들에게 해당되는 것을 이해하게 될 때, 남은 생동안 그 일로 인해 스트레스를 받거나 에너지를 낭비할 일이 없게 될 것입니다.

휴먼디자인으로 자녀 양육하기라는 책을 처음 발견했을 때, 저는 드디어 나올 것이 나왔다는 생각에 흥분되었습니다. 그동안 이것을 자녀 교육과 연관시킬 수 있으면 좋겠다는 생각을 항상 해왔었기 때문입니다. 제목도 내용도 자녀 양육에 초점을 맞추었지만 결국은 서로 다른 유형이 서로를 상대하는 방법을 안내해주는 책이므로 성인들의 대인 관계까지도 연결시킬 수 있어 그 효용성은 얼마든지 확장될 수 있습니다.

앞서 말씀드린 대로 휴먼디자인 시스템은 우리에게 지혜는 물론 자유를 가져다줍니다. 이 책을 다 읽고 책장을 덮을 때가 되면 아마도 가슴 한구석이 뚫리는 듯한 시원함을 느끼게 될 것입니다. 그리고 누구를 상대하든, 그 상대가 자녀가 되었든 주변의 누가 되었든 자신감을 갖게 될 것입니다. 제가 휴먼디자인으로 인해 해방감을 느꼈듯이 독자 여러분들 또한 새로운 통찰과 해방감을 즐기시기를 바랍니다.

2024. 1.25.

김석환

휴먼디자인으로 양육하기

초판 1쇄 인쇄 2024년 4월 15일
초판 1쇄 발행 2024년 4월 19일

지은이 아이프릴 포터
옮긴이 김석환
펴낸이 김재광
펴낸곳 솔과학
편 집 다락방
영 업 최회선
디자인 miro1970@hotmail.com
등 록 제02-140호 1997년 9월 22일
주 소 서울특별시 마포구 독막로 295번지 302호(염리동 삼부골든타워)
전 화 02)714-8655
팩 스 02)711-4656
E-mail solkwahak@hanmail.net

ISBN 979-11-92404-70-7 03180

ⓒ 솔과학, 2024
값 25,000원